U0899128

外国语言文化传播研究丛书

自由主义与法国后现代文学

杨令飞 著

Le Libéralisme et la Littérature Française Post-moderne

清華大學出版社
北京

内 容 简 介

本书系国家社会科学基金项目“自由主义与法国后现代文学”的最终成果，对自由主义和后现代主义理论进行了概括性研究，从宏观和微观层面对法国后现代文学的主要审美特征做了深入、详尽的分析，挖掘了后现代文学中的自由主义理念，探讨了法国后现代主义文学的自由主义实质。

图书在版编目（CIP）数据

自由主义与法国后现代文学 / 杨令飞著 .—北京：清华大学出版社，2020.12
（外国语言文化传播研究丛书）
ISBN 978-7-302-54347-3

Ⅰ. ①自… Ⅱ. ①杨… Ⅲ. ①自由主义－文学研究－法国 ②后现代主义－文学研究－法国 Ⅳ. ① I565.06

中国版本图书馆 CIP 数据核字（2019）第 263202 号

责任编辑： 白周兵　徐博文
封面设计： 子　一
责任校对： 王凤芝
责任印制： 杨　艳

出版发行： 清华大学出版社
网　址： http://www.tup.com.cn, http://www.wqbook.com
地　址： 北京清华大学学研大厦 A 座　**邮　编：** 100084
社 总 机： 010-62770175　**邮　购：** 010-62786544
投稿与读者服务： 010-62776969, c-service@tup.tsinghua.edu.cn
质量反馈： 010-62772015, zhiliang@tup.tsinghua.edu.cn
印 刷 者： 三河市铭诚印务有限公司
装 订 者： 三河市启晨纸制品加工有限公司
经　销： 全国新华书店
开　本： 155mm×230mm　**印　张：** 23.75　**字　数：** 398 千字
版　次： 2020 年 12 月第 1 版　**印　次：** 2020 年 12 月第 1 次印刷
定　价： 128.00 元

产品编号：084842-01

〇国家社会科学基金项目成果
〇广西民族大学外国语言文学一级学科博士点支持计划成果

丛书总序

广西地处西南，依山傍海，独特的自然地理环境形成其独特的文化景观。从古至今，广西的文化传统一直延续发展，并在历史的潮流中吸取异质文化的元素，显示出多元和开放的特点，形成了独具特色的建筑、聚落、戏剧、宗教、习俗等物质与非物质文化遗产，诞生了一大批优秀华侨以及国内外著名的文化巨匠，也留下了形态多样、保存完整、内容丰富、数量巨大的文化资源。因此，对它们进行保存、整理、挖掘、提炼，加深对广西文化内涵的研究，从而更好地延续传统、迈向未来，无疑是一项具有理论价值及现实意义的工作。

广西曾是海上“丝绸之路”的起点之一，对外交流与贸易频繁且深广。近代以来，广西又是华侨之乡，大批的桂籍人士远渡重洋、打拼创业。他们传播了广西文化，推动了中外语言文化交往。深入研究地方文献，还原这段历史，一定能够增进广西与海外广大华侨的情感联系和心理共鸣。在中国近现代转型时期，对中国文化产生过重大影响的桂籍名人辈出，其中像马君武、王力、秦似、梁宗岱、王宗炎等都是广西地方文化资源的重要组成部分，但他们的思想资源长期未被区内外的研究者重视。如果我们对这些大师的翻译、创作、言论等所蕴含的文化价值进行全面、深入的挖掘与研究，以指导现实发展，这无疑是一个很好的突破点。

目前，国务院批复了北部湾城市群发展规划，这对于该地区包括文化和教育等在内的各项事业的发展是一大利好。处在全球化和资讯迅猛发展的时代，“越是地方或民族的，就越是世界的”。21世纪，中国各省、区、直辖市都在向内深挖文化资源，向外传播文化精华和发扬当地族群性格，建立认同，寻求发展。在不进则退的严峻形势面前，我们要以党的十八大提出的“文化强国建设”为指导，努力发掘、保存、整理、研究和阐释地方语言、文化和传播资源，然后推向世界。

语言、文化和传播紧密联系，是一个环环相扣的统一体，其中语言是载体，文化是客体，传播是渠道，因此只有通过传播，才能使东西语言和文化的交流成为可能。有鉴于此，如果我们通过对广西境内及广西籍人士开展的欧美语言、文化、翻译活动的挖掘和深入研究，从中可以发现早期广西先贤如何弘扬民族文化，引进西方文化思想，进而为推进中国的现代化转型做出巨大贡献的心路历程。同时，以外国语言、文化、翻译传播研究为契机，将广西地方文化与中国文化乃至世界文明联系在一起，进而将广西推向世界。

广西民族大学拥有广西高校中唯一的外国语言文学博士点，也是全国民族院校中唯一的外国语言文学博士点。学科队伍结构合理，研究方向齐全，目标定位科学合理，建设规划目标明确，切实可行，在学科建设过程中紧紧围绕学校“民族性、区域性、国际性”三性合一的办学定位，在科学研究、人才培养、服务社会等方面都能很好地结合民族性和东盟地区的特殊性，服务广西社会经济发展和对外交流，同时服务国家战略。不断强化区域与国别研究、语言学、外国文学与文化、翻译与传播几个核心学科方向，并不断拓展新的学科领域，成功培育了比较文学/译介学、外国文学与文论、东南亚民间文学与民俗文化研究等特色学科方向，极大推动了学科的内涵式发展，在外语教学界产生了较大的影响。该学科已由原来的外国语学院发展成为外国语学院和东南亚语言文化学院两个学院，外国语学院侧重欧美国家的语言、文学、文化研究，东南亚语言文化学院则侧重东南亚语言、文学、文化研究。

正是基于这样的考量，我们决定编选“外国语言文化传播研究丛书”，旨在结集本团队成员近年来有关外国语言文化传播研究相关成果，同时也吸纳海内外相关领域研究的优秀成果。入选作品均具有宽阔的学术视野，有较强的原创性和鲜明的特色，研究方法具有可操作性，深层次揭示了外国语言文化与传播的本质。本丛书为一套开放性丛书，除收入广西民族大学外国语言文学学科成员的成果外，也收入国内外同仁的优秀研究成果，所收著作须经丛书编委会评审通过。我们期待本丛书的编选和出版能够为打造学术精品、推动我国外国语言文化传播研究的发展起到积极和实际的作用。

“外国语言文化传播研究丛书”编委会

前 言

自由主义和后现代主义皆是西方极其重要的社会文化思潮，二者不仅对现当代西方思想和意识形态意义重大，而且对现当代文学创作和文学批评影响颇深。

在人类思想史的进程中，自由始终是一个极其重要的主题，同时也是推动历史前进的重大思想动力。自由主义作为近现代欧美的一种重要的意识形态，其倡导的许多价值观念在漫长的历史演变过程中日益为大众所广泛接受。如今，自由主义已经成为西方各阶层追求“自由”“自主”等诉求和选择社会生活内容及生存方式的明确的理论指导，成为超越具体文化界限的共同财富。后现代主义“并非一致的教条，而是一种广泛的情绪，即认为人类可以而且必须超越现代的情绪”①。作为一种世界性的文化思潮，后现代主义以新的思维模式和新的叙事话语消解、颠覆、否定传统的思维模式，从而最终达到人在精神生活领域的自由。

法兰西民族在自由主义和后现代主义发展史上都起过十分重要的作用，众多自由主义和后现代主义思想家从哲学、政治、经济、宗教、文化和社会生活等各个方面审视、观察和论述这两种思潮，为法国乃至西方世界提供了系统的世界观和价值观，并且指导或影响过人们的社会实践。这个民族对后现代主义文学的贡献亦是举世瞩目，迥异于文学史上的古典主义、浪漫主义、现实主义、现代主义的后现代主义文学思潮和流派的兴起和昌盛即是明证。尽管自由主义思想家和后现代主义思想家及作家在诸多问题的看法上不尽相同，相互也有过诘难和批判，但在 20 世纪的世界文化的多元格局中，社会文化思潮和文化现象之间的相互包容却是常态。从文化史的角度来看，任何严肃的探索和实验都不可能排斥相异的文化现象，“兼容并包”的态度是各种思想和文化得以立身的根本。因此，在现当代法国乃至整个西方社会中，自由主义和后现代主义两种社会文化思潮相互对立又相互依存的态势也是文化多元性和多样性的一个重要表征。

① David Ray Griffin. *Founders of Constructive Postmodern Philosophy: Peirce, James, Bergson, Whitehead, and Hartshorne (SUNY Series in Constructive Postmodern Thought)*. New York: State University of New York Press, 1993, p.21.

一、学术史的梳理

欧美和中国学术界关于自由主义和后现代主义的研究起步很早，时至今日仍在继续，著名研究者甚众，高质量的学术论文和专著难以胜数。然而，近 20 年来，西方学界在作为社会文化思潮的后现代主义与自由主义的关系研究方面虽有进展，但对自由主义与西方尤其是与法国后现代主义文学的关系则鲜有触及。在这一方面，西方学者已有的研究成果大致可作如下分类：

第一，自由主义与后现代主义文学的关系研究。

法国学者马克·贡达尔（Marc Gontard）的论著《法国后现代主义小说》（*Le Roman Français Postmoderne*）无疑有着较强的代表性。全书共分为两大部分：第一部分题为“后现代性与后现代主义”，作者结合对后现代主义思想家让 – 弗朗索瓦·利奥塔（Jean-François Lyotard）、雅克·德里达（Jacques Derrida）、吉尔·路易·勒内·德勒兹（Gilles Louis René Deleuze）、米歇尔·福柯（Michel Foucault）等人的思想研究，从宏观层面梳理了后现代主义的发生、嬗变过程及主要特征。此外，该部分还将后现代主义的发展纳入多元文化语境中，将后现代的一些特征，如“延异”（différance）、“非连续性”（discontinu）、断裂（rupture）、主体危机（crise du sujet）等与自由主义的影响和联系作了较为深入的分析。第二部分题为“文学中的后现代主义”，主要从微观层面分析了一些法国当代小说家，如米歇尔·布托尔（Michel Butor）、阿兰·罗伯 – 格里耶（Alain Robbe-Grillet）等人作品中的后现代主义思想和艺术，较为完整地勾画了法国后现代主义小说的发展轨迹，亦对后现代主义文学与自由主义之间的互动有见地很高的论述。遗憾之处是该书的阐述范围仅限于法国当代小说，加上篇幅有限，因此也未能对法国后现代主义文学中的自由主义思潮进行更为深入的探讨。

加拿大学者雅克·拉默特（Jacques La Mothe）的论文集《布托尔探视》（*Butor en Perspective*）以全新的视角论述了新小说重要作家布托尔对绘画、雕塑、音乐等艺术的汲取，详尽地分析了布托尔小说中的造型艺术因素，尤其是绘画因素。其中，论及布托尔的一些作品时，他还对新小说与时代、社会、思想、文化的关系作了较为深刻的论述，用社会历史研究的方法将其中的某些现象与自由主义精神作了比较。但是，该书的研究对象侧重一个作家，未能从整体性的视角对法国后现代主义文学与自由主义进行审视。

此外，让-克洛德·吉波（Jean-Claude Guillebaud）、阿兰·图雷纳（Alain Touraine）、伊曼努尔·瓦勒斯坦（Immanuel Wallerstein）等人也在他们的论著中[①]从不同角度论及了法国后现代主义文学与自由主义的渊源，针对“自由的现代性”“自由与断裂的现实”“自由主义的重建”等问题谈及了自己的看法，精当之处不容否认，亦给学界和读者带来了启示。但这些著述没有对法国后现代主义文学与自由主义的关系作更多层面的探究，且基本没有提及自由主义在艺术表现方面对后现代主义文学所起的作用。总体说来，西方学界对这个论题的研究不多，影响较大者则更为罕见。

第二，自由主义与后现代主义文化研究。

美国学者艾略特·耶鲁·尼门（Elliot Yale Neaman）撰写的论文[②]从阐释学视角入手，对自由主义与后现代主义作了平行研究，指出后现代阐释学的无中心和多元价值取向使得价值评判标准不甚清晰或全然模糊，从而使人们不再拘泥于传统观念，思想意识得到了彻底解放，同时对自身也有了更加深刻的了解，这一切都与自由主义精神息息相关。涉及这一话题的研究成果还有苏珊·J. 海克曼（Susan J. Hekman）、罗伯特·霍林格（Robert Hollinger）、布莱斯·R. 阿尔巴尼（Brice R. Albany）等学者[③]，他们的论著对自由主义与后现代阐释学之间相似的人文境况作了解说，指出后现代主义揭示了新时代和新社会中的人的异化，人的自由精神在工业文明的侵蚀下几乎消失。而后现代主义的特征之一是对整体性和同一性的抗拒，这将迫使文学的种种陈规和语言结构发生根本性的转换，文学文本的中心话语权利遭到削弱，读者也因此在主观精神方面重获自由。这些研究成果的优点是论述角度新颖，论证较为严密和深刻，不足之处是将整个西方现代文化加以观照，触角太过宽泛，仅把后现代主义文学当作后现代主义思潮的附庸而顺带概述，基本没有提及法国后现代主义文学。

英国学者尼格尔·泰勒（Nigel Taylor）在其著作[④]中描述了第二次世界大战结束后的城市规划理论发展史，透过西方社会城市规划理念发生的

---

① Jean-Claude Guillebaud. *La Trahison des Lumières, Enquête sur le Désarroi Contemporain*. Paris: Seuil, 1995; Immanuel Wallerstein. L'Après Liberalism. In *Essai sur un Système-monde à Réinventer*. Paris: L'Aube, 1999.

② Elliot Yale Neaman. Liberalism and Post-modern Hermeneutics. *Critical Review*, 1988 (2): 149-165.

③ Susan J. Hekman. *Hermeneutics and the Sociology of Knowledge*. Notre Dame: University of Notre Dame Press, 1986; Robert Hollinger. *Hermeneutics and Praxis*. Notre Dame: University of Notre Dame Press, 1985; Brice R. Albany. *Hermeneutics and Modern Philosophy*. New York: State University of New York Press, 1986.

④ Nigel Taylor. *Urban Planning Theory Since 1945*. London: Sage Publications Ltd., 1998, p.169.

巨大变化，肯定了大城市生活的多样化和多元化以及由此带来的选择自由。笔者指出，这种赞美大城市生活的后现代主义价值观将后现代主义和自由主义联系到一起，因为这类城市呈现出多元社会的雏形，人们在其中可以充分展示自由的理念，凭借自由选择来实现自我，这也正是自由主义者的不懈追求。然而，该书主要关注的是后现代主义理念在西方城市文化中的贯彻和表现，仅仅顺带论述了后现代主义与自由主义的关系问题，给人以浅尝辄止的感觉。

第三，自由主义与后现代主义理论研究。

英国文艺理论家、文学批评家特里·伊格尔顿（Terry Eagleton）站在马克思（Marx）主义政治理论的立场上，在其出版的两部著作[①]中秉承法兰克福学派“人的自由主要就是对意识形态进行揭露与批判的过程”的观点，对后现代主义的思想风格和文化观念作出了独到的分析和评价。这两部著作中有部分篇幅将后现代主义与自由主义结合起来论述，观点新颖，论证严密，独树一帜。不过，这两部著作较少涉及后现代主义文学，且其中将后现代主义看作自由主义与社群主义两者负面结合的观点失之偏颇。

美国学者斯蒂文·贝斯特（Steven Best）和道格拉斯·凯勒（Douglas Keller）的合著《后现代理论：批判性的质疑》（*Postmodern Theory: Critical Interrogations*）透析了后现代主义的起源及发展，分类整理了后现代主义的各种思想、观念，以重建批评理论的视野评价了后现代理论的积极贡献，也恰如其分地分析了后现代思想的某些弱点，同时还论及了自由主义、马克思主义等批判性理论与后现代理论之间相同与互补的优势。该书中不乏基于史学研究的严密分析，亦有对后现代主义功过得失的独到见解。不过，该书对自由主义谈论不多，也较少论及文学问题，因此相关论述尚欠完整。

美国学者马泰·卡林内斯库（Matei Calinescu）的著作列举了丰富的实例，对“现代主义”“先锋派”“颓废艺术”“媚俗文学”和“后现代主义”五个基本概念的来源、演变过程及现状进行了详尽的论述，并从美学角度进行了深入分析，提出后现代主义最令人称道的特性在于它的斗争精神，而这种精神与自由主义不谋而合。他在书中写道：后现代攻击启蒙运动的合理性和普遍主义，后现代还重视相对主义、多重视角、差异和特殊性，其起源很大程度上来自对西方思想的哲学批判。它开始于弗里德

① Terry Eagleton. *The Illusions of Postmodernism*. Oxford: Blackwell, 1996.
Terry Eagleton. *The Idea of Culture*. Oxford: Blackwell, 2000.

里希·威廉·尼采（Friedrich Wilhelm Nietzsche），通过约翰·杜威（John Dewey）、路德维希·约瑟夫·约翰·维特根斯坦（Ludwig Josef Johann Wittgenstein）、马丁·海德格尔（Martin Heidegger）以及作为特殊政治经验的女权主义而得到延续。因此，存在着一种离开真理、确定性、普遍性、本质和系统的现代话语以及拒斥自由与解放宏伟叙事的转向。[①]作者特别指出，后现代思想虽然具有反对形而上学、本质主义、理性主义、一元论和决定论等理论倾向，却仍从西方传统思想和哲学中有所汲取，这其中自然也包括自由主义思想。当然，该书不是一部研究文学的专著，因而没有（也不可能）对后现代主义文学尤其是法国后现代主义文学加以特殊关注。

自由主义和后现代主义理论在中国的传播已有数十年的历史，其间出版了多种关于自由主义和后现代主义的译文集和研究著作，相关论文更是难以计数。中国学界对自由主义较为深入的研究始于20世纪80年代后期，到了90年代末，自由主义作为一种学理立场的公开言论开始浮出水面。一些研究者以汉语政治哲学界少有的敏锐眼光触及了自由主义学说的诸多方面，西方自由主义经典著作也相继翻译出版。[②]还有不少研究者对自由主义与中国文学的关系作了颇有创意的研究。[③]而后现代主义直到改革开放后才被引入中国，于20世纪80年代后期逐渐在思想界和学术界流行。20世纪90年代，中国学者开始发表大量关于后现代主义的学术论文和文章，一批译介、研究后现代主义的论著也相继出版。[④]很多学者用后现代主义视角对中国文学给予观照，其中陈晓明的著作[⑤]至今依然是这个领域难

① 马泰·卡林内斯库，《现代性的五副面孔——现代主义、先锋派、颓废、媚俗艺术、后现代主义》，顾爱彬、李瑞华译，北京：商务印书馆，2003年，第299页。

② 这方面值得一提的著作包括：李强，《自由主义》，北京：中国社会科学出版社，1998年；刘军宁，《共和·民主·宪政——自由主义思想研究》，上海：上海三联书店，2000年；顾肃，《自由主义基本理念》，北京：中央编译出版社，2003年；袁祖社，《权利与自由》，北京：中国社会科学出版社，2003年；杨令飞，《近代法国自由主义研究》，长春：吉林大学出版社，2006年。

③ 具有代表性的论著有：刘川鄂，《中国自由主义文学论稿》，武汉：武汉出版社，2000年；李火秀，《诗意回归与审美超越：中国现代自由主义文学研究》，杭州：浙江大学出版社，2012年；胡明贵，《自由主义与新文学现代性品格》，北京：人民出版社，2013年；等等。

④ 仅北京大学出版社就出版了：王岳川、尚水，《后现代主义文化与美学》，1992年；王岳川，《后现代主义文化研究》，1992年；赵祖谟，"中国后现代文学丛书"，1994年；王宁，《多元共生的时代》，1994年；等等。

⑤ 陈晓明，《无边的挑战》，北京：时代文艺出版社，1993年；陈晓明，《解构的踪迹：历史话语与主体》，北京：中国社会科学出版社，1994年。

以超越的理论文本。[①]江腊生的专著[②]主要研究后现代主义在中国着陆的文化内因以及本土文化如何接受和应对的问题，厘清了后现代主义对中国文学的影响踪迹，对中国当代文学的精神脉络和走向提出了独到的见解。中国学界已有的关于这两种思潮的探索诚然为研究者和读者提供了一种全新的视野，其意义和作用不言而喻。

当前，关于这两种思潮的讨论在中国学术界仍有余温，而且早已跨越译介的阶段，进入中国问题和中外文学问题的研究。然而，对于自由主义与法国后现代主义文学的关系这一课题，中国学界至今仍缺乏较为深入、系统的研究成果。有鉴于此，本书意欲填补空白，拟在思想史和文学史的范围内，通过对理论的探索、史实的梳理和经典文本的分析，评述法国后现代主义文学在世界多元文化语境中的发生和生成机制，阐释法国后现代主义文学与自由主义社会文化思潮之间的关系，力图准确而系统地把握法国后现代主义文学思想和艺术的整体特质，继而相互对话，提出自己的观点并详加论证，以期对这一问题进行比较全面而深入的考察。

二、本书的研究方法、主要内容和创新之处

（一）本书的研究方法

本书以辩证唯物主义和历史唯物主义为指导，主要运用社会历史研究方法，吸收现代语言学、接受美学和新批评的研究成果，充分参考中外学界现有的法文、英文和中文研究成果，以哲学和“大文化”的视野对自由主义、后现代主义社会文化思潮和法国后现代主义文学给予观照；捕捉并归纳自由主义和后现代主义当中一些具有根本性的现象；重点追溯、挖掘、审视法国后现代主义文学现象和作家文本中自由主义的表象、特征并研究自由主义与法国后现代主义文学之间的对立与互动关系；进而梳理、分析、评价自由主义之于法国后现代主义文学的独特人文价值和审美价值。

（二）本书的主要内容

前言部分介绍了本书的研究目的和内容、基本思路和方法，亦对与课题相关的欧美和中国学界的研究成果进行了梳理，对其中的功过得失作了尽可能客观的点评，并指出了该研究有待拓展的空间。本书的主体内容大致可作如下划分：

---

①李扬，《冒险的迁徙：后现代主义在中国的传播》，载《开放时代》，2006（6），128~132页。
②江腊生，《后现代主义踪迹与文学本土化研究》，济南：齐鲁书社，2009年，第170页。

第一部分（第一章）对自由主义和后现代主义理论进行概括性研究，涵盖两种社会文化思潮的发生背景、理论基础、发展变化特点及共同特征的分析。该部分旨在为本书的全面讨论厘清概念，界定探讨的主题和范围，并从两种思潮的最高社会价值和终极理论及实践追求、理性与非理性的辩证关系及后现代主义与人文精神等几个方面对自由主义与后现代主义思潮之间的互动关系作了概述。

第二部分（第二章）涉及法国后现代主义文学的总体研究，从宏观层面描述法国后现代主义文学的发生和发展过程，对后现代主义文学的主要审美特征作了比较详尽、深入的分析；从总体上评判了后现代主义文学作品的价值观念与社会作用；说明后现代主义文学不再追求作品的终极价值，更关注审美的超越性，写作已经变成对语言结构的颠覆活动，而写作方式的深刻革命与后现代思想方面的革命有着明显的一致性。这一部分还大致划定了法国后现代主义文学的主要流派和作家、作品的范围，截取其中个案，将描述和阐释相结合，揭示后现代主义文学与自由主义思潮的双向互动，挖掘后现代主义文学内部的自由主义观念，探讨法国后现代主义文学新机制的自由主义实质。

第三部分（第三章全第八章）以自由主义和后现代主义理论为参照，研究后现代主义文学理论与创作实践两个方面的成果，探索法国后现代主义文学流派中主要作家的理论和创作实践，剖析存在主义文学、荒诞派戏剧、新小说、新浪潮电影、后现代主义文艺美学以及上述流派之外的某些作家创作中的自由主义要素，揭示自由主义对法国后现代主义文学的重要影响。此部分在描述和阐释相结合的层面上，借助理论思辨和文学诗学，结合具体的文学文本细读，探究诸如文学与自由、自由主义与主体意识、自由主义与后现代主义文学的异质同构性、自由主义与荒诞性、自由主义与“物化”和“异化”、自由主义与“解构”和“建构”、自由主义与“互文性”、自由主义与后现代叙述策略等问题，进而表达笔者对这些问题的一孔之见。每一章的最后一节针对某一作家或某一作品进行专题研究，以点带面地引出对于自由主义与后现代主义的深入思考。

第四部分（第九章、第十章）主要关注法国后现代主义文学对自由主义思想、理论的汲取及其对现当代西方自由主义理论发展的积极作用，重点讨论自由主义对“人性”的深入挖掘和具体呈现、催生后现代主义的非理性意识萌动和文学范式的反叛与革新三个问题，审视自由主义对法国后现代主义文学中某些创作原则、表现主题、艺术形式、艺术手法、观念形态的特殊贡献。本部分还从法国后现代主义文学的具体创作着眼，指出后现代主义文学中呈现的“自由”与“制约”关系和关于道德话语的“重建”正是在新时代、新形势下对自由主义理论创新的发展。

结语部分基于全书对自由主义和后现代主义从理论到实践的全面观照以及对其积极意义和负面效应的辨析，对引言中提出的、之后分析或论证的问题加以综合概括并作出呼应。此外，本部分还涉及研究成果的理论和应用价值，指出该领域有待深入思考的一些问题，并提出某些切实可行的研究设想。

（三）本书的创新之处

1. 自由主义和后现代主义的平行考察。自由主义虽在其发展过程中不断强调某些重点，然其所认同和主张的基本原则却始终如一，而“自由”就是这种思潮的核心原则或首选价值。后现代主义虽无被广泛认同的纲领和宣言，但推崇自由、提倡差异以及各种不同标准的宽容则是其公认的重要特征。后现代主义透过对传统理念和实践的颠覆，为当代世界带来一套追求人类自由的全新价值观；它力图摒弃科技理性的负面效应，以人性作为尺度对现实世界进行具有深度和广度的揭示，于“异化”中促使人的本质复归，同时强烈呼唤人文精神的重建。由此可见，“自由”的理念正是这两种思潮的最高社会价值和终极理论与实践追求。从摧毁与重建的层面来看，后现代主义倾诉的为多数个体争取自由与平等的心声与自由主义反对强制、追求个人物质生活和精神生活自由的举措毫无二致，它们实质上已经形成了一种良性互动、相辅相成、相互扬弃和相互超越的关系。

2. 理性与非理性的辩证关系。按照中外学界多数人的观点，自由主义当属理性学说，而非理性则是后现代主义和后现代主义文学的归依。但不可忽视的是，理性与非理性之间亦存在着辩证关系。除了非理性的因素之外，后现代主义亦包含理性的成分；而自由主义当中也不可排除非理性的文化批判倾向。此外，理性的形态也会随着时代的变异而产生相应的发展变化。传统理性主义坚信理性是人类探索客观世界、寻求行为规范的普遍原则，如此方能建立一个公平、正义、尊重人类尊严的社会，进而实现对自由的终极追求。后现代主义采取“怀疑一切”的态度，反对以单一理性为中心，反对条条框框的约束，倡导以一种平和的心态来分析事物、带有个性地理解一切、自由地质疑批判一切的精神。传统的理性主义观点受到了前所未有的挑战和质疑。后现代主义思想家认为传统的理性概念已经不合时宜，无法穷尽意识和真理的多样形式，因而提倡包容异己，倡导多元化、多样化的趋向。由此看来，后现代主义坚持对理性的批判和质疑不是简单地拒绝理性，而是蕴含着对传统理性改造的意图；不是片面抛弃理性，而是要避免理性的滥用。法国后现代主义文学以富有特色的情节、人物形象和表现手法揭示了传统理性的局限性和负面作用，同时也表现出一种意欲摒弃科技理性的负面效应的更为清醒的理性，这种理性与自由主义奠基其上的理性异曲同工。

3. 法国后现代主义文学是自由主义在文学领域的一种实践。本书结合对法国后现代主义文学流派、作家、作品的宏观考察和微观分析，说明后现代主义文学秉承自由主义的根本，以人性的尺度来对现实世界进行深入的揭示，对当今社会中人的“异化”现象进行尖锐的批判，从而弘扬了人的自由和尊严，对自由意志进行了坚决肯定和不懈追问，道出了为多数个体争取自由与平等的愿望，在对当代社会和文化的批判中展示了人文情怀，表现了后现代主义文学与自由主义的相通之处，体现了自由主义的核心价值。由此可见，法国后现代主义文学是自由主义在现当代西方文化中的一种实践，而这种实践在一定程度上也彰显了文学的“人学”价值，使得人类借助这种价值来实现自由的本质，而且也丰富了现当代自由主义的思想内涵，显露出自由主义思潮独特的人文精神和审美意蕴。

4. 自由主义与法国后现代主义文学的基本倾向。法国后现代主义文学试图对传统文学的思想观念和清规戒律进行清算，力主文学表现内容和艺术形式的彻底自由，皆因承袭了文学自由主义的创新精神。换言之，自由主义的积极作用自始至终与法国后现代主义文学的发生、发展过程如影随形。根据后现代主义的观点，自由既是文学的源泉和起点，也是文艺的目标和归宿。文艺创作是实践人自由的一种重要方式，作为创造性自由表现的文艺作品应该反映人与世界的关系，以其特有的方式显示人的整体状况。[①]后现代主义文学在表现形式上有助于个人突破自身并获得自由，体现了人类超越现状和追求自由的生命本性，同时也以审美的方式显示了人的自由性，通过自由把艺术与人类的命运联系起来。后现代主义文学对种种强制性约定或规则的反抗与后现代主义思想家极力推崇的“非合法性”如出一辙，生动体现了文学艺术的本质。如此看来，后现代主义作家以审美创造的方式实现超越和追求精神自由，而读者则通过文学作品以审美想象

①让 - 保尔·萨特，《萨特文学论文集》，施康强等译，合肥：安徽文艺出版社，1998 年，第 115 页。

的方式实现超越并获得自由，最终趋向任意而多样的且与精神自由相关的境界。

5. 自由主义和法国后现代主义文学的相互贡献。本书从两种社会文化思潮的发展路径中梳理出自由主义和后现代主义的共性特征并对其进行概括，深入论述了自由主义对法国后现代主义文学的独特贡献。法国后现代主义作家受到自由主义理念的影响，不再停留在对人的外部行动的描摹上，也不再停留在对人的一般情绪的描绘上，而是充分深入人与物、人物的言与行、理性与非理性、意识与无意识的复杂纠葛中，去探寻人性的奥秘或揭示人性的种种特点。自由主义的非理性文化批判倾向亦催生了后现代主义文学中的怀疑精神，后现代主义作家将重新审视作为其文学理论和实践的基调。后现代主义作家还继承了自由主义在文学方面的重要特质，打破僵化的戒律，大力弘扬文学领域的各式创新。后现代主义在文学、文化等领域的重要实践也在一定程度上对自由主义理论加以补充、修正和发展，使之与时俱进。

综而观之，对自由主义与法国后现代主义文学进行较为深入、系统的结合研究是一项极具挑战性的工作。笔者选择的研究文本以法文为主，也参照了部分中文译本，而且努力汲取这一领域中的法文、英文和中文文献，去芜存菁。笔者拟通过对自由主义和后现代主义相关文本和研究资料进行剖析，从自由主义与后现代主义对立和互动的视角展开研究，力争做到理论联系实际，分析客观、真实，展示两种思潮和法国后现代主义文学多层面的发展轮廓和主要特征，借以抒发自己的见解。本书的研究目的可作如是归纳：经由自由主义和法国后现代主义文学的比较，力求从一个独特的角度出发，对法国后现代主义文学作相对系统的梳理，透过对两种社会文化思潮的辩证审视，论证自由主义之于法国后现代主义文学的重要作用及其与法国后现代主义文学各流派的关系，挖掘法国后现代主义文学中自由主义思潮独特的人文价值和审美价值，并审视其对自由主义发展的特殊贡献。虽然本书的研究范围有限，但仍能以窥一斑而知全豹的方式展现法国文学、法国文化及西方文化的丰富多样性，为中国读者提供一份可以参考的学术文献。

目　录

第一章

自由主义和后现代主义思潮评析

自由主义源自西方，是近现代欧美的一种重要的意识形态，也是在长期的历史演变过程中形成并发展的一种重要的思想道德和政治价值观念。本章为全书提供包括概念厘清在内的理论前提，并界定论著探讨的主题和范围，亦评述自由主义与后现代主义思潮之间的互动关系。

第一节　自由主义的理论内涵与核心理论主张

自由主义思潮代表人物众多，理论灵活多变，歧见纷呈。自由主义“是所有概念中最不确定、最难以被准确理解的术语”[①]。时至今日，国内外学界均无法给予权威性的界定。虽然自由主义思想家的观点各异，但是他们的诸多看法仍具有共同点和普遍性，具有区别于其他思潮的普遍形态和理论共识。

一、自由主义的发生与发展回溯

自由主义的源头可以追溯到古希腊时期，其古代渊源是自然法学说和社会契约论，而这两大学说在古罗马时期又得到了进一步发展。中世纪对自由主义的贡献主要在于将自然法的精神变得更贴近人的自然本性，从“自由”“平等”“财产”等观念出发，反对某些阻碍追求自由的专制制度。

自由主义作为一种完整的观念出现于文艺复兴时期，其间倡导的“以人文本”的人文主义精神与自由主义的本质不谋而合。人文主义还竭力宣扬“自由”“平等”“博爱”等观念，反对禁欲主义，鼓吹个性解放和人类本性，对自由主义的发展起到了推动作用。

① 李强，《自由主义》，北京：中国社会科学出版社，1998 年，第 14 页。

自由主义的系统理论始于17世纪，其奠基者当推约翰·洛克（John Locke）。洛克学说奠定了自由主义的两大基石：一是个人自然权利理论；二是主权在民理论。根据洛克的观点，在诸种自然权利中，生命、自由、财产权利构成了基本的人权，它们不可转让，不可剥夺，他将人类理性置于至高无上的地位。此后，自由主义逐渐成为西方思想界的主流意识形态。

“自由主义”一词于1707年由英国坎特伯雷大主教首次使用。[①]而另一说法是，第一次使用该词的是在1801年的西班牙议会中主张英国式宪政的自由党，用以表示该党派在政治上的折中态度。1822年，英国文学家拜伦（Byron）、雪莱（Shelley）等人创办了一份名为《自由主义》的文学刊物，但影响甚微。直到19世纪40年代，英国辉格党人和激进派组成自由党之后，“自由主义”一词才开始在英国流行。[②]尔后，“自由主义”在欧洲、北美广泛流传，成为资产阶级思想流派的一个代名词。

18世纪是法国自由主义发展的高峰时期，代表人物为孟德斯鸠（Montesquieu）、伏尔泰（Voltaire）、让－雅克·卢梭（Jean-Jacques Rousseau）等。19世纪的法国自由主义则是以卢梭为代表，经过本杰明·贡斯当（Benjamin Constant）、阿历克西·德·托克维尔（Alexis de Tocqueville）等人的改造，并融合了英国式的自由主义精髓而形成的一种有自身特色的自由主义。19世纪的法国自由主义在某种程度上可以说是对18世纪的法国自由主义的继承，不过其理论更为系统，论证更加严密，实践亦更具典范性和示范性。法国自由主义的基本观点为：自由至高无上，个人应该拥有独立于国家和社会约束之外的自由。因此，与同时期的英国自由主义相比，思想自由是法国自由主义最显著的特征。

20世纪的自由主义亦被称为现代自由主义，它继承了先前自由主义的传统，保持了自由主义的基本特征，其代表人物有托马斯·希尔·格林（Thomas Hill Green）、伯纳德·鲍桑葵（Bernard Basanquet）、里奥纳德·特里劳尼·霍布豪斯（Leonard Trelawney Hobhouse）、杜威等。他们从维护资本主义制度着眼，主张在新的历史时期尊崇个人自由，调和社会矛盾，提倡自由竞争，认为个人自由应与社会发展协调一致。两次世界大战限制了现代自由主义在欧洲的传播，但其思想原则却在北美得到了体现。约翰·罗尔斯（John Rawls）以新契约论和伊曼努尔·康德（Immanuel Kant）的自由主义哲学为基础，对福利国家、公正分配、个人权利等问题作了深

①罗德·阿克顿，《自由与权力》，侯健、范亚峰译，北京：商务印书馆，2001年，第364页。
②李强，《自由主义》，北京：中国社会科学出版社，1998年，第16页。

刻论证和分析，他对自由主义基本原则的完整阐述和全面论说使现代自由主义理论得到了极大丰富。20 世纪 70 年代以后，随着“福利国家”政策的破产，以弗里德里希·哈耶克（Friedrich Hayek）等人为代表的以恢复古典自由主义为主要内容的保守主义理论逐渐兴起，这种理论也被学界称为“新古典自由主义”（neo-liberalism）。现代自由主义经历了 20 世纪前期与中期的发展以及末期同保守主义、社群主义等思想的激烈论争，日益彰显出其倡导积极、平等的个人自由和多元主义倾向，这些倾向也使“自由主义在二十一世纪的发展趋势”①更加显明。

总之，自由主义的发生和发展与自由资本主义的市场经济和工商业阶级的价值观念密切相关。然而，从社会生活方面审视，自由主义也是西方文明世俗形式的发展，它的基本精神已经渗透到社会生活的主要领域。自由主义不仅是“民主政治”的一种形式，同时也是人类组织和建构社会生活模式的一种基本思路和方法。②随着时代的发展，自由主义已不完全是大资产阶级或达官显宦的意识形态，而是西方各阶层人们追求“自由”“自主”“平等”的社会价值观念和选择社会生活内容及生存方式的明确的理论指导，它在西方意识形态领域和社会政治及文化生活中发挥着重要作用，并产生了深刻影响。

二、自由主义的理论内涵

随着历史的发展，自由主义经历了复杂的演进过程，始终处于变化之中。尽管如此，自由主义理论中仍然存在着有别于其他理论或学说的内在一致性。自由主义是一种主张实现自由社会的思想体系，这是一切自由主义理论的共同点，也由此蕴含着实现自由社会必须解决的三大问题——自由的价值、自由的原则和自由的实践。

自由是人实现自我最根本的条件和途径。从这个意义上说，以自由作为人类最高价值的自由主义可谓是完备的、科学形态的自由主义。“自由的理念是最高贵的价值思想，是人类生活中至高无上的法律。”③既然如此，人们只有生活在自由的社会中，才算获得了真正的自由。具体来说，自由主义既是指导政府所有行为的原则体系，同时也是一切社会治理的道德原则体系。它强调人生而享有游离于社会结构之外的自由权利，而且这

---

① 吴春华,《当代西方自由主义的发展趋向》，载《教学与研究》，2001（11），58~63 页。

② 乔治·霍兰·萨拜因,《政治学说史（下册）》，刘山等译，北京：商务印书馆，1986 年，第 810 页。

③ 罗德·阿克顿,《自由与权力》，侯健、范亚峰译，北京：商务印书馆，2001 年，第 310 页。

些权利神圣不可侵犯。为了实现个人的自由权利和维护社会的稳定，还必须提倡法律的至上权威，将其视为维护自由的有效工具。[①]在伦理方面，自由主义反对一切欺诈、暴力和压迫，主张以合法的防卫形式来对付侵害，认为个人行为的结果和个人的选择只应由个人负责，其实质在于关注社会正义，探讨个人与他人、个人与群体之间的关系问题，协调个人与社会的关系，阐明自由的社会意义。在认知方面，自由主义从未将视角局限于具体的领域，而是要发展出一整套关于个人、国家和社会的基本理论。它坚持个人自由的至关重要性，但也秉承普遍理性的观点，提倡依据普遍利益来制定法律、道德、宗教、经济、政治等规范，确保个人自由的贯彻与实现。

三、自由主义的核心理论主张

（一）自由——自由主义的首选价值

“自由主义理论家将自由视为自由主义的首选价值”[②]，盖因自由不仅具有从根本上保障社会中每个个体追求个人幸福和实现个人价值的功能，而且也是个人意志和个体生命意义的体现。

自由这一价值理念的确立并非一蹴而就。从洛克到康德再到卢梭，自由主义理论家始终坚持人类应自然地处于一种完全自由的状态的基本观点。法国大革命中通过的《人权宣言》（“La Déclaration des Droits de l’Homme et du Citoyen”）开宗明义地指出，“在权利方面，人们生来是而且始终是自由平等的”[③]，这显然是对卢梭“人生而自由，却又无时不在枷锁之中”这一感叹的呼应。《人权宣言》还明确列出了自由、财产、安全和反抗压迫等基本的人权，强化了以法国大革命为代表的“自由”“平等”“博爱”的观念，是那个时代自由主义发展到巅峰的产物，集中体现了自由主义的首选价值。[④]

19 世纪，自由主义思想家贡斯当在区分古代自由和现代自由的基础上，透过现代人追求个人生活独立性和个人价值实现的事例，说明“个人独立”已经成为现代人的第一需要。现代人追求的是不受政府强制、不受政治权力干预的私人生活领域。此外，现代人的自由首先表现为一系列受

---

①王海明，《论自由主义》，载《人文杂志》，2006（4），7~18 页。

②伯纳德·鲍桑葵，《关于国家的哲学理论》，汪淑钧译，北京：商务印书馆，1995 年，第 49 页。

③La Déclaration des Droits de l’Homme et du Citoyen. 2nd. ed. In *Que Sais-Je?*. Paris: Presse Universitaire en France. 1989, p.3.

④杨令飞，《近代法国自由主义研究》，长春：吉林大学出版社，2006 年，第 45 页。

法律保护的个人权利。[①]关于法国大革命中人民对自由的强烈追求，托克维尔写道："某些民族越过千难万险顽强地追求自由。他们热爱自由，并不是因为自由给他们什么物质利益；他们把自由本身看作一种宝贵而必需的幸福，若失去自由，任何其他东西都不能使他们得到宽慰；若尝到自由，他们就会宠辱皆忘。"[②]法国大革命之后，人们逐渐忘却了自由追求，出于对这种现象的不满，托克维尔借机重申了自由主义的首选价值。

现代自由主义主张国家与个人权利的关系应以道德理论为基础。托马斯·希尔·格林认为，个人权利是人类的道德本性，源于人的自身，但个人必须成为国家的一员，其权利必须得到国家承认和保护。[③]而在霍布豪斯看来，"国家应该为每个人的发展提供更多更好的社会条件，应该通过给予个人更多的安全保障为个人争取更大的自由"[④]。不过，现代自由主义仍然承认自由的首选价值，承认自由为独立的个人所拥有，否定为某种善业和福祉而牺牲个人自由的做法，认为自由应不断鼓励个人的独创性，而非倡导个人的一体化，这就突显了自由的多样性和差异性特征。自由主义极力推崇自由的价值，但也要求权利的行使和个人的自由都必须纳入法治的轨道。

应该特别指出的是，思想和言论自由是"自由"这个首选价值中极其重要的题中之意。"思想自由是指一个人进行思考，形成一定主张、意见和想法的权利。与信仰自由、表达自由、宗教自由、学术自由、出版自由等权利有密切的联系。思想自由强调个人内心活动的自主性，它是保证公民依照自己的世界观和思维能力进行独立思考和独立判断，做出各种自主性行为的基础。"[⑤]人作为会思想的动物，思想自由亦是人的天赋权利，每个社会成员都应享有创造和传达思想的自由。约翰·密尔（John Mill）指出：为使一般人都能获致他们所能达到的精神体量，思想自由是同样或者甚至更加必不可少。在精神奴役的一般气氛之中，曾经有过而且也会再有伟大的个人思想家。可是在那种气氛之中，从来没有而且永不会有一种智力活

①本杰明·贡斯当，《古代人的自由和现代人的自由之比较》，李强译，见《公共论丛·自由与社群》，北京：生活·读书·新知三联书店，1998年，第300页。

②阿历克西·德·托克维尔，《旧制度与大革命》，冯棠译，北京：商务印书馆，1997年，第203页。

③袁祖社，《西方自由主义批判性考察》，载《山东师范大学学报（人文社会科学版）》，2002（6），27页。

④同上。

⑤王家福、刘海年，《中国人权百科全书》，北京：中国大百科全书出版社，1998年，第551页。

跃的人民。李大钊也有类似的看法："思想是绝对的自由，是不能禁止的自由，禁止思想自由的，断然没有一点的效果。你要禁止他，他的力量便跟着你的禁止越发强大。你怎样禁止他、制抑他、绝灭他、摧残他，他便怎样生存发展传播滋荣。因为思想的性质力量，本来如此。"[①] 人类新的进步理念由人类自身创造，同时也由人类自身进行传播。如果扼杀了思考和言论的自由，就等于扼杀了思想，扼杀了人类进步的种子，而且人类社会的所有进步都与观念、思想的多元化密切相关。与生物学上的变异类似，新的思想和文化也可被看作一种对传统的变异。如果扼杀了变异，人类社会只会停步不前。只有在多元化的状态下，人类才能够不断取得进步。

（二）平等——自由主义的基本原则

历史上许多自由主义思想家都从不同角度论证过自由主义的平等原则。托马斯·霍布斯（Thomas Hobbes）、洛克等人提出"人生而平等"的口号，认为无论是在自然条件下，还是在人类社会中，人们都享有与生俱来的自由和平等权利。伏尔泰也说过："一切享有各种天然能力的人，显然都是平等的；当他们发挥各种动物机能的时候，以及运用他们的理智的时候，他们是平等的。"[②]

19 世纪，法国自由主义思想家同样高举平等的旗帜，贡斯当、弗朗索瓦·基佐（François Guizot）和空论派理论家赞同"所有人全都拥有同等理性意志和同等道德价值的观点，反对任何人将其他人当作实现自己目标的手段"[③]。应该明确的是，这些自由主义者所信奉的是权利的平等，而非结果的平等，他们的观点在一定程度上印证了埃德蒙·柏克（Edmund Burke）的名言——"人人享有平等的权利，而不是平等的东西"[④]。总体来说，平等的权利主要包含三个方面的内容：一是政治平等，即公民人人都拥有选举权和被选举权，但不可能对公共事务有均等的决策权；二是经济平等，即在财产权和经济自由面前人人平等，但不可能拥有同等数量的财富；三是社会平等，即在法律面前人人平等，享有同样的身份和尊严，享有同等的价值与权利。

20 世纪，自由主义思想家萨尔温·萨皮罗（Salwyn Schapiro）对自由主义与平等原则的关系作了如是论证：

①李大钊，《李大钊文集（下）》，北京：人民出版社，1984 年，第 7 页。
② Voltaire. *Lettres Philosophiques*. Paris: Seuil, 1980, p.73.
③杨令飞，《近代法国自由主义研究》，长春：吉林大学出版社，2006 年，第 49 页。
④同上。

平等是自由主义的另一条基本原则。自由主义宣布所有人一律平等。当然，不应忘记，这种平等并不意味着所有人有同样的能力、同样的道德理解力或同样的个人魅力。它的含义是，所有人在法律面前有同等的权利，有权享受同等的公民自由。任何法律都不得授予一些人特权或强加给另一些人特殊的歧视；不论一项法律的目的是援助、保护或惩罚，它必须对所有人一视同仁。自由主义向所有特权发起无休止的攻击，不管这些特权是基于出身、财富、种族、教义或性别。在自由主义看来，这些特权是对个人发展的人为障碍。①

综上所述，自由主义的真正精神就是每个人都有权通过自己的努力和能力获得权益，在人格上都具有同样的价值，而社会应该向全体公民提供政治、经济、生活、文化等各个方面的机会。虽然权利的绝对平等尤其是结果的平等在当今世界尚不存在，但权利的平等始终是自由主义者竭力追求的一个重要理想。

（三）民主——自由主义的道德保障

在大多数自由主义者看来，自由和民主是两个相互独立又相互关联的概念。民主是建立在所有公民投票和参与政治生活的权利之上的一种制度安排，是保障个人自由最为有效的制度，也是保障个人权利最为合法的制度。在自由主义的发展过程中，自由主义与民主理念的搭配产生了“自由民主”（liberal democracy）这一理念，它是以自由主义为核心的民主形式。根据乔万尼·萨托利（Giovanni Sartori）的说法，“从十九世纪下半叶以来，自由理想与民主理想一直在相互融合……自由主义的种子结出了民主之果……自由主义和民主的会师无疑是一件幸事”②。纵观历史，民主始自古希腊，自由宪政则是近代现象，它发源于英国，尔后传播到美国和英国的其他殖民地，历经近 200 年的演变而成为今天的样式。

在近现代自由主义者看来，自由并非泛泛而谈的随心所欲和不受束缚，而是指当事关人际关系尤其是政治领域的自由时，把来自他人特别是来自政府的强制降低到最小限度。民主则需受制于自由这一核心价值，因为自由是人的道德权利，是人之所以为“人”的不可或缺的资格和条件。此外，自由是国家进步、社会发展的力量源泉，是民族文化扩充、社会财

① 转引自李强，《自由主义》，北京：中国社会科学出版社，1998 年，第 197 页。
② 乔万尼·萨托利，《民主新论》，冯克利、阎克文译，上海：上海人民出版社，2009 年，第 403 页、第 409 页。

富增长、国家制度完善的重要保障。只有在每个公民的自由得到充分保护，每个个体的创造精神得到充分发挥的前提下，社会民主才有真正意义。没有个人自由的民主是未得民主之真谛的民主，是只有躯壳而没有灵魂的民主，严重时必将导致“民粹”的泛滥。因此，自由民主提倡最大限度地谋取大众的利益，个人或集团在参与民主决策时完全可以透过民主的程序，在一定程度上达成各种利益的妥协，以实现自己利益的最大化。

自由与民主是一个问题的两个方面。自由是指人们在遵守秩序的前提下可以发表不同的观点，民主是指人们在确立的秩序下可以探讨种种观点，自由民主最主要的一点就是求同存异。没有自由，民主就无从依存；反之，不可能建立一定权威来协调个人、集团和国家的关系，也不可能最大限度地保护个人的自由和社会的福祉。

（四）个人主义——自由主义的前提和基石

个人主义是与集体主义相区别的一种方法论和价值观，以理性为出发点的个人主义是自由主义的前提和基石。自由主义强调个人的自由和个人的参与，坚信个人自由是个人充分表现和发展的首要条件。

“个人主义”一词源于法文“individualisme”，在西文里的基本含义为“一种视个人为最高实在和最高价值的理论和观念”[①]。个人主义强调人的价值主体，将个人的自我支配、自我控制和自我发展置于极其重要的位置。

19 世纪的思想家斯达尔夫人（Madame de Stael）和贡斯当等人虽未使用“个人主义”这个术语，但他们崇尚德国浪漫主义的“个性”（individualisation），不满足于启蒙思想家那种统一的普遍理性，主张自我的独创性及自我价值的实现。斯达尔夫人主张作家应充分发挥自己的创作个性，为自己自由地开拓全新的领域，而贡斯当的自由主义的核心原则则是个性的全民拓展和个人自由的充分实现。

英国自由主义思想家卡尔·波普尔（Karl Propper）的个体道德价值观思想建立在事实与道德价值二元论思想的基础之上，他提出了批判理性主义关于爱与幸福的异说以及痛苦最小化原则，认为人类当前最紧迫的任务是消除具体的罪恶，以避免或减少痛苦，从而去帮助那些需要帮助的人们。波普尔的价值观是一种典型的个人主义价值观，他认为与利他主义相结合的个人主义已经成为西方文明的根基。[②]

---

①参见 *Dictionnaire Hachette Encyclopédique*. Paris: Hachette Livre, 1998, individualisme 词条。

②欧阳建平，《波普尔伦理思想研究》（博士学位论文），长沙：中南大学，2012 年，第 1 页。

政治自由主义的代表哈耶克认为，个人主义的本质在于从个人活动出发来理解社会现象，而且承认人类只能在自己了解并受到限制的领域内进行活动。重点在于保证每个人的自由，如此方能取得超出个人理性所能预设和预见的结果。[①]他还写道："由基督教与古典哲学提供基本原则的个人主义，在文艺复兴时代第一次得到发展，此后逐渐成长和发展为我们所了解的西方文明。这种个人主义的基本特征，就是把个人当作人来尊重，也就是承认他在自己的范围内，纵然这个范围可能被限制得很狭窄，他的观点和爱好是至高无上的，也就是相信人应该发展自己的天赋和爱好。"[②]哈耶克的这段话表达了两个基本观点：一是个人主义的本体论意义，人的自由即个人自由，人权即个人权利；二是个人自由不能受到他人侵犯，而个人在实现其自由的时候也不能侵犯他人的利益，而且个人自由也不能不受公共权力、法律、责任、义务等制约。不过，一定程度上的"限制"是一种必要之"恶"，旨在成就"一种有助于个人追求自己目标的工具，而非一种用以实现他人目的的手段"[③]，由此就能避免给个人自由带来更大的危害。

简言之，个人主义鼓吹个人价值至高无上，强调自我支配和自我控制，反对权威、宗教、国家、社会对个性发展和个人自由的过度干涉和阻挠，但又不完全排斥这些外在因素的制约，而是将其作为实现个人自由的有效保障。此外，个人主义又是一种价值体系和人性理论。个人主义在承认个人选择时，实际上已将道德感赋予个人了。个人的行为道德与否同个人的选择息息相关，是个体自身的责任所在。将道德原则内化为个人的自觉行为，就可以在维护自己权益的同时，也尊重他人的权益。

自由主义理论的一个基本前提就是把个人自由看作最重要的人生价值和社会价值。尽管自由主义思想家在对个人自由的理解方面观点各异，对实现个人自由的认知方式不尽相同，但在坚持个人自由的绝对性这一基本点上却无任何异议，对自由主义的基本内涵及核心理论主张的认同总体上趋于一致。因此，我们可以将自由主义这一概念进行明确界定：自由主义是一种以个人主义为起点和前提，以社会契约为约定，在此基础上强调人权、平等和民主，把个人自由视为最高社会价值、人生价值与终极追求的理论学说和实践模式。

---

①弗里德里希·哈耶克，《个人主义与经济秩序》，贾湛、文跃然译，北京：北京经济学院出版社，1991年，第4页。

②弗里德里希·哈耶克，《通往奴役之路》，原吾镜译，北京：中国社会科学出版社，1997年，第12页。

③同上，第18页。

第二节　后现代主义的理论基础及其内涵和外延

后现代主义是对现代西方社会和现代哲学的批判与反思，这种社会文化思潮对现代西方社会产生了重大影响，它涉及文学、艺术、语言、历史、哲学等社会文化和意识形态的诸多领域，诞生了诸如德里达、利奥塔、福柯、尤尔根·哈贝马斯（Jürgen Habermas）等代表人物。

一、后现代主义的产生、发展过程及界定

国际学界对后现代主义的发生时间说法不一，争议颇多。

> 由达尔文、马克思、波德莱尔、尼采、塞尚、德彪西、弗洛伊德、爱因斯坦等人的思想形成的那些强大的文化观念至今仍在西方人头脑中起主要作用。然而不可否认的是，这些观念已经被后人重新思考过、修改过，否则，历史将不断地重复自己，永无变化。从这个角度看，后现代主义即便不是二十世纪西方社会富有独创性的思潮，也是对西方文化传统意义深远的修订。①

20 世纪上半叶，就有学者对后现代主义作过早期的界定。1934 年，费德里科·德·奥尼斯（Federico de Onis）在其出版的《1882—1923 年的西班牙和拉丁美洲诗选》（*Anthologia de la Poesia Espanale Hispanoamercana, 1882–1923*）一书中使用过“后现代主义”（postmodernismo）一词。达德利·菲茨（Dudley Fitts）在《当代拉美诗选》（*Anthology of Contemporary Latin-American Poetry*）中也使用过这个词汇。尔后，阿诺德·约瑟夫·汤因比（Arnold Joseph Toynbee）在《历史研究》（*A Study of History*）中用“post-modernism”来说明西方文明从 1875 年开始的一个新的历史循环。②

但大多数学者认为后现代主义的起源通常可以追溯至 20 世纪 50 年代。1959 年和 1960 年，欧文·豪（Irving Howe）和哈利·勒文（Harry Levin）在他们的文章中使用了这个词，把后现代主义看作现代主义运动的一个衰退。利奥塔认为后现代主义是第二次世界大战以来战争和科学技术繁荣的结果；荷兰学者杜威·佛克马（Douwe Fokkema）认为文学中的后现代从 20 世纪 50 年代延伸到 80 年代；荷兰学者汉斯·伯顿斯（Hans Bertens）则把后现代主义的发生和发展分为四个时期。到了 20 世纪 70 年

①伊哈布·哈桑，《后现代转向》，刘象愚译，上海：上海人民出版社，2015 年，第 174 页。
②同上，第 176 页。

代末，后现代主义由多种形式渐渐变成一种，有日益综合的趋势。[①]伊哈布·哈桑（Ihab Hassan）在其所著的《真正的普罗米修斯之火》（*The Right Promethean Fire*）中对“后人文主义时代”（post humanist era）的来临作了精辟的论述，但认为后现代主义发生和发展的日期难以确定。

在伯顿斯看来，1934—1964 年是后现代主义这个术语出现并扩散内涵的时期；20 纪 60 年代末，后现代主义作为对现代主义的一种反叛力量又具有了新的含义；1972—1976 年，它发展成为存在主义的后现代主义；20 世纪 70 年代末，后现代主义日益综合化，“从多种后现代主义发展到一种后现代主义”[②]。正是在 20 世纪 70 年代末期，“后现代主义”一词在西方学术界被广泛采纳并获得多种理论阐释，同时经历了一个复杂多元的演变过程。20 世纪 80 年代以后，后现代主义深入发展到鼎盛时期，已经大体上实现了全球化。从 20 世纪 90 年代开始，后现代主义逐渐走向衰落并产生分化。

二、后现代主义产生的历史背景

后现代主义的产生首先归因于理性的极端发展和科技的飞速进步以及两次世界大战的爆发。19 世纪下半叶，在西方资本主义飞速发展的前提下，自然科学取得了长足的进步，科学技术实现了惊人的飞跃。资产阶级依托科技建立起庞大的工业生产体系，推动社会迅猛发展。与此同时，科技和理性也带来了极大的负面效应，日益沦为资产阶级谋取私利和进行殖民掠夺的工具，并由此激化了西方世界的各种矛盾和危机，加深了各资本主义国家瓜分世界市场中的不平衡状况，最终导致两次世界大战的爆发。两次世界大战中被现代武器毁灭的生命达 7 000 万之多。科技和战争的恶性发展把科技和理性、西方社会和西方人推向了更加片面化、极端化和畸形化的困境。

首先，第三次科技革命在西方世界开始酝酿以及“相对论”“不确定性原则”和“不完全性定理”的相继提出，对西方人的物质和精神产生了巨大的影响。第二次世界大战后，西方社会进入后工业社会，生产力获得高度发展。然而，社会现实却使科技和理性走向了人的对立面：人类被自己制造出来的产品所形成的汪洋大海包围着，而且物质财富的不确定性及

① 邹广胜、高公荣，《后现代主义文学的四个基本特征》，载《南京师范大学文学院学报》，2003（1），14 页。

② Hans Bertens. *Approaching Postmodernism*. Utrecht: University of Utrecht, 1984, pp.134-135.

其象征性结构对社会生活和人自身的性质又具有极大的反作用力，由此导致了“主体危机”的全方位发生。理性演变成纯粹的工具理性或科技理性，沦为某些人掠夺其他人的工具。后工业社会的技术革命以原子能技术、航天技术、计算机技术的利用和发展为标志，这些自然科学的新成果推翻了传统的自然观，揭示了复杂多变的物质世界的种种征兆，拓宽了对物质世界的认知边界，从而使人们抛弃偏见，用怀疑的眼光重新审视科技理性，更全面地看待这个世界和整个宇宙。

其次，资本主义社会政治经济矛盾的加剧导致人类生存状态的日益恶化。20 世纪中后期，西方社会的基本矛盾表现为生产的社会化及无限扩大与生产资料私人占有制之间的矛盾，这种基本矛盾引发了经济基础与上层建筑、劳资双方、社会供求双方之间矛盾的加剧，导致了许多资本主义制度本身无法解决的问题。随着社会和科技的快速发展和社会生产的高度机械化、科学化，人类在整个生产过程中逐渐丧失主观能动性，结果成了机器的附属品，失去了自身自由和独立思想。

最后，资本主义对自然的过度掠夺使自然遭到越来越严重的破坏，人类赖以生存的家园日益受到严重威胁。生产力的飞速发展、人类的过度繁衍和可怕的贪婪早已成为人类自身生存与发展的巨大威胁。作为人类仅有的家园，整个地球生态环境遭到严重破坏。随着工业的发展，“很多非再生资源由于大量开采几近枯竭；大工业又将大量有害物质和气体排放到自然界，致使自然环境和人们的生活环境进一步恶化。很显然，人类正以惊人的速度大踏步走向自己的末日”①。作为资本主义内部矛盾的主要表现形式之一，以生态恶化、资源危机和环境失衡为特征的生态危机严重影响了经济的发展、社会的稳定和人类的生存，这一现象还伴随着全球化向世界各国蔓延。

总之，从 20 世纪中叶开始，西方社会的内在危机全面展开，西方社会文化的反人类性质也日益凸显。当西方人的“人道主义”美梦遭到粉碎时，西方文化明显地传递出现代化语境下一切价值观念的急剧失落感，知识分子和社会精英普遍具有一种看不到前途与光明的灰暗心理，这种心态促使他们对贯穿于西方文化的传统观念和理性原则进行反思，力图在各个文化领域否定传统，开拓新路。

---

① 参见李晓，《从后现代主义史学的兴起看历史观形成的原因》，2013-01-12，“历史学专业研究生基础课教学网”。

三、后现代主义的理论来源

后现代主义的变革过程包含“破旧”与“立新”两个方面的内容，既摧毁传统的乃至现代主义的思维模式和表现手段，又在一定程度上从中汲取所需。可以说，后现代主义与传统思想及现代主义的关系是否定性的继承关系。其中，否定性是前提，体现出其变革的一面，而继承性意在透过“扬弃”来适应其发展的需要。

后现代主义的理论来源大致包括如下四个方面：尼采的非理性主义和非道德主义观点、海德格尔对西方哲学的批判以及关于“语言”“存在”的学说、维特根斯坦的后期语言哲学以及解释学的发展对传统哲学的冲击。

尼采的非理性主义和非道德主义观点被公认为后现代主义的重要理论来源，其中包含了比现代主义更为彻底的颠覆性。近代以降，西方资产阶级借助理性主义的批判武器对封建制度和封建传统大加鞭挞，由此开始崭露头角。启蒙运动以后，伴随着理性在科学技术以及人类生活的各个领域所取得的巨大成就，理性主义备受推崇，其地位变得不可撼动。理性主义被应用到科学技术领域，又催生出盲目依赖科学的观念。尼采从对科学盲目崇拜的批判开始了对理性主义的批判，他认为尽管科学精神是现代理性主义的实质，但科学知识体系仍把逻辑视为根基，结果只能虚构出一个所谓的“真实世界”，因此以逻辑作为解释世界出发点的科学体系与基督教的价值体系一样，都是必须反对的对象。

在西方形而上学的传统中，上帝是终极存在，是真理的化身，这种终极存在决定了人们追求真理的方向。尼采喊出了“上帝已死”这一振聋发聩的口号，用“权力意志”取代了上帝作为最高存在的地位。“权力意志”论作为尼采哲学思想的核心，是尼采进行价值重估和创立“超人”学说的基础。根据尼采的说法，生命的本质是自我意志的本源，生命能够基于本能的冲动产生创造的力量，以实现自我创造和自我扩张。所谓“权力”，就是控制和支配他物的力量以及不断建构超越自身生命力的能量。从这种观点出发，上帝也变成了一种“权力意志”，但这种意志只是生成过程中一种祈求强力的趋势。在此基础上，尼采提出了“超人”学说。超人是最能体现生命意志的人，有着旺盛的创造力，具有一种不同于传统道德的全新道德，能够充分表现自己，在平庸之辈中脱颖而出，超越自身，超越弱者。超人还是真理与道德的准绳，是规范与价值的创造者，是充实的、丰富的、伟大的、完全的人。由此可见，尼采的超人是非真理、非历史、非道德性质的形象，这个形象代表着全新的世界观和价值观，构建了新的价值体系，是对以往一切传统道德文化的重估和超越。尼采的“权力意志”论及“超人”学说，提倡对一切传统道德重新评估，摧毁理性和道德对于生命本能的压抑，把人的生命本能和生命意志提升到一个前所未有的高度，鼓励人们大胆地摆脱基督教的束缚，发扬人的超越性，做精神文化价值的自由创造者，积极争取现世的幸福和生命本能的充分、自由发展。

海德格尔哲学与尼采哲学的一致之处在于对传统的形而上学进行价值重估和解构，因为自柏拉图（Plato）以来的传统西方哲学都是以他人对存在的设定来取代存在本身，由此掩盖了存在的意义，导致了虚无主义的产生。海德格尔对西方哲学的批判拓展了哲学研究的领域，加深了对“主体”（subject）的认知，他以自己的批判方式颠覆了传统的形而上学。比尼采更进一步的是，他明确认为哲学或形而上学作为西方历史的“第一次开端”意味着西方文明的某种特殊宿命，目前作为“第一次开端”的哲学已经终结，“第二次开端”则与哲学甚至与西方都没有关系，因此哲学的终结其实也是西方文明本身的终结，西方必须从“非哲学”的东方寻找转机。[①]

在海德格尔看来，传统的形而上学“模糊了‘存在’（先验）与‘存在者’（经验）的区别，并把‘存在者’当成了‘存在’。传统西方哲学已经形成完善的理性主义智慧，但在从‘存在者’返回到‘存在’的追问过程中，哲学应该收获的是认识整体性存在的智慧，这种智慧与理性主义有别，是一种能够超越‘存在者’又能照耀‘存在者’整体演化机制的智慧。现代哲学既然以无限的‘存在’作为追问对象，就必须以自身发展的无限性来示范它所追问的‘存在’的无限性”[②]。由此看来，哲学应当是关于世界的态度，或者说是人生境界之学。

海德格尔从存在论、现象学和解释学等视角出发，重新审视形而上学和理性主义的传统，提出了人从属于语言的观点。他不赞同语言由人创造，人可以运用语言表达情感、相互交际和表述认知的传统观念。他将语言与人割裂开来，把语言分为“道说”（语言的本质）和“人言说”（人在说话）两种情况，而“人言说”是受“道说”规定和制约的，“在事实上，语言

---

①吴增定，《尼采与“存在”问题——从海德格尔对尼采哲学的解读谈起》，载《云南大学学报（社会科学版）》，2010（4），68页。

②林可济，《追问“存在”，还是追问“存在者”？——从海德格尔的哲学视角梳理西方哲学史》，载《福建论坛》，2005（9），41~42页。

才是人的主人”[①]。海德格尔试图以语言哲学来代替传统的认识论，并以语言本质来充当本体论，其语言观以新的哲学视角和思维方式为当今的思想贫乏和语言贫乏提供了解决思路，可将其视为“语言转向”的激进形式，有利于对延续几千年的传统形而上学进行重新审视。

维特根斯坦的后期语言哲学是他哲学思想的重要组成部分。这种哲学主张“语言是人类思想的表达，是整个文明的基础，而哲学的本质只能在语言中寻找”[②]。他的后期哲学消解了传统形而上学的唯一本质，为西方人开拓了从语言的维度看世界的全新视野，提供了一条走出西方传统文化的通道。维特根斯坦的后期语言哲学提出的“语言－游戏说”“家族相似性”以及“反对私有语言论”等理论和理念放弃了以逻辑规则为意义标准的思想，不再强调科学和逻辑，而是将日常的、具体的生活世界看作科学经验世界的基础，从语言的分析中得出唯有生活形式和文化的演变才能引起思维变化的结论，从而使人们真正能够从新的角度看待事物，纠正以往对世界的片面思考。维特根斯坦的哲学方法旨在引导人们以不同的方式看待世界，其理论与现时的复杂性思维方式息息相关。[③]

维特根斯坦的后期语言哲学与后现代反本质主义思潮之间存在着诸多呼应与内在联系，其浓厚的人本主义色彩没有把哲学视为以教条的模式来探索世界的学问，而坚持认为最重要的是必须追问语言、世界与人之间的关系，追问语言是如何将人的世界联系起来的，把语言当作理解人和人的世界的钥匙，从语言本身关注人和人的世界。在哲学的性质和任务这个核心问题上，维特根斯坦的后期语言哲学提出哲学活动不是说明，而是描述，哲学不应探索本质结构、秩序、理想物，不应片面追求确定性、明晰性、普遍性，而应以语法研究取代逻辑分析等观点[④]，也深刻影响了后现代解构论、整体论和多元论等不同理论形态的生成和发展。维特根斯坦的后期语言哲学为西方思想向后现代转型提供了理论和方法上的启示，成为后现代主义发展过程中的一种重要推动力。

解释学于第二次世界大战后在西方学术界产生了较大的影响。广义的解释学是指“对文本意义的理解和解释的理论或哲学，涉及哲学、语言学、

---

①马丁·海德格尔，《诗·语言·思》，彭富春译，北京：文化艺术出版社，1991年，第187页。

②罗曼予，《生活世界中的语言游戏——对维特根斯坦后期哲学思想的探讨》（硕士学位论文），桂林：广西师范大学，2007年，第6~9页。

③同上。

④胡开奇，《〈哥本哈根〉与弗雷恩戏剧创作的哲理追寻》，载《民族艺术研究》，2017（5），28页。

文学、文献学、历史学、宗教学、艺术学、神话学、人类学、文化学等学科，反映出当代人文科学研究领域的各门学科之间相互交流、渗透和融合的趋势”[①]。汉斯－格奥尔格·伽达默尔（Hans-Georg Gadamer）建构了哲学诠释学，并使其逐渐发展成为一个具有深厚传统和独特视角的哲学形态，同时也为许多哲学问题的解决提供了新思路。其中，以海德格尔、伽达默尔和德里达等人为代表的人文主义的哲学解释学根据现象学的传统及其对客观知识的批判，对文本解释的条件进行了多方反思。

伽达默尔的解释学理论可以概括为：人文科学具有历史相对性与文化差异性，人类历史由传统的各种力量积累而成，因而当前的认知无不受制于传统的因素，过去与现在相互发生作用，而对事物真实的理解则是各种主体认知相互融合的结果。在他看来，解释学绝不仅仅是一种方法论，更是人的世界经验的组成部分。他写道："我们一般所探究的不仅是科学及其经验方式的问题——我们所探究的是人的世界经验和生活实践的问题。借用康德的话来说，我们是在探究：理解怎样得以可能？这是一个先于主体性的一切理解行为的问题，也是一个先于理解科学的方法论及其规范和规则的问题。"[②]经过伽达默尔的推动，解释作为一种再创造的元素被赋予了一种新的文化含义，形成了以接受美学形式出现的新解释学观。新实用主义者理查德·罗蒂（Richard Rorty）则以宣扬后哲学文化的方式否定传统哲学，认为启蒙运动的先知们否定了中世纪的神学文化，使神学文化变成了后神学文化，即哲学文化。而现在人们已经不再相信那种主张基础主义、本质主义的哲学，后哲学文化接替了传统的哲学文化。后哲学文化就是没有核心、没有标准的多元文化。[③]

后现代主义的理论来源具有多元特色，虽然后现代主义思想家在观察问题的角度、分析问题的方法上各有差异，但后现代主义共同的理论前提和基本倾向都是否定以往的哲学传统，拒斥形而上学的方法论，反对本质主义和理性主义，同时宣扬多元性、不确定性、断裂性、零散化、矛盾与悖论等观点，推崇主观性和相对性，这些就构成了后现代主义的鲜明表征。

---

①李暑红，《现代释义学对音乐欣赏教学的启示》，载《天津音乐学院学报（天籁）》，2011（2），50页。

②汉斯－格奥尔格·伽达默尔，《真理与方法——哲学诠释学的基本特征》，洪汉鼎译，上海：上海译文出版社，1999年，第6页。

③黄志凌，《论伽达默尔的游戏概念》，载《理论月刊》，2005（6），72页；王维杰，《高校应对后现代主义思潮的思考和对策》，载《经济师》，2011（5），106页。

四、后现代主义的主要思想家

后现代主义波及当代思想文化领域，主要流派有后结构主义、认知后现代主义、建筑学后现代主义、西方马克思主义的后现代主义等，代表人物有利奥塔、哈贝马斯、弗雷德里克·詹姆逊（Fredric Jameson）、德里达、福柯、哈桑等。

单从历史的发展角度来看，后现代主义最早出现在建筑学和哲学领域。20 世纪 60 年代以来的建筑师以建筑学方面的全球性风格（international style）缺乏人文关注为由，通过大胆的设想和创作，探索出既独特又多元化的后现代式建筑方案。美国建筑师罗伯特·文丘里（Robert Venturi）出版的《建筑的复杂性与矛盾性》（*Complexity and Contradiction in Architecture*）一书被视为后现代主义的最早宣言。文丘里“主张吸取民间建筑的手法，特别赞赏美国商业街道上自发形成的建筑环境……对艺术家来说，创新可能就意味着从旧的现存东西中挑挑拣拣”[①]。他的言论揭示了后现代主义建筑的基本创作思路和创作手法，在启发和推动后现代主义运动方面起了重要作用。美国建筑师罗伯特·斯特恩（Robert Stern）则归纳了后现代主义建筑的三个重要特征，即采用装饰、具有象征性或隐喻性、与现有环境融合。此时的后现代主义建筑师虽尚未形成系统、完整的后现代建筑理论，但其作品在建筑形式方面另辟蹊径，为建筑乃至其他领域的创新革命提供了新的启示和尝试。

当建筑领域的后现代主义讨论向纵深发展之际，后现代主义已经开始朝认知与哲学领域转向。利奥塔于 1979 年出版了《后现代状况：关于知识的报告》（*La Condition Postmoderne: Rapport sur le Savoir*），其中采用了“后现代”这一术语。他从自然科学的最新进展出发，对当代科学知识的状况作了理论探索。他将后现代主义文化与后工业社会紧密联系起来，考察科学知识从工业社会到后工业社会的深刻变化。他认为传统文化中的科学知识旨在追求完整性和真实性，并通过凌驾于其他知识之上的所谓“宏大叙事”（grand narrative）来构成现代性话语的基础，黑格尔（Hegel）的精神说、浪漫主义的有机统一说和共产主义的人类解放说就是例证。但在形成于后工业社会里的后现代主义文化中，由于自然科学的飞速发展，科学知识的崇高地位及合法性均受到了挑战，各种“小叙事”成为后现代话语的主流，使得后现代话语演变成一种“述行性”（performativity）话语，

①卢重光，《文丘里——拓展建筑美学边界的大师》，载《光明日报》，2018-10-10，13 版。

追求完整性、有机性和真实性成了不可能实现的举措。利奥塔的哲学思想提供了一种不同于传统政治思想的选择，他对“宏大叙事”的怀疑和批判也扩展到美学、政治学、经济学、社会学等诸多领域，成为他思想里面的一个中心议题。①

哈贝马斯则坚持这样的观点：尽管后现代主义呈现出一种不可逆转的趋势，但“现代性”仍然没有消失，依旧是一桩尚未完成的事业。解决现代性内部矛盾的唯一出路是透过主体间的平行交流，使“专门化”的科学、艺术和道德与“大众化”的走向相结合，让两者形成相辅相成的趋势，在总体上保持“专门化”的同时，又促进其与平民的现实世界紧密结合，从而恢复和实现现代性的精神。哈贝马斯的交往行为学说虽然存在着普遍主义和折中主义倾向，但他将经典马克思主义学说与晚期资本主义社会实践结合起来的意图，对后现代主义与现代主义的关系论述以及在传统及“现代性”的汲取和扬弃方面的尝试仍富有积极的启发意义。

詹姆逊的后现代主义或晚期资本主义文化逻辑的论断被视为西方后现代主义的里程碑。他的后现代主义文化特征理论在学术界也产生了广泛影响。他以生产方式和主导技术的变更为主要依据，认为资本主义发展至今经历了三个阶段，如今已进入以多国化为特征的晚期资本主义阶段。后现代主义正是产生于这一阶段，其文化特征是工业文化的出现，标志着人的本性与心理结构的改变。“后现代主义作为一种意识形态，只有作为我们社会及其整个文化或者说生产方式的更深层的结构的改变的表征才能得到更好的理解。”②

在詹姆逊看来，后现代文本与后现代社会的主体特征一致，表现为深度的消失、历史意识的消失、主体的消失和距离感的消失，呈现出一种涣散的精神分裂状态且变化不定、支离破碎、缺乏中心。这实际上标志着一种文化转向：高雅文化与大众文化的界限消除，碎片的当下存在摧毁了传统和历史的连续性，文化的商品化改变了批评的向度，超越时空的表述导致了方向感的失却。③詹姆逊把这些后现代主义文化特征的出现归结为建立在商品经济极速发展基础之上的商业文化的极度张扬、语言主题及表达意

① 伊哈布·哈桑，《后现代转向》，刘象愚译，上海：上海人民出版社，2015年，第8页。

② 弗雷德里克·詹姆逊，《晚期资本主义的文化逻辑》，陈清桥等译，北京：生活·读书·新知三联书店，1997年，第49页。

③ 洪晓楠、杨海艳，《论弗雷德里克·詹姆逊后现代主义文化理论的特色》，载《哈尔滨工业大学学报（社会科学版）》，2004（3），54页；陈永国，《文化的政治阐释学：后现代语境中的詹姆逊》，北京：中国社会科学出版社，2000年，第255页。

义的语言的消失和后现代社会对标准和权威意义的淡化，这对我们深刻认识当代资本主义社会的文化矛盾、把握当代西方文化发展的趋向具有一定的启发性。

德里达是解构主义哲学的代表人物，他的思想影响深远，成为女权主义运动、同性恋抗争、黑人运动的指导思想和理论武器。德里达对哲学的特别贡献在于：他揭示了古今所有哲学体系的建构都存在“反书写”的特征，而且所有哲学家都遇到过“理念”与“书写”之间对立的根本问题。德里达的所有理念性创造，如“原书写”（archi-écriture）、“解构”（déconstruction）和“延异”（différance）等主要内容都源于“反书写”这一基本观点。

德里达解构主义的基本精神就是对西方传统的思想理论和方法论进行彻底清算，把解构当成一种自我创新的精神活动。他主张突破所有传统形而上学的领域，推翻一切固有的确定性，打破一切界限、概念、范畴等的桎梏，意欲消解任何形式的“中心”概念以及伴随这些“中心”而形成的“在场”（présence）概念，指出“能指”与“所指”之间存在着巨大差异。语言作为现实对象与表述对象之间的中介，由于“能指”在时空上的“延异”，“所指”无法及时到场而造成“缺席”（absence），此时，必须借助其他符号加以解释，而仁者见仁的解释必然产生多元、开放式的理解，追求真理不过是一个幻想。语言的这种二重性体现了人类文化构建过程中的二重性，在此过程中，人类既要超越旧文化，又要面临被改造、被征服的命运。正因如此，人类只有在持续不断的文化建构中改善自己的追求，才能不断突破现状，超越自身。德里达的理论动摇了整个传统人文科学的基础，对于打破形而上的传统对真理、本体的僵化认识，打破形形色色压制“差异”和活力的权威和“中心”不无裨益。

福柯把摆脱人类中心主义的束缚当成自己著述的主要任务，认为人主要是非理性的产物，理性的、独立于客体之外的人并不存在，人的本质均由后天的社会因素构成。福柯认为理性至上的观念是普遍性、永恒性产生的根源，理性破坏了自己原想实现的自由愿望，同知识与权力结合起来，独断专行。只有摆脱理性的独断专行，幻想和非理性才能发挥应有的作用。[①]

① 张世英，《“后现代主义”对“现代性”的批判的超越》，载《北京大学学报》，2007（1），45页。

从思想史的角度看，福柯的贡献在于对启蒙主义理性神话的批判，这与尼采和海德格尔等人一脉相传。福柯将一套微观政治学理论建立在对于真理这一概念以及现代性权力话语的批判之上，揭示出现代真理机制的运作是基于权力—德行—知识—真理这样一种模式的，进而说明这些变化后面所隐藏的权力机制的变化，由此使人们对权力问题的关注从意识形态细化到整个社会的运行机制。

哈桑是最为重要的后现代主义研究者之一。他是最早开始用“后现代主义”归纳 20 世纪 60—70 年代西方文化特别是文学中出现的种种新变化的人，并将这些变化置于广阔的文化背景中加以思考。面对复杂多变的文化现象，他采取以问题代替结论的做法，将自己的概括和抽象作了“临时性”“相对性”和“不稳定性”的界定。

哈桑将后现代主义的基本特征概括为“不确定性”和“内在性”两个方面，认为前者涵盖了“分裂”“离心”“解构”“变形”“随意性”“多元性”等倾向，而后者则代表了人运用符号和语言干预自然、创造自身的能力和心智。“不确定性”彰显了后现代主义文化中那种瓦解一切的巨大的反叛力量，矛头直指传统形而上学的一切思维模式和规范。“内在性”则显露出潜藏在这一疯狂解构意志之下的强大的创造性力量。这两种力量随方向而异，却又相辅相成。这对于人们认识后现代的种种特征无疑会具有启迪作用。[①]

从对上述后现代主义思想家基本思想的概括中，我们可以勾画出后现代主义的主要思想特征：

1. 主体的非中心化特征。后现代主义旨在根除中心，凸显“主体的非中心化”现象。主体的消解由语言的多样性所导致，逻各斯中心主义的消解又导致深度模式的消失。历史的发展不再是一个合乎逻辑的过程，而人也不再是行为的中心，只是一部“充满欲望的机器”，其统一性、中心性已荡然无存。

2. 非理性特征。随着现代世界的毁灭和人力量的丧失，理性已经完成了自己的历史使命，对于现实的解释不再像以往那样具有正确性及合理性，因此必须“重建”一个非理性主体，“重建”一个后现代的世界。

3. 不确定性特征。人在现实中不再能够清楚地认识和把握自己的命运，仅仅是生活在虚幻的世界里。由于意义、中心和本质的不存在，普遍性

① 伊哈布·哈桑，《后现代转向》，刘象愚译，上海：上海人民出版社，2015 年，第 14~19 页。

或同一性也就无从谈起。在当今世界，值得推崇的只有自由、多元化、多样性、差异性和不确定性，写作中的随意性、即兴性、拼凑性也因此应运而生。

4. 追求自由的特征。“后现代主义首先发生在文化生活的一个独特领域——审美领域，随即向哲学的认知领域扩散和传播，最后进入包括人文、社会乃至自然科学等的广大文化领域。”①因此，美学问题和文艺批评成为其主要话题之一，从对传统文化的彻底批判到对自由生活的彻底实现是其最终追求。

第三节　自由主义与后现代主义的辩证关系

自由主义和后现代主义是西方思想史中两种不同的社会文化思潮，皆在不同的历史时期成为“显学”，迄今为止仍是东西方学界引人注目的话题。长期以来，理论界的思想主流认为自由主义是一种理性学说，而后现代主义以非理性的思维方式来解构人类的一切理想和价值，自由作为启蒙运动所高扬的核心理念之一自然也在摒弃之列，因此后现代主义与自由无缘，自由在后现代主义那里已经“完全退场”，仅仅是“一个幻觉”“后现代的自由就是一切限制的缺席”②。然而，随着社会与经济的发展，在现当代的多元文化语境下，各种社会文化思潮“兼收并蓄、和谐共生”的特性日益凸显，这两种思潮之间也显现出“你中有我、我中有你”的态势。本节拟对自由主义与后现代主义进行平行的初步考察，旨在说明这两种思潮实质上已形成良性互动、相辅相成、相互扬弃和相互超越的辩证关系。

一、自由——两种思潮的最高社会价值和终极理论及实践追求

自由主义在其发展过程中所强调的重点始终不断变化，但是自由主义者所认同和主张的原则基本一致，其中自由毫无争议地被视为这种思潮的核心原则或最高社会价值，因为自由不仅能够从根本上保障每一个社会成员追求个人幸福和实现个人价值，同时也是个人意志和个体生命意义的体现。

① 伊哈布·哈桑，《后现代转向》，刘象愚译，上海：上海人民出版社，2015 年，第 12 页。

② Smith Wallace. *The Real Issue: Discerning and Defining the Essentials of Postmodernism*. London: London University Press, 1959, pp.53-55; Reinhart Hutter. Bound to Be Free. *The Christian Century*, 2004 (4): 24-27.

在西方思想史上，自由始终是思想家们关注的一个话题，自由这一最高社会价值的确立经历了漫长的思想演变过程。古希腊和古罗马政治哲学中所蕴含的自由观念就已体现出自由主义的先声；中世纪关于平等的思想与实践也为后世的自由主义思想和政治秩序提供了重要的理论依据。古希腊以降，西方的人文主义传统经过文艺复兴至近代，已发展成为一种以个人自由解放为主要诉求的自由主义思潮，其哲学基础就是在“主体—客体”的二元思维模式中强调“主体”，即人的自由和独立自主性。

后现代主义虽无一致的纲领和宣言，却也推崇“自由”，提倡“差异”，宽容接纳各种不同的标准。总体而言，后现代主义的自由观中存在两种倾向：一种倾向于对现代自由概念的颠覆和批判；另一种则倾向于重建新的自由概念，或为这种重建标示某种路向。[①]

后现代主义的先驱尼采和海德格尔等人都对人文主义的“主体—客体”模式发起过攻击，认为正是这种“主体性哲学”造成了人与人、人与自然的疏离，最终使人丧失了自由。尼采在批判传统个人自由观的基础上，提出个人是多元性的和不断成长的观点，主张对个人不能加以限制，要让其自由生存。海德格尔虽没有对自由作过系统的专门论述，但从他对传统形而上学的批判、对存在和技术的追问、对真理源头性的定义和他的“诗意的栖居”等表述中，可以发现其整个思想都闪现出自由的火花，都散发着对自由的向往，并由此提出了他的自由观以及追求自由的方法。[②]尼采和海德格尔的思想启示了后现代主义思想家对于自由概念的批判与重建，表明只有颠覆统治西方思想千百年来的人文主义传统，才能实现对整个社会文化的改造。

让－保尔·萨特（Jean-Paul Sartre）用现象学方法探究人的奥秘和生存基础，其自由理论的一个重要特征就是肯定存在与自由之间的同一性。他以“虚无”的概念来表示极其主动和极富创造力的意识本身，意识靠其对于他物的虚无化而实现自身的真正存在，而一切存在的真正本质都不能脱离意识自由活动中的虚无化过程。他写道：“人并不是首先存在以便后来成为自由的，人的存在和‘他是自由的’这两者之间没有区别。”[③]换句

①王治河，《走向深度承诺的自由——后现代自由观初探》，载《哲学研究》，2008（10），104页。

②马天柱，《海德格尔与佛教追求自由的相似性比较》（硕士学位论文），西宁：青海师范大学，2013年，第29页。

③让－保尔·萨特，《存在与虚无》，陈宣良等译，北京：生活·读书·新知三联书店，2014年，第50页。

话说，人的存在由人的自由规定，而人的自由又借助于人的存在来显现。萨特不认同先前的哲学家们将自由问题的研究置于普遍人性之上的路径，而是把自由提升到本体论的层面来讨论，把人的存在与人的自由放入同一结构之中。人的最高价值在于其自由本质，正是自由使人成为自身和世界的创造者。

除此之外，萨特还看到了人的思想自由的绝对重要性，他把意识自由当成人之生存的首要条件和基本目标，使人的生存价值得以重新复活。在第二次世界大战和法国遭受德军侵略的历史背景下，萨特尤其强调个人自由的至高无上地位。人的自由是不可替代的，但自由只存在于情景中，也只有通过自由才显示出情景，而人在面对他人和世界的时候，都绝对有选择自己命运的自由。① 人具有社会性和思想性，思想性使人永远寻求无止境的自由，社会性又使人对于自由的追求不能脱离所生活的世界。

福柯酷爱自由，思想自由是他毕生追求的目标。福柯揭露了传统的人文主义阻碍人类实现自由的现象，他反对传统的历史叙事，采用谱系学的方式系统地论述了西方社会的法治、自由和理性化文明的构建程序和运作机制。福柯的权力谱系学针对权力关系从古典时期到现代时期的演变而展开，揭示了现代西方社会虽不像古典时期的权力那样旨在惩罚和消灭肉体，但社会关系中无处不在的微观权力却使人无时无刻不受制于外在权力的约束和统治，因为只有这样，人才能适应社会生产和体制的要求。因此，西方社会“并不是景色遍布的社会，而是监视训诫的社会化”②。这个社会以最为“合理”和“科学”的方法对每个成员进行规训，通过教育的全面普及和法律的严格管辖，让权力进化为规训权力，让每个人既成为自身的主体，又自由自在地变成个人和整个社会的控制对象。③ 受 1968 年“五月运动”的启示，福柯对作为权力和支配性工具的知识生产作了进一步的批判，“社会透过所有隐藏在报刊、电视、技术学校、高等院校等社会机构内的机制，传播有利于自身的知识，以此确保自身的生存”④。福柯将权力与知识之间的密切关系理论化，指出在当时的社会中，人表面所享有的自由是受到监视和约束的自由，它以协调个人自由与社会文化制度的矛盾为旨归。

---

①高宣扬，《当代法国思想五十年》，北京：中国人民大学出版社，2005 年，第 18~19 页。

②Michel Foucault. *Surveiller et Punir: Naissance de la Prison*. Paris: Gallimard, 1975, p.218.

③高宣扬，《当代法国思想五十年》，北京：中国人民大学出版社，2005 年，第 283~284 页。

④Michel Foucault. *Language, Counter-memory, Practice*. Ithaca: Cornell University Press, 1977, p.225.

福柯的自由观还表现为强调“差异”。他认为权力关系由人间的一切差异所致，是历史的一种局限性，人生活于其中而不可自拔。但人也并非对此无所作为，逆来顺受，人始终拥有自由，而自由主要产生于差异。例如，就道德和伦理而言，前者为社会规定了一整套行为规范，后者透过这套行为规范做出抉择，确立自己的“主体性”；每个人面对道德时会根据自身情况作出不同的选择，这种选择就体现了人的自由。因此，权力不可能取缔自由，自由也不可能推翻权力，两者之间的关系绝不是非此即彼，而是互为存在条件，相辅相成。福柯自由观的独特之处在于权力的差异性决定了真正有效的反抗是对各种微观权力的反抗，换言之，就是在自我变异的意义上“反对自己”，唯有如此，人才能获得真正的自由。

利奥塔批判了当代资本主义社会占支配地位的正当性原则，他对资本主义、文化产业、商品化倾向等发起了攻击，但也承认当代资本主义社会具有收编所有反对形式的能力，强调后现代主义是建立在新时空观基础上的思潮，从不断的变化出发，导向种种具有不确定性的未来，寻求一种永远更新的精神。利奥塔总结了后现代主义的正当性和语言游戏原则，指出“后现代主义旨在寻求某种正当性，即勇于冒险做出一些假设……而这类假设本身蕴含着一种无须经过协商和共识就存在的正当性观念”[①]。原有的衡量社会生活正当性的标准与程序随时代的变化已丧失合法性，而新的后现代科学知识论述的正当性也未经适当的程序来确立和完成。后现代主义提倡不拘形式、不计代价、不要拘束，只求人在创造过程中的最大限度的自由，人生就是以语言游戏为基本模式，来实现无限追求的自由活动，而艺术创作作为最自然的游戏特别符合后现代主义者追求的最大限度的自由。[②]因为艺术创作中的“不确定性”最容易让人突破传统清规戒律的束缚，寻找和体验到现实生活中无法实现的真正自由，满足人们对于自由的无限向往。

后现代主义思想家还从多方面论述了与自由相关的话题。苏珊·桑塔格（Susan Sontag）、莱斯利·亚伦·菲德勒（Leslie Aaron Fiedler）和哈桑等人皆认为后现代主义文化是对抗现代性压制的一种积极发展，推崇后现代主义文化对艺术生活中的陈规的再生性扬弃；丹尼尔·贝尔（Daniel Bell）相信后现代主义意味着人类禀赋、冲动和意志的自由，后现代主义文化是一种对传统文化发起攻击的激进形式，反映了资本主义经济基础与

① Jean-François Lyotard. *La Condition Postmoderne: Rapport sur le Savoir*. Paris: Minuit, 1979, p.25.
② 高宣扬，《当代法国思想五十年》，北京：中国人民大学出版社，2005 年，第 397~399 页。

上层建筑之间的深刻矛盾；[①]罗蒂和查尔斯·詹克斯（Charles Jencks）则鼓吹回归普通人群，重视民间传统和人的日常生活，从中探索自由的最大可能性。[②]

后现代主义的一切所为其实都指向一个共同目标，那就是突破既定的规范，不追求传统的意义，提倡“差异”和“不确定性”，因为凡事一旦形成规范和确定性，束缚也就随之而来。虽然后现代主义在自由的理念和向度方面没有共同的纲领，但它在理论与实践方面的追求皆体现为努力获取最大限度的自由。正如西奥多·维森格伦德·阿多诺（Theodor Wiesengrund Adorno）所言：“自由概念的这种双重转向——作为转向外部的自由概念和转向内在的自由概念——是支配、统治全部哲学的事情，一切思想家、包括那些相互间有激烈矛盾的思想家们在这一点上都是一致的。”[③]由此可见，后现代主义从自由主义中汲取了“自由”这一核心观念，并将其当作自己最高的社会价值和终极的理论与实践追求。自由主义在20世纪不再封闭于原有的一套理论体系之中，而是不断克服僵化，与时俱进，并与后现代主义的发展形成互动。

二、理性与非理性的辩证关系

对于自由主义与后现代主义两者之间的关系问题，中外学界的普遍观点是：自由主义坚持以理性为主，后现代主义则崇尚非理性。事实上，两者之间的关系是辩证的，后现代主义中除了非理性的因素之外，还包含着诸多理性的成分。

理性具有特定的内涵特征，但随着时代的更迭展现出不同的外部形态。古希腊时期，“理性”与“存在”相互统一，被视为“本质”和“真理”。笛卡尔（Descartes）哲学开了传统理性主义之先河，宣告了理性的巨大威力，人凭借理性成为独立的主体。启蒙思想家更将理性尊为发现真理、衡量知识的价值和确定性的依据。康德和黑格尔认为人类理性反映了人类意识的共同结构，坚信理性的普遍性和历史共同性。传统的理性观均强调理性是人类探索客观世界、找寻行为规范的普遍原则，由此可以建立一个公平正义、尊重人类尊严的社会，实现对自由的终极追求。自由主义、民主主义、

① Daniel Bell. *The Cultural Contradiction of Capitalism*. New York: Basic Books, 1978, p.51.

② Frank Muyard. La Modernité et la Postmodernité Comme Types Sociétaux, Perception du Réel et Formes Subjectives (Thèse). Montréal: Université de Montréal, 2001, p.172.

③ 西奥多·维森格伦德·阿多诺，《道德哲学的问题》，谢地坤、王彤译，北京：人民出版社，2007年，第178页。

社会主义等学说纵然在根本原则和制度建构方面颇具差异，但人类理性均是其得以立身的根基。这类主流理论在漫长的历史发展过程中形成了“元叙事话语”（metanarratives）和“宏大叙事话语”（grand narratives）。①

后现代主义对一切均持怀疑态度，反对以单一的理性为中心，反对条条框框的约束，倡导以一种平和的心态来分析事物、带有个性地去理解一切、自由地怀疑批判一切的精神。由此，传统的理性观受到了前所未有的挑战和质疑。

哈贝马斯寻求“理性”的整合与统一，坚持不懈地维护现代性，但其理性批判和理性重建理论却包含了明显的后现代倾向。这种后现代倾向首先表现在重建过程中的语言学转向方面。哈贝马斯秉承普遍主义的原则，认为人的世界以及社会科学的“现实”能够依靠语言建构，而语言的建构形式也不存在先验的全知真理，仅仅是两个以上语言行为者之间的“交往行为”，即“语言交往”。“语言作为相互理解的中介只有在交往行为中才显示出独立的意义，而理性的统一性就包含在通过语言行为的相互理解达成的共识之中。”② 他的“交往理性”理论“以重建的即非历史的方式进行，已经不再以考察内在的传统生活形式的具体理念作为出发点”③，揭示了语言并不驯服于人的理念及语言与思想之间牢固的同盟关系已经破裂的事实。

哈贝马斯的后现代倾向还表现在他将语言学转向进一步推向伦理学转向，把对理性的认知放到社会实践中去考察。他将“交往理性”发展为“话语伦理学”（discourse ethics），就可视为这方面的一种尝试。所谓“话语伦理学”，简言之，就是在人类群体生活中设定一系列的“话语秩序”，就某一议题形成共识，核心在于营造一种“理想的话语环境”。这种话语环境能够重建对话存在的现实基础，使主体间通过真诚的对话达成互相理解。这种尝试旨在克服由工具理性的滥用导致的主体交往的非合理化，通过实现主体交流的合理化来创造意义并增进自由，解决现代社会的理性危机。哈贝马斯自始至终没有放弃对理性的追求，不过他的理性论述异于传统思想家的路向：他对传统理性展开了深刻批判，呼吁多元和差异，又试图透过语言与生活之间的互动来重建理性，把对于理性的解释置于社会实

① Jean-François Lyotard. *La Condition Postmoderne: Rapport sur le Savoir*. Paris: Minuit, 1979, p.27.

② Jürgen Habermas. *Lectures on the Philosophical Discourse of Modernity*. Cambridge: Massachusetts Institute of Technology Press, 1987, p.383.

③ Ibid.

践之中。

德里达反对单一理性的结构，他的贡献在很大程度上体现为对传统理性的批判。当人文主义传统在西方文化中建构时，语音中心主义和逻各斯中心主义的基本原则也随之确立，“人们把符号问题归结为一种存在论的设计，试图在本体的存在论中为意义划定一个基本的抑或局域的地盘。这正是经典运作的具体体现。于是，符号隶属于真理，语言隶属于存在，话语隶属于思想……”[①]。“声音 / 意义”的二元对立关系在语言活动中体现了人在处理主客观关系中的理性原则，也是人的中心地位或主体地位得以确立的根本保障。由此，主体可以达到对对象的确定认知，文本也能够产生确定的意义。德里达的“解构”首先针对的是任何形式的“中心”概念以及随之产生的“在场”概念，认为“能指”与“所指”之间差异巨大，并不存在所谓的同一性关系。人类具有不满现状、不断超越自身矛盾的需求，如此便可在文化构建中不断改善自己的追求，但这种构建又使得人在超越旧文化的同时，面临被改造、被克服的二重性，语言的二重性就是明显的体现。“能指”在时空上的“延异”造成“所指”无法及时“在场”的“缺席”，必须透过其他符号加以解释，而见仁见智的解释又造成了“所指”的无尽“延搁”（differ），因此文本的意义始终处于不断生成、不断变化之中，不能由所谓的“中心”来实现对于世界其他部分的理解和阐释。

德里达凭借对传统语言的分析和研究，重现了被传统思想家所掩盖的人类文化生产和再生产过程的生命本质，揭示出推动人类思想和文化前进的真正动力和运行机制，即差异、区别和相互冲突。作为人类文化生产和生命运动的基础语言符号及意义结构，其相互关系中始终存在着差异、区别和冲突，而对这些差异、区别和冲突进行不断延缓和多种转化，进而在人类文化的发展过程中以多形态呈现在书面文字中，这有利于更广泛、更普遍地延续和发展人类文化和思想创造的生命价值。因此，德里达不赞同将文本的理解凝固化、绝对化、权威化，而要在其中挖掘出由社会压制和个人禁忌所导致的被忽视的意义。德里达在此反对的是“中心”等传统理性主义观念，意图解构传统理性，以促成人们对发展和变化达成共识。他揭示了传统理性与“专制主义”的共同之处，透过对传统理性的批判，将人类理性导向更为自由的境地。

利奥塔借用维特根斯坦的语言游戏说，对人类理性的力量以及“宏大

① Jacques Derrida. *De la Grammatologie*. Paris: Minuit, 2015, p.25.

叙事话语”发起了直接挑战。在他看来，追求知识的统一性实则是追求一种“宏大叙事”，而不同的生活形式有不同的语言游戏，后现代的任务之一就是要对“宏大叙事”发起挑战。利奥塔强调原有的知识框架已经无法容纳新的理论形式，因此必须改变知识合法化的机制，“后现代的所为似乎就是要让人们察觉现代性本身包含的难以理解的事物，就是要拒绝那些完美形式的抚慰”[①]。因此，对传统“解构”的目的在于探索可以创新、丰富语言游戏和策略游戏的各种可能，并通过新的游戏规则使其合法化。

利奥塔进而对作为“知识合法化”的近代重要机制的“启蒙叙事”进行了分析，指出这种机制将知识的合法性建立在政治实践和道德实践主体的自主性之上，知识服务于人类主体自我解放的事业。语言游戏的不可通约性使得这种叙事与强调“精神”和“生命”的“思辨叙事”在语言游戏中不可统一，文学、政治、哲学、科学属于不同的语言游戏，有着自身的逻辑、话语结构、合法化标准和游戏规则，不可能强制它们遵循统一的逻辑。因此，寻求话语统一努力的失败将导致人类打破“宏大叙事”，进而追求“微小叙事”，因为后者“是富有想象力的发明创造特别喜欢采用的形式”[②]。利奥塔的研究与时俱进，他用发展的眼光看问题，为新观念的出现打开了一个缺口。

许多后现代主义者都有自己的理性追求。罗蒂反对后现代主义思想家对理性的一些批判，认为理性并不是一种过时的人类中心主义的祈求，必须跟伪哲学划清界限。他对理性持乐观态度，希望出现一种能让社会和谐的原则。托马斯·麦克卡迪（Thomas McCarthy）认为很多后现代诗人、哲学家虽然有反对人文主义理性和启蒙主义理性的倾向，但并没有走得太远，而是意图对传统理性进行改造。[③]杰拉尔德·格拉夫（Gerald Graff）则坦言：“在一个越来越非理性和野蛮的社会中，要把对理性与客观的攻击视为我们激进主义的基础，事实上就是使得我们所要逃开的梦魇永存。”[④]因此，与其拒斥理性，不如对其进行甄别与扬弃。

传统理性主义认为人类有共同的追求和价值目标，而后现代主义则更加重视“差异”。后现代主义思想家认为传统的理性概念已经不合时宜，

① Jean-François Lyotard. *Le Postmoderne Expliqué aux Enfants: Correspondance 1982–1985*. Paris: Galilée, 1988, p.38.

② 文兵，《再论后现代主义的反理性主义》，载《山东社会科学》，2007（6），79页。

③ Jean-Pierre Cometti. Lire Rorty: Le Pragmatisme et Ses Consequences. *Hokhaido Journal of Medical Ence*, 1992 (70): 397-400.

④ Gerald Graff. The Myth of the Postmodernist Breakthrough. *Tri-quarterly*, 1973 (26): 417.

无法穷尽获得意识和真理的形式，而提倡包容异己和多元趋向才是正确的方向。由此看来，后现代主义坚持对理性的批判质疑，不是简单地拒绝理性，而是蕴含着对传统理性改造的意图；不是要求推翻理性，而是要避免理性的滥用。后现代主义的产生和发展有其理论、社会和科学的背景，它对理性的攻击也确实推动了人类思维的发展并加深了人类对自我的理解，在揭示传统理性局限性的同时，表现出一种更为清醒的理性，这种理性与自由主义奠基其上的理性实则一脉相传。然而，后现代主义在理性问题上始终缺乏系统论述和哲学归宿，这也注定了其解构和批判之于人们了解和把握社会本质有一定的局限性。

三、后现代主义与人文精神

自人类进入阶级社会以后，激烈的社会冲突和残酷的阶级斗争随之而至，近代工业革命使得人性得到极大的丰富和展现，但资本主义条件下的竞争、分工和剥削却使产品和生产过程对于劳动者来说成了一种人性的异己力量，“异化”现象的出现极为明显地表现出资本主义的经济腾飞与现代文化发展之间不可调和的冲突。为此，西方历史上出现了以肯定人的价值，强调人的尊严，注重人的现世生活意义，要求人的个性解放和自由、平等为特征的人文精神，这种精神自然也成为自由主义的题中之意。

后现代主义思潮伴随着信息技术革命和生态环境革命而出现，其伦理观念引发了一次根本性的道德革命。在后现代主义思想家眼中，信息革命和知识经济的发展缩小了脑体劳动的差别，使社会劳动结构和社会成员结构发生了巨大变化。脑力劳动成分的提升逐渐使体力劳动失去了往日的艰辛，也逐渐使劳动的“异化”本性趋于减弱，阶级斗争和暴力革命也不再是实现人生目标和人生价值的根本途径。后现代主义思想家再一次从人性的角度出发，呼吁摒弃专制，杜绝恶意，以诚信为本，重构现象与本质相统一的“美德”。他们不允许“有野心的人惯于口是心非、两面三刀，尽可能地多拉拢有利的关系，以便利用这些关系”，因此“一切须以科学的态度和精神作为实践的准则”①。这种思潮本身就蕴含了人文主义精神，它不断激励人们寻找全新的形式和途径，提高对生存环境的适应性，彰显独立的人格和充分的自由，以创建多元、和谐的社会，让人生新颖、完善、美好。

---

①卡尔·亚斯贝尔斯，《时代的精神状况》，王德峰译，上海：上海译文出版社，1997 年，第 46 页。

后现代主义从有机整体论出发，意图重建人与自然之间的和谐关系。传统的人类中心主义认为，人类是万物的主宰，凌驾于自然之上，而后现代主义将人视为自然界的物种之一，与其他物种处于平等的地位。正如温克勒（Winkler）所言："人类就其本质优于其他物种这一观点是毫无根据的，这只不过是人类为自己谋利益的一种荒谬的偏见。"①有学者甚至指出，后现代的价值不是以人类为中心，"后现代生态学的一系列价值观与传统观念指导的科学观及普罗米修斯的价值观截然不同，与之相应，适应于生态意识的价值观是一种适度的、自我节制的和完整的价值观"②。

后现代主义在人与人之间的关系方面立足人类整体利益，主张消除人我对立，强调这种关系的内在性和本质性。"在后工业社会，人与人之间关系的首要目标就是处理好人际关系。"③这就是将人看成关系的存在，人的精神自由和个性解放与这种关系密不可分。为此，后现代主义摒弃"中心"思维，不再强调自由的个体维度，而着重探讨自由与义务或责任的内在联系。伊曼努尔·列维纳斯（Emmanuel Levinas）提出了"为他伦理学"，主张责任先于自由，"自由不能通过自由证明自己的合法性……伦理的自由是一种艰难的自由，是一种对他人负有义务的无自主的自由"④。这种观念说明，自我不是自足的，它永远处于与他人的互动关系之中。个体不能脱离群体，而应透过对他人的服务来实现自身的价值。在不同社会群体的相互关系中，处于社会边缘的弱势群体的利益应当成为首要关注的对象。后现代主义提倡从整体论的角度来理解和鼓励人的行为和实践，追求的是一种更有深度的自由，这实际上也是人文精神的诉求。

后现代主义不否认人的自由性和主体自觉性优于其他物种，把创造性看成人性的一个重要方面。但长期以来，以理性逻辑为基础制定的一整套原则、规程和制度强调集体和秩序，不重视人的个性发展，这种思维及由此引发的行动必然会导致人与人之间关系的疏离和个人生活意义的丧失。西方进入后工业社会之后，随着等级制度的衰落，精英文化也受到极大的挑战，大众文化呈现出日趋取代精英文化的态势。与此同时，信息技术和人工智能动摇了人类的中心地位，信息网络为各个主体、各种信息提供了平等对话的机会。后现代主义坚持每个人都具有创造性的观点，创造

---

①转引自 E. 温克勒、陈一梅，《环境伦理学观点综述》，载《国外社会科学》，1992（6），55 页。

②大卫·雷·格里芬，《后现代科学》，马季方译，北京：中央编译局，1998 年，第 133 页。

③丹尼尔·贝尔，《资本主义文化矛盾》，赵一凡等译，北京：生活·读书·新知三联书店，1989 年，第 198 页。

④Emmanuel Levinas. *Nouvelles Lectures Talmudiques*. Paris: Minuit, 1996, p.95.

性不是精英或专家的专利，而存在于普通大众之中，因此必须充分发挥普通人的创造性，把创造精神返还于民。“这体现了一种自我中心的个体自由，意味着各种情感的解放……如果说后现代主义时代的文化产品不缺乏情感，那么这些情感将是自由的而且趋向幸福。”① 因为这类创造透过各种“不可能性”来为“可能性”的出现开辟道路，以实现对人的“异化”否定，指向人性的回归和人的全面、和谐发展。

后现代主义倡导多元化的精神世界，反对一切形式的精神压迫，以追求精神的解放和个性的自由。后现代主义认可科学真理的相对性，反对任何形式的权威。随着宇宙的进化，物种也呈现出多元化的态势。精神生产离不开物质世界的多元化，同时也对世界的进一步多元化产生了重要的推动作用。海登·怀特（Headen White）曾指出：“习俗与我们相异的民族并非宿敌，而是上天赐给我们的厚礼。邻居之间需要足够的相似之处来相互理解，也需要足够的相异之处以博得关注……”② 后现代是一个独特的历史时期，彻底的多元化已深入人心，为社会所广泛接纳，这种多元化强调的不是消解差异，而是各种范式共存，既相互竞争，又并行不悖。

后现代主义对既有理念和实践的怀疑、批判和破坏颠覆了传统思路，为当代世界带来了一套追求人类自由的全新价值观。后现代主义思想家始终以对人的历史和现状及其文化的关注和探讨为中心，始终坚持“以人文本”，从理论和实践两个方面论证社会文化革命等重要问题。他们以人性的尺度对现实世界进行具有深度和广度的揭示，强烈呼唤重建人文精神，矫正技术理性导致的畸形发展，以更为清醒的理性观摒弃科技理性的负面效应，让人的本质从“异化”中回归。其中，一系列的建设性主张以形象的方式彰显了作为个体的人的作用，表达了为多数个体争取自由与平等的心声，这与自由主义抵制强权、倡导个人在寻求既定目标时的主动性颇为相通，体现了自由主义的核心价值，为人文精神的重建指明了一条道路，也为建立人与自然、人与人之间的和谐关系提供了新希望。

然而，后现代主义思想家对晚期资本主义文化逻辑及人性问题的辛辣批判中虽有机智和深刻的一面，但他们都无视了产生这一切现象的制度根源，没有看到唯有通过彻底铲除相应的社会基础和制度，人类才能从科技“异化”及由此引发的各种人性痼疾中真正解放出来，最终实现人性自由、

① Frank Muyard. La Modernité et la Postmodernité Comme Types Sociétaux, Perception du Réel et Formes Subjectives (Thèse). Montréal: Université de Montréal, 2001, p.133.

② Headen White. *Science and the Modern World*. New York: The Free Press, 1967, p.253.

全面的发展。此外，后现代主义思想家虽然对当代社会人文精神的丧失感到遗憾，也看到了特定意识形态对人文精神重建的消极影响，但他们在谈论人文精神时往往会抛开意识形态，将精神与物质割裂开来，没有看到物质发展对精神演变的决定性影响，也没有看到人文主义精神与意识形态之间的紧密联系。后现代主义不追求永恒，不追求意义，这种自由理念发展到极端时，随之而来的必然是一种永远在路上而不得其解的空虚感，最终陷入悲观主义的泥潭。既然人类永远无力改变世界，一切追求都变得毫无益处，那么唯一可行的就是放弃对外在世界的探寻，将目光转向自身，这也正是后现代主义的一系列颠覆和革命对现存社会的无奈回应。

第二章

法国后现代主义文学总体研究

本章概述后现代主义文学思潮的发生和发展状况，分析后现代主义文学的基本理论主张和审美特征，以文学史为线索梳理法国后现代主义文学的主要流派，探究法国后现代主义文学新机制的自由主义实质。

第一节　后现代主义文学思潮概述

后现代主义文学思潮出现于第二次世界大战之后，是西方社会中极具影响力的文学思潮之一。这种思潮以新的价值取向同传统的伦理道德观念决裂，广泛吸纳现代主义和后现代主义的文艺观和创作技巧，反映现代人的情感享受和物质追求。后现代主义文学思潮表现出对传统启蒙思想的解构和对现代性危机的反应，又由于各国不同的社会文化环境而呈现出多元化的趋势和特征。

一、后现代主义文学思潮的发生与发展

后现代主义文学思潮的发生时间颇具争议，有些理论家把这种思潮一直追溯到浪漫主义乃至亚里士多德（Aristotle）。从 19 世纪 30—40 年代以来，以夏尔·皮埃尔·波德莱尔（Charles Pierre Baudelaire）为代表的法国文艺家就已形成一股批判现代性的精神力量。国内外相关学者一般认为，1870 年，英国画家约翰·瓦特金斯·查普曼（John Watkins Chapman）首次用“后现代”一词指称印象派之后更具先锋派意味的后期印象派绘画，自此“后现代”这个术语便开始出现并逐渐为文学批评家所青睐。西班牙文学批评家奥尼斯在 1934 年对该术语赋予了较多后现代主义的理论内涵，将后现代主义文学视为对现代主义的反动，认为其是更激进、更具先锋意

识的创作。①

20 世纪 40 年代，约瑟·奥特加·伊·加塞特（José Ortega Y. Gasset）曾指出："小说这一文学样式，一旦变得枯竭而无法拯救，必将进入最后阶段，可用题材的极度贫乏迫使作家们必须用构成小说本体其他成分的精美来弥补。"② 在此，他把后现代主义小说的形式和技巧的创新与小说的生死攸关状况紧密地联系起来。

20 世纪 50 年代，美国诗人查尔斯·奥尔森（Charles Olson）频频使用"后现代的"一词，认为以他为核心的"黑山诗派"以及"垮掉的一代"开启了现代主义之后的一场新文学运动，主张诗歌必须打破传统的封闭形式，充分发挥诗人的主观能动性，同时还强调诗歌的实验性和形式的重要性。

20 世纪 60—70 年代，文学批评家欧文·豪、勒文、菲德勒、哈桑等人开始讨论文学中的后现代主义。他们指出，后现代的大众社会摧毁了现代主义经典赖以产生的种种道德和美学基础，在这一环境中产生了后现代主义小说反叛现代主义的倾向，并以无形、无序的表象将这种反抗推向极端。后现代主义文学的唯一出路就在于刻意求新，透过没有定规的实验让各种机遇得以呈现。后现代主义文学的颠覆性和非理性使得精英文学与大众文学之间的距离越来越近，这又为经典重构提供了多种可能。当然，后现代主义文学主要是对现代主义文学的反动，但也包含着对其承袭的一面。③

20 世纪 70—80 年代，法国思想界掀起了以德里达为代表的解构主义思潮，力图彻底反叛，刻意求新，探索文本的多元意义，在后现代批判西方传统文化和思想的创造中具有决定性的指导意义。罗兰·巴特（Roland Barthes）用"快乐原则"将文本分为"可读文本"和"可写文本"，前者与传统文化关系密切，阅读只是一个被动接受信息的过程；后者打破了读者对既往传统文化和价值观念的认同感，建立起一种新型的阅读－写作关系，让读者自觉参与文本的创作，从中体验阅读和创作的乐趣。德里达等思想家一反传统的时间观和历史观，把目光集中于"瞬间"，他们认为只有注重当下，才能达到永恒。这种精神同样放眼未来，但未来的一切都离不开对现在的把握。解构主义对于"能指"与"所指"关系的论述，道出

① 伊哈布·哈桑，《后现代转向》，刘象愚译，上海：上海人民出版社，2015 年，第 3~5 页。
② José Ortega Y. Gasset. *The Dehumanization of Arts and Other Essays on Art, Culture and Literature*. Princeton: Princeton University Press, 1948, p.73.
③ 伊哈布·哈桑，《后现代转向》，刘象愚译，上海：上海人民出版社，2015 年，第 5~6 页。

了文本具有自身生产力和增值力的原理，由此衍生了诸多对文本的多元、开放式阅读。肯定和探索“瞬间”的精神与行为又直接导致了对于流行和时尚的追求，因为流行和时尚的最大特点就在于“瞬时即变”，并于无尽的变换中获得生命力。

如今，“后现代主义”已经发展成为一个具有广泛包容性的术语。其“基本内容在二十世纪上半叶作为科学和艺术的宗旨便已经存在，只不过当初它们只停留在一种主张、宣言或构想之上，或仅仅是某一领域的特殊现象，而今天它已经开始全面而深入地成为我们的生活现实”①。后现代主义文学思潮不同于传统意义上的文学思潮和流派，它既无被广泛认同的纲领和宣言，也不特指具体作家或批评家的文学主张。“几乎所有不能归类为现实主义或现代主义的文化与文学艺术现象，都被归拢到了‘后现代主义’的名下。”②不仅如此，这种思潮还兼容不同的标准，注重并维护各类文学艺术的差异性。正因如此，后现代主义文学内部思想各异，流派繁多，其中许多作家和批评家的思想和理论甚至显现出不可调和的矛盾。

二、后现代主义文学的主要审美特征

后现代主义文学思潮透过社会、文化立场各异的学者，如菲德勒、德里达、利奥塔、哈贝马斯、詹姆逊、哈桑等的激烈辩论而得以发展，其主要审美特征可作如下归纳：

（一）创作主体的消解

心物二元、主客二分的传统意识形态和形而上学观的特征在于注重主体和客体之间的关系，并高举“主体性”的旗帜。近代主体理性的确立使作者成为具有强烈思想感情和完整统一的精神世界的创作主体，作者引领读者，具有全知全能、明察秋毫、指点江山的特点。现代主义文学家和理论家也始终不忘关注文学创作中作者的主体视角，其感悟现实、体味人生、营造独具个性的艺术世界的种种实践都离不开主体的自我意识。

后现代理论对作者的权威性提出了质疑。雅克·拉康（Jacques Lacan）在“镜像阶段论”中提出这样一种观点：人之自我认识始于镜像，如此自我从一开始即欠缺完整性，仅显示出人对自身的想象关系，实则分裂并与

①沃·威尔什，《我们的后现代的现代》，章国锋译，见让－弗朗索瓦·利奥塔等，《后现代主义》，北京：社会科学文献出版社，1999 年，第 48 页。

②汉斯·伯斯顿，《后现代世界观与现代主义的关系》，王宁等译，见《走向后现代主义》，北京：北京大学出版社，1991 年，第 128 页。

“他者”混合。语言与主体的关系在于语言的存在先于主体，是语言创造了主体。而存在于语言中的主体实际上也包含着他人的评价，此时的主体亦是一种客体。于是，在语言的自足性结构中，主体变成了一个漂浮的“能指”或符号，丧失了原有的实体性，遭到了彻底的颠覆和消解。既然如此，作者有何权力高踞于文学圣殿之上，以一个全知全能的视角去俯视尘世中的芸芸众生？又有何必要做一个训诫世人的圣贤和创世者，以非凡的想象去创造一个思想与艺术并存的世界？

福柯所关注的不是现代哲学一再强调的“主体性”问题，而是现代社会中知识论述的制作、贯彻及实践的策略。现代知识强大的论述结构和模式与社会成员个人的主体化过程及思想行为方式相结合，使得处于社会中的个人身不由已地完成自身的主体化。换言之，主体是一种生成，而不是原初的存在，它的产生基于知识、话语、权力的网络系统，因此也就不存在一种恒定的身份认同。主体只是文本中的一个符号，在具体语境中生成，也在语言的游戏规则中受到操控。

詹姆逊将现实主义、现代主义与后现代主义作品作了深入的比较，清楚地道出后现代主义文学作品中创作主体消解的特征：在现实主义文学中，一件物品体现的是物品本身的信息，每一细节都应该有意义、有作用。在现代主义中，虽然也可以说细节表现了意义，但这种意义已经发生了变化，对于现代主义来说，重要的不是知道其中的事实，而是让这些细节对象说话。换句话说，作品中的任何事物都不再是客观事物，而是具有了作者的视角与色彩，是作者主观化了的对象。后现代主义文学作品中出现的事物既缺少现实主义那样的意义与作用，也没有作者的主体视角。[①] 例如，托马斯·品钦（Thomas Pynchon）的《万有引力之虹》（*Gravity's Rainbow*）貌似百科全书，其中有广阔的画面和众多的人物，但占主导地位的却是一种无须解释、只能体验的经验。客观世界本身已经成为文本和类像，因而创作主体自然不复存在。

与此同时，后现代主义作品中的认识主体也同样遭到消解。其中的人物几乎只具有语言符号的意义，而无任何现实规定性。传统文学中那些有血有肉、个性鲜明的典型形象已经无影无踪。荒诞派戏剧里的人物，大多面目模糊，身份含混，性格荡然无存，观众或读者并不知道他们来自何处、意欲何为。他们的生存意义究竟是什么，直到戏剧结束时，观众或读者仍

① Fredric Jameson. *Postmodernism, or, the Cultural Logic of Late Capitalism*. Durham: Duke University Press, 1992, pp.440-441.

不知就里。更有甚者，一些作家在创作时干脆隐去人物的名字，将其处理成一个符号，如罗伯-格里耶《嫉妒》（*La Jalousie*）中的女主人公，作者只是用“A...”来表示，其身份认同如同一个语言符号，并不具有特殊意义。

（二）“宏大叙事”的铲除与“深度模式”的削平

世界大战的浩劫、科学技术的畸形发展、自然环境的严重破坏以及信息技术的不可预测性，导致了西方社会结构的变化和“主体危机”的全方位发生，社会的物质结构与人的精神活动、人的社会生活与人的思想感情、人与人以及人与自然的关系都与传统科学所揭示的规律相去甚远。这些现象彻底摧毁了传统思想家为人类勾画的种种愿景，也使人类对自身的所作所想产生了深刻的怀疑。面对如此境况，思想家、文艺家乃至每一个人都有责任对历史、道德、科学的局限性和人类的各种价值观进行剖析、反思和批判，而文学领域里对传统“宏大叙事”的背离和挑战也就变得理所当然。

“宏大叙事”展现人类各种美好愿望的合理性及合法性，对历史具有一种目的论和连续性的意识，并引领人类朝着理性设计的伦理、政治及宇宙的和谐迈进。传统的西方文学充满了宏大历史的观念，历史的终极目的作为主要观念强烈地吸引了西方文学史上的经典作家。后现代主义文学若要铲除“宏大叙事”，不仅要抛弃“主体性”哲学、启蒙理性以及工具理性等传统形而上学理论，而且还要颠覆和清算精神分析学、劳动解放论和意义阐释学等学说。这种批判是后现代主义文化极富意义的特征之一，也是一种不同于传统真理观的对新“真理”或“真相”的探索。这也从整体上破坏了价值、秩序、意义、同一性和线性关系等传统观念的永恒性，动摇了传统人道主义的根基，而代之以实践的观念、话语的观念和文本游戏的观念，探寻的只是种种症状和表象，让深度、焦虑、恐惧、永恒等感情消失殆尽。[①]

“深度模式”体现了二元对立的传统哲学观，包括现象与本质的辩证法，意识与潜意识、压抑与宣泄的精神分析学，明显与隐含的阐释观，真实性与非真实性的存在观以及“能指”与“所指”的符号观。随着时代的变迁，这类“深度模式”逐渐显示出其巨大的局限性，充其量是认识、解释或者改造世界的方式、方法。由于历史的真理并非客观存在，而是与权

---

① Fredric Jameson. *Postmodernism, or, the Cultural Logic of Late Capitalism*. Durham: Duke University Press, 1992, p.12.

力、话语、论证等条件紧密关联，故理论家话语论证能力的强弱之于此类真理的形成即为决定性因素。传统文学作品将作者—语言—意识形态融为一体，叙事作品从某种既定的意义出发并由作者道出此种意义。当代资本主义体制抽空了个人的生存本质和情感，所谓的“深度模式”已随意义的古老霸权寿终正寝。因此，后现代主义文学作品中不再能够轻易察觉传统和现代作品中包含的那些与政治、美学或社会相关的批判性因素，表象则在其中显示出异常强大的张力。

后现代主义文学作品中往往充斥着“深度模式削平”的特征，具体表现为碎片化、非情感化、非连续性、不确定性和非意义化。例如，法国作家罗伯－格里耶的创作使用频率极高的几何术语和其他科学术语，赋予所描述的物件精确、独立和不可替代的角色规范，使文学作品具有报告文学般的严谨和真实。其作品的语言不具有明晰的指向范围和指称内容，小说的意向性与合目的性亦荡然无存，过去、现在、将来的自如转换消解了语言层面上的“深度模式”，在破坏传统写作规则的同时，也实现了读者与作者之间双向互动的多元和流动的意义交流。再如，美国作家约翰·巴思（John Barth）的小说《迷失在开心馆中》（*Lost in the Funhouse*）本要讲述安布罗斯和一家人在露天游乐场中的漫游经历，然其散乱的结构、淡化的情节、随处可见的疯言谵语、天马行空的幻想和内心独白以及其他艺术门类中的作品拼贴，皆赋予该小说极其强烈的“平面化”感觉。然而，每个画面似乎都欠缺特殊的意义，漂浮的“能指”仅仅按照语言系统的游戏规则进行着自身的演绎。

（三）非历史化倾向

随着情感化在文艺领域的蜕变，后现代主义文学作品中那些与时代和时间性相关的重大主题及那些与“延续性”和记忆相关的种种“奥义”也呈现出衰落的态势。詹姆逊指出：“后现代社会里关于时间的概念是和以往的时代大不相同的，形象这一现象带来的是一种新的时间体验，那种从过去通向未来的连续性的感觉已经崩溃了，新的时间体验只集中在时间上，除了现在以外，什么也没有。”[①]后现代主义注重共时性甚于历时性，强调当下的显现和即时的感受。当今，相对于时间而言，人的日常生活、心理经验和语言文化更受空间的支配。概言之，将时间转化为空间、关注空间的共存而非历史的发展，是后现代主义文学思潮最明显的特征之一。

①弗雷德里克·詹姆逊，《后现代主义与文化理论》，唐小兵译，西安：陕西大学出版社，1986年，第182页。

后现代主义文学作品给人的最突出感受就是历史意义的消解，现代社会机制从整体上丧失了历史的包容性，处于连续不断的变化之中及一种永久的“当下”状态。这种状态使得既往社会中以各种方式培育的传统趋于瓦解，作为现代世界“参照物”的“过去”渐渐被搁置，以至销声匿迹，仅以文本的形式流传于世。过去的一整套有机谱系学变成了无尽的影像堆积或模拟，这种历史性危机在小说作品中主要表现为历史叙事线性关系的变形。后现代主义文学与真实历史的不兼容性使作品不再囿于历史“参照物”的局限，而是更加注重展示社会、历史和存在的“现在”。法国作家布托尔的创作就具有脱离历史取向和致力于使时间空间化的特征，其小说《变》(*La Modification*)以旅行主题拓展了其小说时空观。该小说的基本情节在巴黎和罗马两个城市间穿梭，其中第二人称叙述视角的运用使作者丧失了对时空的掌控。此时此地和彼时彼地的景象相互交织，过去、现在和将来皆按照主人公意识中的时序表现。安德烈·马尔罗(André Malraux)的《反回忆录》(*Antimemoires*)在描述与毛泽东主席的历史性会面时，添加了大量与红军长征、延安窑洞、国共内战有关的记述，将见闻、文献、传闻交织在一起，让思想自由遨游于虚实结合的时空隧道。这类与历史有关的叙事作品的意蕴不再是表现真实的历史，而是在于展示作者的思想，将“过去”定格，成为能够折射历史并富有创新性的“现实”。这也从另一层面说明文学文本虽有“所指”不在场的特征，但并非只是语言“能指”的纯粹游戏，文学家有介入和干预生活的特殊手段，文学艺术有其独特的魅力。

（四）“精神分裂”征兆

按照拉康的观点，在当代西方文化中，由时代、时间性和“组合关系”(syntagmatique)孕育的文本形式越来越受控于空间逻辑的支配，与记忆、时间性和个人身份认同相关的经验以及与时间相关的体验性和存在性的情感也同语言现象密不可分。语句在时间中流传，具有具体的、实际的意义，因而语言有自己的过去和未来。[①]“精神分裂”征兆意指一系列“能指”交错构成的“组合关系”中意义链的断裂，这种现象迫使读者进入纯粹由“能指”组成的世界，体验纯粹的、与时间没有关联的“现在”状态。时间的连续性消失殆尽，文本语义完全破裂。人被既成语言所控制，不再是语言的支配者，其“主体性”意识遭到彻底颠覆，从万物的中心蜕变到连语言

① Jacques Lacan. *D'une Question Préliminaire à Tout Traitement Possible de la Psychose*. In *Écrits*. Paris: Seuil, 1966, pp.535-536.

也无法掌控的地步。此外，“精神分裂”征兆还含有一种更为强烈的“现在”意蕴，因为“现在”可以让读者具有更大的选择意识，可以根据自己的解读去找寻再现世界的意图。

巴思在小说《题目》（*The Title*）中借叙述人的口吻说道：“情节与主题：被世界的这个时刻败坏的意念，至今尚未成功地获得修补。冲突，错综，没有高潮，最糟的还在后头。事事导向乌有：将来时态；现在时态；过去时时态；完成时。最后一个问题是，能使乌有变得有意义吗？这难道不是最后一个问题吗？如果不是，结局就在眼前。确实，可以说是。实在是忍无可忍了。”[①] 这段话传达出人们面对世界时的无可奈何。罗伯－格里耶也指出：自上帝死后，便是存在本身的散碎、解体在无休止地延伸着。[②] “因此，要描写这种现实，就不能再用巴尔扎克时代的那种方法，而要从各个角度去写，要用辩证的方法去写，把现实的漂浮性、不可捉摸性表现出来。”[③] 后现代主义文学作品几乎都有这个特征。让·艾什诺兹（Jean Echenoz）的小说以新的方式和文笔来反映感受到的社会及社会中的人，他继承了罗伯－格里耶对新小说的“开放性愿望”，将小说中的意义链频频斩断，又通过传统与现代各种要素的融合将种种不确定性进行独特展现。这类“精神分裂”征兆将扭曲和变异带进文学作品，通过冒险式的当代话语彰显了作家的个性，把无意义与生活等同起来。“去意义化”的意图阻隔了当代工业社会中人与人之间的纯朴交往，但也让人在生存的裂缝中演绎出自身的卑微乐趣。

（五）审美规则的颠覆和文学范式的反叛

利奥塔认为资本主义本身就包含着许多“正在颓废的事物”，它自身带来的一系列矛盾和吊诡使得后现代具有了这样一些特性：“它在现代将以表现本身来突出那些不登大雅之堂的事物；它本身拒绝相信优雅的形式会带来的慰藉”[④]。后现代主义文学以反理想、反英雄和反叙事为审美特征，对传统的审美方式表现出自觉的反抗和疏离，传统文学中的那种和谐、崇高和诗意遭到颠覆，丑恶、灾难、危机、死亡乃至阴暗污秽的事物成了审

①转引自王程辉，《美国作家约翰·巴思小说研究》，武汉：武汉大学出版社，2013年，第135页。

②陈侗、杨令飞，《罗伯–格里耶作品选集》，第3卷，长沙：湖南美术出版社，1998年，第618页。

③柳鸣九，《新小说派研究》，北京：中国社会科学出版社，1986年，第62~63页。

④汉斯·伯斯顿，《后现代世界观与现代主义的关系》，王宁等译，见《走向后现代主义》，北京：北京大学出版社，1991年，第288页。

美对象。在一些后现代主义文学作品中，高雅与通俗、纯文学与通俗文学之间的界限日渐消失，作品语言也不避粗俗，以直白浅显和抛弃高雅为追求。罗伯－格里耶的小说和电影创作中，赤裸的性爱和带有色情意味的场面比比皆是，如《金三角的回忆》（*Souvenirs du Triangle d'Or*）中有大量的性行为描写，《纽约革命计划》（*Projet pour une Révolution à New York*）中频繁出现强奸和暴力场景，《重现的镜子》（*Le Miroir Qui Revient*）中的叙述者不厌其烦地回忆自己少年时期性发育的琐事，这说明这些内容在其作品中占据了十分重要的位置。克洛德·西蒙（Claude Simon）的《弗兰德公路》（*La Route des Flandres*）也对性器官、性动作、性变态、性感觉进行了极其详细、露骨的反映，这一切都表明了后现代主义文学的审美观念与传统的审美规则的价值取向有所不同。

长期以来，西方传统经典作家作品展现的诸种文学要素已构成传统文学理论解释文学现象的主流文学活动范式，但现代社会的巨大变化以及现代传播学、语言学、符号学、文化理论的相关研究也为文学提供了大量的新材料、新手段和新艺术内容，为建构文学活动范式提供了重要的理论资源。这一切促使了新的思维方式和艺术心理的产生，最终形成了后现代的审美意识和文学范式。罗伯－格里耶对传统文学作了尖刻的批评：19 世纪的整个传奇故事体系以及它那连续性的、编年史的、有因果关系的、不矛盾的烦琐系统实际上就像是一个最后的尝试，为的是当我们离开自己灵魂时忘却上帝把我们置于的那种解体状态，也为的是起码在表面上获得解脱，用一幅使人宽慰的、清楚完整的织物去替换莫名其妙破裂的内核、黑洞和绝路。①后现代审美意识的一个重要特征就是反对写实主义和现代主义的文学范式，作家不应从虚无出发来进行创作，而应在有限的时空中对世界进行观察、感觉和想象，并将有限的、不确定的经验叙述出来。

如今，各种文学、艺术乃至各个学科之间相互渗透、相互交融的现象日益凸显，这迫使文学家、艺术家对文学艺术的表现形式进行探索和革新，在表现风格方面异于以往的文学范式，使文学作品呈现出多元化和多样化的特征。一些后现代主义作家常常随意而为，甚至是打破传统文学范式的界限。弗拉基米尔·纳博科夫（Vladimir Nabokov）在长篇小说《微暗的火》（*Pale Fire*）的前面部分放置了 999 行诗句，在后面部分放置了很多烦琐的注释和索引，如同一部学术著作。品钦的《万有引力之虹》和巴

---

①阿兰·罗伯–格里耶，《重现的镜子》，杜莉、杨令飞译，长沙：湖南文艺出版社，2011 年，第 29~30 页。

思的《迷失在开心馆中》中有一些非文学材料的堆砌，给人以一种“非小说”的印象。布托尔的文本具有百科全书的特色，辐射哲学、诗歌、绘画、音乐等领域，为后现代主义文学范式不断提供新“样本”。文本的“互文性”（intertextualité）和写作界限的模糊印证了后现代主义文学审美视野中各种文学样式乃至文学与非文学、艺术与非艺术之间界限的彻底消解。

三、后现代主义文学价值评判

在思想意识、欣赏习惯和审美情趣异常多元化的今天，国内外学界和一般读者对后现代主义文学的价值评判中，既有共识，又有分歧，此乃常态。窃以为，对后现代主义文学价值的评判可从如下几个方面进行思考：

1. 必须以辩证、客观的态度来审视后现代主义文学作品的价值观念与社会作用。关于西方文论家和评论家对后现代主义作品的价值观念与社会作用所作的评估，大加赞誉者有之，否定性批评者有之，以较为客观的精神加以分析者亦有之。然而，“对作家作品以至艺术流派的评估，必然要考察作家作品怀着怎样的价值观念以塑造艺术境界、反映生活或抒发创作主体的审美理想，以及作品对社会究竟是起了积极的还是负面的作用”[①]。文学作品是现实生活的反映，传统文学、现代主义文学和后现代主义文学都无法回避这个规律，不过在如何反映社会生活、呈现社会问题并对此表明态度等方面，后现代主义文学与其他文学所采取的方式迥然不同。

后现代主义文学作家认为传统人文主义自由观是建立在人赖以生活的幻想之上的。“荒诞”是他们对现实世界的基本看法，这种看法又被他们成功地灌注于文学创作之中。在揭露现代社会荒诞性的同时，他们也用隐晦的手法来表现对和谐、自由和完美社会的渴望，构建了一个反抗荒诞、超越现实并不断追求精神自由的世界。这些作家或通过对人物心理的层层探幽来揭示资本主义社会人际关系中存在的排斥、暴力、迷惑和屈从的普遍现象，以探索文学文本内部的深刻含义，进而自由地探索文学文本的意蕴；或站在后现代社会和高度消费社会的时代前沿，密切关注当代社会已经或即将发生的事情，同时运用滑稽模仿和语言异化等后现代主义的表现方法来实现对文体的破坏和重构，从新的视角来认识当今社会和人际关系。由此可见，后现代主义文学对以往文学作品中经过深思熟虑的价值观念给予了极大关注，揭示了文学背后的意识形态和话语权力，其形式极端的“解构”观念对于消解封建文化和工业文明及其文化精神的修正、批判

①许汝祉，《对美国后现代主义文学的评估》，载《外国文学评论》，1991（3），87页。

和超越亦产生了一定的积极作用。当然，不可忽视的是，后现代主义文学或过分集中在潜意识支配的荒诞、漂浮的“现实”上；或极力摆脱传统的叙事模式，冷漠地将作者的哲学思考注入文本；或故意将“高雅”与“世俗”融为一体，在貌似严肃性的探索中不知不觉地消除了人的“主体性”，让“零度状态”成为永恒的精神特质，从多元论和相对主义走向了虚无主义。这必然会削弱文学的社会意义，更谈不上社会的时代主题，也在一定程度上弱化了文学反映现实、干预生活的功能。

2. 后现代主义文学虽消解了现实的实体性，但审美的超越性仍然受到了极大的关注。后现代主义作品终止了终极价值信念，也不再向读者提供明确的意义。不过，后现代主义文学与所有文学一样，仍将审美视为文学的最高境界，祈求在审美中实现文学自由的生存方式，以期在“异化”“物化”和工具主义大行其道的现代社会中实现人的自我完善和内心关怀。因此，在西方文学中，审美继神性、理性之后成为最本真的存在形式，伽达默尔、莫里斯·梅洛－庞蒂（Maurice Merleau-Ponty）、萨特、福柯等人都在不同程度上以不同形式走向了审美主义。文学理论和作品超越了一般的意识形态，以特殊的方式张扬了现代社会日渐缺失又亟待重塑的新理性精神，上升到了哲学和美学的高度。

后现代主义文学文本的重心不在于表现真实的事件，而侧重于表现事件的话语建构过程，这种方式旨在借用文学的形式来表达作者的哲思和情怀，这种文本也具有一定的象征性、寓意性和哲理性，其中的人物也往往是现代人或整个人类的象征与代表。后现代主义文学文本以抽象的方式将复杂的事物进行简化，结果催生了一种新的审美意识。后现代主义文学向读者生动地再现了世界的原貌和人生的困境，提倡凭借读者的参与重新建构一个现实的世界，透过读者与文本之间的联系和交流来探寻人类的共性，并体验作者的经验、感悟与思考，进入审美的深层心理。后现代主义文学思潮对传统文学审美观念的否定性批判和改造的积极意义在于极大地拓宽了审美范围，使文学对更为广泛的审美现象给予关注。不过，这种思潮一味地标新立异，割断了其与传统美学的内在联系，作品创作也在一定程度上成为孤芳自赏的“小众文学”，其终极价值信念的消失和对于世界意义的终结则表现出后现代主义文学的危机。后现代主义文学尝试的种种革命似乎不能从根本上使其摆脱这种危机，作品太过隐蔽的倾向性和思想意义不但容易掩盖作品应有的人文精神，也会将文学文本纳入精密化、科学化和信息化的社会总体运行机制。受到同化的文化工业反过来会操纵人的生活体验，这必将削弱对文学审美功能的传达。

3. “后现代文化逻辑已经浸渍了整个写作模式。写作成了对语言结构的颠覆活动，阅读成为一种智力游戏。”[①] 写作方式的这种深刻革命与现代思想方面的革命有着明显的一致性。后现代主义作家更多地将目光倾注于文学的叙事方法和形式探索上，但在创作中，他们并非处于无目的状态。旧的文学表现方式与新时代的需求渐行渐远，现代读者的内心感受亦无法得到激活，这种状况迫使文学不断探求新的表达方式，以实现对艺术表现形式的改造和革新。文学文本的种种实验和探索，尤其是零散化和碎片化的方式，虽有使作品变得晦涩难懂的一面，但也能让读者近距离地从微观层面把握生活中的各式物质和心理场景，继而对这些场景加以组装，拼合成一幅幅宏观生活的画面，由点及面地扩展对世界的认识。而一反常规、出奇制胜的表达方式和语言组合在一定程度上起到了填补空白的作用，也给文本带来了新风貌。

然而，语言的大规模宣泄和文学形式的不断翻新也带来了自我化和绝对化的倾向，容易使文学失去真情实感，简化成一种自我复制的符号。一味地自我复制必将使文学丧失其根本意义。从根本上来说，文学仍是一种“人学”，文学创作中重要的一点就是具有打动人心的真诚，而纯粹的感官和心灵体验是营造文学作品真挚情感的必要条件。重视形式的倾向发展到极端不仅会割裂文学与时代的联系，而且也没有顺应读者的阅读与欣赏习惯，这终将会削弱文学作品与读者心灵交流的效果。

不管怎样，我们都不能因此而无视后现代主义文学思潮所体现出的除旧布新精神及其在思想和艺术方面的诸多贡献。这些贡献透过对旧的审美观念的冲击来表现人们对社会的困惑和陌生，进而给予读者新的心灵震撼和启迪。从更为宏观的层面来看，这些贡献不仅影响了文学书写模式的逐渐转型，而且对世界文学的发展也具有不可否定的意义，同时还深刻改变了人们对政治、社会和文化成规的认知，为改造世界提供了有益的思路和策略。

第二节　法国后现代主义文学的主要流派及作家

法国后现代主义文学指第二次世界大战后在法国出现的一类先锋性文学思潮和流派，于 20 世纪 70—80 年代达到鼎盛，直至今日潮声仍未退去。

① 王岳川，《后现代文学与写作》，载《外国文学评论》，1992（4），30 页。

曾经很长一段时间，主流学术界认为后现代主义基本等同于广义的现代主义，完全可以将二者作为一个既相互联系又相互对立的整体来加以考察。[①]总体来说，无论从文艺思想还是创作技巧方面来审视后现代主义文学，都可以将其看成现代主义文学的延续和发展，不过第二次世界大战之后，法国后现代主义文学的发展变化呈现出来的特性已经远远超出了传统现代主义的界定范围。本书拟将后现代主义视为一种独立的文学思潮和流派，并据此将其与古典主义、浪漫主义、现实主义以及现代主义区分开来。

法国后现代主义文学包括存在主义文学、荒诞派戏剧、新小说、新浪潮电影等流派，亦涵盖后现代主义文学理论、批评及后现代主义美学。此外，还有一些作家很难被具体划进某个流派，但他们的创作也极具后现代主义文学的特征。

一、存在主义文学

存在主义源自西欧，由丹麦神学家和哲学家索伦·奥比·克尔凯郭尔（Soren Aabye Kierkegaard）首创，形成于第一次世界大战后的德国，第二次世界大战后在欧美广为流传。

存在主义文学的代表作家主要有萨特、阿尔贝·加缪（Albert Camus）和西蒙·德·波伏娃（Simone de Beauvoir），他们的文学创作旨在阐释存在主义的哲学观点和理论，将哲学思想形象化和艺术化，同时也对当时的道德和社会行为进行清醒的分析和无情的批判。

萨特的小说和戏剧作品表述了存在主义“存在先于本质”的观点，揭示了现代社会的荒诞，宣传了自由选择的思想。萨特鼓吹“介入文学”的观点，主张作家应积极投身于改造社会的活动中，对政治事件和社会问题明确发声，让文学作品起到干预社会现实的作用。在具体创作方面，萨特主张摹写真实，力求文字质朴自然、不事雕琢、避免浮夸。加缪的作品表现了“当时社会条件下一部分人的心理危机：人同世界分离，人同人隔阂，以及人同自己不协调”[②]，指出现实世界是一个一无可为的荒诞世界，人苦苦追求生活的意义而不可得，人的存在已经完全丧失了应有的价值。

存在主义作家通过小说、戏剧等文学样式来传播其哲学观点，在作品内容方面主张废除消遣文学和纯感伤文学，要求作家表现社会进程、展示时代悲剧和展望人类前景，具有强烈的思想性。存在主义文学在艺术上最

① Terry Eagleton. *The Significance of Theory*. Cornell: Cornell University Press, 1989, p.192.

② 江伙生、肖厚德，《法国小说论》，武汉：武汉大学出版社，1994 年，第 278 页。

显著的特征是哲理化，其作品主要是靠鲜明的哲理性和思辨性取胜，而非以激动人心的艺术感染力来取悦读者。尽管存在主义文学中不乏较为完整的故事情节和相对清晰的人物形象，也不似其他后现代主义文学流派那样表现出彻底的反传统、反文学的艺术倾向，但这派作家的陈述惯用中性或非感情化的语言，并极力排除主观情绪和感情叙述以接近“零度写作”的理念，其作品中的环境描述仅仅是为人物提供主观感受和自由选择的条件，让其在特定的环境中展现自己的性格和命运。在存在主义作家看来，小说或戏剧文本都是各自独立的文化生命体，文本并非始终处于自给自足的封闭性状态，因而作家必须谋求更加“开放式”的写作。存在主义作家凭借自己的创作实践不断探索文学领域里的自由，也为后现代主义文学的发展做出了独特的贡献。

二、荒诞派戏剧

在戏剧领域里，法国后现代主义最重要的流派是荒诞派戏剧。此类戏剧崛起于 20 世纪 50 年代，因英国戏剧评论家马丁·艾斯林（Martin Esslin）而得名。荒诞派戏剧“作为先锋派戏剧的一种，表现了荒诞世界中人类的处境”[①]。其特点如下：

1. 塑造非理性、性格扭曲的人物形象。人物的性格扭曲既表现为对生存的绝望，也表现为人与人之间的隔阂、缺乏交流与沟通以及由此产生的巨大裂痕。

2. 表现手法荒诞，场景孤立封闭，情节荒诞离奇。在荒诞派剧作家看来，这类情节、场景和气氛所代表的梦魇般的世界比真实的世界更加逼真。

3. 割裂和肢解语言的交流功能。语言的贬值和荒诞把荒诞派戏剧中蕴含的荒诞性推向高峰。法国荒诞派戏剧的代表作家有欧仁·尤奈斯库（Eugène Ionesco）、萨缪尔·贝克特（Samuel Beckett）等。尤奈斯库剧作中的人物终日百无聊赖，无话找话；人物独白和对白极度平庸、支离破碎、含义难辨，恰似呓语；场景的呈现亦极度夸张，导致意义尽失。这一切都影射着人物本身就是异化世界的一个组成部分，在这个世界上，人与人之间根本无法达成正常的沟通与交流，透露出一种莫名的人生幻灭感。

贝克特刻意减少了剧情和动作，剧作中渗透着黑色幽默，强调了人在荒诞世界面前的微不足道，以荒诞的风格表现了对人类行为的嘲讽，但“他

① P.-G. Castex et al. *Manuel des Études Littéraires Françaises.* Paris: Hachette Livre, 1967, p.173.

那具有新奇形式的戏剧作品，又使现代人从贫困境地中得到振奋”[1]。

让·热内（Jean Genet）是荒诞派戏剧的奠基人之一，他剧作中的主人公都是被侮辱、被损害的人，因而其戏剧被称为“对抗社会的戏剧”和“表现社会边缘人的戏剧”。在剧中，他毫不犹豫地暴露了自己的种种劣迹，也无情地暴露了现代资本主义社会的阴暗面，以自己的独特方式对人类的荒谬处境表示抗议。

后现代主义对传统的准则、规程和价值观念进行了全方位的“解构”，在文化话语全面断裂的历史语境中将荒诞派戏剧推上了舞台。荒诞派戏剧对传统戏剧规范进行了空前激烈的颠覆，其“反戏剧”“反传统”的主旨以及荒诞不经的人物语言、无序的词句描述和没有逻辑关联的梦呓拼贴斩断了“能指”与“所指”的联系，让剧中独白与对白变成无意义的符号流动，在直喻荒诞、无理的世界的同时，也消解了文本意义的建构，其彻底和决绝的反传统姿态预示着文学和戏剧领域的后现代转向。

三、新小说

“新小说”一词出现于20世纪50年代，用来指称一类与传统文学相异的小说作品。一批没有纲领、旗帜和领袖但创作思想和倾向相近的作家将作品集中于午夜出版社出版，到20世纪60年代逐渐形成一个新小说集团。在20世纪70年代的塞利西–拉–萨勒(Cerisy-la-Sale)“新小说今夕”等国际研讨会之后，新小说成为一个自觉的文学流派。

罗伯–格里耶、娜塔莉·萨罗特（Nathalie Sarraute）、西蒙和布托尔等人是新小说派的代表作家，他们的共同特点就是想方设法突破传统小说的常规，在文学创作中尝试多种艺术的结合，以实验手法来呈现生活画面的立体感，并对小说语言进行全方位的探索，促成语言与表现对象或其他思维形式之间的近似转换。他们的作品或对物件进行不带感情的纯客观描写，人物只是一些平面化的形象；或深入细致地挖掘人物的种种心理状态，透过叙述直指人心，探寻人物内心的奥秘；或以时空倒错的叙述方法来展现作者天马行空的思绪，为作品营造一种新颖别致、风格遒劲的张力。

罗伯–格里耶的小说中充斥着大量关于物体的看似客观且详尽的描写，物体取代人物和情节，占据了小说的中心位置，打破了叙事的逻辑连贯性。他的“写物主义”将物体的物理特性提升到了一个十分显要的地位，

① 转引自刘硕良，《诺贝尔文学奖授奖词和获奖演说》，桂林：漓江出版社，2013年，第309页。

通过对物的描写来反映外部宏观世界。

萨罗特的小说尤其注重潜对话的描写，透过这种形式努力将那些转瞬即逝、难以捉摸、无法言说的事物展现于众，进而探索与人的本质息息相关的现实而又神秘的心理世界。

西蒙的小说打乱简单的时间顺序，诗意与画风浑然一体，心理活动、现实场景、梦幻想象杂糅在一起，个人印象和主观意识贯穿其中，加之颇具个人特色的语言艺术，使其摘取 1985 年诺贝尔文学奖桂冠，也征服了世界上相当一部分读者的心灵。

布托尔的小说语言纯正优美、浑然天成、诗意浓郁，现代性的状物叙事和表达思想的方法使作品具有一种别开生面的意旨和情趣。他致力于小说形式的革新，在文学创作中使用的技巧层出不穷，因此获得了“百科全书式”巨匠的美誉。

20 世纪 60 年代起，一些立场更为激进的小说家聚集在瑟伊出版社和《原样》（*Tel Quel*）杂志周围，用自己的理论和创作实践继续探索。这些作家被批评界称为“新新小说派”，代表人物有菲利普·索莱尔斯（Philippe Sollers）、让·里加尔杜（Jean Ricardou）等。

新小说的形成和发展与法国当代社会及当代西方世界的精神危机息息相关。第二次世界大战之后，一切传统观念以及风靡一时的现代主义思潮统统被置于怀疑的境地，西方物质与精神世界的重建也亟需新的理论指导，后现代主义思潮便是在这种背景下产生并逐渐占据主导地位的。新小说作为后现代主义文学的一个重要流派，其主要特征可以概括为拒绝、探索和晦涩，它抛弃传统现实主义乃至现代主义的表现手法，为读者提供了一幅幅具有“不确定性”的图景，同时也调动了读者的创造力，自由地揭示了“真实的”现实。

四、新浪潮电影

新浪潮电影运动出现于 20 世纪 50 年代末期的法国。第二次世界大战之后，在新小说和荒诞派戏剧的影响下，一批法国电影艺术家在面对其他西方国家电影的激烈竞争时，起而响应，在表现内容、创作手法和电影体制等方面与传统电影进行激烈抗争。以《电影手册》（*Cahiers du Cinéma*）杂志为代表的一批电影人及批评家和“左岸派”作家及导演构成了新浪潮电影运动的中坚力量。

“电影手册派”以弗朗索瓦·特吕弗（François Truffaut）、让-吕克·戈达尔（Jean-Luc Godard）等人为代表，他们的影片被称为“作者电影”。这些艺术家汲取存在主义思想的精华，对传统影片中的一系列僵化律条嗤之以鼻，将“主观现实主义”精神奉为圭臬，力主拍摄能够充分展示导演本人独特风格的影片。他们弃用职业演员，不时走上街头，进行实景拍摄，即兴创作，拍摄影片的方式灵活而自由。他们的影片不追求完整的故事情节和丰满的人物形象，而是侧重主观性、抒情性和生活气息，以灵活多变的电影艺术手法来展现当代社会中人们的生存环境、心理状态、人际交往和两性关系。

“电影手册派”电影人的代表作有特吕弗的《四百下》（*Les Quatre Cents Coups*）、戈达尔的《精疲力竭》（*À Bout de Souffle*）等。特吕弗认为散漫而没有连续性的事件构成了人们的生活，这种“非连续性哲学”理念促使他在电影创作中以琐碎的生活情节代替传统的戏剧性情节结构，通过艺术方法的创新拍摄出与现实生活的“真实”相符的影片。作为“破坏美学”的代表人物，戈达尔的影片在反传统方面比特吕弗走得更远，尤以蔑视传统的电影技法而闻名业内。他们的创作促进了法国电影表现内容和艺术手法的多元化和多样化，也引发了后现代主义电影思潮在欧美各国的第二次兴起，并推动了电影艺术和电影工业的自由发展。

“左岸派”的主创人员多为知识界和文学界人士，思想前卫，素质高雅。他们承袭了后现代主义发轫以降的种种艺术理念，也为“电影作家”和“文人电影”提供了不少经典文本。罗伯-格里耶和玛格丽特·杜拉斯（Marguerite Duras）等人都是文学、电影两栖作家，他们创作了“电影小说”这一艺术样式，不仅为世界影坛留下了精品，也为“文学电影化”和“电影小说化”现象的生成和发展做出了杰出贡献。罗伯-格里耶曾说“电影小说”本身就是一种电影，而不是文学作品，“然而，对于没有观看演出的人来说，就如同乐谱可以阅读一样，电影小说也是可以阅读的。但这样一来，交流就必须通过读者的智力才能进行……”①。

新浪潮电影试图抛弃传统电影的模式，通过电影语言和艺术手段的不断创新来实现重构现实并摆脱主流电影的强权统治，使电影艺术不再局限于以往的种种规定，力图破除僵化的思维定式和打造多样化的艺术世界。新浪潮电影的影响几乎波及世界上所有的电影制作群体，世界各地的电影

① 陈侗、杨令飞，《罗伯-格里耶作品选集》，第3卷，长沙：湖南美术出版社，1998年，第323~324页。

人都在某种程度上与之发生关联。时至今日，新浪潮运动的回响仍萦绕耳际。

五、部分法国后现代主义作家

在法国现当代作家中，有部分作家很难被归入特定的流派，但他们的创作和理论中含有明显的后现代主义因素。

马尔罗的创作基本遵循传统的套路，其作品的情节较为完整，人物的外貌和内心刻画得较为清晰，社会和自然环境也较为生动、具体。但他的后期作品，如《反回忆录》从思想内涵到表现手法都渗透了其后现代主义美学观。其作品质疑和颠覆了真实性这一传统传记的核心价值，透过对历史事件的剪辑和对事态人生的种种思考，以“历史书写”的方式来表现作家对世界文明发展的看法，表达了作者追求精神自由和审美自由的愿望。

米兰·昆德拉（Milan Kundera）的小说非常注重对“人性”的研究，从伦理道德层面关照现代社会，突出生命个体的自由价值和意义。他在作品中探讨“死亡方式”，以轻松、调侃的方式来减弱这一现象的悲剧性，并对人物的命运进行本体论思考，这一方面表现了作者的悲观倾向；另一方面又反映了作者力图摆脱悲观、走向“自觉反抗”的尝试。昆德拉非常注重故事视角和时间视角的选择，作品中的叙述人称与传统小说中的叙述人称虽别无二致，但他在使用第一人称或第三人称叙述时却能营造一种独特的效果。作品中，故事的发生、作者的写作及读者的阅读同步进行，它们之间形成一种共时状态，从而使作品获得一种“现场直播”式的“在场”感，能使读者体验到不同于传统小说的真实。昆德拉也是“复调”理论的坚定实践者，他常常将不同时代、不同类型的人物故事信手拈来，糅进自己的小说中，同时讲述两个甚至几个故事。昆德拉对小说艺术的革新既是文学艺术史上的革命，也体现了反抗“命运”的后现代主义诉求。

安妮·艾尔诺（Annie Ernaux）的作品中融入了后现代主义文学观。她以“不确定性”原则观照小说创作，运用“中性写作”（écriture neutre）等后现代主义文学表现手法来客观描述过去发生的事情，凭借直接引语、间接引语、自由间接引语和一些“碎片化”的手段再现历史生活场景，激发读者的认同感，进而消解中心结构和确定意义，大大增强了作品的表现力，同时也给文本注入了更为丰富的内涵。可以说，她在某种程度上借助写作来拯救当代人日渐严重的虚无与彷徨。此外，互文性理论在艾尔诺的文本中亦有明显体现，这种建构性的理论促进了文本之间的互动以及对文化的重构和延续，也促进了后现代主义文学在 21 世纪的自由发展。

概言之，虽然法国当代各种后现代主义文学流派和作家的外在形态相异，但内在本质却完全一致，都是第二次世界大战后的先锋作家刻意变革传统文学形式的结果，都是对传统文学文本“能指”形式的背离和革命。

第三节　法国后现代主义文学的自由主义实质①

本节在描述和阐释相结合的层面上选取法国后现代主义作家和作品的个案，勾勒后现代主义文学与自由主义思潮互动的基本过程，爬梳隐藏在后现代主义文学内部的自由主义观念，考察并概括自由主义与后现代主义文学的相互关系。

一、法国后现代主义文学与“自由”“平等”理念

20 世纪，物质文明高速发展，西方政治、经济、文化方面发生了深刻变化，两次世界大战摧毁了资本主义公认的道德和信仰，古老的欧洲文明及其一系列伦理和价值观念受到了新的挑战，文艺复兴以降竖起的一座座丰碑，如自由、平等、博爱、人权等大有坍塌之势。这一切惊醒了深陷噩梦之中的法国后现代主义作家，促使他们开始关注时代和人生，对当代世界面临的问题进行质疑、反思和总结。他们的大部分作品并不以塑造鲜明的人物形象、编织离奇的故事情节和设置宏大的社会场景来引人入胜，而是从不同的角度来认识和探讨与当代社会、生存条件、人的价值等息息相关的议题，并在作品中形象地加以反映，为作品注入深刻的哲理和较高的认识价值。

自由主义思潮在近代西方占据支配地位，在现当代诸多社会思潮和政治观念中仍表现出强大的生命力，为法国乃至欧美的政治和社会生活提供了一种系统的世界观和价值观，指导并影响着人们的社会实践。西方文学史上并未形成所谓的自由主义文学思潮，也没有将自由主义与某些特定的文学现象或流派结合起来考察，而更多的是从外部对这些现象或流派加以概括，或许可以将其归入文学社会学概念里，不过从法国后现代主义文学的实际来看，自由主义所包含的基本理念仍然在法国后现代主义文学中得到了不同程度的体现。

① 本节基于所发表的前期成果写成，并做了适当修改。详见《论法国后现代文学的自由主义实质》，载《法国研究》，2017 年，第 6 期。

自由主义的主旨在于强调个体自由，包括公民自由、人身自由、社会自由等，而自由主义的核心在于保障个人至高无上的自由本质，个人意志和个体生命意义唯有通过自由方能得到体现。法国后现代主义文学中的许多创作直接反映了自由主义的这一核心价值，或以隐晦的手法道出其中三昧。

“萨特作为思想家，最大的价值是主张自由，他认为每个人必须获得自由，才能使所有人获得自由，因此，不仅每个人要获得自由，还要使别人获得自由，这是他作为社会的斗士留给后人的精神遗产。”[①]这种自由观与马克思主义的自由观在本质上相去甚远。在理论上，他提倡一种积极的自由选择，认为要通过具体的社会环境来实现具有政治意义和社会意义的自由。在社会实践中，他经历了一些轰轰烈烈的大事，如投身于反法西斯的斗争中、反对美国对朝鲜和越南的侵略、坚决支持法国的革命群众运动、挺身而出保护《人民事业报》、拒领诺贝尔文学奖等，紧跟当时的进步潮流。

萨特的《自由之路》(*Les Chemins de la Liberté*)把自由观当作哲学基础，透过主人公马蒂厄、个人与他人、个人与社会集团的矛盾冲突来揭示追求自由的艰辛历程，表现了作者对自由选择的思考，同时塑造了自由选择的英雄。萨特对自由选择的贡献在于将个人从人类整体价值和各种外在枷锁中解放出来，让其承担自身的全部责任，以此表达个体自由的精神实质。作者用“责任”对自由选择进行脚注，以说明个人的选择必须与周围的环境相适应，在为自己选择的时候，也要为所有人作出选择，但不可回避的是，自由必须以普遍的伦理价值为依托，否则个体自由就无从寻觅，自由选择也就止步于一个乌托邦式的幻想。

加缪通过揭露现代人的荒谬以尖锐地批判传统的道德观和自由观，他在《西绪福斯神话》(*Le Mythe de Sisyphe*)里指出，“荒诞的人明白，他迄今为止的存在，是与这个自由的假设紧密相关的；这种自由是建立在他赖以生活的幻想之上。在某种意义上说，这成为他的障碍。在他想象他生活的一种目的的时候，他就适应了对一种要达到的目的的种种标准化要求，并变成了他自身自由的奴隶”[②]。与《西绪福斯神话》相互印证的是其小说《局外人》(*L'Étranger*)，作者将荒诞意识与小说样式紧密结合，塑造了莫尔索这样一个“荒诞的人”的典型，并将对现实世界的基本看法有机地融

①柳鸣九，《山上山下——柳鸣九散文随笔选集》，北京：中央编译出版社，2005年，第75~76页。

②转引自高宣扬，《法国思想五十年》，北京：中国人民大学出版社，2005年，第63页。

入作品情节和人物形象之中。作者的写作手法虽不动声色，但仍通过主人公身边的一系列荒诞不经的事件来隐喻现代社会中人际关系的冷漠，令人窒息的生存环境及人与人之间交流、沟通的困境，在否定荒诞的同时，也隐约表现出作者对个人自由、个体意义和完美社会的希翼，包含了作者对构建精神自由的些许向往。

荒诞派剧作家对世界荒诞的深刻认识集中体现在戏剧创作中，剧中的主人公生活在“自由虚空的界域”中。荒诞派戏剧的经典之作通过流浪汉、残疾人、疯癫者等人物在荒诞世界中的荒诞遭遇，来反映外部世界和生活对人之自由的压抑、摧残和剥夺，表达了等待、孤独、疏离、死亡等 20 世纪文学的重大主题，展示了人的非自由状态的真实处境，将人的生存描述为一场悲剧。值得肯定的是，荒诞派戏剧在悲观绝望的背后仍含有一种疗伤的能量，力图让人们意识到自己的终极真实，使他们从麻木平庸、充满假象和虚伪的生存状态中清醒过来，鼓足勇气和力量为重新寻找自由而不断抗争。

新小说虽在外观上尽显所谓的“客观性”，但这派作家在进行创作时并非处于无目的状态，他们在怎样写和写什么的问题上同样需要进行思考和选择。罗伯 – 格里耶的《在迷宫》（*Dans le Labyrinthe*）、《一座幽灵城市的拓扑学结构》（*Topologie d'une Cité Fantôme*）、《纽约革命计划》等作品以了悟的境界和游戏的手法，将城市塑造为当代社会或世界整体的对等物，隐喻了人在其中只能被动地听之任之，不能有任何选择、改变，更无可能获得实质性的自由。萨罗特在《陌生人肖像》（*Portrait d'un Iconnu*）中透过相互利用又相互逃避的畸形父女关系来强调个人在社会中应有的独立性和创造性，他认为每个个体生命应该具有追求自由和热爱自由的心态，而不应盲从于集团或派别的制约。布托尔的《时间表》（*L'Emploi du Temps*）通过主人公雷维尔的异域之旅和精神之旅来揭示现实，表现了个人自由和自我解放的重要性，说明人应该在自身与外部世界的关系中重新确立自己的身份，完成个体独立意识的重塑与强化。

平等、公正、人权等也是自由主义的基本理念，后现代主义作家不仅在理论著作中回应了自由主义的这些理念，而且在后现代主义文学作品中亦有各式各样的回响。

萨特的作品抨击种族主义、法西斯主义和战争狂热，在当代现实生活中发挥过积极作用。萨特的《恭顺的妓女》（*La P... Respectueuse*）具有政治倾向，揭露了白人种族主义者对美国黑人的迫害，并对普通白人群众反种族主义意识的觉醒寄予厚望。女主人公丽瑟体现了女性的社会存在状态，她的经历表明女性在男权社会中的不平等地位，而黑人青年作为社会的弱势群体，其境遇与丽瑟毫无二致，他们实际上都没有自由选择的权利。在该剧中，萨特不仅为这群“被侮辱与被损害的”人们呼吁平等、公正和人权，而且揭示出他们的自由除了遭遇以金钱、权力形式出现的显性束缚外，更是被囚禁于先验的道德价值原则与行为规范之中。对于“人权”这个概念，萨特并没有系统地论述，但其人权思想在文学作品中却无处不在。他毕生都在与教会的神权、封建社会的君权和资产阶级社会的特权进行斗争，坚决反对压迫和奴役，主张维护人的尊严，倡导尊重人的财产，为人的平等、自由而大声疾呼，这些都是人权思想和人权要求的表现。

杜拉斯的《抵挡太平洋的堤坝》(*Un Barrage Contre le Pacifique*)描写了白人个人或家庭在印度支那殖民地的生活，揭露了殖民地严格的等级制度，有钱有势的白人不仅利用手中的权势压榨当地土著居民，同样也欺压那些无权无势的普通白人。杜拉斯从自身的经历出发，不断思索社会问题，批判社会中存在的不公正和不平等现象，并把这一切归结为巧取豪夺的殖民制度。以自由、平等、博爱为追求的法兰西民族将这种非正义的行为延及广大殖民地，可以说，这是该民族在世界近代史上留下的一个耻辱。

应该指出，自由主义把个人视为存在、价值、权利和道德的真正主体，视为哲学意义上的社会范围内的唯一实体。同时，自由主义也认为个人不能游离于社会之外，而是构成整个社会的有机组成部分。法国后现代主义文学虽然重点关注当代社会中的不同个体，但在根本上并不排斥整个时代和群体的根本利益。正因如此，后现代主义文学才能在当代历史条件下抵御现代工业文明和科学技术迅猛发展造成的各种不自由、不平等和不公正，并在一定条件下反映社会生活，这与自由主义的基本理念并行不悖。

二、法国后现代主义文学的人道主义印记

伴随文艺复兴运动而降生的人文主义提倡现世生活的快乐，肯定人性和人的价值，提倡个性解放和自由、平等的理念。这种思潮在 16 世纪以后逐渐衍生出与人的本质、使命、地位、价值和个性发展紧密相关的人道主义思想和理论。人道主义更强调以人为本，承认人的价值和尊严，以各种方式把人性及其范围、利益作为课题，形成了以高度文明为基础、以人类和谐发展为目的的普世价值观。第二次世界大战的爆发标志着近代以来

作为伦理哲学和价值原则的旧人道主义传统的终结，西方人道主义思想开始更加注重追求人的普遍性价值和尊严，力促自由全面实现。

自由主义具有明显的人道主义特征，盖因自由主义的原则和理论均源于“人是万物的尺度”这一信念。当自由主义在论述自由、平等、正义等概念的时候，重点强调的也是人的参与和人的自由。后现代主义文学具有自由主义的实质特征，可以说是自由主义在 20 世纪文学领域的某种实践，因此这种文学也会有意无意地打上人道主义的烙印。

萨特“存在主义的人道主义”的要义就是从人道主义的角度去理解和实践存在主义。他认为存在先于本质，人不是生物学意义上的人，而是一个处于不断生成过程中的人。人生而绝对自由，其行动构成了人的一切，其选择又决定了人的所有价值，故人必须对自己的行为和选择负全部的责任，同时也必须追求不断超越自我。这种构成人的超越性（不是如上帝是超越的那样理解，而是作为超越自己理解）和主观性（指人不是关闭在自身以内而是永远处在人的宇宙中）的关系，就是我们叫作的存在主义的人道主义。①

萨特的文学作品在传达存在主义哲学观的同时，亦表现出人道主义思想。这些作品把存在的荒诞性和当代人内心的焦虑、痛苦当成需要面对的现实，而且还告诫人们在面对如此混乱、荒诞的现实时，必须遵循“介入”的原则，由此启发读者正视、思考、批判和改变现实。萨特的戏剧营造了一种充满危机、生死攸关的可怕境遇，处于这种生存环境中的人物表现出深深的焦虑感和恐惧感，如《苍蝇》（*Les Mouches*）中在暴君统治下的阿尔戈斯城、《死无葬身之地》（*Morts sans Sépulture*）中的法西斯牢狱、《阿尔托纳的隐居者》（*Les Séquestrés d’Altona*）中与世隔绝的阴森房间。萨特在剧中展示了人物的各种荒诞的生存境遇，让人物认识到自己处境的恐怖，从而萌发自由选择的强烈意愿。直至今日，这些作品仍有显而易见的历史意义，可以将其看作对德国占领时期及“合作运动”的讽喻。当时的伪政府希望法国人民心生悔过，支持或者至少默认现存的秩序，而反法西斯力量则号召人民保持尊严，顽强抵抗，通过自由选择来掌握自己和民族的命运。这些作品反映了当时激烈的社会矛盾和民族矛盾，传达了民众的呼声和愿望，肯定了抵抗运动的正确性，表现了对人的关爱精神，宣扬了人道主义的崇高理想。

① 让 - 保尔 · 萨特，《存在主义是一种人道主义》，周煦良、汤永宽译，上海：上海译文出版社，2012 年，第 35 页。

波伏娃同样主张文学表现时代精神并且干预现实生活。她的小说和戏剧都具有强烈的思想倾向和时代色彩，充分表达了她的存在主义观点，也表现了当代法国人的真实心理世界。波伏娃最有影响力的作品之一《第二性》(*Le Deuxième Sexe*) 奠定了她作为思想家的地位。她把关系到妇女地位和妇女解放的问题看得高于一切，在作品中，她对女性在当代社会中的地位、在婚姻及家庭中的角色和作用等问题提出诸多质疑，认为长期以来世人眼中的男性与女性的差别全因荒谬的世俗偏见所致，结果导致女性长期处于受奴役和受压迫的悲惨境地。她认为，女性应该完全独立，与男性取得完全平等的权利，表达了追求个性解放、精神独立和自由发展的人道主义愿望。

荒诞派剧作家尤奈斯库的《犀牛》(*Rhinocéros*) 包含很多传统戏剧的元素，剧中人物的对话、行动、生活都接近正常人，而且情节相对完整。尤奈斯库通过人与犀牛角色的调换，为当代人展现了真实生活，透露了当代人的真实生存状况，表达了人们对自由、真爱和诚挚的向往和追寻。结合该剧写作的时代背景，也可将人物变成犀牛解读为一种流行病，这隐喻了法西斯主义正是一种危害极大的流行病毒，这使该剧具有反法西斯主义的倾向。《椅子》(*Les Chaises*) 在结束时，整个舞台遍布椅子，将主人公老头和老太太挤得分离两边，要靠喊话来确认对方的存在。剧中的老头、老太太、皇帝等人不过是一把把椅子，是去除了本质属性的物体。该剧表现了当今世界的人在物的挤压下逐渐失去生存空间的境况，表达了“人不存在，理想不存在，意义也不存在”的虚无主义观念，呼应了后现代主义宣扬的人是没有本质、没有意义的存在物的观念，也表现了重寻人的价值和尊严的意图。

新小说作家对20世纪的“物化”和“异化”现象了然于心，他们力图让小说创作与社会现实相互适应，深刻反映全面物化时代的“主体危机”特征。罗伯－格里耶的小说《橡皮》(*Les Gommes*) 和《窥视者》(*Le Voyeur*) 虽借用侦探小说的框架，但其中皆是对主人公周围事物的外在描写，而对强奸、杀人、窥视、侦探等情节均无交代。书中的一切仿佛外在的物象一般纷乱、模糊、无序，人物没有个性，没有思想，缺乏沟通和理解，甚至连外貌都复杂难辨。这种后现代的“物化”和“异化”现象反映了人类生存的某种特殊状态。萨罗特的小说表面上让清晰的人物形象从读者的视野中消失，却从人物的心灵深处挖掘宝贵的资源，让其实实在在地浮现于读者眼前，同时调动读者的参与性，由表及里地突破传统小说的界限，以达到心灵的超越，并在此基础上不断追求思想的自由，实现西方文化所倡导的对于个人自由和个人价值的关怀。布托尔声言小说具有教益作用和“介入”的特点，作品中的人物、思维方式及描绘的各式物件也都在不同程度上折射了社会问题。小说《时间表》的主人公游荡在陌生又充满魔幻色彩的城市，求索自己与城市之间应该存在的某种相互依存、休戚与共的关系，但城中象征传统文化的教堂、博物馆及象征商业经济和政治权力的现代化建筑似乎都预示着城市与人之间的对立，这种对立其实是用文学的手法强化了马克思等人所揭示的人与物、人与自然对立的现象。新小说作家的创作反映了“物化”世界中的“主体危机”，他们用这种方式将现实中的矛盾和问题呈现给读者，让其自行作出判断和分析。此外，他们或许是想透过“物化”“异化”现象引发的人与社会疏离的状态来揭示由此造成的对人类生存的负面影响，进而表达对人性复苏和尊严重建的愿望。

人道主义在历史上作为反对封建、宗教统治的武器，曾为资本主义的自由发展、自由竞争提供了理论依据，反映了人类长期以来孜孜以求的自由、平等、博爱的理想并起过积极的作用，但它作为一种特定的观念形态，始终是资产阶级的思想体系。法国后现代主义作家从人道主义出发，用自己的文学创作深刻反映了人在当代社会中的“物化”“异化”现象和感觉。他们深知自己无法改变种种对于自由、人性、人的尊严、和谐发展不利的因素和局面，甚至不相信人在现实中能够认识和把握自己的命运，因而他们的作品大多不以肯定性的描写蕴含对人类社会发展有益的积极思想，而是充斥着荒诞、怪异、丑陋、消极的因素。然而，尽管西方的现代社会存在着“主体危机”，但人毕竟还是社会生活的主体，在社会中仍发挥着决定性的作用，因而文学艺术终归不能将人排除在外。后现代主义作家虽然意欲突破传统思想的束缚，对传统文学进行彻底的清算，但他们并没有从根本上否定文学艺术是社会生活的反映，而是以人性作为尺度来对现实世界进行颇有深度和广度的描述和揭示。他们的作品于否定性中潜藏了某些正能量，于阵痛中发出希望人性复苏的呐喊，表现了不愿看到“物化”“异化”现象在社会上蔓延的心理，打上了希望人的价值、尊严和自由健康发展的人道主义印记。

法国后现代主义文学在艺术创作方面的基本倾向体现为力图摆脱传统文学的清规戒律，提倡表现内容和艺术形式上不受束缚的自由，这些特点都承袭了文学自由主义的创新精神。自由主义所起的积极作用在整个法国后现代主义文学的发生、发展历程中一以贯之，在此意义之上，可以把法国后现代主义文学看作自由主义在西方现当代文学中的一种实践，而这种实践也丰富了现当代自由主义的思想内涵。

第三章

自由主义与存在主义文学①

存在主义哲学家和文学家或致力于表述各自独特的存在主义哲理，进而建立自己的论说体系，或针对“为艺术而艺术”的文学倾向提出“介入理论”，并以自己的创作实践介入了当代社会中的重大问题。萨特、加缪、波伏娃等存在主义作家通过文学创作来探讨世界的荒诞性，对人类如何走出荒诞、追求自由进行思考，深刻揭示出人在异己世界中的孤独、不断异化以及罪恶和死亡的不可避免，同时主张在在荒诞中奋起反抗，在绝望中坚持真理和正义。存在主义的理论和创作皆与自由主义学说和自由主义精神相关联。

第一节　自由主义与存在主义的异质同构性

自由始终都是存在主义哲学家关注的重要话题。存在主义的先驱黑格尔、克尔凯郭尔、海德格尔都对自由的哲学内涵有过探讨。黑格尔从人的意识发展出发，基于不同情况下意志的发展程度，将自由划分为三种形式：直接的或自然的自由、反思的自由和理性指导下的自由。黑格尔的自由意志理论是一种主张绝对理性的自由观。克尔凯郭尔否认黑格尔的绝对理性，将哲学思考的重心转移到了对个体生命和存在的探讨上，思考人的个体性、主观性与内在性，其“孤独个体”理论实际上就是强调个体绝对性的自由观。此外，他的“自由选择”理论也对萨特自由观的形成产生了重要的影响。海德格尔的存在论自由观将人的存在与自由联系起来，关注人的存在问题的“存在者”被称为“此在”,“此在”的本真生存就是自由，因此自由观构成了海德格尔哲学体系的主要内容。

法国存在主义的代表人物萨特在以上哲学自由观的基础上进一步继承

① 本章由鹿一琳撰写、杨令飞修订。

和发展了存在主义自由观。他从黑格尔的自由意志论中得到了最初的精神启迪，从胡塞尔的现象学中继承了哲学研究的重要理论方法。现象学认为一切问题都归于本质，如知觉的本质、意识的本质。萨特正是从意识内部的本质活动出发，将人的存在分为“自在存在”和“自为存在”。“自在存在”是指向外部世界的存在，是人的意识之外的存在，它“是其所是”；而“自为存在”是指向人的存在，是人的意识活动所指向的存在，是按照人的意识造就的存在，它“不是其所是”。“自在存在”是荒诞而无意义的，乃是虚无，只有依托“自为存在”，才有意义。人之所以自由，是因为人的“自为存在”具有否定性和超越性，人可以自我否定，并不断地超越自我，以实现自由的目标。从这个意义上讲，自由的根源是“自为存在”，自由带有绝对性。人的全部价值就在于实现自由。

一、存在主义自由观的三大要素

在存在问题上，萨特首先关注的是存在与本质的关系。萨特继承和发展了海德格尔的自由观，以“自在存在”和“自为存在”为参照，提出了“在自由中，存在先于并支配本质”[①]的观点。萨特认为，首先得有人，人碰上自己，在世界上涌现出来——然后才给自己下定义。[②]人出现在世界上，然后由他自己规定自己的本质。人存在的本质悬置于人的自由之中。人的存在和“他是自由的”这两者之间没有区别。这就是“存在先于本质”的著名论断。萨特得出这一论断的前提是尼采的“上帝已死”，万物因不再有预设的本质而获得自由，“存在即自由”。

萨特指出：“自由才是所有本质的基础，因为人是在超越了世界走向他固有的可能性时揭示出世界内部的本质的。”[③]“自在存在”是物质性的存在，是意识之外的客观现实，因而不会发生变化，也无自由可言；而“自为存在”是人的意识，永远处于变化之中，具有各种可能性，是绝对自由的。

萨特的存在主义哲学认为自由是存在主义的核心问题。所谓“存在先于本质”，其实质也就是“自由先于本质”，存在问题归根结底就是自由问题。“除了自由，我们别无本质；除了自由外，我们什么都不是，自由在

①让 – 保尔·萨特,《存在与虚无》，陈宣良等译，北京：生活·读书·新知三联书店，2014年，第532页。

②让 – 保尔·萨特,《存在主义是一种人道主义》，周煦良、汤永宽译，上海：上海译文出版社，2012年，第6页。

③让 – 保尔·萨特,《存在与虚无》，陈宣良等译，北京：生活·读书·新知三联书店，2014年，第533页。

人之初便附着在我们的本性之上。"[①] 在萨特的存在主义自由观中，人的自由有三个特征：首先，自由有绝对性；其次，自由有偶然性；最后，自由在于选择和责任的承担。

萨特的哲学摒弃了以往宗教哲学中的唯上帝论，人的命运不再掌握在神的手中，以此凸显人的行动自由、选择自由。人的本质要由自己的行动来证明，人是自由的，"懦夫使自己懦弱，英雄把自己变成英雄"[②]。人可以自由选择其本质，成为懦夫或者英雄都在于人的选择。即使不作任何选择，也是一种选择，这就是自由的绝对性。

萨特的"人注定是自由的"包含两层含义。首先，人是被"抛"到这个世界上来的，也就是说，人的出生是无选择、无条件的；自出生始，人便享有绝对的自由，但这个自由没有理由和根据，具有偶然性。其次，人通过自己的选择和行动决定自身的存在，因此"人即自由"，自由先于存在。以第二次世界大战为界，萨特的自由观可以划分为前后两个发展阶段：前期重点关注个人和意识，主要哲学观点见于《存在与虚无》（*L'Être et le Néant*）；后期关注的是社会和群体，在《辩证理性批判》（*Critique de la Raison Dialectique*）中有集中阐释。但无论关注的重点如何变化，自由始终是萨特存在主义哲学的理论核心。

萨特有别于其他存在主义者的地方在于他的无神论存在主义论摒弃了宗教神秘主义，他拒绝宿命论，相信人的自由行动决定人的本质，无论身在何种处境，选择的自由都绝对存在。

第二次世界大战前，萨特的自由观主要关注个体自由，即"孤独的人"的自由。萨特哲学的早期观点主要阐释了存在主义哲学的"绝对自由论"。通过文学创作，萨特主要揭示了自由的绝对性和偶然性、存在的孤独感与荒诞性、"自在存在"与"自为存在"的对抗关系等。在这一时期，萨特的存在主义文学代表作《恶心》（*La Nausée*）、《墙》（*Le Mur*）等所表现的就是"孤独个体"面对偶然与荒诞的世界生出恶心感，继而选择反抗现实，以实现自由。

第二次世界大战的爆发促使萨特为孤独个体寻找自由出路，他亲临战场、介入现实，战争的残酷和反抗的失败使萨特开始反省并领悟到早期

① 阿瑟·丹图，《萨特》，安延明译，北京：工人出版社，1986 年，第 40 页。

② 让 – 保尔·萨特，《存在主义是一种人道主义》，周煦良、汤永宽译，上海：上海译文出版社，2012 年，第 8 页。

相对自由观的片面性。仅存于意识中的自由无法使人摆脱孤独感和荒诞感，很难获得真正的自由。自由不是个人的随心所欲，而是在境况中通过选择和行动的介入得以实现。这时，萨特开始关注大众群体，群体自由关乎道德和责任，意味着责任的承担，是一种选择的自由。随后，萨特相继发表了存在主义哲学著作《存在与虚无》《存在主义是一种人道主义》(*L'Existentialisme Est un Humanisme*)，系统地阐释了存在主义相对自由观。之后，萨特又发表了文学理论专著《什么是文学？》(*Qu'Est-ce Que la Littérature?*)，指出存在主义文学是在荒诞的人生中寻找精神自由的“在场”，提倡“介入文学”。长篇小说《自由之路》，戏剧《禁闭》(*Huis Clos*)、《魔鬼与上帝》(*Le Diable et le Bon Dieu*)、《死无葬身之地》《苍蝇》等分别从正反两面为存在主义的相对自由论作了文学上的回应，阐释了“自为存在”的孤独个体与群体意识的关系、自由在于选择和责任的承担以及人道主义向度下的存在主义善恶观、介入观、自由观。自由与责任的辩证关系可以解释为自由以责任为必要前提，责任是自由的必然结果。人的终极自由就是有选择的自由。

与自由主义主张绝对理性不同，存在主义崇尚非理性。但存在主义在发展过程中，不断汲取理性主义的合理成分并逐步向非理性转变；存在主义文学中的理性与非理性亦是相伴相生、辩证存在的，在扬弃传统理性局限性的同时，表现出一种更为清醒的理性。

由此可见，自由主义与存在主义虽然分属不同的哲学流派，但二者都崇尚自由民主、人道主义精神以及对人类生存状态的深度关怀。自由是两种主义共有的价值准则、理论核心和最高诉求。自由主义与存在主义实际上是异质同构的两种哲学流派，二者之间辩证存在并形成了良性互动。

二、存在主义文学与自由

萨特以哲学家和文学家的双重身份介入西方文化领域，他不仅在哲学领域探索自由和存在的意义，在文学创作中亦是如此。萨特的文学创作特点是哲学小说化、小说哲学化，其文学和哲学创作互相交织、并行不悖，而小说实际上就是“用现象学的哲学方法进行对自由的文字描述”[①]。他为自己定下的原则是：文学创作不要过于具体，要富有哲理；哲学则应避免过分抽象，切忌从概念到概念，应从分析具体事例入手。萨特关于美和艺术的考察总是和占据他全部核心的自由相联系，或者说是围绕自由进行

①杜小真，《萨特引论》，北京：商务印书馆，2009年，第234页。

的。[1]在此意义上，柳鸣九对其的评价可谓是恰如其分：一个用文学形式来阐释其观念体系的哲人、用哲理来提高作品品位的文学家。[2]

萨特文学的首要原则就是自由，确切地说，就是在荒诞的人生中寻找精神的自由和自我的本真。萨特在《什么是文学？》中这样定义文学创作中的自由："文学创作中的自由无非是人们持续不断地借以自我挣脱、自我解放的运动。"[3]也就是说，文学具有自我解放的功能。除此之外，萨特尤为强调文学的召唤功能，即文学作品应该召唤读者通过审美感知来唤醒"自为存在"，并作出自由选择。文学作品的双向自由功能就在于既解放创作者，也解放读者，在文学创作的过程中赋予双方以自由，在作者和读者之间形成积极的自由互动。"作家为诉诸读者的自由而写作，他只有获得这个自由才能使他的作品存在。但是他不能局限于此，他还要求读者们把他给予他们的信任归还给他，要求他们承认他的创作自由，要求他们通过一项对称的、方向相反的召唤来吁请自由。"[4]

萨特的文学自由观是其哲学自由观的反映，他认为作家身为自由人的创作只有一个题材，那就是自由。萨特呼吁作家要为时代而写作，不可回避社会问题。1947 年，萨特将当时的法国文坛作家分为三代。第一代作家在 1914 年第一次世界大战前就已开始创作。这一代文学家大体上与政治家来自同一个社会圈子，并与资产阶级相结合，这是一个手段——目的的功利主义圈子，他们向读者推销的道德观看似要求秩序、品行、忠诚，实则是为自己开脱的遁辞。萨特把这类作品叫作托词文学，因为早在第一次世界大战前，统治阶级就已需要托词甚于阿谀奉承。这类文学中，为了严格的秩序，人们需要做的绝不是反抗婚姻、职业、社会纪律，而是借助似梦若幻的忧郁情调来对秩序表示异议。萨特认为纪德（Gide）和莫里亚克（Mauriac）始终"把日常生活放到括号里面，细心地过日子，但是避免弄脏手指"[5]，以此暗喻他们的文学缺乏对现实的介入，也无法对读者发出自由的召唤。第二代作家是 1918 年以后的超现实主义者。他们带着文学宗派、精神团体、教会和秘密结社的模糊面貌；他们被剥夺了历史感，身处悲剧时代却没有悲剧意识，面对死亡威胁时没有意识到死亡；他们局限于叙述平

①今道友信，《存在主义美学》，崔相录、王生平译，沈阳：辽宁人民出版社，1987 年，第 207 页。

②柳鸣九，《为什么要研究萨特》，北京：金城出版社，2012 年，第 82 页。

③让－保尔·萨特，《萨特文集》，第 7 卷，沈志明、艾珉主编，北京：人民文学出版社，2005 年，第 143 页。

④同上，第 131 页。

⑤同上，第 225 页。

庸的生活，却无法描摹命运转折下的社会环境，在厄运降临时无话可说，然后就结束了他们的历史使命。第三代作家是萨特所属的这一代。这些作家大多在第二次世界大战前开始创作，他们身在战争的极端处境下，被历史赋予了特殊使命，他们必须记录战争和死亡，创作具有历史性的文学。萨特将这代作家称为“形而上作家”，他们为了从内部完整地展现人的状况而介入，并看到现实的荒诞性；他们承认文学是一种自由，并愿意通过全部作品向全体成员发出民主的召唤。离开描写与叙述的时代，文学不能局限于解释，而是以感知和行动向读者昭示他们的自由，成为一种实践文学。①

存在主义文学作为存在主义哲学的精神文化成果并不是这种哲学的简单移植，也不囿于表现存在主义哲学的思想体系与理论观点。存在主义文学的内涵在于关注人的境况、人的存在及面对这样的境况时人应该以何种方式存在的主张。存在主义文学的主题往往与荒诞、焦虑、孤独、恶心、选择、责任、超越、自由等关键词相关，也就是对人的存在和自由进行思考。存在主义文学作家的创作依据并不是存在主义理论，而是自己的人生体验。

因此，在存在主义作家看来，文学中的自由具有否定性与建设性。文学的否定性在于“文学将向劳动对人的异化提出抗议；就建设性而言，它将把人表现为创造性行动，伴随人为超越自身异化，趋向更好的处境”②。因此，萨特文学中的自由大多表现出一种否定的立场，其存在主义哲学中否定荒诞、超越荒诞、解放自我的精神在文学上集中体现为否定性与超越性。萨特站在否定的立场来揭示 20 世纪荒诞的社会现实和被物化、异化的人的生存状态，并召唤人们超越荒诞的现实、实现自由。这种表示人的超越性和主观性的关系就是存在主义的人道主义。《恶心》以否定和荒诞的哲学为起点，否定了荒诞的自在世界；《墙》从否定的角度证明了选择的偶然性；《禁闭》更是从“他人即地狱”的角度否定了人与人之间被异化的关系；《苍蝇》否定了神的存在，证明了人的自由选择和责任承担才是超越荒诞、追求终极自由的方式。

谈到戏剧创作，萨特把传统戏剧定义为“性格剧”，即舞台上出现的人物虽然复杂程度不同，但都是完整的人物。作家设置一定的处境，为性格冲突提供舞台，用以展示传统性格在他人性格的作用下所发生的变化。

---

①让 - 保尔 · 萨特，《萨特文集》，第 7 卷，沈志明、艾珉主编，北京：人民文学出版社，2005 年，第 220~321 页。

②同上，第 296 页。

而“处境剧”则不然，剧中不再有性格，主人公与大家一样“坠入陷阱一般的自由”[①]中。之所以将自由称为陷阱，是因为每个人物都不知道出路何在，每个人物对出路作出选择，而且“他本身并不比他选定的出路更有价值”[②]。萨特强调的是，文学给予人物自由，仅此而已；文学的道德性不需要说教，只需指出人物就是价值所在。在某种意义上，每一处境都是自由的陷阱，四面都是墙壁，没有可供选择的出路，要靠人物自己去“发明”出路。每个人在找到出路的同时，也就找到了真正的自由。因此，“处境剧”的功能就是发现自由。

在萨特看来，“每一时代都可以抓住人的境况和人的自由面临的谜题……戏剧家的任务是从这些有限的境况中选择能最好地表达他的关注的境况，并把它作为某些自由个体面临的问题提到观众面前”[③]。

除了哲学上的自由和文学中的自由外，萨特的存在主义自由观还从伦理角度强调了“存在主义是一种人道主义”。自由不只是个体的精神解放，还包含与他人的关系和对他人的责任。“我们是为自由而追求自由，是在特殊的情况下和通过特殊的情况追求的。还有在追求自由时，我们发现它完全离不开别人的自由，而别人的自由也离不开我们的自由。显然，自由作为一个人的定义来理解，并不依靠别的人，但只要我承担责任，我就非得同时把别人的自由当作自己的自由追求不可。我不能把自由当作我的目的，除非我把别人的自由同样当作自己的目的。”[④]这将存在主义对自由的理解从哲学层面过渡到伦理层面：自由不只在于选择，更在于对责任的承担。这是对人的存在深刻而精准的把握，把人的自由提升到了一个新高度。

第二节　自由主义与“荒诞性”的对立及互动

荒诞的概念隶属于哲学和美学范畴。从哲学角度来看，荒诞是外部世界与人之间矛盾的必然产物，其实质是人的异化。荒诞产生的根源在于人

①让－保尔·萨特，《萨特文集》，第7卷，沈志明、艾珉主编，北京：人民文学出版社，2005年，第306页。

②同上。

③让－保尔·萨特，《萨特自述》，黄忠晶、黄巍编译，天津：天津人民出版社，2008年，第190页。

④让－保尔·萨特，《存在主义是一种人道主义》，周煦良、汤永宽译，上海：上海译文出版社，2012年，第31页。

和外部世界既对立又不可分割的关系。在存在主义哲学中，荒诞反映了现代社会中人类陷入的日益恶化的生存处境：人在异己世界中不断被异化，感到孤独、空虚又无处可逃，唯一要做的就是如何面对荒诞并在荒诞中生存。存在变得毫无意义，行动也失去了理由，变得漫无目的且荒谬、无序。存在主义的荒诞哲学实际上是一种虚无的非理性意识，在这种意识下，人的存在变得没有理由、没有归属。加缪所代表的存在主义哲学力求通过荒诞书写人与世界的分歧与对立。这种矛盾和对立源自生活的机械性使人对存在的价值和目的产生了怀疑。此外，时间具有毁灭性的力量，在时间面前，人完全受其支配而无能为力；既期待明天，又惧怕死亡的来临，肉体的这种反抗也是荒诞的。人在面对异己世界时所感受到的孤独与隔离感以及面对自我的"非人性"所感到的不适，如"恶心"更是荒诞的根源。"荒诞的人是那些'试图穷尽自身的人'，他们在时间'这个既局限又充满可能的场地中'，能够凭着唯一可以信赖的清醒的意识而享受人生。"① 人既要意识到命运的荒诞性，又要轻视荒诞，因为"这不仅是苦难中的人的唯一出路，而且是可能带来幸福的唯一出路"②。

萨特的存在主义哲学同样重视荒诞，但更关注自由与荒诞的关系。在回答荒诞世界的出路问题时，加缪提出要揭示荒诞，以示反抗。而萨特的解决之道则是直接介入荒诞，以行动来对抗荒诞。萨特存在主义哲学的核心是自由问题，在萨特看来，人的自由是绝对的，而且是与生俱来的，但生活充斥着无意义的、偶然的荒诞体验。萨特一方面揭示世界的荒诞和存在的虚无；另一方面又主张人有选择的自由，应该介入荒诞世界，实现存在的价值并得到真正的自由。因此，自由与荒诞的二元对立始终是萨特存在主义自由观的重要内容之一。

一、荒诞的来源

（一）自由的绝对性引致荒诞

存在主义的无神论思想决定了存在主义自由观中自由的绝对性。萨特的存在主义哲学摒弃了唯上帝论，既然无神论否认上帝的存在，那么人的自由自然也不是由上帝决定的，而是与生俱来的，亦即无条件的、绝对的。"如果上帝不存在，也就没有人能够提供价值或命令，使人的行为合法化。

① 郭宏安，《荒诞·反抗·幸福——加缪〈西绪福斯神话〉译后》，载《读书》，1987（1），79页。

② 同上，75~82页。

存在主义者也不相信人在地球上能找到什么天降的标志为他指明方向。”[①] 自在世界没有既定的秩序与价值观，于是“自在存在”就成了孤独而虚无的存在，是荒诞而无意义的。“孤独个体”理论是第二次世界大战前期萨特绝对自由观的主要内容之一。此时，萨特虽然否定了上帝的存在、肯定了人的绝对自由，但尚未体会到个人存在与社会的联系，也未曾关注社会民主与社会秩序。他把自己看作孤独的个体，其哲学思想也集中体现为孤独个体的绝对自由。他自称是“孤独的人”，是“一个因其思想的独立性而与社会相对抗的人，这个人不欠社会任何情分，社会对他也不起任何作用，因为他是自由的”[②]。

《恶心》是存在主义文学的经典之作，是萨特以存在哲学书写荒诞现实的成功尝试，对后现代主义小说产生了巨大的影响。小说以存在主义哲学中的偶然性和荒诞性为起点，对存在展开了一系列的哲学探索，如“自在和自为”“他人的存在”“自由”等。萨特通过罗甘丹琐碎的日常生活，表现了对社会现实的反思。该小说传递的主人公对现实的恶心感、对生活的荒诞感、与他人关系中的孤独感正是作家对自己以及笼罩在战争阴云下的欧洲社会和人的生存状态的细致刻画。

《恶心》用日记体以第一人称的视角记录了主人公罗甘丹的生活感受，是一部自传性质的小说，该小说没有跌宕起伏的情节，只有看似枯燥乏味、平庸琐碎的日常生活。知识分子罗甘丹历经几年漂泊之后，来到小城布维尔定居，住在一个小旅馆里，着手撰写关于罗尔邦侯爵的论文。某日，罗甘丹突然感到自己和周围的一切都被恶心包围着，自此，这种恶心感便挥之不去，他对身边的一切甚至对自己都感到恶心。直到有一天，他悟出恶心的意义就是存在，是根本的荒诞。

该小说意欲探讨“自为存在”与“自在存在”的关系问题，恶心源于“自在存在”对“自为存在”的异化反映。“自在存在”是客观的存在物，是意识之外的现实世界，而“自为存在”是人的意识，是主观存在。“自为存在”不断地被“自在存在”所异化，因此“自为存在”无法再准确地把握“自在存在”，并对“自在存在”产生了巨大的孤独感和荒诞感。恶心的产生十分偶然，某一天，罗甘丹在海边拿起石子的时候，突然间产生了

①让－保尔·萨特，《存在主义是一种人道主义》，周煦良、汤永宽译，上海：上海译文出版社，2012年，第13页。

②让－保尔·萨特，《萨特文集》，第7卷，沈志明、艾珉主编，北京：人民文学出版社，2005年，第410页。

难以名状的感觉。当时，他无法清晰地描述这种感觉，直到回到家中，在记日记的时候，才体会出那是一种恶心之感：

> 现在我明白了。那天我在海边拿着石子的感觉，那是一种淡淡的恶心。物体是没有生命的，不该触动人。我们使用物体，将它们放回原处，在它们中间生活，它们有用，仅此而已。然而它们居然触动我，真是无法容忍。我害怕接触它们，彷佛它们是有生命的野兽。我不再是自由的，不能再做我想做的事。[①]

根据存在主义哲学的观点，事物的存在没有原因，亦找不到解释，因此也没有存在的意义。这就产生了荒诞。石子是来自外部世界的“自在存在”，是绝对自由的，是先于本质的，同时它的存在也是荒诞而无意义的，是虚无的。“自为存在”的意识意图反映“自在存在”。当“我”触摸石子的时候，“我”的意识在指向石子的同时，也在否定自己是石子，从而把自己与石子区别开来，也与“自在存在”区别开来。意识不断形成否定，脱离了虚无的“自为”,“自为存在”的“主体性”被“自在存在”剥夺，“自为”被“自在”的荒诞性异化，由此产生了恶心。恶心其实就是被异化的“自为”所产生的孤独感和荒诞感。当“自为存在”使整个“自在存在”的意识觉醒时，无论是石子，还是纸片、栗子、破布，自在世界的一切都使“我”感到恶心，“我”被恶心层层包围着。从此，恶心不再离开“我”，牢牢抓住了“我”。当“自在存在”除去那层被人类理性加诸的表象时，才算是真正地开始存在。恶心的出现是“自在存在”的意义丢失的结果。人的存在像一座孤岛，被恶心割裂与周围的联系，当孤立无援的罗甘丹不能在生活的世界或自己身上发现意义的时候，就会一直处于恶心的状态之中。

萨特在《七十岁自画像》(*Autoportrait à 70 Ans*)中如是说:“《恶心》是‘孤独的人’的理论在文学上的结穴。”[②]罗甘丹是一个孤独个体，一个典型的畸零人。他生活在一座现实中并不存在的小城中，为现实中并不存在的侯爵立传。他终日形单影只，徘徊于咖啡馆、图书馆，无所事事。“我独自生活，完全是独自一人。我不和任何人说话，不接受任何东西，也不给

---

①让-保尔·萨特,《萨特文集》,第1卷,沈志明、艾珉主编,北京:人民文学出版社,2005年,第70页。

②让-保尔·萨特,《萨特文集》,第7卷,沈志明、艾珉主编,北京:人民文学出版社,2005年,第411页。

予任何东西。”[①]罗甘丹和咖啡馆老板娘保持着肉体关系，彼此之间没有丝毫感情和共同语言，他们之间的关系完全是各取所需。甚至在发生关系时，老板娘一边打听开胃酒，一边漫不经心地说，“如果您不在意，我就不脱长袜了”，这足见两人之间的敷衍和冷漠。罗甘丹在图书馆认识了一位自学者，他怀着敬畏之情，抱着绝不动摇的决心，按照字母顺序在图书馆一读就是七年，却越读越感到茫然。在他周围有一群道貌岸然的资产者，他与他们更是格格不入。唯一让他念念不忘的是昔日恋人安妮，但在与她取得书信联系后，他感到失望。与安妮的重逢更是打破了他最后的幻想，即使将她抱在怀中，罗甘丹依然感到内心只剩下孤独。罗甘丹被巨大的孤独感和荒诞感包围着，无时无刻不感到恶心，他终于领悟到恶心的意义就是存在，就是赤裸裸的存在：

> 我明白自己找到了存在的关键、我的恶心及我自己生命的关键。确实，后来我所能抓住的一切都归结为这个基本的荒谬。我想在此确定荒谬的绝对性。在涂上色彩的、人的小世界里，一个动作、一个事件，其荒谬性永远只是相对的，就当时的环境而言。[②]

罗甘丹的荒诞意识终于觉醒，他找到了恶心的根源。“荒谬既是一种事实状态，也是某些人对这一状态的清醒意识。一个人从根本上的荒谬性毫不留情地引出必然的结论，这个人便是荒谬的。”[③]当他对现实的荒诞状态有了清醒的认识后，就会感到漫无边际的恶心。这种恶心不是人的生理反应，而是面对整个世界的荒诞性时产生的心理感受。恶心的对象是荒诞的“自在存在”，这样的存在无处不在，无法逃离。因为无法摆脱荒诞，罗甘丹感觉自己是孤独的，因为孤独而感到自由，又因为自由而感到多余。这种自由的荒诞透出死亡一般绝望的心理感受。在恶心的体验中，“我的过去死了，德·罗尔邦先生死了，安妮回来又使我的全部希望破灭。我独自待在这条两边是花园的白色街道上，独立而自由。但这种自由伴随着荒诞感，有点像死亡”[④]。

①让－保尔·萨特，《萨特文集》，第1卷，沈志明、艾珉主编，北京：人民文学出版社，2005年，第11页。

②同上，第155页。

③让－保尔·萨特，《超越生命的选择》，陈宣良等译，武汉：长江文艺出版社，2009年，第149页。

④让－保尔·萨特，《萨特文集》，第1卷，沈志明、艾珉主编，北京：人民文学出版社，2005年，第187页。

罗甘丹无法承受“自在”的荒诞，把罗尔邦先生作为自己存在的依据。他为罗尔邦立传，实则是在逃避自己的存在，“他需要我是为了他的存在，我需要他是为了不感觉我的存在。我只是使他存在的手段，他是我存在的目的”[①]。罗尔邦事件之后，罗甘丹的存在被解放了、被解脱了，他感知到了自己，存在使他感到害怕。“是我，是我将自己从我向往的虚无中拉出来。仇恨和对存在的厌恶都使我存在，使我陷入存在。”[②]

在萨特的“绝对自由”哲学中，人一开始是被“抛”到这个世界上来的，其存在是偶然的，只与个人有关，只有通过个人选择才能让存在变得有意义，在此之前，人是孤独个体。罗甘丹就是这样的孤独个体，他无法融入周围的世界，被恶心和孤独的感觉占据。透过欢快和理智的假象，他悟出了世界的荒诞本质，并将周围的一切都归结为荒诞：

> 我站在山冈的高处，感到离他们十分遥远。我仿佛属于另一个物种……一想到要再见到他们那肥肥的、心安理得的面孔，我就感到恶心。他们制定法律，他们写民众主义小说，他们结婚，并且愚蠢之至地生儿育女。然而，含混的大自然溜进了城里，无孔不入地渗入他们的房屋、办公室，钻到他们身上。大自然安安静静，一动不动，他们完完全全在大自然中，他们呼吸它，却看不见它，这个自然，我看见了它……我知道它的顺从是出于懒惰，我知道它没有规律……它只有习惯，而明天它就可能改变习惯。[③]

作者在此处集中点出了《恶心》的主题，凸显了“自在存在”与“自为存在”的对立，“自在存在”的外部世界看似稳定，实则潜藏着巨大的偶然性；“自为存在”屈从于这样的偶然和荒诞，变得平庸而无意义，更感受不到自由。人被荒诞的自然世界异化而不自知，布维尔的人们遵照自然的社会秩序，心安理得地生活，只有仿佛属于另一个物种的罗甘丹看清了这一切，日复一日的生活让他恶心，他茕茕孑立，与自然格格不入，这种清醒更让他感到孤独。然而，这个看似恒定的自然其实只是一种习惯，它毫无规律可循，它就是荒诞。

在罗甘丹的世界里，自然的秩序并非一成不变，而是随时都可能发生

---

①让－保尔·萨特,《萨特文集》,第1卷,沈志明、艾珉主编,北京:人民文学出版社,2005年,第121页。

②同上。

③同上，第189页。

变化，荒诞有可能在下一秒就显现出来。罗甘丹已觉察出荒诞的预兆。例如，一位父亲在散步时，突然看见一块红色的破布仿佛被风吹着，穿过街道向他奔来，当破布来到近处时，他看出这是一块腐烂的肉，上面有污渍，它在爬，在跳跃。又如，一位母亲看见孩子的脸颊稍稍肿胀起来，裂成一个大缝，而在裂缝深处出现了第三只眼睛——笑眯眯的眼睛。这些看似癫狂、无序、荒诞的描写赤裸裸地呈现出世界的荒诞和人被异化的感受。一旦人们看穿“自然”的秩序，就会发现世界的荒诞，然后陷入绝对的孤独，沦为可怕的畸形人。面对周遭荒诞的世界和被异化的人群，罗甘丹不禁发出了诘问：“你们的科学又怎样呢？你们的人道主义又怎样呢？你们作为会思想的芦苇的尊严到哪里去了？”[①]罗甘丹揭示了生活的真实面貌和恶心的根源，发出了渴望自由的呐喊，却无法为荒诞的存在找到自由的出路。

面对满世界的荒诞，罗甘丹最后决定离开布维尔。离开之际，他品尝着自己被完全遗忘的滋味：“我”感到自己身处两座城市之间，一座城市根本不认识“我”，另一座城市不再认识“我”。对周围的人来说，“我”什么也不是，世上所有的意识也都排除了“我”，连自我存在的意识都像烛火一样暗淡下去，直至熄灭。对于搬去巴黎以后的生活，对于衣服、女人、旅行等曾经拥有过的一切，“我”再也没有兴趣，一年以后，“我”又会像“今天”一样空落落的，连记忆也没有。这种荒诞意识的觉醒实际上是“自为存在”对“自在存在”的清醒认识，是对自由的呼唤和对荒诞的反抗。然而，这样的反抗是否真的有效呢？从表面上看，罗甘丹只有离开布维尔才能摆脱荒诞，得到自由。而事实上，整个世界都是一张由荒诞编织的网，是无法摆脱的，因此罗甘丹也无法得到真正的自由。该小说之所以有这样的结局，是因为在“绝对自由”的理论阶段，萨特本人也未能找到真正的自由之路。

这个世界上有一群局促的存在者，对自己感到困惑。每个存在者都感到不安和惶惑，觉得对别人来说自己是多余的人。罗甘丹是畸零人，没有人关心他的生活。当独自生活的时候，他连讲述也不会了：“我”与周围的树木、石子之间的唯一关系就是“我”是多余的。每一个存在都孤立出来，超越“我”的禁锢，同时“我”感到他们的任意性。“我”是多余的，就连“我”的死亡、血、骨头最终都会成为多余。“我”很少笑，在周围种种欢快和理智的声音中，“我”是孤单的。“我”停留在孤独的表层，与人们十分接近，

①让－保尔·萨特，《萨特文集》，第1卷，沈志明、艾珉主编，北京：人民文学出版社，2005年，第191页。

一遇危险便躲藏在他们中间。即使这里有很多人，又有明亮的灯光，“我”仍感到惊恐万分，“我”讨厌孤独。“我”是一个孤零零的人，只拥有自己的身体，是没有记忆的落魄者。“我”独自一人，却像攻克城池的军队一样前进。“我”自觉崇高，这一点使“我”恶心。[①]罗甘丹的孤独将他从众多存在者中分离出来，然而这种孤独尚浅，只停留在表层，他也只是孤独的“业余爱好者”，因为他仍无法远离人群。他待在咖啡馆，这是他唯一的避难所，可以让他暂时逃避孤独和虚无的恶心之感，直至走投无路。

萨特的孤独个体理论将个体与群体、自我与他人看作对立的关系。个体置身于群体中却感到孤独，自我终日暴露于他人的注视之下，却认为“他人即地狱”。在这样的对峙关系中，罗甘丹渴望摆脱荒诞，得到自由，他时刻感受到的恶心就是在意识上对荒诞的反抗。然而，意识上的反抗无法得到真正的自由，只有通过行动的介入才能实现意识自由向现实自由的飞跃。萨特的早期存在主义自由观还停留在“孤独个体”阶段，未能达到“介入行动”“责任承担”这样的高度。萨特的存在主义荒诞剧《苍蝇》也是“孤独个体”理论的延伸，俄瑞斯忒斯的命运始于孤独，却终于自由。获得自由的过程实际上就是自由选择、承担责任的过程。

《苍蝇》是萨特将哲学自由观与戏剧艺术相结合的典范，被称为当代的传奇。萨特保留了古希腊悲剧的复仇故事，但赋予其积极的现实意义。“在《苍蝇》中我想谈自由，我的绝对自由，我作为一个人的自由，而首先是被占领的法国人对德国人的自由。”[②] 1943年，法国在第二次世界大战中战败，贝当政府不战而降，法国人民普遍陷入了绝望与悔恨的情绪之中，萨特希望用文学的手段把法国人从耽于悔恨的病态中解救出来。萨特创作《苍蝇》的第二个动机源于贝当政府时期，若暗杀者杀死三个德国人，就会有六个或十个人质被枪决。因此，自首成了暗杀者必须肩负的责任。萨特用《苍蝇》教会法国民众不用悔恨。

《苍蝇》取材于古希腊埃斯库勒斯（Aeschylus）的悲剧《俄瑞斯忒斯》（*Orestes*）三部曲。15年前，国王阿伽门农远征归来，被自己的胞弟埃奎斯托斯和王后克吕泰涅斯特拉合谋杀死。神灵为了惩罚罪恶，降下了以苍蝇为象征的诅咒，阿尔戈斯的百姓终日生活在忏悔和恐惧之中，连七岁孩

---

①让－保尔·萨特，《萨特文集》，第1卷，沈志明、艾珉主编，北京：人民文学出版社，2005年，第192页。

②让－保尔·萨特，《萨特自述》，黄忠晶、黄巍编译，天津：天津人民出版社，2008年，第193页。

童的脑海中都印上了原罪的思想，他们无法摆脱诅咒，失去了自由。阿伽门农的儿子俄瑞斯忒斯流亡 15 年之后归来，杀死了弑父篡权的仇人，并一力承担所有的惩罚，把苍蝇引出城外，使全城人不再受到苍蝇的骚扰。

萨特把俄瑞斯忒斯也塑造成了一个“孤独的自由人”。不同的是，《恶心》把世界的荒诞揭示在世人面前，却没有明确找到摆脱荒诞、反抗荒诞的自由之路，而《苍蝇》尝试为荒诞找到出路，争取自由，以反抗荒诞。俄瑞斯忒斯长期流亡，没有亲人，远离故土，他是自由的，但也是孤独的。初到阿尔戈斯时，俄瑞斯忒斯与终日饱受恐惧和悔恨折磨的臣民们相反，他“家财万贯又仪表堂堂，摆脱了各种奴役和信仰的羁绊，没有家庭，没有祖国，没有宗教，没有职业，可以自由自在地承担各种义务”①。整个城市的灾难与他“毫不相干”，他也绝不承受诺言的约束。然而，这份自由却因为俄瑞斯忒斯轻飘飘的存在而如同蛛丝一般没有分量。对于一无所有的俄瑞斯忒斯来说，“我是多么自由！我的灵魂又是多么美妙的空虚！”②。俄瑞斯忒斯在阔别多年的故乡体味到异乡人的孤独，他的自由与背负诅咒的臣民相对立，他根本无法融入故乡与亲人，他从未见过哪家的孩子出生，从未参加过哪家女儿的婚礼，也不分担他们的悔恨。正如朱庇特所说：“你不可能分担他们的悔悟，因为他们的罪过里，没有你的份。而且你那对他们来说很不得体的清白无邪，会像一条鸿沟一般将你与他们分割开来。”③他的自由是孤独的，这份自由因此而变得无足轻重，因而也是荒诞的、毫无意义的。即使在阿尔戈斯人中待上 100 年，他也永远是个外邦人，比在大路上游荡还要孤单。

俄瑞斯忒斯手刃仇人，实施了复仇行动之后，朱庇特恐吓道：“阿尔戈斯的全体居民，他们手拿石头、叉子和棍棒，正等待着他们的救星，好向他表示感激之情。你如同麻风病患者一样是孤独一人。他们蔑视你、厌恶你，已把你抛进孤独的境遇之中”④。这样的孤独境遇恰是源于对朱庇特的否定。“陀思妥耶夫斯基说：‘如果上帝不存在，任何事情都可能发生。’”⑤这也是存在主义的出发点。如果上帝不存在，人无法再找到可以依托的东

① 让－保尔·萨特，《萨特文集》，第 5 卷，沈志明、艾珉主编，北京：人民文学出版社，2005 年，第 16 页。
② 同上，第 17 页。
③ 同上，第 13 页。
④ 同上，第 85 页。
⑤ 让－保尔·萨特，《萨特自述》，黄忠晶、黄巍编译，天津：天津人民出版社，2008 年，第 273 页。

西，变成被抛弃的对象，没有任何存在的理由，人的存在就是孤独的。萨特是一个坚定的无神论者。朱庇特是上帝的化身，萨特从否定和批判的立场出发，将其塑造成自私、懦弱、满嘴谎言的代表，并借俄瑞斯忒斯之口给予诸神最强烈的反抗。

俄瑞斯忒斯从一开始就拒绝朱庇特对人的命运的主宰，他对朱庇特的权威发出了质疑之声："你是诸神之王，朱庇特，你是岩石、群星之王，你是大海波涛之王，但你不是人间之王……朱庇特关我什么事？正义是人的事，我不需要一位天神来指教我。你这个卑鄙无耻的家伙，杀死你是正义之举，摧毁你对阿尔戈斯人进行统治的王国是正义之举，将他们自尊的情感还给他们是正义之举……我既不是主人，也不是奴隶，朱庇特，我就是我的自由。你一旦把我创造出来，我就不再属于你了。"[①]

此外，"如果上帝不存在，我们就没有任何价值和戒律说明我们的行为是正当的"[②]。上帝应该消失，神不是评判善恶的标准，朱庇特更不是命定的主宰，无权对人类发号施令。人是绝对自由的存在，是自己的主宰。俄瑞斯忒斯的自由意识已经觉醒，并感受到绝对自由带来的孤独感。"突然间，自由落在我的头上，使我浑身麻木，大自然向后逃去。这时，我再也没有年龄了，我感到自己是孤单一人，如同一个人失去了自己的影子。在天上，一切都消失了，既没有善，也没有恶，也没有任何人对我发号施令了。"[③]突如其来的自由意识使俄瑞斯忒斯成了自由存在的"孤独个体"。

当朱庇特要求俄瑞斯忒斯继续流亡并返回到他的自然之中时，俄瑞斯忒斯发出了反抗的呐喊——"我命中注定除了我自己的意愿以外，不受任何法律的约束。我不会返回你的自然之中：我只能走我自己的路。每个人都应该开创自己的路。自然是怕人的，你，诸神之王，人类也使你害怕"[④]。面对众人眼中的万物主宰，俄瑞斯忒斯捍卫了人的绝对自由，反抗了神设的宿命，他对众人发出追寻自由的呼唤——"可怜的人们、他们是自由的，而人类的生活恰恰应从绝望的彼岸开始"[⑤]。他的话语是存在主义者的自由

---

①让－保尔·萨特，《萨特文集》，第5卷，沈志明、艾珉主编，北京：人民文学出版社，2005年，第87页。

②让－保尔·萨特，《萨特自述》，黄忠晶、黄巍编译，天津：天津人民出版社，2008年，第273页。

③让－保尔·萨特，《萨特文集》，第5卷，沈志明、艾珉主编，北京：人民文学出版社，2005年，第88页。

④同上，第89页。

⑤同上。

宣言，也是唤醒敌占时期法国民众觉醒和反抗的号角。

虽然贵为公主，俄瑞斯忒斯的姐姐厄勒克特拉却是一个孤独的悲剧人物。她目睹父亲被母亲和篡权者勾结杀害，并沦为女奴。她深陷皇宫15年，饱受苦难却没有丧失对自由的向往，是剧中的第一个觉醒者。厄勒克特拉蔑视权威，当面羞辱朱庇特的雕像，嘲笑祭祀的骗局，并在祭祀典礼上跳舞。“（农民们）这种朴实的悠然自得，你们已经忘记了么？瞧你们现在这副模样，垂着胳膊，耷拉着脑袋，粗气都不敢出。——你们看我：我伸出手臂……我为欢乐而舞，为人类的安宁而舞，为幸福和生活而舞。”[①] 厄勒克特拉因为孤独而自由，又因为自由的幻梦而觉醒，她不是一个无神论者，但她不把神灵放在眼里，对众神发出嘲笑。

她鼓舞俄瑞斯忒斯采取复仇行动，接受命运的安排，用暴力医治人民，以毒攻毒。“刺吧，俄瑞斯忒斯，砍吧，罪人就在这里！”[②] 然而当一直等待的复仇终于实现，她发现自己并没有得到预想中的快乐。“我的心仿佛被钳子夹住了”“他死了——我心中的仇恨也和他一起死了。”[③] 她将弟弟斥为“贼”，“从前没有任何东西属于我，只有一点点平静和若干幻梦。现在你夺走了我的一切。你本当保护我，却将我投入血泊之中。贪婪成性的苍蝇紧追着我，我的心已成了苍蝇的破窝！”[④]。朱庇特更是直指她内心的懦弱，“你梦想流血报仇，但它掩盖了你受奴役的一面，它医治着你骄傲的自尊心所受的创伤。然而你从未考虑过要把梦想付诸行动”[⑤]。原来这15年来，她只是沉浸在复仇胜利的幻想中，懦弱使她被谋杀带来的恐惧击垮。在朱庇特的恐吓下，她彻底崩溃，将责任推给俄瑞斯忒斯，甚至责怪他使自己背负了谋杀的罪名。她最终选择了终生赎罪，沦为朱庇特的奴隶。“救命啊！朱庇特，众神之王和人类之王，抱着我，把我带走吧，保护我吧！我将遵循你的法规，我要做你的奴隶任你驱使，我要亲吻你的双脚、你的双膝。保护我，防着苍蝇，防着我弟弟，防着我自己！不要让我孤独一人，我要终生赎罪。我悔过，朱庇特，我悔过。”[⑥] 厄勒克特拉虽然有追求自由的意识，却缺乏为自由抗争的勇气，她不敢反抗，缺乏行动，只能选择在

① 让－保尔·萨特，《萨特文集》，第5卷，沈志明、艾珉主编，北京：人民文学出版社，2005年，第44页。
② 同上，第91页。
③ 同上。
④ 同上。
⑤ 同上，第83页。
⑥ 同上，第91页。

懦弱中仇恨，她所追求的自由也不过是一场幻梦。面对自由，她和俄瑞斯忒斯作出了不同的选择，也面临着迥异的命运，她最终沦为奴隶，而俄瑞斯忒斯成为英雄。

（二）存在的偶然性引致荒诞

存在主义哲学中的一个关键性命题“存在是其所是”，对偶然性进行了多层次的分析和解释。首先，“是其所是”是“自在存在”的一个偶然原则，它指明了“自在存在”的不透明性，即“自在存在”没有类似于一个判断、一条法则、一个自我意识的“在内”，它是孤立的、偶然的。“在这个意义下我们被迫了解及观察自在，因为我们‘在外面’。”[①]“自在”的偶然性不断地纠缠着“自为”，使“自为存在”既无法摆脱又无法把握这个“自在”，这必然会引致荒诞。其次，“自在存在”意味着存在既不能派生于可能，也不能归并到自然。存在的现象“永远不可能派生于另一个存在物”[②]，存在是孤立的，与别的存在没有任何关系，它永远是多余的。这就是“自在存在”的偶然性。[③]

萨特对偶然性的关注始于在巴黎高师的读书时代。1929 年，他以《自由与偶然性》为题参加巴黎高师考试，拿到第一名的成绩。当萨特决定将自己的哲学思想诉诸文字时，他首先想到的就是偶然性。于是，偶然性在创作之初就成了小说《恶心》的一条主线。萨特为小说最初拟定的标题是《陈述偶然》，并将小说主题定为一个孤独者在外省体验偶然性。萨特的存在主义自由观认为，偶然就是无根据、无必要性或无正当理由地存在着。[④]偶然性即“自在”的存在，存在是偶然发生的，没有理由，没有秩序，无数的偶然性组成一个巨大的荒诞世界。人被抛到这个世界上，其存在也是偶然的，在荒诞的自在世界里孤独地存在着，因此人的存在也是荒诞的。

1931 年，萨特着手写作《恶心》初稿；1934 年，在柏林完成《恶心》第二稿。这时的萨特正经历着精神和身份的双重危机，在继承了黑格尔、克尔凯郭尔等存在主义哲学家的思想之后，他开始对存在及偶然性这个哲学话题进行集中思考。萨特认为，荒诞作为一种事实状态，无非是指人与

① 让 - 保尔 · 萨特，《存在与虚无》，陈宣良等译，北京：生活 · 读书 · 新知三联书店，2014 年，第 25 页。
② 同上，第 26 页。
③ 同上。
④ 让 - 保尔 · 萨特，《萨特自述》，黄忠晶、黄巍编译，天津：天津人民出版社，2008 年，第 24 页。

世界的关系。荒诞显示出一种“脱节现象：人对统一性的渴望与精神和自然不统一的两元性相脱节；人对永生的憧憬与生命的有限性相脱节；人的本质与其为之所做的努力相脱节；死亡、真理与万物的多元性、现实世界的偶然性，凡此种种，都是荒诞的集中体现”[①]。而偶然性正是引致荒诞的原因之一。

在《恶心》中，萨特向世人呈现出一个巨大的荒诞世界，这个世界充斥着偶然性，处处透着荒诞，人的存在与现实世界相脱节，荒诞的偶然像一张网，笼罩在每个人身上，将人与周围的世界隔离开来。罗甘丹生活的小城布维尔在地图上并不存在，它只是代表了偶然存在于我们生活中的任意一种处境，它就是我们身边荒诞世界的缩影。

恶心的产生出于偶然，却无处不在。自从第一篇日记开始，罗甘丹的生活就处处传递出恶心的感觉：图书馆里自学者的手像条肥大的白蠕虫；在梅尔西埃的办公室听到去孟加拉的邀请时，“我”全身仿佛充满了淋巴液和温奶；当“我”在海边拿起石子，手上感到一阵恶心。这些自在世界中的存在与“我”的意识发生了联系，并对“我”的“自为存在”产生了异化，使“我”产生了不同寻常、挥之不去的恶心感。萨特不厌其烦地对罗甘丹拾起纸片的动作和心理进行大段描写，纸片所代表的“自在存在”着的外部世界给罗甘丹带来了巨大的触动，这使他感到害怕，并产生了不可思议的恶心感。“物体是没有生命的，不该触动人……然而它们居然触动我，真是无法容忍。我害怕接触它们，仿佛它们是有生命的野兽。”[②]

起初，罗甘丹只是对身边的事物感到恶心，渐渐地，一些微小变化在他身上积累起来，直到他的面前“晃晃悠悠地出现了一个庞大而乏味的思想”[③]，使他无法正视，使他感到恶心。某天下午，他坐在公园的长椅上，对一棵栗树根着了迷。起初他无法用语言来描述这种感受，直到开始写日记的时候，他突然明白了：

> 我理解了恶心，我掌握了它，其实当时我无法表述这个发现，但是，现在，用文字来描述它大概是轻而易举的了。关键是偶然性……存在并非必然性。存在就是在那里，很简单，存在物出现，被遇见……

①让 - 保尔·萨特，《超越生命的选择》，陈宣良等译，武汉：长江文艺出版社，2009 年，第 149 页。

②让 - 保尔·萨特，《萨特文集》，第 1 卷，沈志明、艾珉主编，北京：人民文学出版社，2005 年，第 70 页。

③同上，第 10 页。

> 但他们极力克服这种偶然性，臆想一个必然的、自成动机的存在……偶然性不是伪装，不是可以排除的表象，它是绝对，因此就是完美的无动机……当你意识到这一点时，你感到恶心，于是一切都漂浮起来……这就是恶心。[①]

罗甘丹发现包括自己在内的一切存在都是无缘无故的，其存在与否完全是偶然的，是无理由、无动机的。偶然性是必然的、绝对的，根本无法排除，所以当人力图摆脱偶然性时，必然会遭遇失败，这种无法摆脱的感觉就是恶心。当恶心发作时，周围的存在都失去了意义，世界的表象开始剥落，存在本身显现出来，那就是令人恶心的荒诞的存在。

> 我不惊奇，我知道这是世界，突然显现的、赤裸裸的世界，对这个巨大而荒诞的存在，我愤怒得喘不过气来。你甚至无法想象这一切是从哪里来的……因为这个流动的幼体，它没有任何理由存在，但它又不可能不存在。我想象虚无……虚无只是我脑中的一个概念，一个存在的、在无限中漂浮的概念。这个虚无并非存在之前来的，它也是一种存在，出现在其他许多存在之后……我处在这个巨大的烦恼深处透不过气来。[②]

罗甘丹的日子千篇一律，平淡乏味。对他而言，既没有星期日，也没有星期一，每一天都是在混乱中相互推挤的日子。他感觉自己的出现纯属偶然，意识到自己是与石头、植物、细菌一样的存在。他的“生命胡乱地向四面八方生长”[③]。他看《欧也妮·葛朗台》(*Eugénie Grandet*)不是因为喜欢，而是因为无事可干。他只是看，却什么也没看到心里去。

“没有什么新鲜事”的感觉越来越无法说服自己，罗甘丹感到挥之不去的孤独，“我”不再是自由的，不能再做“我”想做的事。栗子、破布、纸片等没有生命的“自在存在”触动了“我”的“自为存在”，并让我产生恐惧、恶心等不快的感觉，罗甘丹想找到自己存在的理由，结果只是徒劳。“除非通过另一个人的介入，我是无法获得关于自己的任何真情实况的。”[④]于是，他试图通过撰写罗尔邦侯爵的传记来证明自己的存在，以摆

①让－保尔·萨特，《萨特文集》，第1卷，沈志明、艾珉主编，北京：人民文学出版社，2005年，第157页。

②同上，第161页。

③同上，第102页。

④让－保尔·萨特，《存在主义是一种人道主义》，周煦良、汤永宽译，上海：上海译文出版社，2012年，第22页

脱孤独和荒诞的恶心感。罗甘丹选择对罗尔邦进行历史研究，为他撰写传记，幻想能够通过追寻罗尔邦的历史来实现自身存在的价值。他努力用各种史料来拼凑罗尔邦的历史，结果却发现其中充满谎言，于是通过写作来逃避自己存在的愿望也落空了。“我是自由的，我不再有任何生活的理由，我尝试的一切理由都成了泡影，我也想不出其他理由。我还相当年轻，还有精力重新开始。但是重新开始什么呢？……这种自由有点像死亡。”①“自由是一个设定了存在以便逃避存在的更低的存在。它既不能自由地不存在也不能自由地不是自由的。自由是逃避介入存在，它是它所是的存在的虚无化。”②罗甘丹的自由意识逐渐觉醒，但这自由是存在的虚无，避无可避，他只能任由自己被恶心的感觉占据。“自为”的自由表现为存在并创造自己的选择，这个选择是荒诞的，因为人可以按照自己的理解来选择自己，如自杀。因此，人的“实在”参与了存在的普遍偶然性，还参与了荒诞性。这个选择之所以荒诞，并非在于它是无理由的存在，而在于它没有不作选择的可能性。因此，自由不单是偶然性，它是对偶然性的不断摆脱；它是偶然性的内化、虚无化和主观化。③

存在主义将“自为存在”简单规定为“自为”存在着。它被抛入世界之中，被弃置于一种处境之中；它存在是因为它是纯粹的偶然性，是面对世界的“在场”。存在“什么也不是，仅仅是一种空洞的形式，这形式是从外面加在事物上的，它丝毫不改变事物的本质……它是现在存在的东西，所有不在场的东西都不存在”④。“往昔不存在，根本不存在，既不存在于物体，也不存在于我的思想中……因为虚无是难以想象的。而现在我知道，事物完全是它显现的样子，在它后面……什么也没有。”⑤因此，“自在”的存在完全是偶然的，“我思故我在”，当意识感知到存在，实际上是意识对偶然性的一种感知和把握。如果“自在”的存在是偶然的，那么它就会消解在“自为”的过程中。被虚无化了的“自在”带着偶然性，“自为”在偶然性的基础上作为意识产生出来。意识在不断自我深化的过程中被推向永恒的自由。这就是《恶心》中所揭示的“自在存在”与“自为存在”的关系。

①让－保尔·萨特，《萨特文集》，第1卷，沈志明、艾珉主编，北京：人民文学出版社，2005年，第187页。

②让－保尔·萨特，《存在与虚无》，陈宣良等译，北京：生活·读书·新知三联书店，2014年，第590页。

③同上，第582页。

④让－保尔·萨特，《萨特文集》，第1卷，沈志明、艾珉主编，北京：人民文学出版社，2005年，第153页。

⑤同上，第116页。

如果说萨特在罗甘丹身上唤醒了自由意识，那么在俄瑞斯忒斯、马蒂厄那里，萨特则让他们将自由意识付诸行动，亲身实践了这种自由。

（三）“注视”下的孤独与荒诞

在《存在与虚无》中，萨特指出人把“他者”视为客体的同时，剥夺了“他者”的“主体性”，将“他者”物化成了“自在存在”。同时，在“他者”眼中，此人也是“自在存在”，无异于一张纸片、一块石头。主体在“他者”注视的束缚下失去自由。于是，人努力把自己从他人的支配中解放出来，这就是争取自由、实现自身“主体性”的过程。

萨特在《存在与虚无》中对此作出了进一步的阐释，“他者”原则上是注视“我”的人，知觉就是注视。把握注视并不是在一个世界上领会一个注视对象，而是意识到被注视，意识到“他者”时刻注视着“我”，这就意味着“我”在“我”的存在中突然被触及了。“他者”对“我”来说具有不可把握的“主体性”和绝对的自由。“通过注视，我具体地体验到他人是自由和有意识的主体。只有通过这种自由，我的诸种可能才能被限制并被固定。也就是说，我通过他人的注视寻求的，是他人的观念和他人的意愿。他人不仅是我看见的人，而且也是看见我的人。”①《恶心》中的罗甘丹在布维尔博物馆看到的大人物肖像就是自我主体意识下的“他者”的艺术再现。罗甘丹被这些肖像的目光捕获，感到被审视、被评价，进而对自己的存在产生疑惑。肖像中的大人物，如商业法庭庭长、商人一家、布维尔市长、驻美大使、医生、局长等都是“秩序俱乐部”的成员，代表着上层社会的价值秩序。他们的目光明亮而冷静，在他们的注视下，罗甘丹体验到的是“他者”的主体意识，进而丧失了自我的主体意识。“我既不知道我是什么人，也不知道我在世界上的位置是什么。”②

又如，罗甘丹在商人帕科姆明亮的目光中看到一种平静而不留情的评价。“他对我的评价却像一把利剑刺穿了我，使我的生存权也成了问题。”③在大人物的注视下，罗甘丹呈现出“自为存在”的偶然性。罗甘丹的自我本真性出现了缺失，自我意识找不到存在的理由。对他来说，一切都变得虚无、荒诞，他剧烈地想呕吐。

---

①让－保尔·萨特，《存在与虚无》，陈宣良等译，北京：生活·读书·新知三联书店，2014年，第341页。

②让－保尔·萨特，《萨特文集》，第1卷，沈志明、艾珉主编，北京：人民文学出版社，2005年，第114页。

③同上。

> 我穿过了长长的博尔迪兰－雷诺达展厅。我回过头，再见了，美丽的百合花，你们在绘画的小圣殿里精美无比，再见了，美丽的百合花，我们的骄傲和存在的理由，再见了，坏蛋们。[①]

罗甘丹走出展厅，作别那些象征着纯洁和德行的百合花以及那些试图证明其存在是必然的“坏蛋们”。罗甘丹无法取得大人物的价值认同，无法融入上层社会的价值秩序，在自我主体意识的迷失中也找不到存在感，所以他感到自己是多余的人。

罗甘丹袒露于众肖像的注视之下，他对肖像也同样投以注视的目光。在他的注视下，这些大人物被剥去道貌岸然的外衣，纷纷现了原形。罗甘丹发觉“当你正视一张闪烁着权利的面孔时，不用多久，闪光就会熄灭，只剩下灰烬残渣”[②]。突然间，帕罗坦的目光消失，“只剩下盲人的眼睛，像死蛇一样细薄的嘴唇和苍白的、软弱无力的脸颊”[③]。在办公室里，他向职员们投去的可怕目光像一堵墙，遮掩住臃肿不堪的猥琐原形。布莱维涅是“秩序俱乐部”的创建者，他的身高只有 1.53 米，他的另一半的身高是他的双倍。为了掩饰这个缺陷，画家博尔迪兰以“令人赞叹的艺术威力”[④]改变肖像周围陈设的比例，以致当罗甘丹审视肖像时，本能地“感到不舒服”。罗甘丹一眼览尽这些大人物，发现这些肖像虽然精美，但已失去人脸原有的神秘弱点，就连最懦弱的面孔也像陶器一样纯净，在他们的脸上，已找不到表示人性自然本真的、与树木和动物相似的东西。这些肖像向罗甘丹投以注视的目光，这是“人对人的重新思考”[⑤]。他们粉饰自己的形象，通过“自欺”来掩饰充满偶然性的虚无存在，他们征服了“身外的自然和自己身上的自然”[⑥]，所获得的最大战利品是“美妙的人和公民的权利”[⑦]。他们同样在追求一种身份认同，一种来自他人注视的关注和肯定，来证明自己不是孤独而多余的存在。

此外，萨特还将罗甘丹放在自我的注视中，对自我作出审视和判断。“我”注视着镜子中的自己，虽有五官，但它们“没有任何含义，甚至也

①让－保尔·萨特，《萨特文集》，第 1 卷，沈志明、艾珉主编，北京：人民文学出版社，2005 年，第 114 页。
②同上，第 108 页。
③同上。
④同上，第 112 页。
⑤同上，第 109 页。
⑥同上。
⑦同上。

没有人的表情”[①]。他想起小时候毕儒瓦婶婶对他说的话，“你要是老照镜子，就会看见一只猴子”[②]。然而，现实是“我看到的还够不上猴子，只是像块息肉，与植物界相近，它有生命，这我不否认，但不是安妮想要的那种生命”[③]。接着，“我”将脸凑近镜子，贴着镜子看到“眼睛、鼻子和嘴都消失了，不剩下任何有人性的东西了……我不敢说认出了它的细枝末节，但它的总体使我感到似曾相识……这不是我想要的，这里没有任何强烈的、新鲜的东西，而是淡淡的、朦胧的、已经见过的东西！”[④]。镜子中怪诞、夸张、扭曲的面孔让罗甘丹既似曾相识，又难以捉摸，那是一种复杂难辨的感觉。他不禁发问：“别人是否也这样对自己的面孔难作判断呢？……人也许根本不可能了解自己的面孔，或者是因为我孤独一人？群居的人们学会了在镜子里看见自己出现在朋友面前的模样。我没有朋友，所以我的肉体才如此赤裸？”[⑤]他感到“情况不妙！糟糕透了！我感觉到那个脏东西，恶心！”[⑥]至此，孤独感和恶心感在罗甘丹身上重合，再也无法分开。

二、荒诞的出路

（一）自由在于选择

第二次世界大战爆发前夕，萨特的存在主义哲学思想开始萌芽，对自由问题的探索也还处于追求个体自由的绝对自由观阶段，尚未形成系统的自由观体系。1937年，他在《新法兰西评论》（*Nouvelle Revue Française*）上发表了小说《墙》，这是他借助文学书写绝对自由观的初次尝试。该小说不同于一般的战争文学，故事以西班牙内战为背景，除了表现战争的残酷外，该小说还重点描述了“在法西斯势力压力下的‘自由主义知识分子’的精神崩溃状态”[⑦]，借以探讨存在主义的一系列哲学话题，如人的存在、自由、荒谬、选择等。

小说以1936年的西班牙内战为背景，讲述了一个并不复杂的故事。西班牙“国际纵队”队员伊比埃塔、汤姆和儒昂被捕入狱，只经过草率审讯即被判处死刑。在等待枪决的夜里，三人面对死亡的恐惧时表现各异：

①让-保尔·萨特，《萨特文集》，第1卷，沈志明、艾珉主编，北京：人民文学出版社，2005年，第23页。

②同上。

③同上。

④同上。

⑤同上，第24页。

⑥同上。

⑦高宣扬，《萨特的密码》，上海：同济大学出版社，2007年，第115页。

年轻的儒昂几近崩溃；汤姆开始絮絮叨叨，有点神经质，甚至吓得尿了裤子；伊比埃塔虽然看不惯同伴的懦弱，但也饱受巨大的精神折磨，他的内心充斥着矛盾的想法，既懊悔往日浪费了生命，又对即将到来的死亡表现出无所谓的态度。天亮之后，两名难友被执行枪决，伊比埃塔选择无视生死，甚至只想发笑。为了捉弄敌人，他随意编造了战友的藏身之地，不料战友正藏身于此，因而不幸遇难。伊比埃塔被免于死刑，面对这样荒诞的结局，“我笑得那么厉害，连眼泪都笑出来了”[①]。命运残忍地跟每一个人开了个玩笑，不想死的难逃一死，准备迎接死亡的却活了下来，这样的结局让人不禁唏嘘。萨特的刻意安排体现出存在主义对人生荒诞、人的存在充满偶然性的思考。该小说带有浓郁的哲学色彩，其中的故事情节并不复杂，人物关系也一目了然。事件在死囚室这样狭小的空间里展开，一夜之间，主人公的命运一波三折，经历了失去自由—放弃自由—得到自由的命运转折，自由的失而复得成为推动故事发展的主线，“墙”作为自由的对立面成为贯穿始终的意象，也是理解萨特早期自由观的关键元素。

小说中的墙具有哲学和文学双重内涵，它既是有形的，又是无形的；既是文学形象，又是哲学意象。首先，墙是对自由的禁锢。主人公身陷囹圄，被囚禁于医院的一间地窖里，等待他们的是即将到来的死刑。墙是有形的，是夺去主人公自由的枷锁。墙的两边，一面是生，一面是死；一面是监禁，一面是自由。其次，墙又是无形的，是即将到来的死亡的隐喻。“当有人对他们下令‘瞄准’时，我就会看到八支步枪都向我们瞄准。我想我简直要钻进墙里去。我将使尽全身力气用背去顶墙，但是墙却岿然不动，真像在噩梦里一样。”[②]法西斯分子在墙边枪杀革命战士，墙就是死亡的象征。“钻”“顶”等动作代表了主人公对自由的渴望和对死亡的反抗，然而任凭“我”如何反抗，墙依旧“岿然不动”，这预示着主人公反抗死亡、争取自由的斗争将归于失败。

此外，文中多处运用隐喻手法，将三尺囚室内的存在物赋予特殊的含义。气窗、圆洞等都是代表自由的意象。“天气好极了，然而一丝光亮都钻不进这个阴暗的角落。”[③]四扇气窗和天花板上的圆洞隔绝了自由的世界，窗外的晴朗、囚室内的阴暗、透过气窗投射下来的光、抬头就能望见的大

①让 – 保尔·萨特，《萨特文集》，第1卷，沈志明、艾珉主编，北京：人民文学出版社，2005年，第238页。

②同上，第224页。

③同上，第223页。

熊星座无不表现出主人公对自由的渴望。然而，自由被这些有形的“墙”隔绝开来，成为可望而不可即的幻影。“我”甚至回忆起在单人囚室里看到的那一大片天空，在一天中变换着不同的颜色，“清晨的青蓝色天空让我想到大西洋边的海滩、正午阳光让我想起塞维利亚的酒吧”[①]，下午的阴影让“我”想起古罗马的圆形剧场。“我”还想到自己喝着葡萄酒，吃着鳀鱼和橄榄，这些自由的意象曾经令“我”心酸，然而“现在我可以随心所欲地仰面朝天看”[②]，因为“天空再也引不起我的任何回忆”[③]。

人作为“自在存在”，其选择具有荒诞性。选择之所以荒诞，是因为它存在于一切理由之外。“我”选择接受命运的安排，等待即将到来的死亡，这就是将命运的偶然性内化为自由的必然性。一旦作出选择，人也就重新获得了精神上的绝对自由。伊比埃塔宁愿去死也不愿出卖战友格里斯，并非因为后者的生命更珍贵，“他的生命并不比我的生命价值更高。任何生命在这种时候都是没有价值的”[④]。他没有用格里斯的死来换取自己的生，但这并非舍生取义的英雄之举，这种选择仅仅是因为“顽固”。伊比埃塔眼看着必死无疑，临刑之际，他随意编造的供词让战友的命运发生了逆转。虽然他从未想过要按照狱警所说的一命换一命，但客观上却和战友在生命和自由之墙的两端互换了位置，生死的转换充满了偶然性和荒诞性。存在主义肯定自由的绝对性，即自由是人的存在的第一本质，但同时个人的自由也会受到影响，因为“他人就是地狱”。

萨特建构的“墙”将人抛入极端处境，“自为”的自由虽然受到限定，却拥有无条件的选择权。因此，这样毫无根据的选择表现出一种荒诞性。即使身处绝境，选择的自由依然绝对存在，最终是成为英雄还是成为叛徒，都在选择。如果说萨特在《恶心》中描绘的是人类自在世界对外部自为世界荒诞性的意识觉醒，那么在《墙》中，这种意识则转化为一种更为直接的反抗。在《恶心》中，外部世界的荒诞让人产生恶心，这种感觉虽无处不在，却无声、无形，包围在人的四周，让人失去自由；而在《墙》中，那些让人感觉到恶心的“自在存在”具象化为监牢的高墙，将人死死困住，无法逃脱。

①让 - 保尔·萨特，《萨特文集》，第 1 卷，沈志明、艾珉主编，北京：人民文学出版社，2005 年，第 223 页。
②同上，第 224 页。
③同上。
④同上，第 235 页。

萨特在《境况之三》(*Situation Ⅲ*)中解释道，孤独中的自由不是只有荒诞的虚无存在，我们可以自由选择并承担自己的责任。“我们是孤独的，在孤独的最深处，他人是在场的，这是总体的责任，我们的自由在总体的孤独中展现。每一个人都知道在他的完全孤独中自己的角色和历史责任。他们每一个人，在反抗的同时，自由地成为他自己。通过在他的自由中选择他自己，他选择了所有真理。”①

俄瑞斯忒斯作出了两次重要的选择。第一次，他决定采取行动以获得阿尔戈斯的公民权；第二次，他决定承担行动的后果，杀死仇人之后，为了百姓的安宁，他将永远离开阿尔戈斯城。俄瑞斯忒斯在争取自由和受奴役之间选择了自由，他决定在解放人民的同时，也获得自身的解放。这种自由选择意味着一次真正的解放，是争取解放的意志，这就等于自由被确认了。

> 如果通过一个什么行动，你明白么，通过一个什么行动可以让我在他们当中站住脚，如果我能据有他们的回忆，即使是通过犯罪的手段，据有他们的恐怖心情和他们的期望，以填补我内心的空虚，即使要我杀死我的生身母亲！②

萨特的自由选择观并非一成不变。萨特在为抵抗运动期间创作的“自由戏剧”——《苍蝇》《禁闭》作序时，写道：“无论是什么境况、无论在什么地方，一个人在对自己是否成为叛徒作出选择时，他总是自由的。”③在抵抗运动期间，人们最缺乏的就是斗争的勇气，萨特以绝对自由来鼓舞法国民众作出正确选择。但亲身体验了战争之后，萨特进一步思索：在不同的境况下，是否会有不同的选择？“像我这样的人，战前或多或少具有司汤达式自我中心的个人主义，却身不由己地投入到种种境况之中，而他可在其中作出不同选择……一方面，他被社会存在所决定；另一方面，他又有充分能力作出决断并对此负责。”④

随着战争的深入和作家行动的介入，萨特的自由观也由“孤独个体”

①让－保尔·萨特，《萨特自述》，黄忠晶、黄巍编译，天津：天津人民出版社，2008年，第265页。

②让－保尔·萨特，《萨特文集》，第5卷，沈志明、艾珉主编，北京：人民文学出版社，2005年，第19页。

③让－保尔·萨特，《萨特自述》，黄忠晶、黄巍编译，天津：天津人民出版社，2008年，第269页。

④同上。

理论逐渐过渡到“群体自由”观，与世隔绝的个体是不存在的，人总是处在和“他者”的关系当中，人的自由也在与“他者”的关系中得以实现。

（二）自由在于责任的承担

在有神论哲学中，笛卡尔和莱布尼茨（Leibniz）的学说总是认为理性先于意志，至少意志与理性是一同出现的，所以“上帝按照一定程序和一种概念造人，完全像工匠按照定义和公式制造裁纸刀一样”①。每个人都是神圣理性的体现，人的本质先于存在，丝毫没有自由可言。到了18世纪，无神论哲学中上帝的观念被禁止，但本质依然先于存在。从狄德罗（Diderot）、伏尔泰到康德，无不认为人性具有普遍性，个体无非是这个普遍性的特殊例子，森林中的野人、处于原始状态的人和资产阶级具有同样的基本特征，即“人的本质又一次先于我们在经验中看见的人在历史上的出现”②。

萨特希望用自由的悲剧来对抗命运的悲剧。悲剧是命运的镜子，而命运不过是隐藏其中的自由——俄瑞斯忒斯自由地干了一件罪恶之事并自由地超越了他的罪恶。他被自由所追随，搏斗在自由的铁拳之中，但他“必须以杀人、承担谋杀的责任并把它带向另一面而告终”，因为“自由不是高踞于人类境况之上的抽象力量；它是我们最荒诞和最不屈不挠的介入”③。

1940年，在战争阴云笼罩下感到彷徨、苦闷的萨特迎来了思想上的重大转变，他决定不再远离政治。虽然他不知道他的政治介入会有多大的意义、会带来怎样的影响，但他坚信自己肩负着责任，因为他“不愿他们在战后像1941—1918年的青年斗士们一样，感到自己是‘失落的一代’”④。经历了战争的洗礼，萨特终于意识到人不能远离别人而拯救自己，只有为拯救他人作出的选择才有可能拯救自己。

萨特始终认为，文学创作对他人的自由具有唤醒作用。因此，萨特为俄瑞斯忒斯设置了极端的悲剧情境，他被自由折磨，在厄运下挣扎，肩负杀人罪行，最后负罪渡向自由的彼岸。“我要变作一把利斧，将这顽固的

①让 - 保尔·萨特,《存在主义是一种人道主义》,周煦良、汤永宽译,上海:上海译文出版社,2012年，第5页。

②同上，第6页。

③让 - 保尔·萨特,《萨特自述》，黄忠晶、黄巍编译，天津：天津人民出版社，2008年，第264页。

④弗朗西斯·让松,《存在与自由——让 - 保尔·萨特传》，刘甲桂译，北京：北京大学出版社，1997年，第69页。

城墙劈作两半。我要把这些笃信宗教的人家砸烂，从它们开裂的伤口会散发出饲料和焚香的气味。我要变作一把大斧，砍进这座城市的心脏，就像一把大斧砍进橡树树心一般。”[①] 俄瑞斯忒斯选择了一条孤立无援的路，但他不是上帝式的英雄人物，也不愿把自己同人民隔绝开来，他所犯的罪行亦不能与他的感情反应割裂开来。通过这个行为，他超越了善与恶的观念，达到了自由的境界。“信仰自由的人，思想境界很高，但只有在为他人重建自由之后，即他的行为导致现存秩序的消亡和恢复原来应有的状况之后，他自己才有处境自由。”[②]“这一切都是我的，我承担一切……你们看：你们忠实的苍蝇离开了你们朝我扑来……我要做没有领土、没有臣民的国王。”[③]“我完成了我的行动，我要把它背在肩上。背得越沉，我就越高兴，因为我的自由，就是它。”[④]

在谈到戏剧主题的时候，萨特提出这样一个问题：当一个人采取行动，充分承担其后果和责任，而这仍使他恐怖，他将如何自处？“只有当人为他人建立起自由，只有他的活动导致一种事物现存状态的消失，并导致应该存在的东西重新建立，他才能做到不仅在自己的意识中达到自由存在的顶点，而且在其实际境况中成为自由的。”[⑤] 萨特认为：“伟大的悲剧，无论是埃斯库勒斯还是索福克勒斯的，或者是高乃依的，都以人的自由为主要动力。”[⑥] 萨特在《提倡一种处境剧》（*Pour un Théâtre de Situations*）中开宗明义：“人们自以为在古代戏剧中看到的宿命力量不过是自由的反面。情欲本身是堕入自己设置的陷阱中的自由。”[⑦] 显然，所有戏剧冲突的设置都是围绕自由这个主题展开的。一切都与自由有关。“如果人在某一特定处境中真的是自由的……并通过这个处境选择自己，那么应该在戏剧中表现一些单纯的、人的处境，以及在这些处境中选择自身的自由……戏剧能够表现的最动人的东西是一个正在形成的性格，是选择和自由地作出决定

①让－保尔·萨特，《萨特文集》，第5卷，沈志明、艾珉主编，北京：人民文学出版社，2005年，第55页。
②让－保尔·萨特，《萨特文集》，第6卷，沈志明、艾珉主编，北京：人民文学出版社，2005年，第533~539页。
③让－保尔·萨特，《萨特文集》，第5卷，沈志明、艾珉主编，北京：人民文学出版社，2005年，第94页。
④同上，第72页。
⑤让－保尔·萨特，《萨特自述》，黄忠晶、黄巍编译，天津：天津人民出版社，2008年，第264页。
⑥让－保尔·萨特，《萨特文集》，第7卷，沈志明、艾珉主编，北京：人民文学出版社，2005年，第454页。
⑦同上。

的瞬间，这个决定使决定者承担道德责任，影响他的终身。处境是一种召唤……它向我们提出一些解决方式，由我们去决定。”[①] 即使是戏剧中的自由也无法做到随心所欲，它总是背负着道德和责任，受到处境的限制。只不过在戏剧冲突中，这种处境有可能表现得更极端、更有冲击力，以凸显选择的艰难和自由的可贵。萨特在戏剧中设置种种极端处境，如死亡，其目的是使处境中的决定更深刻地符合人性，使它能牵动总体。他认为：“每一次都应该把极限处境搬上舞台，就是说处境提供抉择，而死亡是抉择的一种，于是自由在最高程度上发现它自身，既然它同意为了确立自己而毁灭自己。”[②] 以萨特为代表的存在主义者坚信：“每个时代都通过特殊的处境把握人的状况以及人的自由面临的难题……剧作家的任务是在这些极限处境中选择那个最能表现他关注的处境，并把它作为向某些人的自由提出的问题介绍给公众。”[③]

第三节　自由主义与存在主义中的人道精神

一、存在主义是一种人道主义

人道主义有两种含义：作为世界观和历史观的人道主义以及作为伦理原则和道德规范的人道主义。存在主义探讨的主要是社会历史观中的人道主义。人道主义源于欧洲文艺复兴时期，是一种强调人的价值、维护人的尊严及权利的思潮和理论。法国大革命时期，人道主义被赋予“自由”“平等”“博爱”的意义，写进《人权宣言》，成为自由民主的新主张，可谓是深入人心。人道主义的核心是以人为本，主张人的尊严和自由意志，尊重人的存在和价值，信仰天赋人权，要求建立人类理性的自由王国。两次世界大战带来的战争危机和信仰危机使得法国大革命时期确立的传统人道主义观受到质疑，西方人道主义思想开始重新审视人道主义问题，赋予人道主义更多现代性的价值和意义。

自由主义同样具有显著的人道主义特征。自由主义维护广泛的自由权，主张基本人权包括人的生命权、自由权、财产权。20世纪的文学尤其是后现代主义文学吸纳了现代主义、自由主义等价值观，大多带有自由主

①让－保尔·萨特，《萨特文集》，第7卷，沈志明、艾珉主编，北京：人民文学出版社，2005年，第455页。

②同上。

③同上。

义和人本主义的特征，可以说是自由主义在20世纪文学领域的某种实践，因此这一时期的文学必然会打上人道主义的烙印。

以萨特为代表的存在主义赋予人道主义新的内涵："人始终处在自身之外，人靠把自己投出并消失在自身之外而使人存在；另一方面，人是靠追求超越的目的才得以存在。"[①] 也就是说，人的存在是一个不断生成的过程，人的行动决定人的本质，并为自己的行动负责。人总是在不断地超越自己，人本身就是超越的中心。

此外，存在主义的人道主义的核心是人的自由，它的无神论立场并不意味着要证明上帝不存在，而是觉得真正的问题不在于上帝存在与否。"人不能反求诸己，而必须始终在自身之外寻求一个解放（自己）的或者体现某种特殊（理想）的目标，人才能体现自己真正是人。"[②] 也就是说，人类需要的是回到人的存在本身，找回自由，超越自我。因此，存在主义是乐观的，是一个行动的学说。

第二次世界大战结束后的一段时间，法国还未走出战争的创伤，冷战又使人们内心深处的孤独感和空虚感达到前所未有的程度。萨特的哲学理论和文学作品传递出的荒诞、孤独和偶然性等思想在人们心中产生了强烈的共鸣。他的存在主义不仅将存在的荒诞世界真实地还原出来，更尝试为世人找到摆脱荒诞世界的出路：自由在于选择和责任的承担。

萨特提出："人，由于命定是自由，把整个世界的重量担在肩上。他对作为存在方式的世界和他本身是有责任的。"[③] 面对战争的威胁，人应该作何选择？萨特以身示范。他认为，人选择参加一场战争，是为了某些更甚于拒绝进行战争的价值。这涉及选择的问题。人通过战争来进行自我选择，并通过对自身的选择来选择战争。作出选择的人是完全自由的，与其选择的时代融为一体。

萨特还认为，文学是一种存在方式，文学也是人学。他的文学作品不仅传达了存在主义哲学的观点，也是存在主义的人道主义思想的文学载体。《自由之路》的创作正是基于这样的存在主义自由观：人拥有绝对自

①让－保尔·萨特，《超越生命的选择》，陈宣良等译，武汉：长江文艺出版社，2009年，第141页。

②让－保尔·萨特，《存在主义是一种人道主义》，周煦良、汤永宽译，上海：上海译文出版社，2012年，第35页。

③让－保尔·萨特，《存在与虚无》，陈宣良等译，北京：生活·读书·新知三联书店，2014年，第671页。

由，一旦作出选择，就必须承担责任。《自由之路》三部曲——《不惑之年》（*L'Âge de Raison*）、《缓期执行》（*Le Sursis*）、《痛心疾首》（*La Mort dans l'Âme*）是萨特自由观转型时期的代表作。在《自由之路》中，所有人物都在战争中被不同程度地异化了，他们试图摆脱生活的束缚，自由地选择人生道路，但在选择时往往迷茫而痛苦，找不到出路，永远在寻求自由的道路上徘徊。萨特同主人公一样经历了战争的创伤和痛楚，在彷徨中对自由不断求索却又四处碰壁，最终意识到个人始终无法实现绝对的自由，自由终将诉诸社会群体。萨特在该小说中第一次将个人的处境与社会群体联系起来，将自由的选择与责任的承担联系起来。《自由之路》的主人公马蒂厄与萨特一样，是一名出身于资产阶级的哲学教师。他放荡不羁、思想大胆、向往自由，希望按照自我意愿来安排自己的道路，他认为若不努力重新把握自己的存在，就会觉得自己的存在非常荒谬。然而，现实总是事与愿违。虽然年届不惑，马蒂厄依然处在困顿和迷茫之中，没有果断的选择和行动，也一直在逃避承担自己行为的后果。为了达到所谓的个人自由，总是求助于他人。马蒂厄与情人玛赛尔同居七年，内心却爱着学生鲍里斯的姐姐伊维什。玛赛尔怀孕后，马蒂厄不愿意与她结婚，于是决定让她堕胎。为了堕胎的 4 000 法郎，马蒂厄先后找到朋友丹尼尔、哥哥雅克，丹尼尔拒绝了他，雅克则以结婚为借钱的条件。然而，此时的马蒂厄一心向往自由，不愿受到婚姻的束缚，于是拒绝了雅克的条件。他选择了自由，而逃避了责任，显然这个自由选择是有悖于社会道德的。他选择的生活并不是真正的自由，他依然庸庸碌碌，羡慕好友布吕内加入共产党的选择，觉得那种生活真实而有意义，但又怕妨碍自己的自由，最终也没有勇气作出这样的选择。

四处碰壁的马蒂厄向洛拉借钱无果后偷了洛拉的钱，却让鲍里斯去承担偷钱的罪名。一番波折之后，丹尼尔替马蒂厄解了围，马蒂厄宣称会与玛赛尔结婚。至此，可以说没有人再妨碍马蒂厄得到自由了，然而他依然感到孤独，“并不比以前更自由”[①]。与《恶心》中的罗甘丹一样，马蒂厄也是一个孤独的“自由”人。他对现实无所适从，追求所谓的自由，却逃避责任，在选择中举棋不定，这也是他无法得到真正自由的根源。

战争阴云笼罩下的法国政局不稳、人心失衡，各阶层民众普遍有着“被动观望、侥幸期待”的缓期执行心理。第二次世界大战一触即发，每个人

①让 - 保尔·萨特，《萨特文集》，第 2 卷，沈志明、艾珉主编，北京：人民文学出版社，2005 年，第 399 页。

都无依无靠，生命全无保障，遑论自由。马蒂厄对时局同样深感迷茫，他反感战争，然而动员令下还是选择应征入伍，在无意识中进行了选择，跨出个人自由的藩篱，为社会群体的自由承担起责任。马蒂厄被卷入战争，却对战争的意义存疑。他开始思索自由的真正意义："即使人家给你树一块纪念碑又怎么样？即使人家把你的骨灰埋在凯旋门下又怎么样？引起烧毁整个一座村庄值得吗？……砸个稀巴烂，不是解决问题的办法；一时心血来潮，不是自由。"[①]想到自己将死得毫无价值，他不禁心生怜意，嗓子眼里堵着令人不安的疑问：有权毫无价值地去死吗？最后，经历了战争的失败和战友的牺牲，他看透了一切，断然作出了决定——"我决心让死亡成为我生命的秘诀，我的生存是为了死亡；死亡是为了证明不可能照此活下去"[②]。

在守卫村公所的最后一役中，马蒂厄与战友并肩作战，直到孤身一人。为了这次"极大的复仇"，他"直挺挺站着射击"。每发子弹都是对他过去不敢有所作为的报复。"一枪射向洛拉，因为我不敢偷她的钱；一枪射向玛赛尔，因为我早该甩掉她；这一枪射向我不敢写的书，还有一枪射向我所拒绝的旅行，再有一枪射向全体我原本憎恶却又竭力去理解的人们。"[③]他打碎了法律，打烂了谎言，打中了伪君子的嘴脸。他向"大写的人"开火，向"德行"开火，向"世界"开火。此时，马蒂厄成了真正的英雄，他是纯洁的，是万能的，是自由的。马蒂厄选择了自我牺牲，向自己的过去告别。他承认自己为了个人自由而一直在逃避责任，并向所有的不公、虚伪、谎言宣战。当他选择用生命换取战争中宝贵的 15 分钟时，他的死就有了价值，自由也有了真正的意义。

马蒂厄的一生代表了一代知识分子的彷徨和选择。他们终其一生追求自由，不断思索人生的价值和意义。他们渴望摆脱社会秩序为其戴上的枷锁，于是通过消极处世、逃避责任来获得所谓的自由。然而，当他们通过逃避或反抗得到这样的自由时，又发现自由并不是他们在追求中所想象的那样，而只是一种孤独和空虚。他们需要一种意义来填补这样的空虚。马蒂厄找寻半生，终于为生命找到了价值，实现了真正的自由。《自由之路》是萨特对自由选择、自由意义的思考和探索，是以其为代表的知识分子在

① 让－保尔·萨特，《萨特文集》，第 4 卷，沈志明、艾珉主编，北京：人民文学出版社，2005 年，第 191 页。

② 同上。

③ 同上，第 192 页。

面对战争时从慌乱、痛苦到犹疑、观望再到为人类命运勇于担当的亮相。

在谈及《自由之路》所受到的责难和非议时，萨特回应道：若有人攻击存在主义小说，说里面描绘的人物都是“卑鄙的、怯弱的，有时甚至是肆无忌惮的作恶者，那是因为这些人物本身就是卑鄙的、怯弱的、恶的。存在主义者在刻画一个懦夫时，被刻画者是对自己的怯弱行为负责的。决定他成为懦夫的并不是他的生理机体，他是通过自己的行动成为一个懦夫的”[①]。存在主义者认为：“是懦夫把自己变成懦夫，是英雄把自己变成英雄。懦夫可以振作起来，不再成为懦夫，而英雄也可以不再成为英雄。最重要的是责任的承担，某一特殊事例或者某一特殊行动并不代表个体的全部。”[②]存在主义“不是一种对人类悲观主义的描绘，因为它把人类的命运交在他自己手里，所以没有一种学说比它更乐观了。我们所考虑的是一种行动和自我承担责任的伦理学”[③]。

关于自由的选择与责任，萨特还举过这样一个例子：一个年轻人面临离开母亲去英国参加自由法国军与陪伴母亲两种选择。这是两个截然不同的出路：“一是具体而又直接的出路，但却只关系到一个人；另一则关系到一个无比大的集体，一个民族的集体，但是也正因如此，却是未定的出路，可能半途而废”[④]。伦理学认为，应该根据他对母亲的感情挑选趋向一个方向的出路。然而，实现这种感情价值的唯一办法是展开一种确认和限定这种感情的行动。对此，萨特给出的答案是：即使不免会陷入烦恼与绝望之中，也要自由挑选。对此，他有完全的责任，他作为“孤独个体”的意义便包含了“我们自己的存在（being）由我们自己决定”[⑤]的意义。人类生存的最高价值在于回归“本真”，避免“自欺”，人有责任决定自己的存在，并承担选择的责任，这既是人类生存的伦理准则，也是人类自由的最终向度。

萨特原计划要写四卷，在第四卷《最后的机会》（*La Dernière Chance*）中，他让马蒂厄找到了自己的归宿，通过介入自己选择的视野而找到通往自由的道路。第四卷未能完成的一个主要原因是：当时的萨特正处于哲学

①让 - 保尔·萨特，《存在主义是一种人道主义》，周煦良、汤永宽译，上海：上海译文出版社，2012 年，第 22 页。

②同上，第 23 页。

③同上。

④让 - 保尔·萨特，《超越生命的选择》，陈宣良等译，武汉：长江文艺出版社，2009 年，第 145 页。

⑤同上，第 148 页。

自由观思想的转型期，他逐渐意识到任何个人的“自由选择”都无法脱离社会群体的自由而得以实现，即使在文学作品中，萨特也无法给主人公指出一条真正的“自由之路”。尽管如此，萨特仍因对人类自由的不断追求而被誉为“20世纪人类的良心”。

二、自由的伦理意义

“他人即地狱”出自萨特的剧本《禁闭》。《禁闭》与《墙》仍遵循古典主义戏剧创作的三一律原则，唯一的场景是一间第二帝国时期样式的客厅。剧中的三个主角生前都是戴罪之身，加尔森是个贪生怕死的胆小鬼，在第二次世界大战中当了逃兵，并因此被枪决。伊奈司是心理变态的同性恋，她勾引自己的堂嫂，间接导致堂兄出车祸而死。埃司泰乐是个色情狂，也是溺死亲生女儿的杀人犯。三个生前毫不相干的人被陆续送到了这个象征着地狱的密闭房间。房间里没有镜子，也没有窗户，三人只能通过彼此的注视来审视自己。在空荡荡的房间里，他们看不到自己，无法证明自己的存在，对镜子表现出莫大的渴望。加尔森说：“只要能照照镜子，让我付出多大的代价都成啊。”[①] 埃司泰乐只有看到镜中的形象，才能确认自己的存在。“过去，我照镜子，镜子里我的形象完全顺从我。现在，天晓得它会变成什么模样……要是我不照镜子，尽管摸到自己，我也不能肯定我究竟是不是真的存在。”[②] 没有镜子可照，三人只能把他人当成镜子，在他人的注视下来感知自己的存在。因此，他们既渴望得到他人的注视，又十分惧怕来自他人的审视。他人的存在成了地狱般的酷刑，存在者不禁发出哀号。“铜像在这儿摆着，我瞪眼看它，我明白我是在地狱里。那一双双眼睛像是要把我吃了……地狱，就是他人。”[③] 这三人的关系正如萨特在《存在与虚无》中所描述的那样：“我努力把我从他人的支配中解放出来，反过来力图控制他人，他人也同时力图控制我。”[④] 对此，萨特用本体论来解释：冲突就是为了存在的原始意义。“他人的自由是我存在的基础。恰恰因为我通过他人的自由而存在，我没有任何安全感。”[⑤] “我被他人占有，他人的注视对我赤裸裸的身体进行加工。他人掌握了一个秘密：我所是的东

①让－保尔·萨特，《萨特文集》，第5卷，沈志明、艾珉主编，北京：人民文学出版社，2005年，第128页。

②同上，第117页。

③同上，第147页。

④让－保尔·萨特，《存在与虚无》，陈宣良等译，北京：生活·读书·新知三联书店，2014年，第446页。

⑤同上，第449页。

西的秘密。他使我存在。”[①]三人之间形成了错乱扭曲的双向型三角关系，两两追逐，又两两排斥。他们封闭自己，拷问他人，每个人都得接受他人的注视和审判。为了摆脱这种境遇、得到他人的信任，进而得到自由，他们都为自己生前的罪恶开脱。加尔森是个逃兵，但他竭力想让他人相信自己不是懦夫；埃司泰乐想通过加尔森证明自己魅力犹存；而伊奈司则试图将埃司泰乐拉入自己的怀抱。最后，加尔森一语道出真相：“咱们之中，每一个人对其他两个人就是刽子手”[②]。

在探讨“自为存在”与“自在存在”的关系时，萨特提到了另一种重要的存在方式：为他人的存在。萨特把“我”与他人的关系看作存在和存在的关系，“我”与他人一样是“自为”的存在，他人有自己的观点和方式。在现实生活中，他人的世界与“我”的世界相互交错，他人的出现引起了混乱，他人就是混乱的根源。“我”与他人通过注视发生关系，他人的注视赋予“我”的存在，“我”被物化为“自在存在”。当“我”进入他人的世界时，必然会妨碍他人的“主体性”及他人的自由选择。“只要有一个他人，不管是谁，他在哪里，他与我的关系如何，我就拥有一种外在、一种性质，我最原始的堕落就是他人的存在。”[③]“他人即地狱”这一说法常被解读为人与人之间的关系总是糟糕的、不正当的。萨特指出，这是一种误解。当“我”与他人的关系出现了扭曲、变质，那么他人就是地狱。而这种关系的恶化是因为“我”完全依赖于他人。世上之所以会有许多人处在地狱般的境况中，是因为他们过于依赖他人对自己的判断。《禁闭》中的“死人”具有象征意义。很多人囿于偏执和习惯，被他人的成见所束缚，他们是“活着的死人”。通过这个荒诞的戏剧，萨特希望揭示自由的重要性，即行动对于改变行为的重要性。不管“我们”生活的地狱如何禁锢“我们”，“我们”都有权力砸碎它。那些自愿待在地狱中的人则是自由地判定自己下地狱。因此，“他人就是地狱”实则是“我们”与他人之间对立的存在关系。他人或通过“意识”，或通过“注视”对“我们”进行思考和判断。这也正是《禁闭》的立意之所在。

---

①让－保尔·萨特，《存在与虚无》，陈宣良等译，北京：生活·读书·新知三联书店，2014年，第446页。

②让－保尔·萨特，《萨特文集》，第5卷，沈志明、艾珉主编，北京：人民文学出版社，2005年，第157页。

③让－保尔·萨特，《存在与虚无》，陈宣良等译，北京：生活·读书·新知三联书店，2014年，第26页。

第四节　西蒙·德·波伏娃的“自由观”

西蒙·德·波伏娃是萨特的终身精神伴侣，也是法国存在主义的领军人物之一。在与萨特几十年的共同生活中，波伏娃深受其影响，同时她对存在主义的自由观也加入了自己的理解与创新，甚至在人际关系的模糊性以及境况论等问题上，她的思考在一定程度上超越了萨特。此外，波伏娃开创的存在主义女性主义流派捍卫女性自由、平等、独立权益，是后现代女性主义的重要组成部分，对后世产生了极其深远的影响。

一、存在主义女性主义哲学自由观

波伏娃汲取海德格尔的《存在与时间》（*Sein und Zeit*）及萨特的《存在与虚无》的哲学思想，结合存在主义哲学中的“他者”“超越性”“主体意识”等概念，建构了存在主义女性主义的理论范畴和女性主义视角下的“他者”观。波伏娃曾多次宣称自己的观点属于存在主义，并且用存在主义的观点去研究女性。女性的存在是一个矛盾统一体，主体与客体、自我与“他者”的身份既矛盾对立，又依赖共生。因此，波伏娃关注女性的存在意义和身份认同，呼吁女性通过树立主体意识来摆脱“他者”地位，再造一个新处境，使自己成为自由的主体。波伏娃的自由观与萨特的绝对自由不同，她更多地是将存在主义哲学与现实道德结合在一起，并通过文学作品加以呈现。首先，波伏娃承认自由的绝对性，即人在任何境况下都拥有自由。其次，波伏娃的道德自由论强调境况对自由的限制作用，个体所处的环境会限制其超越自我的能力。如果个体不能通过自身努力来摆脱处境的限制，这就是对自由的逃避，就是站在了道德自由的对立面。波伏娃对本体论的自由和伦理的自由进行了区分，并从女性的视角出发，客观地分析了道德伦理对自由的限制，提出了“道德自由”的观念。

在“他者”的问题上，萨特认为“他人即地狱”，这意味着自我和“他者”之间是对立与排他的关系。波伏娃的“他者”理论与存在主义哲学的“他者”理论一脉相传，打破了传统中心主义的藩篱，以形而上学的二元对立观将两性关系中的自我与“他者”放在对立的两极，并从女性主义的视角出发，提出在人类的发展史上，男性长期占据主导地位，他们将自己定义为“自我”，占据两性关系中的本体地位，女性作为“第二性”成为男性的附属品，即“他者”。女性的“他者”身份总是和她的处境相关，这种身份并不是天生就有的，而是在处境中逐渐形成的。首先，女性的“他者”

地位源于男权中心思想，其中包括父权制度和男权意识。以男权为中心的社会现实导致了女性“内在性”的形成。其次，女性的“他者”地位也源于女性的“内在性”。这是由女性的生理特点和社会分工造成的。女性的生育和抚养义务等“内在性”限制了其“超越性”，加深了女性“他者”“第二性”的社会现实。因此，从存在主义哲学的“自在”与“自为”的角度来看，男性是“自为”的、超越性的自我;女性则是“自在”的、“内在性”的自我。波伏娃鼓励女性努力改变这样的现状。女性既有行为的自由，也有选择的自由，她们有能力在坚持和超越自我主体与被异化为客体之间作出选择。通过实现“处境中的自由”来摆脱“他者”的束缚，进而实现自我的价值，这是波伏娃对存在主义自由观的继承和发展。

二、波伏娃存在文学中的自由观

波伏娃的存在主义思想同样蕴含在其文学作品中，借由文学的形式来探讨存在主义最关心的自由问题。作为女性作家兼哲学家，波伏娃的存在文学主要从女性主义视角出发，向以男性为中心的父权体系提出质疑，唤醒女性的自我意识和独立精神，呼吁女性的自由和解放，她成为女性主义文学批评流派的重要代表。

波伏娃对法国社会影响最为深远的当属她的存在主义女性主义理论，其代表作《第二性》被视为存在主义女性主义的“圣经”“女性世界的百科全书”。《第二性》涵盖生物学、精神分析学、哲学、历史、文学、文化，纵论历史演变中女性身份、地位和权利的变化，对整个女性发展史进行了概括研究，堪称女性发展研究的百科全书。波伏娃抨击男性中心，向性别歧视开战，为女性争取主权、自由、平等做出了巨大贡献。《第二性》以存在主义哲学为基础，继承了存在主义的否定性和超越性理论，强调对自我“内在性”的超越。所有的生存个体都兼具超越性和“内在性”，但由于性别二元论的制约，“内在性”束缚了女性的个体自由，使女性无法超越受到束缚的生存状态而得到自由。面对社会历史原因造成的女性地位低下、生存处境困难的现状，女性需要作出自由选择。女性自由意味着超越“内在性”，再造一种处境。这种新处境需要自由为女性创造生存和反抗的机会，并最终达到经济与社会的完全平等。

《第二性》还批判了弗洛伊德（Freud）的“性一元论”及其精神分析学中的女性观，指出弗洛伊德以男性为中心，把女性的生理、心理和处境统统归结为“性”的不合理性。女性的“第二性”“他者”身份的根源在于男性的本体地位，而女性要想获得自由和解放，首先要摆脱在经济和文化上对男性的依赖，要做到经济独立、文化自主，成为独立意识的主体，实现女性自由存在的“人”的价值。

在《第二性》中，波伏娃还提出了与女性主义相关的文学理论，主要涉及四个方面：第一，重新划定男性主义文学批评之标准。波伏娃积极倡导女性作家及作品的意义并肯定女性文学的发展前景，反对传统文学批评的男性中心说及对女性作家作品的忽视和偏见。第二，对男性作家创作的女性形象进行“批判性阅读”。波伏娃认为，蒙泰朗（Montherlant）、保罗·克洛代尔（Paul Claudel）、布勒东（Breton）、司汤达（Stendhal）等男性作家塑造的女性形象是一种虚假神话，其根源是男性对女性的性别歧视，呼吁女性要理性地认识男性文本的本质，捍卫女性的自身地位。第三，批判传统话语中男女话语间的二元对立，反对将两性关系简单、生硬地划分为优劣尊卑的对立关系，主张文学创作中两性关系话语的多元性。第四，追求女性自由创作的文学理想，创建自由的女性文学王国。女性需要唤醒主体意识，摆脱附属于男性的“第二性”地位，打破性别处境的限制，实现自由创作。波伏娃消解了男性主义话语，开创了女性形象研究的文学批评之路，奠定了女性主义文学创作的双性和谐基调，为女性主义的文学创作与批评自由提供了重要的思想和理论支撑。

波伏娃的另一部代表作《女宾》阐释了存在主义的女性主义视角下“自我”及“他者”之间的关系，印证了存在主义哲学中“他人即地狱”“孤独个体”的观点。波伏娃通过一场新型爱情模式的实验证明，当两性关系不平等、女性长期处于“他者”的地位时，不断积累的负面意识将会使女性丧失自由独立的“主体性”意识。

《女宾》取材于萨特、波伏娃和她的学生奥尔加·柯萨基维茨（Olga Kosakiewicz）之间的感情纠葛，是波伏娃“把自己写进作品”的半自传性质的哲理小说。在该小说中，弗朗索瓦兹和皮埃尔之间原本保持着平等且稳定的情侣关系，双方都能感觉到自由，他们是两个平行的自我。弗朗索瓦兹理智、自信、骄傲，有强大的自我和主体意识。两人之间的平衡随着外省女孩格扎维埃尔的出现被打破。弗朗索瓦兹同情并帮助格扎维埃尔，把她带入自己的世界。于是，原来的二人世界多出一位“宾客”。当格扎维埃尔和皮埃尔相爱时，弗朗索瓦兹感到越来越无法掌控这位“女宾”的存在。随后，弗朗索瓦兹作出让步，三人约定建立一种新型的情侣关系，波伏娃称之为“三重奏”的恋爱模式。三人的共同生活无法抹去弗朗索瓦兹的“他者”意识，她所期望的幸福世界最终幻灭，然后她杀死了格扎维埃尔，“三重奏”式的关系沦为一场悲剧。

弗朗索瓦兹与皮埃尔长达八年的伴侣关系因格扎维埃尔的介入被打破，随着格扎维埃尔逐渐反“客”为主并摆脱在皮埃尔眼中的“他者”地位，弗朗索瓦兹的“自我”“主体性”意识逐渐被“他者”意识所驱逐，取而代之的是致命的孤独感。当她发现皮埃尔只是为自己而活并在紧密的二人关系中将她抛弃时，她感到非常悲哀。

> 多少年来她不再是某个人，甚至不再具有形象。我们的过去、我们的未来、我们的思想、我们的爱情……她从来没有说过‘我’。然而皮埃尔拥有自己的未来和自己的情感，他远远离开，退到了自己生活的边缘。她则原地呆立，与他、与众人疏远了，与己也无联系。她被抛弃，却从中领略到真正的孤寂感。①

弗朗索瓦兹完全失去了自我，她不再是自由的意识主体，而是依附于男性而存在的“他者”“第二性”。

弗朗索瓦兹与格扎维埃尔由真心关爱的朋友变为满怀嫉妒的情敌，与皮埃尔由亲密无间的情侣变得同床异梦，这是存在主义哲学中“他人即地狱”的现实写照。黑格尔在《精神现象学》（*Phänomenologie des Geistes*）中指出：每个意识都追求另一个意识的死亡。“梅洛–庞蒂在《小说与形而上学》中提出，有一种自欺式的方法可以暂时改变这种紧张状态，那就是‘让他人从另一个同等的自我意识降低为没有反抗能力的‘他物’、变成以‘我’为中心的世界里永恒的‘宾客’，从而让他人的令人不安的存在保持在停顿状态。’”② 显然，弗朗索瓦兹正是采用“自欺式的方法”来试图摆脱自我的“他者”地位，将皮埃尔和格扎维埃尔的存在转化为自我的客体。她用这种自欺式的排他方式在“三重奏”的关系中生存，无论是在两性关系中，还是在“三重奏”的关系中，她都无法摆脱被动的“他者”地位，无法作出真正自由的自我选择。她的“主体性”意识不断被削弱、被异化，只有在选择打开煤气、与格扎维埃尔同归于尽时，她才作出了属于自己的主动选择。虽然这个选择意味着走向死亡，但这是弗朗索瓦兹改变自身处境的一次自由行动，通过这样的选择和行动，她才实现了自身的

① 西蒙·德·波伏娃，《女宾》，周以光译，北京：中国书籍出版社，1999 年，第 204 页。

② 张颖，《存在于世的含混境况——论梅洛–庞蒂对〈女宾〉的解读》，载《法国研究》，2011（2），10~19 页。

本质和价值。

反观男主人公皮埃尔，他在三者关系中始终保持主体地位，是“三重奏”关系的主导者。在与皮埃尔的爱情中，弗朗索瓦兹完全依赖他，把自己和他看成一个人，因他而感到自己存在的真实。弗朗索瓦兹在爱情中因盲目而失去自我，处于被动的“他者”地位。皮埃尔在两性关系中始终占据着占有和控制的主体地位。皮埃尔无法克制对格扎维埃尔的迷恋，在他的男性意识中，这个女孩是他的征服对象，是一个性伙伴，可以用以探索他自己的“他者”。皮埃尔的中心地位是由其男性地位所决定的，在与两位女主人公的关系中，他始终拥有决定性的、至高无上的地位。无论是二人的伴侣时期，还是“三重奏”时期，他们之间始终没有实现真正的自由和平等。所谓的“三重奏”，也不过是一场爱情乌托邦而已。

弗朗索瓦兹的悲剧性根源在于其女性主体地位的丧失。在“三人行”的处境中，弗朗索瓦兹既是受害者，又不幸沦为这场迫害的同谋。波伏娃和萨特的爱情中也曾经两次出现这样的“三人行”。现实生活以及萨特“他人即地狱”的观点使波伏娃认识到，两性之间或冲突，或共在，或为他的关系的最终目的应该达到人的自由。波伏娃借这场爱情乌托邦吁请世人为自我和他人的自由作出选择，并为此承担责任。

纵观现代哲学发展史，“他者”问题在现代哲学及后现代哲学中的地位经历了从无到有、从边缘到核心的转变。随着现代西方哲学研究向纵深发展，后现代主义、女性主义等理论向传统理性主义的自我意识中心论提出质疑，“他者”问题成为转变的焦点。波伏娃的存在主义自由观从女性主义的视角批判、继承了存在主义理论先驱黑格尔、海德格尔以及梅洛-庞蒂的“他者”观，引导女性由“他者”走向自我，通过实现“处境中的自由”来摆脱自身“他者”地位的束缚，实现自我价值。

波伏娃存在主义的女性主义自由观唤醒了女性的“主体性”，摆脱了对男性主体的依附，实现了女性的自由和价值。这是一种尊重生命存在价值的传统自由观。之后，法国涌现出一批后现代女性主义者，如埃莱娜·塞克瑟斯（Hélène Cixous）、露丝·伊丽加莱（Luce Irigaray）等，她们在女性自由问题上比波伏娃走得更远。她们不再排斥两性的对立，亦不强调具有普适性的自由与人权，开始接受两性之间由文化带来的差异性，女性的“他者”性不再意味着对男性的从属与依附，而是由多元文化建构而成的现代女性的存在方式。

第四章

自由主义与荒诞派戏剧①

荒诞派戏剧兴起于20世纪50年代的欧洲，其在法国的代表人物有贝克特、尤奈斯库、热内等。这个后现代主义流派从存在主义哲学中汲取了很多营养，它摒弃了传统戏剧的表现手法和语言模式，更重视人物内心的真实性。在否定人和世界存在意义和凸显人类总体存在真实状态的同时，荒诞派戏剧也表现出对人的前途和命运的深切关怀，并将自由主义的思想、理念和精神灌注于作品内容和创作方法之中。

第一节　自由主义与个人主体意识的现代性表征

主体意识是由人的能动性和实践性决定的主体的内在规定性，而个人的主体意识则是一个与集体或社会的主体意识相对而言的辩证概念。在漫长的历史演变过程中，伴随着经济、政治、社会意识形态的变迁，个人的主体意识经历了从原始状态到人性光辉彰显的发展历程。从中世纪对人的极端压制到人文主义呼吁人本意识的复归，从新兴资产阶级鼓吹偏狭的个人主义与拜金思想到浪漫主义呼吁情感的自由解放与现实主义召唤对人类的深层剖析，从现代主义对人受役于物的焦虑心态到后现代主义对主体走向消亡的批判性认识，在整个人类社会的发展史中似乎都能窥见人的“主体性”和主体意识的踪迹。在某些时期，它们变得异常强大、光芒万丈，而在另一些时期，它们又遭到空前的压抑甚或无情的批判。

一、个人主体意识的历史演变

人类自诞生之日起就肩负了认识社会并改造社会的艰巨使命。在人类的实践活动中，以个人为中心的主体意识的发展经历了曲折而漫长的历史

①本章由杨令飞与唐百林合作撰写。

演变过程。

主体意识是“主体对自我及在环境中的地位、作用的认识，以及创造力发挥的内在欲求。主体的自我意识具有‘为我倾向’，任何形式的‘为他’意识都不是主体意识”[①]。这一提法对主体意识的内涵与外延作了界定，即主体意识是对主体本身的一种认知，并且使主体自身对象化，从中抽象出一种创造性——人的主观能动意识。人类凭借着这一有别于其他物种的特性，在自然界获得了空前的地位，凌驾于生物圈之上，创造出了属于人类主体的文明。

在原始社会中，个人的主体意识表现为朴素的形态，个人从属于族群，自我意识尚未出现，但人作为个体所具有的创造力已经得到初步承认。私有制的产生标志着个人的主体意识在生产力与生产关系层面上的最初影响。

古希腊倡导人的全面发展，提出了“认识你自己”“人是万物的尺度”等理念，深刻地影响了古希腊以降的人类文明的发展。个人的主体意识在这一时期得到了飞跃式的发展，无论是对英雄的崇拜还是对个人价值的追求，都展示出古希腊社会对个人的重视与赞美。这是个人主体意识发展的一个颇为辉煌的历史时期。

从 5 世纪至 15 世纪，欧洲进入了中世纪时期。这一时期最突出的思想特征就是基督教神学思想对意识形态领域的钳制。尽管中世纪也出现了表现爱国主义、英雄主义的文学经典以及市民文学与骑士文学，然而纵观漫长的中世纪思想史，这一时期无疑表现出了用禁欲主义扼杀个人主义、用来世思想否定现世价值的基本特征。因此，个人主体意识在中世纪受到重创。

但丁（Dante）以他的鸿篇巨制为文艺复兴开辟了道路，人文主义思想找回了个人作为社会创造主体的崭新意义。与古希腊时期人的含义相比，人文主义运动进一步催生了“个人主义”的新理念，满足了资本主义生产关系萌芽时期的精神需求。以人为本的思想取代基督教神学，成为文艺复兴时期的最重要特征。弘扬理性和人的创造价值又是对人文主义思想的深入开拓。基于此，个人主体意识在文艺复兴时期重获新生，并逐步引领时代的思想潮流，成为近现代西方资本主义思想文化的重要内核之一。

经历了人文主义的肯定与颂扬，个人已经跻身思想文化发展的重要位

①转引自高兆明，《论个体主体意识与社会主体意识》，载《社会科学战线》，1990（3），49 页。

置，古典主义、启蒙哲学、浪漫主义、现实主义等主要思潮都不可避免地将人放在批评与阐释的中心。古典主义对理性的偏执、浪漫主义倡导彻底解放人的主观情感、现实主义对人与社会关系的深刻揭露，无不把人这一主体概念置于文学描绘的中心点。个人的主体意识被更加深刻地挖掘、阐释和重塑。

20世纪的两次世界大战打破了人类对理性的幻想。西方政治格局的混乱、战后经济的衰败以及人的精神世界的崩溃使具有鲜明的现代性特征的思潮席卷资本主义世界。在这些思潮中，生命哲学和存在主义哲学是两股强势的力量，试图为经历战争创伤的人类定位自身存在的意义和重建精神家园。它们都立足于西方工业文明的盛衰与战争对人类的巨大破坏等历史事件之上，反思人类发展给自身造成的矛盾境遇。“权力意志”“超人”“存在荒诞”“人生无意义”等观点体现了这一时期思想文化的基本走向。个人主体意识发展至20世纪中后期已经突破了对人的一味肯定或一味否定的范畴，而发展为一种建立在历史真相的基础之上的反思与批判。正因如此，这种反思更加直击灵魂，这种批判也似乎更为有力。

二、个人主体意识的现代性表征

现代性产生于欧洲的启蒙运动时期。从社会发展的角度看，现代性标志着资本主义世界市场和以社会契约为典范的新社会关系开始形成，人们的思想意识在反思中逐步发展为具有现代主义特征的认知体系。19世纪末与20世纪初兴起的现代主义运动进一步巩固了思想层面的现代性基础。现代主义以标新立异的风格和手段来反叛传统，尤其是现实主义的文学表现手法，它描写人的物化和异化，表现人生的无奈与痛苦，崇尚非理性主义。现代主义在某种程度上捍卫了现代西方社会在思想领域追求新知的传统，具有现代性所蕴含的主要特质。

在现代主义思潮的影响下，文学创作多表现人的隔膜、孤独、痛苦和自我毁灭，即表现人的生存状态和精神世界濒于崩塌的状况。然而，现代主义仍然表达了在绝望境遇中的抗争与救赎，这在一定程度上体现了与日趋成熟的现实主义思潮在终极意义上的共通之处。现代主义思潮依然具有强烈的自我意识，现代主义作家“反对像传统小说那样去反映现实”，而是将“个人对生活的直接印象以及个人的主观世界作为描写的对象，刻意通过揭示人物的内在真实来反映社会”[①]。弗兰兹·卡夫卡（Franz Kafka）描

①罗明洲，《现代主义与后现代主义》，北京：中国国际广播出版社，2005年，第114页。

写人的异化和异化后的苦闷，英美意象派诗歌创造新的节奏以用于新的情绪，马塞尔·普鲁斯特（Marcel Proust）和詹姆斯·乔伊斯（James Joyce）等意识流作家以个体内在的时空观念来展现事件的进程，超现实主义运用梦境、幻觉、自动写作和语言革命来展现真实世界，这些都是围绕“人”这个具有核心意义的概念进行的创作实验。

现代主义作家试图表现对现代人“主体意识”的担忧，他们通过反面描绘的方式来提醒人类遭遇的这一精神危机。“人的异化”是现代主义作品表现人的主体地位丧失的主要范式。关于异化，马克思在其学说中“不仅论述了资本主义社会的异化现象，而且还指出了清除异化的途径，即消灭资本主义剥削”①。从生产关系角度讲，马克思对于异化问题的分析具有科学性和前瞻性。在西方的现当代文化领域中，异化被各种文学思潮所描绘和诠释。例如，卡夫卡在《变形记》（*Die Verwandlung*）中描写了主人公变成甲虫的故事，介绍了主人公的悲惨遭遇，展现了作者对现代人的“孤独感”的洞察，并流露出对人的自我价值失落与扭曲的叹惋。个人主体意识的第一层现代性含义是现代主义对人的异化和人生价值失落的深刻洞见，从反面展示出西方现代知识精英对自我“主体意识”的召唤。这种召唤是整个资本主义社会个人主体意识丧失与精英知识阶层的主体意识觉醒之间的一种扭曲关系，也是现当代西方精神世界的现实写照。

20 世纪是科技和物质文明高度发展的时代，但人的精神世界却出现了巨大的黑洞，“现代意识发现自身陷于一个同时扩张和收缩的极大的矛盾的过程之中”②。20 世纪的现代性表现为对历史的否定之否定，在不断的战争与发展之中，人们认识到现代生活具有多面特质，而非一成不变。人们意识到自身处于极度荒谬和脆弱的境地，过去所有的对物质和精神的美好追求统统化为泡影。在此情形下，人们却“被迫处于自由的状态”③之中，这种自由不是西方社会个人所期待的权利，而是在绝望的境遇中作出的无奈选择。

后现代主义与现代主义之间具有继承与发展的内在联系。如果说“个人主体意识”构成了现代主义的深层本质与核心内容，那么以反思、批判、终结为己任的后现代主义自然把颠覆“主体性”视为重要使命，当然也要

①罗明洲，《现代主义与后现代主义》，北京：中国国际广播出版社，2005 年，第 11 页。

②理查德·塔纳斯，《西方思想史》，吴象婴等译，上海：上海社会科学院出版社，2011 年，第 426 页。

③同上，第 427 页。

对现代主义的“个人主体意识”极尽颠覆和解构之能事。第二次世界大战前后，随着资本主义物质文明的又一次腾飞，西方文化呈现出一种“有序的混乱和制度化的疯狂”的普遍现象，人们的精神陷入消极堕落的迷乱境界。在文化思想界，一种灾难过后而产生的批判性认识和自我反思更加明显，知识界对社会中的丑恶现象的抨击更加掷地有声。不过，后现代主义对于“个人主体意识”的颠覆和解构并非要将其化为乌有，而是审时度势、破旧立新，并依据后现代社会的发展特点和需求努力建构新的“个人主体意识”。其主旨在总体上仍是维护自文艺复兴以来的人的尊严和存在的意义，彰显在面对物化和异化世界时人类所必须付诸实施的自我救赎的努力。

三、荒诞派戏剧中个人主体意识的现代性表征

非理性主义为文学创作开辟了更为广阔的天地，描写疯癫、荒诞、异化、梦魇、幻觉、虚无、危机等的作品不断地涌现出来。第二次世界大战期间，人身自由的丧失使西方知识分子体验到非常强烈的压抑感。战后，“随着科学技术的日益进步和生产自动化水平的逐渐提高，人在整个生产过程中丧失了主观能动性，产生了‘惰性’和‘机械性’，变成了机器的附属品，人被‘物化’的现象日显突出，失去了自身自由和独立思想”[①]。荒诞派戏剧及许多后现代主义文学作品揭示了这种人被“物化”与“异化”的现象以及人生的荒诞与毫无意义。

亨利·柏格森（Henri Bergson）的生命哲学提倡非理性和直觉体验式的写作，“以生命存在的价值为理论中心，以人生为主题，以哲学为主要媒介，对文学中的生命问题进行了现代阐释”[②]。后现代主义流行于西方的后工业社会阶段，这是一个主体消亡的时代，正如福柯所言：“语言的存在只是随着主体的消失而出现的”[③]。这种后现代主义的观点深刻地影响着荒诞派戏剧和西方后现代主义文学的发展进程。荒诞派戏剧作品以荒诞的主题、人物和情节来展现对语言秩序的无视、对中心意义的消解以及对生命存在的否定。尽管如此，在后现代主义作品中，生命主体仍然占据着重要的地位，“个人主体意识”也仍然是后现代主义文学描写的重要对象。从作家的无情鞭笞中，我们也能或明或暗地窥见他们对个体的人的同情与关怀。

---

①杨令飞，《法国新小说发生学》，北京：人民文学出版社，2012 年，第 16 页。

②张首映，《西方二十世纪文论史》，北京：北京大学出版社，1999 年，第 71 页。

③约瑟夫·祁雅理，《二十世纪法国思潮》，吴永泉译，北京：商务印书馆，1987 年，第 182 页。

贝克特是荒诞派戏剧的代表人物，也是新小说的重要作家。他的小说代表作有《莫菲》(*Murphy*)、《莫洛瓦》(*Molloy*)等，这些作品“反映了时代的悲剧，表现了大战在西方人心灵上留下的创伤，以及他们在冷战中对社会现实的绝望”[①]。贝克特最负盛名的经典剧作《等待戈多》(*En Attendant Godot*)，通过两个流浪汉之间无聊、乏味的对话和机械重复的动作来表达人生荒诞和毫无意义的思想，展现了现代文明中的西方人的苦闷、迷惘和绝望。同许多经历过世界大战的作家一样，贝克特透过这一剧作来观察战争的破坏性影响，关注战后人们的精神世界的变迁，思索人们的自由与各种权力之间的平衡关系，进而瞻望人们的出路与前途。1969年的诺贝尔文学奖授奖词中有如是一说：他的作品以一种新的小说与戏剧的形式，以崇高的艺术表现人类的苦恼。贝克特以崭新的创作手法来寻求一条通向自由语言所构建的文学道路，这条路不是将人类引向消亡，而是使人类获得重生。《等待戈多》中的悲剧意识和对人类命运的终极关怀折射出“人类对自我、人、生命、世界等问题的最根本和穷尽性的思考与追问”[②]。人类世界和个体生命本无“有意义”与“无意义”之分，“意义”乃是一种人为赋予的概念。人类具有丰富的精神世界，追求自由的理想与在自然中的处境是相互矛盾的。对自由的渴望和个人主体意识的永恒存在也是贝克特剧作的深层含义之一。他的戏剧中所蕴含的“个人主体意识”说明荒诞派剧作家具有人本意识和写作使命感。西方学者对表现主义的杰出代表卡夫卡曾作过这样的评价：“卡夫卡的世界和我们的世界是统一的；他生活过的世界和他创造的世界是统一的；卡夫卡的世界、他周围的世界和他内心的世界是统一的。”[③]其实，贝克特与卡夫卡拥有共同的理念——对人类前途的焦虑、关怀和对自由的热切追求。贝克特的经历也证明了他不只是一个愤世嫉俗的作家，更是一位为自由而战的斗士。他勇于肩负历史赋予的使命，无论是战争的使命还是文学的使命，他都义无反顾地将其进行到底。

福柯理论中的疯癫现象与荒诞派戏剧密切相关。疯癫是福柯对现代哲学的一个重大贡献，也是荒诞派戏剧写作的重要特征之一。荒诞派戏剧较多地运用疯癫的表现手法，剧中人物往往稀里糊涂、不知所云。《等待戈多》里的爱斯特拉冈（昵称为戈戈）和弗拉季米尔（昵称为狄狄）都是精神反常的人物，他们的对话和行为表现出他们的疯癫状态。波卓和幸运儿则是

①吴岳添，《法国小说发展史》，杭州：浙江大学出版社，2004年，第435页。

②彭国栋，《〈等待戈多〉中的悲剧意识与终极关怀》，载《戏剧文学》，2006(9)，69~72页。

③罗杰·加洛蒂，《论无边的现实主义》，吴岳添译，天津：百花文艺出版社，2008年，第105页。

另一层面的疯癫形象，象征着人类在奴役与被奴役关系上的癫狂状态，充满了批判现实的浓厚色彩。从现代心理学层面来看，疯癫是人的精神世界达到另一种自由境界的表现。这是超出“此在”（dasein）的现实社会的一种自由状态，疯癫的病人进入了“无我”之境。《等待戈多》中的两位主人公凭借重复性的对白和动作，经由疯癫抵达精神的彼岸。这也是“等待”这一主题的内在含义。西方后现代哲学认为，作为主客体相统一的人，能够在疯癫中发现人的深层“真相”，即发现人的一切深不可测的可能性。《等待戈多》淡化故事情节和心理冲突，没有戏剧惯有的高潮，其中充斥着胡言乱语，甚至还透过主人公喊出“思想是可怕的”口号。主人公爱斯特拉冈所说的“我们生下来都是疯子，有些人还一直都是疯子”[①]这句话，形象地揭示出荒诞派戏剧所蕴含的疯癫思想。当代的一些西方学者在阐述福柯的疯癫理论时表示：“疯癫，即一场难以挨过去的‘灾难’，成为‘人之真相’的场所，成为展示自身最为深刻的可能性、最为纯粹的主体性、最为极端的自由的场所。”[②]由此可见，疯癫状态是荒诞派戏剧中自由主义特征的一个重要表现，隐喻着拒绝接受、反抗和颠覆。荒诞派剧作家借用人物的疯癫来隐射环境的荒诞并反映个人主体意识在当代异化社会中的变形。

后现代主义重视对语言的分析，“人类的一切思想是最终为生活的极具特色的文化——语言的形式所产生和限制的”[③]。这与维特根斯坦将语言比喻成“笼子”的说法相似。在思想发展史上，语言从文化思想的载体演变成对人类思想的束缚。为此，思想家们开始探索社会语言的结构，荒诞派戏剧作家则尝试打破传统戏剧语言的条条框框，冲破传统戏剧审美范式的束缚，进而营造新的戏剧自由。正如菲利普·萨拉森（Philipp Sarasin）所言：“如若疯癫是人的自由的极端表露，人要摆脱理性的制约、语言的规则、道德的囚禁，那么就有必要关注这一自由。”[④]而在荒诞派戏剧中，这种疯癫的“自由”境遇正是由剧作家借助疯癫的话语模式来加以表现的。荒诞派戏剧突破了戏剧语言的限制和传统戏剧的表现手法，对传统文学的规约进行了坚决的反叛，体现了后现代主义文艺的革新精神，也传递出明显的自由主义倾向。

荒诞派戏剧作家通过反传统的戏剧语言和写作手法，以人的极端境遇

①萨缪尔·贝克特，《等待戈多》，余中先译，长沙：湖南文艺出版社，2013年，第126页。
②菲利普·萨拉森，《福柯》，李红艳译，北京：中国人民大学出版社，2010年，第30页。
③理查德·塔纳斯，《西方思想史》，吴象婴等译，上海：上海社会科学院出版社，2011年，第437页。
④菲利普·萨拉森，《福柯》，李红艳译，北京：中国人民大学出版社，2010年，第31页。

描写为契机，深刻反映了当代西方社会受役于物和科技产品的人的思维和生活方式，抨击了西方后现代文明对人的压榨、束缚和戕害，同时深切关注并唤醒了人的主体意识，审视了人的生存状况，对人的真正自由给予了一定程度的憧憬，在对现代西方社会物质文明的否定描绘中展现出强烈的批判色彩和浓厚的人文情怀。

第二节　自由主义与内心秩序的重建

荒诞派戏剧以存在主义哲学为思想基础，这一哲学思想促使人类思考人存在于世的意义和价值。长期以来，人们通过对上帝的虔诚信仰来寻求自身存在的意义。19 世纪末，尼采宣称上帝已死，理性精神不复存在，传统的信仰和价值体系崩塌，人们失去精神寄托，陷入苦闷、彷徨和迷惘之中，传统的理性精神和现实世界的非理性表现之间形成了强烈的冲突，使 20 世纪的西方世界完全陷入荒诞之中。萨特和加缪在其作品中深刻揭示了 20 世纪西方社会中人们的生存状态，展示了一个缺乏信仰和理性精神的时代和各种陷入恐惧、绝望和死亡的荒诞形象。存在主义的代表人物所宣扬的“他人即地狱”“存在即荒诞”“存在即死亡”等思想深深地影响了荒诞派剧作家的创作，其中彰显的“知其不可为而为之”“神已经死了，而人还在”等积极因素也激励着他们探寻摆脱荒诞的出路，并借助内心宇宙秩序的重建来探索人类处境的自由。

一、荒诞与异化——20 世纪西方世界的影像

西方马克思主义认为，资本主义商品经济的拜物教本质导致了人的物化和异化现象，随之而来的是人的孤独感和荒诞感的不断加剧。荒诞感反映了人在面对世界时的感受：孤立无援、世界荒谬、人生无意义、个人处于一种“被抛弃”的境地。

20 世纪是一个在风云变幻、动荡不安中发展变化的时代，也是一个物质生活极度丰富、科学技术高度发达的时代。巨大的物质财富在改善人类生活的同时，也给人类带来了空前的危机与深重的灾难。20 世纪上半叶，极端思想、科技力量和物质财富引发了两次世界大战，战争巨大的杀伤力和破坏性使成千上万的人死于非命，给人类带来了深重的灾难，对人类的精神世界产生了强烈的冲击。惨痛的现实使人类意识到，高度的物质文明是一把双刃剑，在改善生活的同时，也可能使人类走向毁灭。生存在这样的时代中，人类深刻感受到生存的荒诞性以及物质世界对人类的异化，

而荒诞和异化也成为20世纪西方文化的基本特征。现代主义文学对这一基本特征早有反映：法国诗人波德莱尔在其诗集《恶之花》（*Les Fleurs du Mal*）中就以荒诞和神秘作为诗歌的核心；英国诗人托马斯·斯特尔那斯·艾略特（Thomas Stearns Eliot）的名作《荒原》（*The Waste Land*）也描写了一个荒诞的世界；英国作家弗吉尼亚·伍尔芙（Virginia Woolf）的小说中的许多人物也都对荒诞问题进行过深入的思考；奥地利作家卡夫卡的小说《变形记》则是表现荒诞人生的一大力作，它以荒诞的笔触深刻地揭示了社会的非理性特征和人走向异化的过程。荒诞派作家继承了前辈的衣钵，他们的戏剧创作也体现了这样的时代主题。

贝克特于1906年出生在爱尔兰首都都柏林的一个犹太家庭里，早年游历德国时，他就看到了纳粹主义的威胁。德国占领法国期间，他曾因参加抵抗运动而受到法西斯的追捕，被迫隐居普罗旺斯。第二次世界大战结束后，贝克特长期四处逃亡，过着颠沛流离的生活。1938年，他在巴黎街道散步时，被一个陌生人一刀刺穿了肺部，险些丧命。当他事后追问肇事者为何行凶时，肇事者回答说他也不知道为什么要这样做。亲身经历使贝克特对人生的荒诞有了深切的体会。他创作的剧本反映了时代的悲剧，展现了20世纪的动荡变革给西方人带来的精神创伤，表达了西方人对现实世界的嘲讽和绝望。

贝克特的小说极少有故事情节，大多是由人物的内心独白构成的，主人公都是孤独的流浪者。从互文性的角度来分析，贝克特的小说和戏剧的联系十分紧密，甚至可以说他的戏剧是对其小说的改写。贝克特剧作中的人物都处于濒临死亡的状态，如《结局》（*Fin de Partie*）中的主人公汉姆双目失明且四肢瘫痪，仆人克洛夫只能站立，却不能坐卧，汉姆的父母因车祸失去双腿，各自蜷缩在垃圾桶里。四个人都忍受着痛苦，却不能相互帮助，他们的人生毫无希望，甚至连通过死亡来摆脱这种痛苦的愿望也难以实现。汉姆的形象预示着人们无法认识世界，也无法通过行动来切实改变这个世界。人类自诩万物之灵、世界的主宰，但也只是错觉和虚妄而已。人们所生活的世界充满了痛苦、焦虑和绝望，但处于这种境况中的人们却无法逃离这个荒诞的世界。人们一生都无法摆脱荒诞带来的痛苦，也看不到前途和希望。

为了说明这个问题，笔者在此仍以贝克特的两幕剧《等待戈多》为例来进行分析。在第一幕中，两个身份不明的流浪汉弗拉季米尔和爱斯特拉冈于黄昏时分在小路旁的枯树下等待戈多的到来，为了消磨时间，他们语无伦次、东拉西扯地试着讲故事、找话题，非常无聊。他们还错把前来的主仆二人波卓和幸运儿当作了戈多。直到天快黑时，一个小孩出现，告诉他们戈多今天不来了，明天准来。在第二幕中，时间是次日黄昏，两人如昨天一样等待戈多的到来。不同的是枯树长出了四五片叶子，再次出现的波卓变成了瞎子，幸运儿变成了哑巴。天黑时，那孩子又捎来口信，说戈多今天不来了，明天准来。两人深感绝望，想死却没有死成，想走却又站着不动。

《等待戈多》生动地展现了荒诞和异化，与传统戏剧大相径庭。整部剧作不见清晰、完整的剧情，时空也较为模糊，剧中人物缺乏理性，行为怪异，他们所做的唯一一件事就是等待。然而，这种等待却具有相当大的不确定性，因为读者或观众并不知道他们等待的究竟是什么。剧中多次出现的一些表示时间的词语，如昨天、今天、现在等也暗示着主人公对自身行为的疑问。“这地方你熟悉吗？……你确信现在是今晚吗？”① 等对白更是加深了这种不确定性。戏剧文本的一些舞台提示，如“弗拉季米尔开始睡觉”“弗拉季米尔退下。爱斯特拉冈起身跟随他，直至舞台尽头”② 等意在增强等待的不确定性，并留下了许多“空白”，以待读者或观众思索和填充。此外，主人公之间天马行空的对白也时常游离于“等待”这个主题之外，这更让读者或观众注意到“等待”行为的缺位。戏剧中离奇的对白、矛盾的举止和种种荒诞的行为反映了主人公异化于整个现实世界的特征。例如，弗拉季米尔有时会无缘无故地突然从“沉静”而变得“暴躁”，用“别再说了！”“够了！”等语句来打断同伴的唠叨诉说，而他自己又反复说非常害怕孤独，他的所作所为显得不合常理，话语也是前后不一。又如，主人公之间的对白中交织着“恐惧”“疑虑”“探寻”等词语，这反映了人类处境的荒诞和社会环境对人类的禁锢，在揭示对现实的不满的同时，也流露出对自由的些许期待。

尤奈斯库的剧作《三幕剧和四幅画作》（*Pièce en Trois Actes et Quatre Tableaux*）用反讽的手法将荒诞和异化现象象征性地表现出来。剧中极端丑陋的人被枪击之后，变得与画中人一样漂亮。作者利用反常现象中事物的悖谬、冲突等特点来勾起读者或观众的某种复杂情感，使他们意识到剧中那些违反常规的事情正是异化现象的一个重要表征。这种自我异化可以消除个体在现实生活中因挫折而产生的焦虑，并获得一定的满足感，最终

① Samuel Beckett. *En Attendant Godot*. Paris: Minuit, 1953, p.3.

② Ibid, p.23.

导致愉快与反感、笑声与恐惧、欣喜与厌恶并存于同一状态中。

物取代人的地位常被荒诞派戏剧用于表现和揭示荒诞和异化的普遍现象：层层叠叠的椅子、一筐又一筐的鸡蛋、越来越多的犀牛……这些大量堆积的物件占据了人们的生存和精神空间，将人们排挤到无关紧要的位置。人们认识到自我时常处于一种虚空状态，人们的一切只能依赖与之相对立的整个物质世界，人们唯一的出路就是投入到充满坎坷和挫折的命运当中，或盲目追随潮流，或排斥内心的呼唤，最终导致人性的不断弱化，甚至是自身价值的完全丧失。荒诞派戏剧家以这种明喻的方式直逼现代社会的异化问题，生动地反映了当今资本主义社会中人被物支配和奴役的真实情状。

荒诞派剧作家用戏剧化的荒诞手法来表现世界的荒诞和人的异化问题，展示了丑恶、混乱的社会现实，揭示了生存在一个可怕的环境中的人们的痛苦与不幸。人们处于孤立、恐惧、痛苦、绝望之中。不过，读者或观众仍能在剧中听到一些与众不同的声音，这声音虽然微弱，但也流露出对社会现实的不满和抗议。

二、理性与反抗——自由主义的题中之意

前文提到，后现代主义怀疑一切和自由批判一切的态度使其对传统的理性观进行了彻底的挑战和质疑。但后现代主义并非简单地拒斥理性，而是意欲在改造传统理性的同时，探索一种更为清醒的理性，这种理性与自由主义所提倡的理性颇为相似。存在主义哲学揭示了世界的荒诞和人的异化，给西方思想界带来了极大的冲击。加缪认为，理性仍然是解决人类面临种种问题的最佳方式。他笔下的西绪福斯一度绑架了死神，让世人摆脱了死亡的威胁，这本身隐喻了人类对命运的反抗。在《西绪福斯神话》中，加缪描绘了现实社会中人类的各种荒唐、滑稽的行径，但他接着又说："仅仅有一天，产生了'为什么'的疑问，于是，在这种带有惊讶色彩的厌倦中一切都开始了"[①]。这表明，人们一旦意识到世界和自身的荒诞性，便会对这种日复一日的无意义生活产生怀疑，甚至反抗，这亦可看作人类理性的回归和自我意识的觉醒。加缪眼中的西绪福斯就是一位反抗荒诞命运的英雄。西绪福斯被罚将巨石推上山顶，但屡屡前功尽弃。西绪福斯却毫不气馁，永无止境地做着同一件事情。西绪福斯通过此举来反抗荒诞的世界和命运，以此追求内心的自由。在西绪福斯看来，"登上顶峰的斗争本身

① 阿尔贝·加缪，《西绪福斯神话》，郭宏安译，南京：译林出版社，2013 年，第 52 页。

足以充实人的心灵。应该设想，西绪福斯是幸福的"[①]。在加缪的长篇小说《鼠疫》(*La Peste*)中，阿尔及利亚的奥兰城鼠疫肆虐，虽然当局动用了各种手段，但仍未能控制鼠疫蔓延的势头，每天都有大量感染鼠疫的市民死去。以故事主人公里厄医生为代表的一大批市民面对疫情和复杂的环境时，挺身而出，奋力抗争，直至自己也染上了鼠疫，最终大家合力战胜了疫情。该小说表达了存在、苦难、死亡等主题，展现了加缪对人们的生存境遇的思考，凸显了在荒诞中要奋起反抗、探寻人类自由和希望的思想。《局外人》中的莫尔索经历了一系列不寻常的事件，对周围的一切表现得冷漠无情、无动于衷，是"存在即荒谬"这一哲学思想的最佳例证。即便如此，加缪也以同情的笔调肯定了莫尔索蔑视世界的傲然态度，这种态度虽然是对不自由处境的消极反抗，却也包含着一定的积极意义。

热内的剧作所表现的大多是社会边缘人的思想感情和生存状态，所描写的人物也大都处于社会的最底层，如小偷、妓女、牢犯、奴隶、仆人、黑人、同性恋者等。他描写这些人的"罪恶"，而他欣赏的也正是这些"罪恶"。他认为，这是他们的自由选择，是自然人性的"伸张"与"发扬"，是最真实的人性写照。他剧本中的人物都处在社会的对立面，因此他声称他的戏剧是对抗社会的戏剧，他就是要描写"罪恶"，歌颂"黑暗"。他认为"丑陋"与"罪恶"是自然人性的一种表现，自然人性并无高低贵贱之分，却是人性中自由的一面。在这物欲横流的社会里，"丑陋"的东西不见得就没有"美感"。他的剧作就是要把这些"丑陋""罪恶"的东西视为"美"并表现出来。热内在此表现出一种后现代的"理性"，期望在价值观念颠倒的世界中寻求一种神圣的自由，以反抗现存的社会秩序和制度规约。

尤奈斯库的剧本《椅子》深刻地表现了物对人的压迫。舞台上摆满了椅子，一对老夫妇被夹在椅子丛中，几乎没有立足之地。剧本用象征的手法来告诉人们，人类本应是世界的主角，可世界这个大舞台之上却没有人的立足之地，物占据了本应属于人的位置，成为世界的中心，人异化为物的奴隶，物的压迫使人丧失了自我。剧本揭示了物欲横流的资本主义社会和畸形发展的现代工业文明对生存其间的人造成的压迫感和窒息感，人类在这个社会里已经丧失了自由生存的空间，更无自由的思想和自由的意志。为此，塑造"自由的本真状态的人"是尤奈斯库及其他荒诞派剧作家深入思考并着力表现的主题，这一主题也与自由主义的题中之意颇为契合。

贝克特的戏剧《克拉普最后的磁带》(*Krapp's Last Tape*)亦有与《西

①阿尔贝·加缪，《西绪福斯神话》，郭宏安译，南京：译林出版社，2013 年，第 54 页。

绪福斯神话》颇为相似的旨趣。该剧讲述了年老的主人公克拉普一个人坐在空荡荡的房间里，听着自己30年前的录音。在听录音的过程中，他通过倒带、快进和自言自语的评论完成了过去、现在、未来三个时空的交融与对话，流水账式的录音伴着年迈的孤独者在受众眼中定格成一个绝望、凄凉的画面。这正是主人公生活的真实写照。剧作探讨了时间、回忆、生命等多个主题，折射了人生的虚无。尽管人生充满孤独和凄凉，克拉普心中仍残存着一丝希望，他不断回放与“爱的告别”相关的一段录音，这说明了他对昔日时光的眷恋。昔日的美好时光在脑海里匆匆掠过，风烛残年的克拉普虽不能继续自己青年时期曾经放弃的富于理想色彩的事业，但对美好事物的向往表明他最终并没有倒退到绝望之中，而是透过对生活于其中的世界的妥协来正视现实，避免误判与失望，进而实现对信念的坚守。

贝克特及其他荒诞派剧作家对现实的荒诞皆持恼怒和悲悯的情怀，他们的剧作中饱含着对荒诞的深深不满和执着反抗的态度。他们将世界最苦、最荒诞的一面暴露在读者或观众面前，站在整个人类社会的高度对荒诞现象进行了哲学方面的透视，以此种方式让人们正视世界的荒诞，直面人生的苦难，于戏谑中呼唤人们认识现实的真实性，与荒诞的现实进行抗争，最终为人类挽回尊严，重新恢复世界应有的模样。

荒诞派剧作家对人的生存、异化、自由等终极问题的思考显露出他们对理性价值的渴求。他们并非心甘情愿地屈从于非理性的力量，而是以相异于传统的创作方式来警醒现代人摆脱单一价值体系的桎梏，努力探求一种更为清醒的理性。这种理性始终会对资本主义的物质文明持批判的态度，将引领人们走出现代社会的荒诞，直面并自由掌控人类自身的命运。

三、等待与救赎——平等与尊严的重塑

荒诞派戏剧有时也涉及平等与尊严的问题。平等备受自由主义思想家的关注，是人类的一种非常重要的情感。只有基于平等之上的自由才是真正的自由。尊严是平等的产物，它根植于人类灵魂深处，是伴随平等而来的一种感情。在社会中实现平等将会使每个人的尊严受到最大程度上的尊重。

《等待戈多》中的两个流浪汉在空旷的舞台上一直等待着戈多的到来。戈多不断派人送来各种信息表示马上就到，却始终没有出现。戈多究竟意味着什么？有人认为，它并不特指某一具体的人，而是身兼多重含义，或

者隐喻上帝，抑或预示着希望，代表人们对于平等和尊严的期待和追求。[①]无论作何解释，该剧都可被视为当时社会现实和思想文化的真实写照。贝克特在剧中运用荒诞的艺术手法，再现了当代西方人的真实处境，以貌似毫无意义的人物行为和语言来表达其对人类现状和前途的忧虑与关怀。

《等待戈多》中空旷的舞台象征着世界，无尽的等待折射着人生。爱斯特拉冈与弗拉季米尔虽然身无分文，地位卑微，但这样的“卑贱者”立身于世同样需要平等与尊严。唯有如此，他们才能获得与其他人沟通的基本前提，也才能具备文明交往的内在基础。人生而有所不同，社会有分工，贫富有差距，但平等与尊严却是人之为人必不可少的根本。在等待戈多到来的过程中，这两个流浪汉似乎在不断地探寻自己存在的意义。他们希望戈多的到来给他们带来希望，令他们获得某种形式的平等与尊严。在此，戈多或许具备一定的功能：它代表着某种生存依赖，它虽不可知，却是一个没有希望的时代里的希望。这两个流浪汉在荒诞的世界中苦苦等待，相信冥冥之中戈多总有一天会来临，希望总有一天会重现，幸运也总有一天会眷顾人类。《等待戈多》以荒诞的形式向世人揭示了一个严肃的主题，呼吁人们追求平等与尊严，追寻生活的意义并重塑现世的信仰。

第二次世界大战的阴影、纳粹主义在民众思想中的渗透及其对普通民众的同化作用是尤奈斯库的《犀牛》创作的灵感源泉。该剧围绕小公务员贝兰吉的一场荒诞奇遇展开。贝兰吉身处社会底层，他对生活有所不满，对未来感到茫然，时常会有一种莫名其妙的恐惧感和孤独感，但尚能保持自己独立的人格。犀牛刚出现在人们的生活之中时，大家深感惊讶，或高谈阔论，或漠然置之。然而，一旦犀牛演变成风，追随者又络绎不绝。这种异常突变反而使贝兰吉清醒起来。面对日益严峻的形势，贝兰吉遵循人性的呼唤，将反抗进行到底，绝不随波逐流。他高喊道：“我要保卫自己……对付所有的人……我要保卫自己！我是最后一个人，我要坚持到底！我绝对不会投降！”[②]《犀牛》的意蕴丰富，这个“人变犀牛”的故事的矛头直指横行于欧洲的法西斯主义对人性的摧残，这样明显的政治倾向在尤奈斯库的创作中实属罕见。当剧本完成并搬上舞台后，人们发现它的内涵超出了单纯对专制主义、集权主义的批判，富有更深刻的哲学意味。正如尤奈

① Andrew Messing. *En Attendant Godot:* A Literary & Cognitive Linguistic Approach to Constructing an Existentialist Interpretative Framework (Thesis). Boston: Harvard University, 2012, p.7.

② Eugène Ionesco. *Rhinocéros*. Paris: Gallimard, 1995, p.141.

斯库所言：“我在茫茫大海之中、在历史的悲剧里面挖掘宝藏。若你们赞同我的观点，我就是在寻找光明，而且我会不时感觉自己找到了光明。这不仅是我从事文学的原因，也是我生存于世的原因。我一直在绕过黑暗寻找那一线飘忽的光明。”[①] 他要寻找的那一线光明就是对人性健康发展具有特殊价值的自由和平等，从这一角度来讲，《犀牛》可以被看成对当代社会人类尊严丧失殆尽的折射，也是对现代蒙昧主义、非理性主义的嘲讽。人会发生变异的根本原因在于人类丑陋的狂热本能，也在于缺乏个性自由的盲目从众心理。因此，只有自觉抵制恶性的侵袭、永葆自身的人格尊严，才能在历史悲剧到来之时让每个个体的平等价值得以充分彰显。

第三节 自由主义与“快乐”写作态度

荒诞派剧作家认为，任何一种确定的秩序都在确立一种可能性的同时，否定了其他的可能性，在一定程度上剥夺了自由。因此，荒诞派戏剧艺术思想上的一个重要特征就是持有一种与传统相异的“快乐”写作态度，在人物塑造、情节安排、戏剧语言等方面都与传统戏剧大相径庭。这种不拘一格的创作态度能够帮助剧作家充分释放个性自由，这在本质上与自由主义的创新精神相契合。

一、“反英雄”——荒诞派戏剧的人物特征

荒诞派戏剧的“快乐”写作态度首先表现为人物的“反英雄”特征。“反英雄”的出现与后现代主义美学观念不无关系。这种美学观念意味着对理性、发展等富有积极意义的理念产生了深层的幻灭感。随着西方社会资产阶级化的进展，这些富有积极意义的理念已经演变为“庸俗的功利主义”和“中产阶级的伪善”，而与之相对应的文艺规约也发生了本质变化。

荒诞派戏剧作家在进行戏剧创作之前曾一度厌恶戏剧。尤奈斯库曾认为，戏剧束缚了表演者的自由，演员不得不放弃自我这个个体，沦为剧作家笔下被规定的人物。此外，演员与角色之间无法填补的巨大鸿沟始终横亘在戏剧表演之中。他写道：

> 有血有肉的人出现在舞台上让我难受。他们的物质性存在破坏了虚构。我好像是遭遇到现实的两种层面，一是那些活生生的、日常存

① Eugène Ionesco. Pourquoi Est-ce Que J'Écris. In Eugène Ionesco, *Théatre Complet*. Paris: Gallimard, 1990, p.1667.

在的人的具体的、物质的、贫乏的、空虚的现实，他们在舞台上走动和交谈；二是想象的现实，这两个现实面对着面，并不一致，无法相互联系；两个敌对的世界无法联合，无法结合。①

在尤奈斯库看来，塑造个性鲜明的人物形象是传统戏剧的美学追求。剧本中有血有肉的人物经过演员个性化的演绎，会以假象误导观众，不利于表现人物的真实性。只有一反传统戏剧的表现方式，放弃传统戏剧的人物形象和人物性格的展示，让戏剧人物不再占据舞台的中心，也不再控制观众的情绪，而是以屈从于环境且具有生理或心理缺陷的“反英雄”形象示人，才能真实地反映世界的情状。

尤奈斯库《秃头歌女》(*La Cantatrice Chauve*)中的人物既没有性格特点，也没有心理活动，他们的谈话甚至脱离了逻辑关系。例如，史密斯夫妇所谈论的包比·毕生始终无法确指某一个人，他们甚至把谈论的那一家人全叫作包比·毕生。而且，在整部戏剧中，史密斯夫妇与马丁夫妇的谈话时常无法辨认，单从谈话内容来说无法确定是出自史密斯夫妇还是马丁夫妇之口，话语没有源头，也没有目的。这些“反英雄”人物过着单调、无聊的生活，他们甘于平庸，终日浑浑噩噩，没有生活目标和乐趣，只能通过莫名其妙的呓语或者毫无意义的动作来打发时光，他们不但失去了自我，也割断了与客观世界的联系。

尤奈斯库创作的另外几部戏剧，如《雅克，或曰屈服》(*Jacques ou la Soumission*)、《未来在鸡蛋中》(*L'Avenir Est dans les Œufs*)、《椅子》等的人物塑造与《秃头歌女》颇为相似。《雅克，或曰屈服》中的主人公雅克是个反抗陈规的年轻人，但他却出生在一个没有个性、充满教条的家庭中。雅克家中的所有人都姓雅克，他时常被家人要求放弃个性，与他们保持一致。雅克无法容忍同化和自我“主体性”的丧失，所以始终处在与家庭共性的对抗中，于是他决定寻求一种荒诞的个性，他视丑为美，甚至希望自己未来的妻子能拥有三个鼻子。《未来在鸡蛋中》是《雅克，或曰屈服》的续作，鸡蛋的孵化代表了生产，随着剧情的发展，人与物不断涌现，占据了整个舞台。此种表现手法亦出现在《椅子》中，一对年迈的夫妇居住在一个海岛上，某日，他们等待着客人来临，来倾听他们的临终遗言。不过，老人自己却无法表述遗言，他们邀请了一位演说家代劳，随着没有形体的客人的到来，舞台上开始充斥着为客人准备的空椅子。演说家来了，

① 马丁·艾斯林，《荒诞派戏剧》，华明译，石家庄：河北教育出版社，2003年，第91页。

老人感到心愿已了，随即跳海自杀，但演说家却是个聋哑人，只能面对椅子发出没有意义的杂音。随着情节的发展，整部剧不断地向空椅子聚焦，椅子成了主角，椅子的数量不断增多，占据了舞台的主体。《椅子》中的老人不能表达自我，他们把希望寄托于演说家，而演说家却是聋哑人，剧中的客人又没有形体，观众只能面对空椅子，听着没有意义的人声。《椅子》表现了人与世界的荒诞关系，人既无法实现“主体性”，也没有言说、创造意义的能力。《椅子》中的人物滑向虚无，唯独剩下表示物质的椅子，因此《椅子》也被尤奈斯库称为“悲剧性闹剧”。

贝克特的《结局》共有四个人物：坐在轮椅中的汉姆，他那没有下半身、各自蜷缩在垃圾桶里的父母，还有他那只能站立却不能坐卧的仆人。这些人物身体残疾，精神萎靡，只能在孤独无助中了此残生。这些人物的设置较为简约，没有鲜明的个性色彩，他们只凭借彼此间偶尔的冲撞和低语，来传递内心的孤独和困境以及人与人之间麻木又无助的感情。贝克特透过笔下这些痛苦不堪的“反英雄”人物，既表现了对人类终极存在的关怀，又给人以轻松愉快的喜剧感，在打破传统束缚的同时，将“快乐”写作的态度贯穿其中。

“反英雄”人物形象的出现表明以理想主义为参照点、以理性精神的弘扬为特征的崇高意识在现当代世界的荒谬和无序中已经黯然失色，构筑于传统信念之上的思想已经变成不可信赖的、抽象的形而上之物，甚至为专制者和独裁者的偷梁换柱和信口雌黄的活动提供了极大方便，是造成人类无数悲剧的一大根源。于是，传统文学中那些有着坚定理想和大无畏精神的英雄不复存在，代之而起的是卑微者、宵小者一类的“反英雄”人物形象。这类“反英雄”人物形象皆有模糊不清、诡秘莫测的特征，他们的出现有助于暴露世界的荒诞本质，揭示出看似合理的现实背后的无序状态。荒诞派戏剧是对处于荒谬境地的人类的嘲讽：现实生活使人们倍感孤独和绝望，孤独的人在荒诞的处境中无处逃遁，他们既不肯被社会同化，又无力与社会抗争，只好以自嘲的方式来确认自身的存在。剧作家创作“反英雄”人物形象，旨在自由地引导读者或观众接近、探寻现实世界的真实性，以颠覆传统戏剧形象的“快乐”写作方式让他们对所处的世界有新的认知。

二、“反情节”——荒诞派戏剧的情节安排

荒诞派剧作家认为：“写戏并不是讲故事。戏剧不能成为史诗……一

部戏剧的组成不是描述一个故事的发展——那是写小说或者电影所做的事。一部戏剧就是这样一种结构，它由一系列意识状态或者情境组成，它们越来越强化，越来越紧密，然后纠缠交织，不是再次散开，就是以无法忍受的纷乱而告终。"[①] 因此，他们往往否认传统的戏剧表现形式，在情节安排方面与传统戏剧背道而驰，故事性基本消失，表现内容也缺乏明晰性，而更倾向于坚持"快乐"写作原则，过度铺陈事件、场景和细节，并大肆渲染作者的自我意识。

尤奈斯库的戏剧《上课》（*La Leçon*）虽有比较清晰的情节，但这种情节不似传统戏剧那般，而是一种具有明显的后现代特征的"反情节"。该剧叙述了女主人公到教授家中学习各门课程中所发生的一系列的离奇事件。女主人公对掌握了话语权的教授非常崇拜，久而久之成了言听计从的奴隶。有一次，她因牙疾而不能言语时，教授提议用刀子杀了她，于是她顺从地躺在椅子上接受了教授的暴行。在此，尤奈斯库以黑色幽默的风格讽刺了教学过程中的"填鸭式"灌输现象，暗示话语与权力密切相关，话语中渗透着权力支配。在这一过程中，学生的"主体性"业已丧失殆尽，学生对老师的屈从是因为老师掌握了对语言的支配权。在该剧中，教授通过话语权实现了对女主人公的支配：当女主人公可以言语时，她鹦鹉学舌地重复着教授的话语；当她因牙疾而不能说话时，教授便视之为一种反抗，因此决定用杀戮来制止这种抗命。

"反情节"特征在《犀牛》中亦表现得淋漓尽致。剧中主人公贝兰吉是一家出版社的校对员，某天，城市里出现了一头犀牛，它毫不惧人，在街道上横冲直撞。起初，人们对犀牛的出现感到惊讶与恐慌。随着犀牛的数量越来越多，人们开始以变成犀牛为荣。尤奈斯库直接描写了人变犀牛的过程：头上的角慢慢长出，皮肤开始变坚硬，声音也变成动物般的低吼。尤奈斯库在剧中用犀牛的形象隐喻法西斯主义，以"反情节"的方式来影射法西斯主义在欧洲的猖獗。20 世纪 30 年代，随着意大利、德国、西班牙等国政府将法西斯主义作为官方的意识形态，信奉法西斯主义的人逐渐增多。在《犀牛》中，城市的厄运从犀牛控制了广播电台肇始，官方的推广迫使民众放弃了自己的独立思想，犀牛像流行病一般在人群中肆意传播。法西斯主义在欧洲的发展历史与贝兰吉的所见所闻如出一辙：从人们面对犀牛的惊慌失措到追风成为犀牛，人的"主体性"渐渐消失，自我异

① Eugène Ionesco. Pourquoi Est-ce Que J'Écris. In Eugène Ionesco, *Théatre Complet*. Paris: Gallimard, 1990, p.1667.

化成为人们所面临的一种普遍厄运。

“反情节”也是贝克特戏剧的一种惯用手法。读者或观众在《啊！美好的日子》(*Oh! Les Beaux Jours*)、《等待戈多》等剧作中看不到叙事主线，所面对的是各种错综复杂的关系。剧中出现大量无逻辑、无意义的对白、重复和语言变异，这暗示了人类语言的荒诞本质。人类虽创造了语言，却无法真正使语言成为表述自我的意义单位。语言与人类心中意义的藩篱始终存在，已经成为没有主体言说的、被滞留的、冗长的声音符号，这种现象发展到极致便意味着人类“主体性”的丧失。此外，这些剧作的情节发展涵盖了诸多不确定性，人物究竟有何特质、打算怎样、意欲何往均不得而知，他们的所作所为给读者或观众留下了大量有待填充的“空白”，这有助于挖掘戏剧文本的多种开放性。这些剧作里的时空概念亦扑朔迷离，今天、昨天、现在等时间在同一场景中时常交替出现，使读者或观众对情节的进展产生疑虑。事件发生的地点和背景亦无法确定，需要读者或观众依据自己的感觉和经验来作出判断。

“反情节”也体现了荒诞派剧作家的“快乐”写作态度，他们摒弃了以传统理性为中心的戏剧情节必须遵循的原则，用更具解构色彩的“别样”手法来释放戏剧的“游戏魅力”，让叙述游移于种种不清楚的视角之中，让情节线索变得扑朔迷离。这使戏剧整体上呈现出异质性，甚至是悖谬性，从而使读者或观众在阅读和观赏的过程中不时发出会心的笑声。“反情节”手法意在打破传统戏剧的线型叙事模式，剧作家借此可以自由、“快乐”地展开特定的自我意识，同时也能让读者或观众跳出线型结构对想象和思维的限制，让他们在发笑之余参与对剧作的构筑，并对剧中表现的内容作出自己独特的思考和评判，进而自由、“快乐”地追求剧作的意义。

三、喜剧性——荒诞派戏剧精神上的自由反思与超越

喜剧是一种笑的艺术，不同类型的喜剧能给人们带来不同的审美感受，相较于悲剧而言，喜剧的创作内容和方法更加自由。纵观西方喜剧美学观念演变的历史，喜剧追求的不仅仅是简单的生活欢笑，在实现自我暴露、自我否定、讽刺假恶丑现象的同时，也拥有真善美的力量。

古希腊喜剧起源于祭祀酒神的狂欢歌舞及滑稽戏，它揭露出社会中存在的矛盾，对人生的愚钝进行嘲讽，而且使用通俗语言来逗引观众发笑，给他们带来轻松、愉悦的感觉。文艺复兴时期的喜剧利用搞笑的因素来塑造各类生动的人物形象，在揭示社会矛盾的同时，也讴歌了爱情和友谊。

古典主义喜剧的成就主要表现为机智与幽默，剧作家用语言制造笑料的才华堪称一绝。现代喜剧则蕴含着较为复杂的观念和美感，欢乐因素与悲伤因素相互交织，喜剧与悲剧之间的界限也趋向模糊。现代喜剧更加注重表现主体心理的释放过程，以求尽量实现作者和受众双方的精神自由。

从审美范畴来看，荒诞是喜剧的直接变异。荒诞派戏剧别开生面的特色之一就是用轻松的喜剧形式来表达严肃的悲剧主题。剧作家的每一部作品既包含幽默，又流露出悲观、郁闷和痛苦。随着现代人的生存境况的恶化，光明与晦暗、存在与虚无、希望与失望之间的界限逐渐消失，快乐和欢笑变得凝重、残酷和绝望。剧作家在以往和谐、轻松的风格中增添了冷酷、陌生和怪异，荒诞感因之油然而生。因为诸多变异因素的增殖、扩充和放大，荒诞派戏剧中的喜感和笑声尽显辛酸、苦涩的意味，触发了荒诞审美形式的产生。荒诞派剧作家用喜剧的搞笑手法来反映日益激烈的社会矛盾和日趋明显的物化与异化现象，借此阐发内心的不满与愤懑，进而诠释荒诞的内涵。这种喜剧性是“快乐”写作态度的生动体现，象征着一种精神上的自由反思与超越。

荒诞派剧作家往往趋向早期非语言戏剧形式的回归，凭借剧中人物不断重复的滑稽动作来让读者或观众发笑，于笑声中向他们传达剧中人乃至作者面对一些状况时的困惑感。这里试举《等待戈多》中两个流浪汉和幸运儿互相脱帽、戴帽的场景来加以说明：

> 爱斯特拉冈接过弗拉季米尔的帽子。弗拉季米尔把戴在头上的幸运儿的帽子整了整。爱斯特拉冈戴上了弗拉季米尔的帽子，把自己的帽子脱下，递给弗拉季米尔。弗拉季米尔接过爱斯特拉冈的帽子。爱斯特拉冈把戴在头上的弗拉季米尔的帽子整了整。弗拉季米尔戴上爱斯特拉冈的帽子，把幸运儿的帽子脱下，递给爱斯特拉冈。爱斯特拉冈接过幸运儿的帽子。弗拉季米尔把戴在头上的爱斯特拉冈的帽子整了整。爱斯特拉冈带上了幸运儿的帽子，把弗拉季米尔的帽子脱下，递给弗拉季米尔。弗拉季米尔接过他自己的帽子。爱斯特拉冈把戴在头上的幸运儿的帽子整了整。弗拉季米尔戴上他自己的帽子，把爱斯特拉冈的帽子脱下，递给爱斯特拉冈……①

在此，贝克特放弃了人物对白这种戏剧语言中最重要的传达价值的载

①萨缪尔·贝克特、欧仁·尤奈斯库、爱德华·阿尔比等，《荒诞派戏剧集》，施咸荣、梅绍武、郑启吟等译，上海：上海译文出版社，1980 年，第 90 页。

体，用不断重复的动作制造一种令人眼花缭乱的景象，让读者或观众像欣赏杂耍时那样发出欢快的笑声。不过，《等待戈多》中两个流浪汉的动作不似传统喜剧那样具有故意引人发笑的目的性。贝克特利用剧中人的一系列无意识的机械动作传递出的滑稽感，成功地把读者或观众的注意力吸引到循环式的传递帽子的过程中，顺理成章地使他们为这种漫画式的重复动作发笑。[①]贝克特似乎想引导读者或观众通过对这种现象的观察，来体会两个流浪汉在无意义的等待过程中的无尽悲哀。在一番彻悟之后，读者或观众或许会认识到这类机械性的举动其实是剧中人物甚至是剧作家面对荒诞现实而显示出来的焦虑与绝望，而读者或观众也可能从对传统戏剧观赏的认同感中“间离”出来，直面那个扭曲、疯狂、怪诞的世界，继而以超然的态度加以正视，并对生活本身的空虚和无价值状态进行更为深入的思考，寻求存在的真谛。剧作家激励人们用顽强的精神向命运挑战，通过行动来改变存在，进而实现对自由的超越。

荒诞派剧作家透过剧中人物之间无法正常实现的语言交流，在引起读者或观众发笑之余，强化了语言的“不确定性”，也揭示了人与人之间无法实现真正理解的悲剧缘由。

《秃头歌女》中史密斯夫妇之间喋喋不休的对白超出了正常人的理解范围，让人联想起古已有之的“废话文学”。该剧还运用首尾照应的结构模式，在剧末重复了剧首出现的史密斯夫妇表演的姿势和对话内容，让人认为相同的一幕还在上演。读者或观众可以从这些“废话”中获得笑声，更能感受到生活方式的单调乏味和语言逻辑的极度混乱。《残局》也借助哈姆的话表达了同样的含义：“……唠叨，唠叨，词语，就像那个独自一人的孩子，要把自己变成几个孩子，两个，三个，待在一起，在黑暗中悄悄地说话……一刻又一刻，喋喋不休。”[②]这类语言在荒诞派戏剧中不是作为人们交流的工具出现，而是带有无法实现表达的功能，其陌生、杂乱和无意义在某种程度上具有能够引人发笑的呓语特征，于梦幻之中产生独特的喜剧效果。在《克拉普最后的磁带》中，剧作家通过话语矛盾、音义剥离、不断停顿等手法来呈现人物毫无逻辑的内心世界。该剧主人公设想依靠聆听录音的方式与过去的自我进行交流，但沟通客体的缺失使得交流变成了单向度的内心独白。独白中对过去录音的否定不断消解着语言的意义，对过去的否定又切断了人物的历史联系。舞台上风烛残年的克拉普预示了

① 关于这个问题，亦可参见纪文光，《论“笑”在荒诞派戏剧中的审美意味》（硕士学位论文），济南：山东师范大学，2001 年，第 3~4 页。

② 马丁·艾斯林，《荒诞派戏剧》，华明译，石家庄：河北教育出版社，2003 年，第 54 页。

人类走向虚无的命运，而话语与行动的不一致又进一步强化了语言的不确定性。

荒诞派剧作家运用反常规的语言来传达人物内心的荒诞感受，再现混乱、虚无的世界，并通过语言与行动之间的对照，架空了语言的意义，破坏了语言的逻辑连贯性，把语言变成没有意义的、喋喋不休的废话，开辟出一种新的舞台范式。荒诞派戏剧用类似于废话性质的对白和独白来暗示对世界认知的新方式，在看似无意义、无逻辑的语言背后隐匿着其深厚的哲学基础和剧作家形而上的追求。他们借剧中人物交际功能的受阻与挫败来表现人们精神上的孤独与隔膜，以对传统戏剧语言模式的革新来表现现代人的生存状态及人际关系，而且依靠自由的语言表达在某种程度上对逻各斯中心主义采取超然态度，从中似可窥见某种令人期待的自由愿景。

荒诞派戏剧以“快乐”写作的态度向人们展示一些极端的事例，在喜剧性的感觉中掺杂了“苦涩”的意味和对于现实的严肃思考。

在《犀牛》中，人物纷纷变成了犀牛，这现象十分荒谬，容易引人发笑。但是，当读者或观众看到除了贝朗热之外，其他人都心甘情愿地变成犀牛的时候，又会平添一种苦涩。剧中人物面对犀牛的侵蚀无动于衷，在同伴相继变成犀牛后，也放弃了人的身份，转而投向犀牛群体，在强权者犀牛的面前，人与人之间的关系显得不堪一击。在《上课》中，教授掌握了生产权力的语言，人物之间的对白及其所作所为让人忍俊不禁。该剧中女主人公的遭遇契合了人在历史中的无奈，读者或观众在此体会到一种痛彻心扉的感觉，此时发出的笑声或许正是他们企图摆脱极端恐惧与痛苦的一种手段。《椅子》则表现了人类在物化世界中的处境。随着人物在剧中舞台上的渐渐淡出，椅子成了戏剧的主角，椅子上面或许坐着客人，但这些客人却没有形体，只能依靠读者或观众的想象。这样的场景颇具喜剧感，让读者或观众忍俊不禁，不过他们仍能感到所面临的只有舞台中心的椅子，人物已处于舞台的边缘。在当今的物化世界里，随着现代化生产的发展，物质财富激增，人的价值只能屈居一隅，人接受了物质对自我的侵占，变得越来越不自由。剧中人放弃了自我的位置，而现实的人亦接受了被物质化和被符号化的命运。

荒诞派戏剧中的喜剧性具有黑色幽默风格，这种喜剧性秉承了西方传统喜剧的“不协调矛盾论”，从不同侧面通过“笑”来凸显喜剧功能。然而，荒诞派剧作家并不只靠喜剧性来取悦受众，还力图在笑声中注入痛苦和绝望，用喜剧性将人物的滑稽、丑恶、畸形、阴暗和周围的世界放大、扭曲，将人与世界的关系赤裸裸地暴露在读者或观众面前，把引出的笑声作为人对生活中的无意义和荒诞的反应，更加自由地用喜剧的形式来表现悲剧的内容。

荒诞派剧作家将“快乐”写作的态度贯穿于创作之中，他们用不完整的人物形象、破碎的情节、杂乱无章的对话和黑色幽默的风格来反映社会现状及人们内心的苦闷和无奈，启迪读者或观众不断地探索生存的意义和价值，并努力寻找生活的动力和目标。与其说荒诞派剧作家是某一价值体系的建构者，不如说他们是桎梏、藩篱的破坏者。“快乐”写作的态度能使剧作家彻悟和反思荒诞与悲剧的真实性，也有助于他们实现创作上的自由超越。荒诞派剧作中的积极元素及其对社会产生的重要价值仍对改变人们的思维方式和生活方式产生积极的作用。

第四节　自由主义与反精英文化的价值立场
——让·热内戏剧作品刍论

热内是20世纪法国的著名作家、诗人，也是荒诞派戏剧的奠基人之一，其作品有《女仆》（*Les Bonnes*）、《阳台》（*Le Balcon*）、《黑人》（*Les Nègres*）、《屏风》（*Les Paravents*）等。如果说戏剧体验的深层旨意不在于丰富所有人，那它至少能改变一些人，准确而言，这是一种由戏剧审美引发的道德改变。热内的创作与童年的创伤有很大关系，他不知生父是谁，于六个月时又遭母遗弃，被救济机构收留，后又被手工业者收养。小学时，他成绩优异，在赴巴黎求学之后，因不喜欢学校生活而多次出走，开始以偷盗和行乞为生，几次被关进教养院。他的写作生涯始于狱中，并凭借1943年出版的第一部小说《鲜花圣母》（*Notre-Dame-des-Fleurs*）而震惊于世。他的文学生涯离不开法国诗人和小说家让·科克托（Jean Cocteau）和萨特的影响。热内在戏剧中暴露了自己的种种劣迹，揭露了社会的阴暗面，其戏剧被称为“对抗社会的戏剧”和“表现社会边缘人的戏剧”。他的经历注定了边缘者是他存在于世的身份，决定了他反精英文化的价值立场，这一立场又与自由主义精神相契合。

一、多元化的叙述层次

从古希腊、古罗马戏剧到古典主义戏剧再到近现代传统戏剧，戏剧的创作已经打上了体系化的印记，固定的形式和强制的技法成为写作的硬性规定，甚至连主题选择和叙述方式都必须遵循一定的规则。热内的戏剧则打破了传统的叙述方式，由多个叙述者（而非传统的单一叙述者）共同完成叙事。这种写作营造出一种层次感，不同层次间的转换在某种程度上解放了叙述行为，动摇了西方文化中由理性和层层范畴构建起来的传统价值判断，使戏剧创作享有更大的自由。读者或观众也可以整合不同叙述者的讲述，进而完善整个事件的发生与发展过程，让理解和欣赏变成一个自由的再创作过程。

《女仆》是热内 1947 年创作的戏剧，它以两个女仆设计的主仆游戏为故事主体，描绘了女仆的内心世界。妹妹索朗日和姐姐克莱尔同在一个富人家里当仆人，每当太太外出时，她们就一人扮演太太，一人扮演仆人，通常是克莱尔扮演太太，索朗日扮演克莱尔。她们将素日对太太的抱怨与不满呈现在角色置换的游戏里，而且当日之事必会出现在当日的游戏中。由羡慕和嫉妒滋生的反叛驱使她们写匿名信向警方告发太太的情夫，致使该情夫锒铛入狱。在该情夫被保释之后，她们又开始一场新的角色置换游戏，最后克莱尔以自身之死完成了对女主人的幻象性报复。

热拉尔·热奈特（Gérard Genette）在他的《新叙事话语》（*Nouveau Discours du Récit*）中将叙事本身与叙述的事件区分开来，对叙述行为进行了层次划分："叙事讲述的任何事件都处于一个故事层，接着是产生该叙事的叙述行为所处的故事层"①。热内虚构的《女仆》是在第一层次完成的（文学）行为，我们可称其为故事外层；《女仆》中的事件（其中包括主人公的叙述行为）是第一叙事的内容，我们可称其为故事或故事内事件；索朗日和克莱尔的叙事即为二度叙事，其中讲述的事件被称为元故事事件。《女仆》的独特之处在于主人公的叙述方式是演戏，索朗日和克莱尔是在主仆扮演的游戏中讲述她们的主仆故事的，即所谓的"戏中戏"——戏剧中的人物仍在演戏。

"从一个叙述层到另一个叙述层的过渡原则上只能由叙述来承担，叙述正是通过话语使人在一个情境中了解另一个情境的行为。"② 首先，文学作品中的人称变化可以标记一个片段的元故事性特征，从而标志着叙述层之间的转换。例如，克莱尔扮演的太太骄横无礼，在仆人侍奉她穿衣服时也不忘流露出嫌弃，此时，索朗日扮演的克莱尔可怜地说道："我们是不

① Gérard Genette. *Nouveau Discours du Récit*. Paris: Seuil, 1983, p.158.

② 热拉尔·热奈特,《叙事话语》, 王文融译, 北京:中国社会科学出版社, 1990 年, 第 163 页。

幸的。我真想哭”[①]。索朗日口中的“我”并非指她自己，而是指她扮演的角色克莱尔，这属于第二层叙事；而使用“我们”其实是想表明对于仆人之“不幸”的认同，这又回到了第一层叙事，流露出两姐妹对自身女仆命运的感叹，说明讲述的是仆人命运悲惨这一事件。又如，索朗日对克莱尔扮演的太太有这样一段答语：“……您还要从我身边夺走那个送牛奶的人？承认吧！您得承认这件事！他年轻，生龙活虎的，叫您心神不定，对吗？承认您想夺走送牛奶的人吧。因为索朗日叫您讨厌！”[②]显然，索朗日急于为自己辩解，情急之下忘掉自身的角色，“我”字脱口而出，而话音刚落，即回过神来，回到克莱尔这一角色上，并纠正道“索朗日叫您讨厌”。这一人称使用的失误明显标志着第一叙事向第二叙事的过渡。索朗日时而是第一叙事中的人物，时而是第二叙事中的人物，这一叙述层的变化不是热内的失误，他是有意为之，这种方式无疑使戏剧产生了荒诞感。具有类似效果的还有索朗日的另一段话：“太太自以为受到保护，因为有那么多鲜花围着她，因为她的命运不同寻常，因为她已经做出牺牲。她这么想的时候，没有考虑到女仆们会造反。现在她们起来造反了，太太。这场造反将使您彻底败兴。”[③]这段话除了通过人称转换扩展了换层叙述之外，第三人称“她们”的使用亦耐人寻味，此时的索朗日变身为叙述者来展开叙事，但读者或观众难以确定这是对主仆关系的叙事，还是越过仆人角色对主仆换角游戏的直接叙事，因为不能准确地区分，所以他们便无法更好地确定戏中人物的属性。

热奈特曾指出热内戏剧的特点在于“运用皮兰德娄式手法大大扩展了的换层叙述，引起叙述层的变化”[④]。在《女仆》中，“我”与“我们”交替出场，不过此“我”与彼“我”的所指并不始终如一。这个“我”既不完全是人物，又不完全是角色，说话者首先不得不克服对自身的某种附着力，挣脱自己，以便取得以“我”自称的权利。这一附着力便是不同人称之间存在的界限。热奈特进一步指出：“当代小说已经越过了包括这条界限在内的许多界限，毫不犹豫地在叙述者和人物（们）之间建立起可变的或不稳定的关系，用令人目眩的代词转换表现更自由的逻辑和关于‘个性’的更为复杂的观念。因为‘人物’的传统属性——专有名词、外貌和精神上

① 萨缪尔·贝克特、欧仁·尤奈斯库、爱德华·阿尔比等，《荒诞派戏剧选》，施康强译，北京：外国文学出版社，1983 年，第 455 页。

② 同上，第 458 页。

③ 同上，第 459 页。

④ 热拉尔·热奈特，《叙事话语》，王文融译，北京：中国社会科学出版社，1990 年，第 164 页。

的‘特征’，已在这些形式中消失，随之消失的还有语法转换的标记。”[①]这一见解同样适用于当代戏剧。叙述者存在于《女仆》中，但这种存在有时透明，有时则以不透明的方式实现。叙述的信息在形式上是完整的，但实际上并不完整，而且没有既定的结构和任何预见性。《女仆》通过人称所指的不确定性、演员装扮及舞台布景的变换逐渐模糊了人物之间的边缘，人物之间可以互相转换。巴特在欣赏了《女仆》的演出之后作出评论，认为热内在其中思考的是存在的价值，而非道德价值，意在混淆“存在”涉及的各种情感，而非“好”的情感，但若以一种表面看似“恶”的方式来呈现，那这一方式就是在以庸俗的外表来违背热内的“高贵”。而之所以说其怪异，是因为“他在叙述中一直区分‘我’和‘你们’，但我用你们的语言和你们说话。在你们的规则中玩的是颠覆你们的游戏”[②]。

热内将自身放逐于社会，历经外界带来的绝望和自身的反抗，这一切沉淀于他的语言中，形成了这般发生于绝望与反抗的“典雅而怪异”的叙述风格。其叙述风格对人们习以为常的世界的“自在”状态给予坚决的拒绝，于看似强迫性的多元化的叙述层次间传递出自由的气息。

二、剧作的叙述者及受述者

如上文所述，主人公索朗日、克莱尔的叙事属于二度叙事，且其中包含着换角游戏这一元故事，叙事由索朗日、克莱尔、太太、假太太（克莱尔）、假克莱尔（索朗日）共同完成，使得该层叙述中的叙述者呈现多元化的特质。在这场戏中戏的表演中，演员不时会脱戏，在谈到一些敏感话题或急于争辩时，她们情不自禁地跳出角色，发泄情绪或表达见解。热奈特认为，这种“故事外的叙述者做出的任何擅入故事领域的行为，或故事人物任何擅入元故事领域的行动，又或者如科塔扎尔作品中的相反的情况”[③]都会产生滑稽可笑或荒诞不经的奇特效果。

笔者试对《女仆》中的这一现象展开分析，它主要发生在这场主仆游戏——二度叙事之中。克莱尔和索朗日原本在该叙述层中承担叙述者兼人物的角色，而扮演太太的克莱尔以及扮演克莱尔的索朗日跳脱角色的情况则属于叙述者擅入故事领域，给人一种荒谬之感。例如，克莱尔试图调侃索朗日与马里欧的地下关系——“凭您这副身材，这张脸，您勾引不了

① 热拉尔·热奈特，《叙事话语》，王文融译，北京：中国社会科学出版社，1990 年，第 164 页。
② 程小牧，《让·热内、〈阳台〉与“元戏剧”》，载《中国文艺评论》，2016（8），107 页。
③ 热拉尔·热奈特，《叙事话语》，王文融译，北京：中国社会科学出版社，1990 年，第 164 页。

马里欧。这个可笑的送牛奶的小子瞧不起我们"[①]，从字面意思来看，这里的"我们"指太太和克莱尔，但实际上是指克莱尔和索朗日，这是克莱尔的出戏之举。克莱尔和索朗日重新进入各自角色的行为则属于反向介入，同样会引发荒诞之感。克莱尔在听到索朗日感叹"我们是不幸的。我真想……"[②]时，说道："这倒不假。且不说我们对石膏圣母像怎样虔敬，怎样跪拜，也不去说那些纸花……（她笑了）纸做的花！还有圣枝！（她指着房间里的鲜花）瞧这些为了向我致敬而开放的花朵"[③]。当然，这一反向介入引发的最严重的后果就是剧情以克莱尔的死亡而告终。正当太太通过房间里的物品发现一个又一个线索并躲开了克莱尔下过毒的椴花茶之际，索朗日情急之下劝说克莱尔一起逃跑，但克莱尔因遭受了太太的步步逼问而精疲力竭，已无力逃脱。索朗日试图引导克莱尔重新进入角色，她先是以"太太"称呼她，接着高声威胁她："干到底！这杯下了毒的椴花茶，这一杯您竟敢拒绝喝下去的椴花茶，我会撬开您的牙关硬灌下去！您竟敢拒绝死去！"[④]索朗日就这样慢慢引诱克莱尔进入新一轮的游戏，眼睁睁地看着她在游戏中走向死亡。

然而，叙述者与人物之间的互动并未止于此。以"时间"为例，克莱尔在游戏开始时便说："别着忙，我们有的是时间"[⑤]。无论是扮演女仆的演员，还是女仆这一人物，她们都不知道太太何时回来，也不知道表演还将持续多长时间，而知晓剧情发展的只有叙述者，表面看是克莱尔告知索朗日还有时间，实际上是叙述者给了索朗日和克莱尔展开这场主仆游戏的时间。这一互动关系正是巴特在分析巴尔扎克（Balzac）小说《萨拉辛》（*Sarrasine*）时赋予叙事的交换功能。叙述者与人物各自怀抱愿望，前者想与克莱尔做主仆游戏，而后者希望获取叙述者所拥有的时间，于是两者将交换他们各自的欲望，进而产生了巴特所说的"契约叙事"。游戏继续，克莱尔在演戏期间又试图提起写匿名信检举太太的情夫之事，而此时索朗日予以阻拦——"时间未到，不应挑明……"[⑥]。主人公急于谈及此事，而叙述者尚未计划提及，被打乱节奏的叙述者感到无奈而恼怒，于是

①萨缪尔·贝克特、欧仁·尤奈斯库、爱德华·阿尔比等，《荒诞派戏剧选》，施康强译，北京：外国文学出版社，1983 年，第 453 页。

②同上，第 455 页。

③同上。

④同上，第 494 页。

⑤同上，第 451 页。

⑥同上，第 453 页。

让索朗日扮出一副“可怜相”，又“冷冰冰”地回应克莱尔的讲述。在游戏中，两个仆人决定掀起一场反抗。克莱尔说：“是时候了！”[①]索朗日回应道：“够了！快一点。您准备好了？”[②]克莱尔说：“你呢？”[③]索朗日回答道：“我准备好了，我做人家厌恶的对象已经做够了。”[④]叙述者与人物之间达成和解，主人公渴望谋求自我解放，而叙述者希望他们完成这场游戏。于是，戏中的假仆人对假太太出言不逊，以泄愤懑之情。接下来，游戏结束，太太出场，她的言语间充满试探：“这一次先生真的吃官司了……你说这是怎么一回事……打今天早晨起我一直迷惑不解，只有这样我才可能打破疑团。只有这样我才可能猜透，这个该死的警察局是否在我家里安插了神秘的眼线”[⑤]。此时，太太已对两个仆人产生了怀疑，在两个仆人送过衣服之后，她又说：“我这个人想的就是为人家做点好事！谁又能昧着良心来惩罚我呢？为什么惩罚我呢？……那几封信！信的内容只有我一个人知道呀！”[⑥]太太仿佛知道了匿名信的来源，她这一番话分明是在诱导仆人说出真相。然而，真正知道真相的不是想知道真相的太太，也不是欲说出事情但并不知道真相的女仆，而是叙述者。叙述者在用剧情的进展来换主人公探知真相的欲望。“叙述者不仅全凭经验比主人公知道得多，而且他的知道是绝对的，他了解真相。”[⑦]但是，当克莱尔端来椴花茶时，索朗日说：“椴花茶好了，太太”[⑧]。太太没有理会，而是跟克莱尔讨论衣服，于是索朗日“冷冷地”说道“椴花茶要凉了”[⑨]。太太终究没有喝下这杯下了毒的椴花茶。无论是索朗日的逼迫，还是太太的拒绝，“主人公持续不断地前进并未向真相靠拢，尽管真相大白之前有先兆和预示，真相却在主人公从某种意义来说离它不能再远的时刻猛然朝他扑过来”[⑩]。若是从这一角度来理解热内的叙事，读者或观众便能更加深刻地体会这种叙事对传统叙事的突破与创新。

---

①萨缪尔·贝克特、欧仁·尤奈斯库、爱德华·阿尔比等，《荒诞派戏剧选》，施康强译，北京：外国文学出版社，1983 年，第 458 页。

②同上。

③同上。

④同上。

⑤同上，第 480 页。

⑥同上，第 485 页。

⑦热拉尔·热奈特，《叙事话语》，王文融译，北京：中国社会科学出版社，1990 年，第 179 页。

⑧萨缪尔·贝克特、欧仁·尤奈斯库、爱德华·阿尔比等，《荒诞派戏剧选》，施康强译，北京：外国文学出版社，1983 年，第 483 页。

⑨同上，第 484 页。

⑩热拉尔·热奈特，《叙事话语》，王文融译，北京：中国社会科学出版社，1990 年，第 179 页。

那么，剧作家是否也介入了故事领域？人们可能会纳闷索朗日为什么会知道监狱里的样子，却不会纳闷热内为什么会知道监狱的情况，因为他曾因偷盗而多次被捕入狱。热内曾说："我所有的人物都是我自己。"[①]他笔下的人物多源于生活在社会边缘的人，被抛弃的命运使他们穿上盔甲，与社会对抗成为他们存在的方式，而这也是热内的生存方式。萨特的专著《圣热内，喜剧演员和殉道者》(*Saint Genet, Comédien et Martyr*)将热内奉为"存在主义的英雄"，因为萨特在其作品中发现了一种个体对自身荒诞处境的最无畏的反抗。热内完全无视那个排斥异己的社会机制和道德体系，意欲用自己不见融于传统的写作获取心灵的自由。热内的作品揭示了存在之表象，却又能触及个体最深处的秘密。热内恰恰是凭借其独特的语言而被称为诗人，"热内的诗歌并不是什么艺术品，这是他的自我救赎，这是他的生存方式"[②]。

除了叙述者，故事中还有一个居于其对应面的角色——受述者。"受述者与叙述者同是叙述情境的组成部分，二者必然处于同一故事层，这就是说，受述者并不先天地与读者(哪怕是潜在的)相混，正如叙述者不一定与作者相混一样。"[③]与故事内的叙述者相对应的是故事内的受述者，索朗日的叙事不是讲给《女仆》的读者或观众听的，而是讲给克莱尔或太太听的。作品中可能出现第二人称"你"或"您"，但这一符号只是指"她们"(克莱尔、索朗日或太太)，正如书信体小说中的第二人称符号只能指通信者那样，此处的第二人称只能指游戏中的对方。读者不能认为自己就是这一虚构的受述者，这些故事内的叙述者不能对读者或观众讲话，甚至不能设想读者或观众的存在，只有演员能够想象观众的存在，因此读者或观众既不能打断索朗日或克莱尔的话，也不能向太太告密。以上是针对《女仆》的二度叙事而言的，而在第一叙事之中，故事外的叙述者只能对应故事外的受述者，受述者与潜在的读者相混淆，每个真正的读者或观众都可自视为受述者。

热奈特认为，与任何话语一样，叙事必定面向某人，总要向受述者打招呼。"如果说故事内受述者存在的后果是他总夹在我们和叙述者中间，使我们与后者保持一定的距离……那么接受主体越隐蔽，在叙事中提得越少，每个真正的读者就或许越容易，或不如说越难以抑制地把自己看作这

① 萨缪尔·贝克特、欧仁·尤奈斯库、爱德华·阿尔比等，《荒诞派戏剧选》，施康强译，北京：外国文学出版社，1983年，第255页。

② Jean-Paul Sartre. *Saint Genet, Comédien et Martyr.* Paris: Gallimard, 2006, p.312.

③ 热拉尔·热奈特，《叙事话语》，王文融译，北京：中国社会科学出版社，1990年，第184页。

个潜在的主体，或用自己去替代这个主体。”[①] 例如，《阳台》中演员这一虚构的作者多次向读者或观众打招呼；主教询问悔罪女人罪是否真实[②]，扮演悔罪女人的妓女称是，因为如果说不是，那就要重演，而此时主教跳脱出戏剧，一脸恐惧地问道：“你不会真犯了这些罪吧，这是假的吧？”[③] 真实的主教怎么可能在这里演戏，演员一时的出戏是在提醒观众这不过是在上演真实的罪。每个观众都能意识到自己就是这个“蜿蜒伸展的叙事望眼欲穿的潜在受述者”[④]。此外，这一问候使他们时刻意识到自己在看剧，而非融入剧情，以达到贝尔托·布莱希特（Bertolt Brecht）所谓的间离效果。例如，《女仆》的受述者在整个过程中不得不时刻提醒自己是谁在说话，因为他们需要一再确认克莱尔身份的真伪。热内在《黑人》的前言中提到应友人的要求创作一部完全由黑人演员饰演的戏剧作品，这部剧的独特之处在于所有演员都是黑人，其中一部分黑人演员佩戴面具来饰演剧中的白人角色，观众时刻意识到眼前的白人并非真正的白人，这种化装舞会的形式意在营造间离效果，目的是避免观众联想到殖民主义和有色人种间的微妙问题。

受述者正是以此种方式介入故事领域，与叙述者之间展开互动，先从作品转到对它叙述的延伸，又从延伸转回它产生的作品，这场周而复始的运动使得叙事能够真正地延续，而叙述者和受述者又都能通过写作、阅读的互动和反思获得自身的自由。

三、写作中的自我救赎

在热内的戏剧中，叙述层间的转换与叙述者、受述者、作者、读者之间的互动营造出荒谬的效果，鲜明地体现了作者自由、灵活的创作手法。此外，热内作品的字里行间也显示出他追求自由的理念。《阳台》中的人物没有姓名，他们不知道自己是谁，只知道是在扮演谁，他们的存在恰似“空白”，并不“在场”，或者说永远是凭借另一个身份而“在场”。这就提出了一个与身份相关的问题：“我是谁？”《女仆》中有这样一段台词：“由于我，仅仅由于我，女仆才能够存在。由于我的叫喊和我的动作……你全靠我才能存在……为你们玩的那些花样提供借口，是一桩多苦的差事。我

①热拉尔·热奈特，《叙事话语》，王文融译，北京：中国社会科学出版社，1990年，第185页。
②程小牧，《让·热内、〈阳台〉与“元戏剧”》，载《中国文艺评论》，2016（8），114页。
③同上。
④热拉尔·热奈特，《叙事话语》，王文融译，北京：中国社会科学出版社，1990年，第185页。

只要稍微动一下，你就不存在了。”[1]热内意图宣扬的是剧中人物的存在要以另一人物的存在为条件，正如他在笔记《怎样演〈阳台〉》（“Comment Jouer *Le Balcon*”）中所说，戏剧是要“照亮形象和它的映象”[2]，舞台上的每一个人物至少扮演两个角色，他们在扮演自己的同时，也在扮演他人，而扮演的目的则是发现自己。根据萨特的论断，存在先于本质，意思是说先有人，人遇到了自己，于是他才存在。当克莱尔得知先生已被保释，即将面临太太的怀疑和审问时，她感到害怕，却又没有结束这一切的勇气，于是两次发出“我害臊”的感叹。[3]羞耻“是对某物的羞耻的领会，而且这个某物就是我。我对我所是的东西感到羞耻。因此，羞耻实现了我与我的一种内在关系：我通过羞耻发现了我的存在的一个方式”[4]。正是在这紧要关头，克莱尔发现了那个对自身处境感到不满但又怯于做出改变的自己，对自己的不满是她感到羞耻的原因。“羞耻的原始结构是在某人面前的羞耻，某人在场的目光令我感到羞耻，即在他人面前我对自身感到羞耻。他人的在场是至关重要的，他人所引发的羞耻心是促使主体产生原始谋划的最直接诱因。”[5]索朗日的在场剥夺了克莱尔与自我和解的机会，对方的一言一语慢慢坚定了克莱尔杀死太太的决心，以致被诱导进入游戏的她杀死了自己。戏剧如此，现实中的个体存在似乎亦是如此。正如拉康所言，主体需通过他者在镜像中确立自我。

《女仆》反映了太太和仆人之间的对抗关系，其中的一方决定了对方的存在，否则无所谓主人和仆人、命令与遵命，这两类角色之间是相互对立的。索朗日对克莱尔说她在对方身上看到了自己，她们二人之间并非相互对立，而是处于同一立场，二者间的相似性决定了她们能通过对方发现自我，并探知自身的存在。索朗日说：“我做人家厌恶的对象已经做够了……我们再也不怕您了。我们身上的气味，我们生活里发生的重大事件，我们对您的仇恨，这一切已经把我们包裹起来，混在一起了。”[6]这一

①萨缪尔·贝克特、欧仁·尤奈斯库、爱德华·阿尔比等，《荒诞派戏剧选》，施康强译，北京：外国文学出版社，1983年，第457页。

②程小牧，《让·热内、〈阳台〉与“元戏剧”》，载《中国文艺评论》，2016（8），109页。

③萨缪尔·贝克特、欧仁·尤奈斯库、爱德华·阿尔比等，《荒诞派戏剧选》，施康强译，北京：外国文学出版社，1983年，第475页。

④Jean-Paul Sartre. *Saint Genet, Comédien et Martyr.* Paris: Gallimard, 2006, p.282.

⑤项颐倩，《论萨特传记作品的特殊范式：〈圣热内，喜剧演员和殉道者〉的存在主义精神分析验视》，载《法国研究》，2018（1），94页。

⑥萨缪尔·贝克特、欧仁·尤奈斯库、爱德华·阿尔比等，《荒诞派戏剧选》，施康强译，北京：外国文学出版社，1983年，第458~459页。

“仇恨”引发了被压迫者的反抗，这一反抗既是因为恨自己成不了主人，又是因为两个女仆积怨已深。无论是自身的对立面，还是相似体，它们都促使个体发现了自身存在的方式，而这一发现则会引发主体的反抗，主要是弱者的反抗。毋庸置疑，反抗的内容与方式因个体而异。

综上所述，存在始于主体通过他者对自身的发现，而发现又会引发对自身境况的反抗。那么，热内是否在作品中寄予了自身的某种反抗？在《阳台》中，妓院的嫖客扮演着自己梦寐以求的角色：煤气工人扮演主教，伊尔玛夫人扮演女王，还有人扮演法官、将军，就连那个高级妓院都起名为“大太阳旅馆”。每个人物都在扮演他人，成为他人是他们存在的方式，是他们追寻自由的印记。《女仆》中的人物对自由的向往更是显而易见，两个女仆渴望摆脱贫穷而窘迫的生存处境，她们在游戏中体味自由，在现实中追寻自由。以上两种自由符合萨特所说的积极自由。

热内身上具有天使和魔鬼的双重成分。他自认为，其犯罪行为是社会环境造成的，可是这个伪善的社会本身却没有受到任何惩罚。正是基于这样的认识，热内才发誓与这个社会誓不两立：凡是社会禁止的事情，他就去做；凡是社会掩饰的事情，他就去揭露。热内甚至不惜毁灭自己，并且赋予“恶”与“丑”以积极的、美的意义。

热内的作品引起过学界和读者的强烈争议。有研究者指责他在作品里毫不在乎地颂扬自己的垢行，他的作品体现了一种赤裸裸的暴露癖，充斥着色情甚至猥亵的成分，这在一定程度上反映了他思想意识中低下的一面。法国学者布鲁耐尔（Brunel）等人编纂的《法国文学史》（*Histoire de la Littérature Française*）认为，热内对社会政治题材几乎毫无兴趣，他所关心的是如何发泄自己的怨恨和赞美自己的幻觉。有法国评论家指出，热内身上具有施虐－受虐狂式的特征，对于他来说，“生活就是一出海淫的滑稽戏”，因此“在作者的那些同性恋的幻觉中丝毫没有真正的革命气息”[①]。

有一些研究者则表示了不同的看法。萨特认为：“在热内的作品中发现了一种特别的，甚至可以说高尚的东西，即他对人的荒谬的生活处境表示了毫无拘束的抗议。”[②]还有人认为热内的作品的目的在于利用观众的政治、种族和宗教偏见来震撼他们。一位法国文学专家指出，热内的作品“具有明显的政治意图，他以荒诞笔法把所有墨守成规者的神态全部揭露无

①杨令飞，《热内》，见韩耀成、王逢振，《外国争议作家作品大观》，南京：译林出版社，1992 年，第 138 页。

②同上。

遗"[①]。中国学者朱虹把热内作品的主题归结为"人格的消失"，在他的作品中，"人、社会、世界都是层层幻觉，没有真实的存在……"[②]。还有研究者持这样的观点：热内的作品"描写的都是他的社会最为忌讳的问题，主人公也都是被损害、被侮辱的人。他的作品的积极意义在于无情地暴露现代资本主义社会的黑暗面。但是，这种暴露带有本质的盲目性，没有指明希望所在"[③]。

争议虽然激烈，但批评界大都承认热内的作品具有很高的文学价值。"他被历史的洪流挟裹着身不由己，但他依然保留说不的权利，唯有如此，才能够像一个完全入世的人一般去面对战后的各种复杂状况，有足够的决心重新能够接受处境并将之承担起来。"[④]他当小偷，让自己成为他人眼中的小偷，以此摆脱小偷身份给他带来的耻辱感，这就是他的"说不"，即独有的追求自由的方式，正是这一行动赋予其存在以意义。萨特的存在主义主张用行动去改变世界。梅洛－庞蒂也曾幻想："当主体处在这种存在的绝境中时，与其承认失败或走回头路，还不如砸碎阻碍他前进的客观世界，在幻觉活动中寻找一种象征性满足。"[⑤]热内改变世界的方式成就了他的特立独行。他说自己是小偷，这是说给别人听的，而说自己终获自由，却是说给自己听的。他的写作过程便是自我救赎的整个过程。他用行动"砸碎"外界的判断与标准，终在作品中歌颂自由，与自身和解。正如萨特所言："他写作，是为了能够阅读自己写下的东西。"[⑥]他创作，是为了能够实现自己追寻的自由。

荒诞派戏剧属于后现代主义文学的范畴，其中又不乏自由主义思想和精神的观照。当然，在论及荒诞派戏剧具体作品的时候，自由主义又有各不相同的实际内涵。总体来说，自由主义在荒诞派戏剧创作中有时表现为剧作家的创作理念、写作手法和语言运用的自由，有时又表现为作品内容、戏剧主题及审美意蕴的自由。荒诞派戏剧从文艺创作的层面赋予"自由"以行动的意义，这不仅显露出个人主体在一个荒诞笼罩、危机四伏的现实世界中的不自由状态和对个体逐渐走向消亡的深切忧虑，而且预示着人类如何应对、挣脱、反叛异化世界并竭力争取身心自由的愿景。

---

①杨令飞,《热内》,见韩耀成、王逢振,《外国争议作家作品大观》,南京:译林出版社,1992年,第138页。

②同上。

③同上，第138~139页。

④Jean-Paul Sartre. *Sartre par Sartre (Situation IX)*. Paris: Gallimard, 1976, p.102.

⑤莫里斯·梅洛－庞蒂,《知觉现象学》，姜志辉译，北京:商务印书馆，2005年，第121页。

⑥Jean-Paul Sartre. *Saint Genet, Comédien et Martyr.* Paris: Gallimard, 2006, p.474.

第五章

自由主义与新小说

新小说作为法国后现代主义文学的一个重要派别，在表现内容和艺术形式两个方面都显示出强烈的反传统倾向，中外学术界从不同视角、借助不同理论和方法对新小说现象和新小说作家、理论和文本的研究数不胜数，然鲜有学者将新小说的研究与自由主义结合起来。本章拟从“物化”“解构”“建构”“互文性”“超文性”（hypertextualité）等方面来对这一文学流派与自由主义之间的关系加以论说。

第一节　自由主义与“物化”的形象展示

人类的自由本是自由主义的核心价值，但人类文明史上所进行的无数次抗争都没有让人类彻底摆脱不自由的境况。鉴于西方社会经济、文化和结构的发展变化，自由主义思想家认为必须划分一个不受权威与社会干预的私人生活领域，以确保大多数成员的自由。[①] “资本主义经济冲动与现代文化发展从一开始就有着共同根源，即有关自由和解放的思想。它在经济生活中体现为‘粗犷朴实型个人主义’，在文化上体现为‘不受拘束的自我’……”[②]

“物化”现象是当代哲学和文艺理论领域的重要概念，关于这一现象的论说也已成为一种影响深远的批判理论和美学范式。马克思从黑格尔和费尔巴哈（Feuerbach）那里继承了“异化”这一哲学概念，西方马克思主义创始人卢卡奇（Lukács）依据马克思主义经济学的观点，结合商品拜物教的语境，提出了闻名于世的“物化”理论。卢卡奇借鉴马克思对商品

① Louis Girard. *Les Libéraux Français, 1814–1975*. Paris: Aubier, 1985, p.46.

② 丹尼尔·贝尔，《资本主义文化矛盾》，赵一凡等译，北京：生活·读书·新知三联书店，1989 年，第 33 页。

形式的分析，认为现代资本主义社会中的一切皆围绕商品组建，而且随即构成一个整体的社会范畴。“物化”现象大致可分为两种：第一种是劳动在自然层面的“物化”，体现为劳动可以创造使用价值；第二种是劳动在社会层面的“物化”，表现为劳动可以创造类似于商品交换的价值，致使人与人之间的社会关系领域也产生“物化”现象。[①]“物化”的极度发展导致对人的劳动的贬低，人在一个高度“物化”的社会里会沦为一种交换物，其行动的重要性和意义也被剥夺殆尽。“物化”把全部的社会关系都变成了能够用于交换的物，就连思想和词语都具有了物的力量。

吕西安·戈德曼（Lucien Goldman）的小说社会学从资本主义社会被交换价值所支配的观点出发，竭力证实在当今这个严重“物化”的社会中，真实的文化价值已经不复存在。社会结构中的种种负面因素钳制着文化的发展，但有良知的思想家和艺术家依然在内心深处真切地呼唤文化价值的回归。小说作为具有自身独立性的文化创作形式，必须以特殊的方式来体现对真实文化价值的追求。万事万物都处于不断地发展变化之中，从来没有亘古不变的法理。“小说作为产生于个人主义批判的创作……是个人对不存在的、超个人的（真正的）价值的追求。”[②]因此，小说家必须形成自己表现世界的独特方式，“他们当中的每一个人都会适度变化，与传统的小说形式决裂，力图更新小说文学的内容和方法”[③]。由此可见，文学背离传统、与时俱进、刻意求新，可谓时代趋势使然。

新小说家对“物化”现象了然于心，并透过小说创作对此作出回应。他们所要做的看似是“用我自己的双手铸造出一个物体，来抹去我的痕迹”[④]，事实上，他们试图运用被巴特称为“无动机艺术”的方法来构建小说的“物化”形态，并呈现事物的本真。他们的作品通过对人物形象和人物行为的“物化反映”、对意义的拒绝及语言的“物化”状态来体现文学创作上无拘无束的自由意志，这在本质上与自由主义的核心价值相契合。

一、人物形象和人物行为的“物化”反映

新小说中的人物皆有“物化”的特征，与客观外在的“物件”具有相

①杨琴冬子，《卢卡奇反物化美学思想研究》（博士学位论文），济南：山东大学，2016年，第21页。

②波埃尔·齐马，《社会学批评概论》，吴岳添译，桂林：广西师范大学出版社，1993年，第117页。

③Olivier de Magny. Panorama d’une Nouvelle Littérature Romanesque. *Esprit (Nouvelle Série, 263/264)*, 1958 (7/8): 18.

④阿兰·罗伯-格里耶，《反复》，余中先译，长沙：湖南文艺出版社，2001年，第177页。

同的意义。

在罗伯－格里耶的早期作品中，人物形象和人物行为的“物化”特征表现得尤为明显。《窥视者》在揭露一桩重大奸杀案时，没有明确告诉读者谁是真凶，也完全没有流露出作者对这桩伤天害理事件的态度。作者所关注的只是对主人公外在物象的描写，有时还对一些极其琐碎的事情进行重复叙述，而对强奸、杀人、窥视等情节却没有交代清楚。该小说中的一切都如外在的物像一样纷乱、模糊、无序，其中的人物缺乏个性，没有思想，无法沟通，甚至连外貌都复杂难辨，其生命状态恰似物质世界一样冷漠、有隔膜，又不可理喻。这种写作手法的一个功能在于：作者特别注重对物的观察，有意模糊作品的现实感，将读者的兴趣引向所写物件的各个方面，以自由的写作来刻意营造“物化”的氛围。

《嫉妒》没有清晰标示故事发生的具体年代，人物面貌和性格更是含糊，甚至连女主人公的姓名都省略了，只以“A...”作为称谓。在新小说中，人物并非作者的预设，而是在其写作过程中由语言创造的。这个创造过程犹如程序编码，“参照物退回到文本，在构建文本的同时，确立自身，它给予话语一种与其他话语、其他意义实践相关的身份，并且透过对应与对立的游戏，赋予文本以象征性的意义”[①]。《嫉妒》中人物的创造即如此，因而读者也就只能通过对人物周围各类物象的细腻刻画来猜测女主人公“A...”与男主人公弗兰克之间的关系，在小说中难以窥见作者关于是非曲直的看法和所持的道德价值评判准则，人物形象和行为的“物化”在该小说中达到了极致。该小说描写的虽是人类与生俱来的情感，但全书却少有带感情色彩的词语，更无人物心理或思想行为的描写。作为嫉妒者的女主人公的丈夫并未出现在小说中，他的存在仅由作者对各类物件的描写来暗示。这个嫉妒者用一双摄像机似的眼睛暗中把所监视到的一切从各个角度精确地、不厌其烦地拍摄下来，“物”是该小说唯一的真实存在，人已分裂，甚至消失于物所包围的世界之中。

布托尔在《变》里设置许多段落对物件进行了详细描写，除却状物，还在其中注入了观察者的心态及意识。主人公台尔蒙的那只皮箱外形有着与厚玻璃瓶一样的颜色，上面的颗粒面色泽暗淡。皮箱又是“你的家人去年送你的生日礼物”，它“完全与你斯卡贝利打字机公司驻巴黎办事处主任的身份相符”[②]。形状、质地、颜色等物理特性的描写暗示了一定的个人

① Jacques Dubois. Code, Texte, Métatexte. *Littérature*, 1973 (12): 8。

② 柳鸣九，《新小说派研究》，北京：中国社会科学出版社，1986 年，第 379 页、第 381 页。

情感和社会价值，而皮箱黏糊糊的提手把又大大削弱了物件与人物“身份相符”的判断。这里的物件既是外部世界的表象，也是观察者思想和梦幻的诱因。

人物形象和行为的“物化”在西蒙的小说中亦有很多表现。其作品《故事》(*Histoire*) 对一群老妇人的描述便可视为一个经典的例证。那些老妇人像是：

> 等待死亡或者已经死亡的怪诞、散乱的影像（布匹、皮肉），此时（配上她们悲伤的声音，她们在泛着黑光的矿物质饰物映衬下的凹陷的脸颊，她们缀有发亮羽饰的窄边软帽，她们闪闪发光的项圈，她们戴有戒指的手指）她们正狼吞虎咽地吃着松软的糕饼。[①]

作者在此处运用电影手法，从远处俯瞰那些灵魂已死的老妇人。她们如同物像，毫无意识。作者在此处使用了两个括号，进一步突出死亡的迹象，她们的精神和活力正趋于枯竭，生命的体征也在逐渐消失。作者用一种“中性”的写作来描绘死亡将至的场景，于无声处更能表现老妇人内心的情感早已荡然无存，也更形象、生动地将人物形象和行为的“物化”现象反映出来。

对于人物“物化”的形象表达，有学者认为这也许是新小说作家“作为社会人与作为作家的矛盾。但一个作家首先是一个社会人，因而，他身上的这种矛盾，不能不说是他作为作家的局限”[②]。然而笔者以为，新小说作家在作品中极力表现 20 世纪的“物化”现象并不一定体现了作者作为社会人与作为作家的矛盾。这些作家首先把“物化”看成一种现实和存在，而非急于对这种现象作出价值判断。他们没有刻意在作品里创造一个无人的世界，而是通过简化人物形象来表达人与物之间的某种新型的深层关系，表现被物体重重包围的人的被动性，以“物化”的形态来揭示西方世界的“主体危机”，透过描写事物的表象来还原事物的真实面目，借此呼唤人性的自由。此外，新小说作家以文学自主和思想自由为诉求，拒绝主流文化的规约，借助超越特定意识形态的写作方式来保持文学应有的独立性，努力让小说创作与 20 世纪的社会现实接轨，在探索写作的过程中也表达了对自由的向往。

---

① Claude Simon. *Histoire*. Paris: Minuit, 1967, p.123.

② 柳鸣九，《我所见到的法兰西文学大师》，北京：人民文学出版社，2008 年，第 65 页。

二、“写物小说”对意义的拒绝

新小说被某些批评家认为是纯粹的“写物小说”，因为读者在其中看到的是“物”，这种写法对于现当代法国文学乃至世界文学都产生了不容忽视的影响。在小说《橡皮》中，罗伯－格里耶为突出“物化”形态，频繁使用几何学术语和度量衡，赋予物件精确、独立、不可改变的新型角色规范，要求文学作品达到科学报告般的严谨和真实，在充分展示“物化”现象的同时，竭力清除人们加在其中的各种意义。该小说中有一段对玻璃橱窗里陈设的菜品的描写，用词的精确性近乎实验报告。这种状物的精确性也表现在后面出现的有关西红柿的描写上，菜品的各个细节都得到了充分展示，却没有引发读者口味、食欲方面的感觉。作者只是利用文本的存在来消解传统文学所包含的预期性，由此坚持了“零度写作”拒绝意义的态度。

罗伯－格里耶在传奇故事《重现的镜子》里也运用了同样的写作手法，把处于书中人物视野内的事物“拍摄”下来：在讲述科兰特带病骑马，从小酒店赶到沙滩，发现那面镜子已无影无踪的时候，作者没有像传统小说那样表现科兰特当时的焦急心情和思想活动，而是详尽地呈现了海滩上的各种景象，随后又描写了科兰特沿着海岸骑马漫游到小水潭旁边的情景，其间免不了要对周围的景色进行描述，但却再也没有提起骑士寻觅那面镜子一事。读完整部作品，读者的脑海中定会清晰地出现一幅幅类似照片的景象，这种尽量不带感情色彩的写作手法将“物化”现象表现得淋漓尽致。

布托尔的《米兰胡同》（*Le Passage de Milan*）运用同时性叙述手法，重构了巴黎一栋公寓里各楼层住户一夜之间的生活，其中已经存在的和正在形成的各种关系将每个人物、每个家庭和与此相关的事件交叉、重叠，形成一种蛛网似的结构。书中具有明显的传统小说成分，有关人物的身份、面貌、行为举止、彼此间的关系、事件发展、周围环境的描述清晰可见。然而，作者关注的重点不是人物、事件及相互关系的具体表现，而是由人物、事件组成的“整体关系”，并将这种关系的特殊结构限定在有限的时间范围内，由此完成人物、场景、事件、氛围的整体性重构，彰显出现代派画家“冷抽象”的几何学倾向。较之罗伯－格里耶而言，布托尔更擅长从不同角度来审视不断出现的新的文化和社会关系，运用想象和才智来描写物象，借助各种资源和文化因素来有机融合艺术、科学和精神活动。让各类物件不含单一的意义，而是包含更多隐喻，这折射出更多的人性内容和人文意蕴，进而多方面、全方位地展现文学文本的“多义性”。

西蒙的小说《农事诗》(*Les Géorgiques*)带有浓郁的史诗色彩，让战争与革命的题材相互交织，将古往今来的事件汇聚一体。该小说中虽有作者对战争的亲身体验，但作者并没有运用传统的手法来描写战争，而是以宏观的视角把现实和想象加以糅合，把第二次世界大战中法军大溃败时民众及士兵的悲惨境况、法国大革命期间某一贵族家庭的悲剧以及一个美国青年参加西班牙内战时的感受融进该小说中，不动声色地把历史和现实置于读者眼前。试看其中的一段：

> 这样一种(又该怎么说呢?：不是战场或练兵场，但对于能够从整体观察的人来说，是一个围起来的场地)围栏，他们(步兵、骑兵、分队、编队或者至少是一些人)在其中如同一群群疯狂的困兽，朝各个方向兜圈奔跑，相互碰撞，又跑向另一侧，受到放牧人叫喊声的侵扰、呵斥，转身扑倒在另一边栅栏上、另一道火墙边，又折回相反的方向，每一次人数都有所减少。[①]

这段文字丝毫没有提及硝烟弥漫的战场和两军的对垒，而是用比喻的方式将士兵比作“困兽”，而叙述者则成为一个潜在的主体(“能够从整体观察的人”)。整段文字仅仅将战争进行了“物化”描述，似幻似真。处于战争中的人们从肉体到精神完全失去了自由，就连死之将至都无动于衷。这种写法隐射了战争给劫后余生者带来的永恒伤痛，折射出人们对战争创伤的感悟。较之现实的直接描摹，这种写法更加震撼人心，更加真实可信。

新小说声称“拒绝意义”，其中的物象大多毫无生机，它们构筑了一个表面死寂的世界，是剥离了主观意义和社会学含义的“物化”符号。然而，在物质生产和物质产品对人类社会生活日益发生强大影响的情况下，“物”在许多人的意识中成了头等重要的东西，是一种具有自主性的现实，其神秘的力量亦逐渐演变成一种超现实的能量，并由此衍生出与此相关的“物化意识”。生存于“物化”世界中的人不但不能控制“物”，反而被“物”同化、被“物”宰制，最终人所处的世界结构也变成了一种“物化”结构。[②]由此，20世纪的西方人深切感到他们处于物质文明的高度繁荣与传统的价值观念及道德风尚日趋衰落的深刻矛盾之中，不能自拔，科学技术的迅猛发展使得他们的自身价值几乎丧失殆尽。人与人之间的感情冷漠，彼此

---

① Claude Simon. *Géorgiques*. Paris: Minuit, 1981, p.352.

② 吕西安·戈德曼，《论小说的社会学》，吴岳添译，北京：中国社会科学出版社，1988年，第218页。

间隔膜起来，人的内心世界变成了一个荒原。新小说作家的“写物小说”正是从这个层面来反映这种意义的，他们对文学的发展规律和写作方法的探索、对创作主体自由和文学自由原则的立场也在一定程度上表现出对这种现象的反抗和批判。

三、小说语言的“物化”状态

从总体上来看，新小说作家的作品可以说是一种与语言相关的叙述活动。语言在他们的文本中犹如有形的“物化”实体，拥有具体的存在和属于自己的生命。萨罗特曾在小说《打开》(*Ouvrez*)的前言中写道：“字词是完全独立自主的活生生的生命，是每一个故事中的主人公。”[①]萨罗特在作品中时常将某种情感化为生活中具体的俗物，从小说语言上实现精神世界的“物化”，但又将情感与现实拉开一段距离，将其放置在想象的层面上。她透过小说《生死之间》(*Entre la Vie et la Mort*)的青年作家之口道出了自己对这一现象的看法：情感，就是逃逸，“当人们寻找它的时候，发现的却是词语”[②]。小说《金果》(*Les Fruits d'Or*)的结尾处有一段文字，虽显零散、破碎，但在一团乱麻之中仍有自己的形状，呈现出一种新奇的景观：

> 起初，这个叛逆的孤独者发现自己在他人当中有种窒息的感觉。他处于压抑和变化的旋涡之中，犹如无数的蚱蜢，也像从一床破裂的鸭绒被中飘出的鸭绒。这让他不见天日，也使他不得安宁。例如，不时传来的闲聊声：“这是一个他所需要的家庭主妇……家庭……家庭”，或者躁动声、一个泼妇的喧哗声：“得赶快，快点，快点……”“物件的俘虏，因之不堪重负，被物所窥视，所俘获”“厨房中渗出卑微的、布满污迹的念头，原地踏步，形成圆圈，圆圈”。[③]

这段文字体现了萨罗特文学语言特有的“物化”现象，现实恰似充满“向性”的世界，感受与具体的现实相互分离，而其中出现的一些与物相关联的词语也昭示了小说具有世俗化倾向。物化语言关涉作家本人的某种价值取向——从现实的物质生活中领会世俗的乐趣。但更重要的是，转瞬即逝的感受在此化作一种写作风格化的真实，词语则是这种真实得以实现的途径。萨罗特用物化的符号系统建构文本，从而发现文本构筑形象的语言学价值，也促进了现实显影与审美创造的融合。正如罗伯－格里耶所言：

---

① Nathalie Sarraute. *Ouvrez.* Paris: Gallimard, 1997, p.3.

② Nathalie Sarraute. *Entre la Vie et la Mort.* Paris: Gallimard, 1996, p.57.

③ Nathalie Sarraute. *Les Fruits d'Or.* Paris: Gallimard, 1996, p.57.

> 从此，我们在废墟之上欢快地写作。因为，我们将再也不能接受失败了的建筑大师的沉睡，除了零星的片段、断裂的柱子、坍塌的体系、言语的碎屑，他实在是什么都提供不了，我们也不再可能后悔地回到某种合理的、稳定的整体上来，更不能为他的失败唉声叹气。①

艾什诺兹被认为是继罗伯－格里耶之后最重要的第二代新小说作家之一。他的小说亦如罗伯－格里耶的小说那般满是物件，但其描写又不似后者的小说那样细腻和繁杂。他将活力和激情凝聚笔端，让物体和场景在聚光灯的照射下浮出黑暗。读者看到的只是表象，背后的景色则要通过阅读中的想象才能呈现出来。在此可举《出征马来亚》（*L'Équipée Malaise*）中的一个例子：

> 在一幢白色石块砌成的大楼……外面，那些树再往前走一点，伸展着一幅玻璃花室的透景画，另外几座大楼底层的小商铺消融在降临的夜色中。汽车的车灯宛如电鳐船，曲曲弯弯地照射着那个庭院，在定置了刺网格的岩石中寻找一个坑洼。窗子是黄色的方块和白色的矩形，相互嵌套：电视机里，一台巨大的幸运机正在喷吐五颜六色的圆球。②

艾什诺兹的小说用词极其简约，有法国评论家曾使用“极简主义”（minimalisme）一词来评价其作品，并认为他在这一点上继承了罗伯－格里耶的风格。③这种“极简主义”也可以看作小说语言的“物化”状态的某种表现。艾什诺兹在这段文字中提到的汽车、车灯、电鳐船、电视机等物件，虽然早已成为符号化的物品，但其辅之一些形容词和前后成分，使信息量大增，甚至还流露出他的某些主观判断，与社会、历史、文化等因素融为一体。这也说明了新小说中对于“物化”现象的表现以及类似于“物化”的写法有时也与社会文化、社会历史和社会现实息息相关，作家所处的社会环境与作家主体自身之间存在着极其复杂的互动关系。虽然作家在创作中最关心的是采用何种写法来开拓思路、构筑自己的文本世界，但他们毕竟面临着外在世界的包围，因而对社会现实不能完全熟视无睹。新小说运用貌似过滤了人类心理印记的语言，为读者提供了一种“物化世界”

---

① 陈侗、杨令飞，《罗伯－格里耶作品选集》，第3卷，长沙：湖南美术出版社，1998年，第479~480页。

② Jean Echenoz. *L'Équipée Malaise*. Paris: Minuit, 1986, p.18.

③ Claude Prévost. *Nouveaux Territoires Romanesques*. Paris: Messider, 1990, p.95.

或“异化世界”的全景。事实上，任何一种文学形式的发生和发展都与特定的社会现实相适应，新小说正是在“物化”语言的层面和纯粹物质文本样式的层面对异化现象进行揭示和反抗，其中也暗含了摆脱异化、探寻人类自由的意图。

罗伯－格里耶曾说：“在我们的书中，人出现在每一页中，在每一行中，在每一个词中。尽管人们在书中发现许多的物体，描写得极其细致，书中总是有——而且首先有——看着它们的目光，反思它们的思想，使它们变形的激情。我们小说的物体绝不存在于人类感觉之外……”[①] 不过，在当今历史条件下，作家不能完全沿用过去的文学表现手法，必须进行新的探索。“我的哲理存在于小说形式的本身，是体现在小说的形式上，我们的新小说并不是无思想、无意义的。”[②] 由此看来，尽管新小说家在其小说中没有作出任何明显的价值判断，但小说从各个方面展示的“物化”现象或许暗示着新小说家不再认可历史的发展是一个合乎逻辑的过程，不再认为现实可以得到正确的、合理化的解释，也不再相信人在现实中能够认识和把握自己的命运，因此只好用这种“更加接近现实的方法”来反映社会关系，将现实中的矛盾呈现于读者眼前，让他们自行作出分析和评判。此外，新小说家所运用的手法似乎也流露出他们的共同心声：透过对人的“主体危机”的描写和“物化”现象所引发的社会与人的疏离状况的表现来揭示这些现象造成的人类生存的不自由，并凭借人的自由意识对上述现象作出观察与思考。虽然新小说家认为类似状况无法避免和改变，但由此折射出他们不愿看到“物化”现象在社会中无限蔓延的心理，也在一定程度上表达了对个人和人性自由发展的愿望。新小说作家笔下的“物化”现象绝不是对这个世界的被动反映，而是从自己的角度来表现对20世纪资本主义“物化”的社会意识形态的抗争，从而强调自我表现、生活质量和人的自由的价值观，将与人的价值实现相关的精神需求置于物质需求之上，体现出对整个人类状况和人类发展前景的人文关怀。这种后现代主义追求精神价值实现的观念与自由主义价值观的内涵有相通之处，也是对当代西方社会为挽救西方文明危机所产生的最根本的文化反冲的突出反映。

---

①阿兰·罗伯－格里耶，《重现的镜子》，杜莉、杨令飞译，长沙：湖南文艺出版社，2011年，第207页。

②柳鸣九，《我所见到的法兰西文学大师》，北京：人民文学出版社，2008年，第69页。

第二节　自由主义与新小说的“解构”与“建构”

“解构”一词原意为分解、消解和拆解，可用于小说研究，意为对西方形而上学传统思维方式的反思，对稳固的小说结构及其各种中心的消解。新小说的“解构”特征可概括为不确定性、非中心化、零散化、无深度、虚构性等。[①]“建构”则属于开放性或多元性的方式，是一种更高层次、更自由化的创造性写作与审美过程。从创作实践来看，新小说家摒弃了传统小说的创作规律、原则及核心价值，不再以情节设置和人物塑造为依托，也不再以自我意识和追求深度神话为宗旨，权威性和整体性消失殆尽，剩下的仅是语言游戏和种种不确定性的表现。然而，从“解构”走向“建构”已经成为后现代主义小说的发展趋势之一，新小说家在“解构”传统小说的写作形式和抵制“自然叙事”的陈旧技巧的同时，也在“建构”一个多元对话的新秩序。他们一方面游戏似地体现后现代主义摧毁一切、否定一切的倾向；另一方面又试图将非线性的叙述模式与多元的思维方式相结合，试图确立自己的文本特征，“建构”一个理想的主观世界，于内蕴层面引导读者深入理解和思考人类文化的多元性和多样性。无论是“解构”还是“建构”，追求的都是一种思想自由和文学自由的境界，其实质与自由主义价值观相符。

一、以“不确定性”趋向“确定”

“不确定性”是表现新小说“解构”特征的一个核心概念，“包含了对知识和社会发生影响的一切形式的含混、断裂、位移……”[②]。20世纪以降，在爱因斯坦（Einstein）的相对论发展至今的约100年间，现代科学的新发现揭开了人类对世界认识的真相：真实的世界是复杂、混沌、动态、相互联系的，确定性只是这个世界中的特例，而其常态则表现为各种“不确定性”的存在。这一认知使长期主宰科学界的机械论和决定论寿终正寝。受这类观念的影响，新小说家与其他后现代主义作家一样，对现实主义宣扬反映客观现实和现代主义力主表现主观现实的理念颇有微词，他们坚持意识并不能真实反映现实的观点。正如罗伯-格里耶所说：世界是“游移不定、没有意义的，甚至是极其偶然、极为奇特的，因而每时每刻出现在其中的事件仿佛都是毫无根据的，总而言之，一切存在似乎都丧失了其最

① Ihab Hassan. *The Postmodern Turn: Essays in Postmodern Theory and Culture*. Columbus: Ohio State University Press, 1987, p.91.

② Ibid, p.73.

微小的完整意义”[1]。既然生活中存在着种种“不确定性”，小说也就不可能客观地反映现实生活，但要体现出生活中的这些“不确定性”。

罗伯－格里耶的小说最突出的精神特征就是“不确定性”。这种特征的表现方式之一就是叙述视角的“不确定性”。传统小说一般都有一个明确的叙述者，虽然有时作者会变换叙述角度来营造某种叙述效果，或者暂时隐藏叙述者的身份，但在故事结束时，一切疑惑均会烟消云散。罗伯－格里耶的小说一反传统规约，中后期小说中叙述视角的“不确定性”更加明显。例如，小说《幽会的房子》(*La Maison de Rendez-vous*)有时将叙述者隐藏，有时又将叙述场景和叙述者不断切换。该小说的开篇以“我”为叙述者，用第一人称视角凝视“某个年轻的女郎”，通过“我”的耳朵听到“女主人”的一些谈话内容，然后又以第三人称“粗壮男子”的口吻开始对身着旗袍跳舞的女人进行叙述。随着橱窗前三个穿白绸旗袍的女人、牵着狗的女人和舞场中的女人的穿插出现，叙述者也相应地从隐藏的第一人称“我”、“在场”的第一人称“我”和第三人称“粗壮男子”之间来回切换。叙述者的身份始终晦暗不清，让人疑窦丛生。

布托尔的小说《度》(*Degré*)由三个叙述者分别展开叙述。这些叙述者之间有着亲戚关系，虽然他们的姓名不同，年龄各异，身份各殊，但却无自己独特的叙述风格。他们的叙述口吻类似，甚至连叙述的内容也十分相近，这些角色完全可以相互替代。作者让他们分别叙述，只不过是运用叙述角度的多样化来实现小说革新的一种手段而已。另一部小说《变》采用了特殊的叙述人称，从开篇第一句话“你把左脚踩在门槛的铜凹槽上”到结尾的“你走出车厢”[2]，叙述视角都是第二人称“你”。这里的第二人称不再是我们日常生活中所使用的简单的人称代词，“你”中也包含着“他”和“我”这两个人称，并与这两个人称之间建立隐约的联系。第二人称叙述视角的运用混淆了“叙述的现实”与“思想的现实”，读者有效地参与了作者的叙述和人物的行动，同时又是人物行动的见证人。读者仿佛接受了作者的邀请，与作者一起参与了“你”的意识流动过程，进入其内心世界，挖掘其深层意识，尽情窥视其情欲的骚动、卑劣的欲念、潜意识的迷乱及矛盾的心理状态。

新小说的“不确定性”特征的表现之二是作品中人物的体貌、性格和

①阿兰·罗伯－格里耶，《重现的镜子》，杜莉、杨令飞译，长沙：湖南文艺出版社，2011 年，第 238 页。

②米歇尔·布托尔，《变》，桂裕芳译，上海：上海译文出版社，1983 年，第 3 页、第 246 页。

身份的模糊不清。传统小说中的人物具有确定的形象和鲜明的个性，这使得他们清晰地区别于其他人物的存在。在新小说中，这些特征都不复存在。例如，罗伯－格里耶的小说《在迷宫》对主人公“士兵”外貌的描述十分简略，他来自哪里、经历了什么、目的何在，这一切均未交代。其他人物，如“女人”和“孩子”的外貌描写更是少之又少。对“女人”的描述仅有“看上去比较年轻，束一个腰部鼓起的深灰色的长围裙”[①]一句。对“孩子”的描述则更具“不确定性”：

> 这孩子大约就是咖啡馆里的那个，而不是那个曾经把他带到军营——正是从军营里他拿来了这个圆球——或者接着将要给他带路的那个孩子，不管怎么说，就是这个孩子把士兵领进咖啡馆的。[②]

按照作者的说法，文中几次出现的孩子并非同一人物，但读者却找不到更多的信息来加以确定。咖啡馆里的孩子是谁？孩子究竟有几个？这些疑问始终无法解答。

西蒙的小说《风》（*Le Vent*）讲述的是一个遗产继承的故事，但叙述者兼人物都没有亲历悲剧的发生，甚至不是事件的见证人。叙述者和人物并非真实的存在，而仅仅是叙述的一个条件而已。读者只知道叙述者偶遇小说的主人公蒙泰斯，凭借后者的讲述以及从旁搜集的材料进行“重建”的尝试。他试图探索事物的“总体性”，但这种基于事物或事件的探索最终导致“不确定性”和“谜一般的结局”。小说中遍布的“我似乎看见他”“我试着想象这事情”等表达方式将叙述者表达的信息与多种假设方式频频交错，导致读者无从寻觅其中带有确定特质的人物。

新小说的“不确定性”特征的表现之三是情节的不清晰和无逻辑。情节是传统小说的骨架，是展现人物性格的场景和塑造人物形象的重要手段，具有线索清晰、故事完整、见微知著、以事见人等特点。而新小说则反其道而行之，如罗伯－格里耶的小说《嫉妒》很难理出清晰的情节线索，全书反映的就是住在非洲某香蕉种植园里的女主人公“A...”和邻居弗兰克之间的暧昧关系，而这一切又全都来自于“A...”的丈夫的隐蔽观察。读者跟随书中丈夫的目光，透过对住宅阳台、柱子、阴影和“A...”与弗兰克交往细节的详尽、精确和科学的描写，从中体验丈夫的嫉妒。嫉妒的

---

① Alain Robbe-Grillet. *Dans le Labyrinthe.* Paris: Minuit, 1959, p.56.

② 陈侗、杨令飞，《罗伯－格里耶作品选集》，第 3 卷，长沙：湖南美术出版社，1998 年，第 265 页。

丈夫并未在书中出现，但却像摄像机一样记录着眼前的各个场景。小说中所描写的景象只是叙述者从自己所处的位置看到的，但情节的真实性并非确定无疑，读者只能通过自己的体验得出结论。

然而根据辩证唯物主义的观点，绝对性和相对性在一定条件下可以相互转化、达成统一，如果研究对象最终仍不可知，那么研究活动也就丧失了存在的价值。英国史学家埃尔顿（Elton）在谈论历史研究中存在的“不确定性”现象时，曾说：“我们不应忘记无法知晓全部的真实和全然不能认识真实不是同一件事情……因为归根结底我们对于人类的过往的认知是有限的，所以难以达到对过去的完全了解并对历史知识的可能性产生极大的怀疑。”[①] 这一观点同样适用于文学研究领域。对于创作者而言，世上存在着自己“已经知道的东西”（known knowns），还有自己“并不了解的东西”（known unknowns），更有自己对其“一无所知的东西”（unknown unknowns）[②]。正因如此，文学家完全可以选择与以往的创作相异或不相容的写作策略，在此基础之上，再凭借自己的建构，将自己对于事物乃至整个世界的认知灌注于文本之中，最终实现自己审美或道德层面而非认识论层面的追求。

新小说家认为，文本的意义没有“确定性”、唯一性和固定性，只有创造性、流动性和多元性。新小说应该是一种拒绝意义的小说，它不提出任何现成的意义，只是在简单的陈述之中把阅读活动变成一种创作活动，让读者在参与创作的过程中赋予无意义的新小说以某种正在进行的意义。[③] 不过，对于新小说中的种种“不确定性”，我们也不宜进行绝对化的解读，而应该借助作家的创作实践和细致的文本阅读，透过现象窥见本质，析出“不确定性”之中存在的某种“确定性”。

罗伯－格里耶的作品中常可见到似是而非的话语，人物的话语有时并不指向特定事物，而仅仅是没有交谈对象的言语行为。例如，《窥视者》中经常出现“漂亮的女孩，不是吗？”“漂亮的广告牌，不是吗？”等并不十分肯定的语句，甚至连咖啡馆里的女人对雅克琳娜放牧场所的描述也使用了“这个十字路口后面”那样模棱两可的表达，“因为无从知晓她所说的‘后面’是指她的村子后面，还是勒杜克夫人所住的镇子后面”[④]。这类

① Ranne G. Elton. *The Practice of History.* Malden: Blackwell Publishing, 2002, p.46.
② 转引自斯拉沃热·齐泽克，《事件》，王师译，上海：上海文艺出版社，2016 年，第 11 页。
③ 张唯嘉，《罗伯－格里耶新小说研究》，长沙：湖南人民出版社，2002 年，第 276~277 页。
④ Alain Robbe-Grillet. *Le Voyeur.* Paris: Minuit, 1955, p.95.

游移不定的话语似乎没有“确定性”，话语的意义或话语追求的目的并不重要，重要的只是说话的过程，或者说是写作行为本身。作者这样写作也许是想让人们认识到一个事实：语言纯粹是制造谎言的工具，不可能生成确定的意义，生活的真实是无法用语言来表述的，更无所谓终极真理可言。

萨罗特的小说试图以某些自然科学规律来解释人类社会关系的奥秘。小说《行星仪》（*Le Planétarium*）这一标新立异的书名来源于天文学，作者或许想借用天体运行的规律来说明人与人之间的关系就像宇宙中的行星那样，虽然共处一个空间，但在引力和斥力的作用之下，只能彼此吸引，相互追逐，永远都隔着一段距离，永远不可能走到一起。该小说中的阿兰与姑母贝特、妻子吉赛尔之间那种既相互利用又彼此防范的关系以及他们竭力满足自己私利和贪欲的种种行为非常形象地说明了这个道理。小说《向性》（*Tropismes*）的书名借自一个生物学名词，指物理和化学的原动力所引起的一种趋向反应。萨罗特将趋向反应的原理运用于人类社会，意在说明人与人之间存在着相互排斥、相互依赖、相互吸引、相互征服的关系，人的极其微妙的心理现象及其中蕴含的实质正是这种关系所致。

布托尔的《度》充满了来自生活深处的逻辑力量和成熟的理性思考。该小说没有给出一个确切的结论，也没有显示出作者意欲探求某种既定意义的倾向，只侧重于通过虚构来展现活生生的现实，揭示世界的复杂性，以叙事和辩证两种方式的交融来折射世界的发展和人类的整体命运。作者有时会将自己对无法回避的重大问题的思考以人物对话的方式传达给读者，于叙事之中加入理性思辨的力量，让叙事的声音和隐含的寓意之间形成一种共谋关系，以此对读者的心理施加必要的影响，进而产生类似于新型叙事诗般的审美效应。

“不确定性”是主体非中心化之后的产物。随着自我意识的逐渐式微，现实成为语言组成的虚构物。写作实际上也成了一个语词排列的关系问题，它传达的是语言和文本的多样性，而新小说家也正是在这一过程中，不受确定和可控的清规戒律的束缚，找到了自己自由生存的方式，同时又透过这种“自由”的方式建构了一定程度上的“确定性”，达成了两者之间的辩证统一。

二、以“零散化”实现“整体化”

萨罗特认为，现代人的精神状态可用“怀疑”二字来概括。既然战争及其带来的后果动摇了现代人的价值观念，那么重新审视一切则是天经地义的事情。文学也不能逃脱怀疑的眼光，以往被视为衡量一切小说的唯一标准——巴尔扎克式小说已经变得不再神圣。在情节、人物、作者想象力等要素普遍遭到怀疑的情况下，我们必须对传统小说进行清算。[①] 既然新的现实具有存疑、不确定、转瞬即逝和犹如碎片般零乱的特性，生活本身就是碎片般的再现，人物、故事、时间也失去了完整的意义，那么逻辑清晰、条分缕析、论断明确等手段在难以捉摸的现实面前已显得无能为力，生活的碎片完全可以通过文本的碎片加以展示。

在信息化、消费化的社会里，"零散化"、零乱性和非整体性的特征十分明显，而文化艺术也相应地呈现出这一特征。后现代主义不以追求有序性、完备性、全面性为目标，而是满足于各种片断性、零乱性和分裂性。"零散化"就是新小说的一个突出表现。

然而，我们也不能仅由新小说鲜明的"零散化"特征而得出其完全拒绝"整体性"的结论，而应看到新小说家用自己的方式建构其特有的"整体性"的努力。文学现象有其发展的历史规律，存在于审美主体内心中的审美意象需要借助一定的物质符号才能形成艺术形象。小说中更常运用显现性符号来表达，这种起因于审美的体验化符号并非随时随地与客观世界形成对应。但小说具有的强烈情绪、意象及意味，传统文学的"阅读性文本"和后现代主义文学的"可写性文本"皆不可无视这一规律，也不可与普适性的东西完全脱节。可以说，新小说"零散化"的特征体现了作者以自己的方式经由自由写作来实现某种"整体性"追求的思路和意愿，而读者也能于"零乱"之中依靠自己的参与自由地将零散的元素重组或整合。

萨罗特的小说《行星仪》的叙事和人物语言皆显现出"零散化"的特征。该小说将容貌不清、性格不明的人物的内心独白、潜对话及他们之间的对话串联起来，让叙事呈现出一种独特的时间体验，过去、现在、未来之间的延续和连贯基本消失，一切生存体验都由现时的瞬间构成，这些瞬间可以随意拆卸，也可以重新组合。例如，阿兰在拜访蜚声文坛的女作家勒梅尔时的一段对话完全摒弃了传统小说的对话形式和明显标记，但读者仍能从这些零散、无序的家常话中窥察人物的心理活动，探寻对话者话外之音包含的原始的、朦胧的心理活动，间接触摸事物和社会的脉搏。这两个人物各有所需，他们的交往皆为达到自己的目的。阿兰必须依傍勒梅尔的名气和声望来抬升自己的身价，而勒梅尔需要利用阿兰对她的崇拜来满足自

---

① Nathalie Sarraute. L'Ère du Soupçon. In Nathalie Sarraute, *Œuvres Complètes*. Paris: Gallimard, 1996, p.770.

己的虚荣心，避免被社会遗忘，维持已经获得的巨大声誉。由此可见，该小说凭借这类“零散化”的自由叙事揭示出世俗的心态和真实的生活，只不过这一切必须通过文本细读并由读者根据已知的线索进行补充和重组才能实现。

罗伯－格里耶的《嫉妒》中有一段男女主人公在一起谈论非洲小说的文字，乍看起来零乱难辨，令人十分费解：

> 书中的主要人物是一位海关官员。这个人物不是官员，而是一家老牌公司的高级职员。那家公司从事一种肮脏的交易，很快就发展成为诈骗行为。那家公司从事着一份十分高尚的事业。据悉，主要人物不老实。他是个老实人，企图从前任造成的残局中重振企业。前任是在一次车祸中受伤身亡的。但是他根本没有什么前任，因为那家公司是新近才成立的，而且也从来没发生过什么车祸。再说书中讲述的是关于一艘船（一艘很大的白轮船）的事，而根本没提什么汽车。①

结合那本非洲小说的时代背景，我们似乎可以大胆推断：“书中的主要人物是一位海关官员”这句话影射了法兰西殖民化的历史过程，随着殖民化程度的加剧，“官员”变成了“老牌公司的高级职员”，干起了坑蒙拐骗的勾当。由于殖民化竞争越演越烈，这个主要人物必须竭尽全力“从前任造成的残局中重振企业”。然而，历史的规律不可抗拒，殖民化神话诚如那艘很大的白轮船，必将沉没于巨大的反殖民主义的浪潮中。作者在这里运用“零散化”的间接叙述手法，排斥了线性叙述的完整结构，读者只能将断裂的部分加以联结，对缺失的时间关系、因果联系、逻辑顺序进行排列、组合，通过“拼图游戏”逐层窥测小说文本的“整体性”寓意。

新小说家在理论上以拒绝“整体性”、同一性为条件，主张“零散化”、开放性和多样性，在创作上试图对小说形式乃至叙述本身进行解构。较之传统文学，新小说文本不再满足于描绘现实世界的表面矛盾，而热衷于小说形式的试验，以“零散化”的艺术让读者近距离地从微观层面把握生活中的各种物质和心理场景，并且自由地将这些零散的碎片重新组合，拼凑出一幅幅宏观层面的生活画面，由点及面地扩展他们对世界的认识。新小说的价值并不在于粉碎和终结“整体性”，而在于提供一种警示：任何“整体性”的叙述都不能带有结论的性质或企图，其目的是建立多元、丰富的叙事空间。新小说以“零散化”对“整体性”进行解构，其结果是促进了

① Alain Robbe-Grillet. *La Jalousie*. Paris: Minuit, 1957, p.216.

新型“整体性”的建构，催生了一种更为自由的审美意识，从哲学的高度拓展了对世态人生探索的深度和广度，使小说写作更加接近事物的本质，亦使读者在阅读和欣赏时重获精神自由。

三、以“去中心化”重建“中心”

小说的“中心化”意味着一个群体向所有人传递信息，而“去中心化”则是每个人都可以向他人传递信息。随着世界的变化和科学技术的发展，以往所谓的“中心”正逐渐淡出人们的视野，这已成为公众必须面对的客观现实。新小说家在文学领域对“中心主义”进行了有效的抵御，他们否认文本中存在一个贯穿整个叙事结构的“中心”，具体表现为传统小说中稳定的中心结构和中心人物遭到解构，读者在阅读文本时也可以随时随地参与其中，成为小说创作的合作者。

罗伯－格里耶的小说向读者展示了一个不稳定的、充满矛盾冲突和不断变化的世界，而在变化的过程中，读者很难发现确定无疑的中心结构。例如，读者在阅读《橡皮》伊始，会在结构上找到侦探小说的感觉，该小说虽涉及刺杀案件，但作者却一反传统小说的写作方法，有意绕开与政治事件和政治争斗相关的内容，详尽地描写与人物和事件看似无关的各类存在物的大小、形状、体积、色彩等，展示种种琐碎的、难以捉摸的生活现象。罗伯－格里耶的《窥视者》在揭露一桩重大强奸杀人案的过程中，运用同样的手法，花费大量笔墨来描写主人公犯案前后的活动。该小说以冷静、客观、自我限制的内视角进行叙述，细致地展现事物和人物的表面，如主人公手提箱的质地、颜色、衬里，岛上的房屋，市镇中心广场，纪念碑，雕像，广告牌，8字形的小绳子，天空中飞行的海鸥等。这些生活碎片展示得十分详尽，但叙事结构的“中心”却不甚明显。显然，罗伯－格里耶并不期待在这两部小说中设置传统小说那样的中心结构，来引领读者解开谋杀案件的真相。这个刺杀事件的所谓真相并不重要，重要的是围绕这个事件的书写过程本身以及由此制造各类话题中心的意图。作者仅仅是承认案件的存在，或者说在承认案件存在的基础上让读者对此进行深入挖掘，并自由地参与其中，形成多渠道的“分众传播中心”，从而探索建构话题中心的有效途径。

萨罗特的《金果》摒弃了传统意义上的中心结构，其叙述不断朝自身回归。作者致力于不断挖掘人物潜意识深处那些难以言说和触摸的事物，叙事的“中心”在小说里实则难觅，所谓的“透明叙事”更是难见踪影。

该小说所挖掘的内容已经不再是作者的定论，而是周边人群共同创造的结果。每一个读者均成为一个微小且独立的信息中心，信息的生产也更具多元化特色。作者的感受与读者的视野相互交融，作者、文本和读者之间的三重交流也在更加广阔的领域得到实现。

新小说中也没有一以贯之的中心人物，更谈不上对人物面貌、性格等的深入刻画。罗伯－格里耶的小说充分体现了其抛弃陈旧的人物观的决心：他千方百计地阻挠人物的清晰现身，以此去除传统小说“生动叙述”的痕迹。他的短篇小说集《快照集》(*Instantanés*)中收录的六个短篇小说体现了他描写人物形象和人物行为的理念。其自传性质的三部曲在每本书的封面上都标有“romanesques”字样，该词在法文中含有“传奇”之义，以与常见的自传相区别。在三部曲中的第一部《重现的镜子》中，作者对早年生活的自述中虽有相对明确的中心人物，但叙事时常被书中一个虚构人物科兰特的言行所打断。这个人物的身份游移不定，时而是叙述者父亲的朋友，时而变成西蒙作品中的一个老兵，时而又以骑白马的传奇人物现身。在第二部《天使或迷醉》(*Angélique ou l'Enchantement*)中，科兰特又成了第二作者兼叙述者，这使该作品中的中心人物的身份更加模糊。第三部《科兰特最后的日子》(*Les Derniers Jours de Corinthe*)更是表现了后现代艺术状况的不可预测性，形成了人物多中心的格局。其中的“我”、科兰特，甚至连其他新小说家，如杜拉斯和西蒙都具有中心人物的特征。或许，这类作品试图依赖其所特有的游动性和颠覆性，将人物中心的不断变换和多元化意义的不断增生奉为圭臬，为建构理想的人际关系或精神状态进行全新的尝试。

布托尔的小说没有塑造外貌清晰、性格鲜明的人物形象，其创作的重点不在于表现现实生活中人与人、人与环境的关系，而是要把读者的注意力引向文学创作的过程本身。布托尔小说中的人物大多出现在由摄像机拍摄的生活场景的组合中，起到将生活碎片拼接在一起的作用，让富有立体感的画面呈现出杂乱而多样的现实。其小说以人物的“去中心化”来摧毁传统文学赖以立身的支柱，仅用作为人物自我指涉的语言游戏的材料来营造虚构的现实，并创新表达方式来努力实现人物“中心”的再造，构建全方位、多层次、多声部的传播矩阵，打破读者追求真实和意义的幻想，表现当代社会扑朔迷离的表象。

当今世界，事物的发展变化形成了开放式、扁平化、平等性的社会化关系内容和形态。在一个更加包容和开放的社会中，自由、开放的写作和阅读态度尤为重要。新小说在创作方面致力于“去中心化”的各种尝试，作者可以自由地发声，表达自己的创作态度，而读者则可以在文本中权充中心，不受作者的束缚，自由地与作者一起创作，努力地促进事物真相的还原。

后现代主义作家是显在的颠覆者和建设者，他们的文学理念、文学活动和文本形式一方面对传统的文学法则与文学秩序进行解构；另一方面也显示出对新的文学法则与文学秩序的建构意图。后现代主义尽管充满了争议，但至今仍然具有相当大的活力和影响力，这也是不争的事实。时至今日，中外学界普遍认可后现代主义解构一切传统模式、颠覆及破坏固有法则的作用，甚至有学者认为后现代主义专事否定和摧毁，并将其与悲观主义、否定主义和虚无主义挂钩。[①] 这种看法有失偏颇，因为后现代主义的作用远不止于此。传统文学追求终极真理的观念部分导致了用功利性思想指导艺术创作的种种企图，最终会造成戕害文学艺术的真正价值和自由发展的负面效应。当代社会科学和自然科学的发展证实，人类凭借有限的认知能力，只能把握复杂事物的一部分，所谓的终极真理并不存在，因此解构一切人类的认识不仅是可能的，而且是必需的。后现代主义文学正是如此，其破旧立新、打破既定的文学准则、尝试全新文学建构的种种举措，为当代文学注入了新的内涵和时代意义。

新小说家质疑小说叙事是对现实世界模仿和反映的传统文学观，颠覆了“模仿说”和“反映论”的叙事逻辑。他们反对传统文学的清规戒律，强调文学创造的想象力和作者的个性特色，倡导文学的创新精神，力争艺术表现的自由，通过形形色色的形式探索和进行创作实践，进而明确地指出叙事文本就是作者的建构。历史和现实中的人和事本由各种“碎片”构成，要把这些“碎片”转化为叙事、变成文本，就需要创作。创作本身就包含作者的意图和意识形态，他当然可以在小说文本内部注入自己对世界的思考和对文化的关注，以话语自身的逻辑来构造小说王国里多姿多彩的文本世界，而这个世界并不一定是现实世界的缩影。由此，作为语言制成品的文学也被割断了现实指涉，只是语言符号的排列、组合，并凸显了文学的自律性和文学审美的内在规律。新小说家的解构与建构活动表现了对“自我”和“个体”的尊重，带着强烈的叛逆色彩来推动人的自由。循此路径，读者和评论家也可以自由阅读、自由体验，把自己的看法注入文本，

① Immauel Wallerstein. L’Après Libéralisme. In *Essai sur un Système-monde à Réinventer.* Paris: L’Aube, 1999, p.93

使之成为文学创作的一个组成部分，使作品在阅读和批评的接续中不断变化、发展，小说情节、人物命运和作品结构呈现出多元、多样的结果。这种自由、开放的氛围促成了作者、读者、评论者之间相互激发、相互呼应的态势，这在很大程度上契合了文学自由主义的基本精神。

第三节　自由主义与新小说的“互文性”和“超文性”

“互文性”是兴起于当代西方的一种文本理论，随后成为后现代主义批评的标识性术语，也是一种价值自由的批评实践。这种理论涉及后现代主义反逻各斯中心主义的传统，覆盖面广，涵盖的问题复杂，文化研究的视野宏阔，以一种特殊的途径在创作实践中构建文本。“超文性”则属于“互文性”当中的特殊现象，是一种独具特色的文学创作和文化实践形式。“互文性”和“超文性”作为法国新小说中极其常见的写作手法，受到了中外研究者的重视，他们用相应理论解读新小说某些文本的著述亦时而见诸坊间，其中不乏真知灼见。不过，对新小说与“互文性”及“超文性”关系的系统而深入的研究尚不多见，尚有可以拓展的余地。在本章中，笔者拟从整体上对新小说的“互文性”和“超文性”关系进行较为详尽、深入的分析，从中解读出其多层话语内涵，并从写作和解释策略的层面出发来发掘潜藏在新小说中的自由主义文化意象。

一、新小说的“互文性”

“互文性”理论在西方文论中经历了一个较为复杂的发展过程。从批评理论的角度看，在朱莉娅·克里斯蒂娃（Julia Kristeva）提出这一术语之前，“互文性”的基本内涵在西方文论中久已有之。亚历山大·蒲柏（Alexander Pope）就在其阐述自己文学观的诗作《批评论》（*An Essay on Criticism*）中揭示了维吉尔（Virgil）对荷马的借鉴，提出了应该在文学文本的互动理解中评判作品优秀与否的观点。艾略特在其《传统与个人才能》（“Tradition and the Individual Talent”）一文中指出，诗人精神是一种催化剂，它能消解作者和作品，促成互文的多元化合反应，进而促成一种新化合物的产生，并最终导致文学创作的非个性化。① 索绪尔（Saussure）的“共时语言学”思想揭示了在语言符号系统中能指与所指之间任意而武断的关系，符号的意义不在自身，而是取决于符号与符号之间的对比和差异，因此符号

① Donald Gallup. *T. S. Eliot: A Bibliography (A Revised and Extended Edition)*. New York: Harcourt, Brace & World, 1969, p.27.

之间的关系结构是研究符号系统的根本。俄国学者米哈伊·巴赫金（Mikhaïl Bakhtine）的对话概念和狂欢理论提倡文本的互动理解，他针对拉伯雷（Rabelais）和陀思妥耶夫斯基（Dostoevsky）的研究，把文本中的每一种表达都视为众多声音交叉、渗透与对话的结果。巴特的互文理论强调任何文本都具有互文的性质，“互文性”使文本具有增值力，由此可以让文本摆脱创作主体的束缚，产生丰富多元的意义。

“互文性”这一理论概念和批评术语由克里斯蒂娃于1966年首次在《如是》（*Tel Quel*）杂志上发表的两篇论文中提出。她结合前人的研究成果，在广泛吸收巴赫金的对话理论、巴特等人的新符号学和当代文学创作成果的基础上，从德里达的观点中得到深刻的启示，在文学批评领域以这一新范畴发展了德里达的解构主义文学批评。她指出：“任何文本都是一些引文的马赛克式构造，都是文中交叉出现的其他文本的表述，是对别的文本的吸收和转换。”[①]“我们把产生在同一个文本内部的这种文本互动叫作互文性。对于认识主体而言，互文性概念将提示一个文本阅读历史、嵌入历史的方式。在一个确定的文本中，互文性的具体实现模式将提供一种文本结构的基本特征。”[②]索莱尔斯则将“互文性”定义为“任何文本都联系着别的好些文本，同时对它们进行复读、强调、浓缩、移置和深化”[③]。他们的定义都将“互文性”限定在文本间的局部性上，重点强调对源文本局部或个别语词、句段或意象的再现、吸纳和转换。

热奈特的研究承续了克里斯蒂娃的定义，他把“互文性”看作一种“再现”和“共生”的关系：

> 我大概要赋予该术语一个狭隘的定义，即两个或若干个文本之间的互现关系，从本相上最经常地表现为一文本在另一文本中的实际出现。其最明显并且最忠实的表现形式，即传统的“引语”实践（带引号，注明或不注明具体出处）；另一种不太明显、不太经典的形式是“袭用”（例如洛特雷阿蒙所做的），即秘而不宣的借鉴，但还算忠实；第三种形式即“暗语”形式，明显程度和忠实程度都更次之，暗语形式的全部智慧在于发现自己与另一文本的关系，自身的这种或那种变化必然影射到另一文本，否则就无法理解。[④]

① Julia Kristeva. Word, Dialogue and Novel. In *Desire in Language: A Semiotic Approach to Literature and Art*. New York: Columbia University Press, 1980, p.37.

② Ibid, p.39.

③ Philippe Sollers. *Théorie d'Ensemble*. Paris: Seuil, 1968, p.758.

④ Gérard Genette. *Palimpsestes: La Littérature au Second Degré*. Paris: Seuil, 1982, p.8.

这些论断清楚地说明："互文性"强调任何文本都与其他文本交互存在，文本的价值体现在它对其他文本的整合和摧毁之中。新小说作为后现代主义文学的一个代表样式，其中"互文性"手法的运用显而易见。西蒙曾说：

> 我所寻求的是一种能把所有这些分散的材料集中在一篇作品中的方式。这种作品根据我所提到的那些与质量有关的原则，可达到内在的一致。我像在赋格曲中那样把所有主题集中在一起，不断地翻出新花样，如此等等。我在其他地方也说过，我的工作使我总是想起我上的高等数学的第一课，题目是"整理、排列、组合"。[①]

西蒙在《农事诗》中引用了德国作曲家格鲁克（Gluck）取材于古希腊神话的歌剧《俄狄浦斯与欧律狄刻》（*Orpheus und Eurydike*），将其与自己作品中的主人公拉·圣·米歇尔将军的爱情故事相互印证。俄狄浦斯与欧律狄刻情投意合，可惜如花似玉的妻子过早地离他而去，孑然一身的他闷闷不乐，终日轻荡琴弦，弦间流淌出如泣如诉的歌声："下界之王啊，我历尽千难万险，才来到你的面前，请你让她回到我的身边。若非如此，我宁可死去，也不愿独自活在人间！"[②] 在神话故事中，欧律狄刻因俄狄浦斯的回眸而死，后者最终亦惨死异乡，而在歌剧中，爱神最终被俄狄浦斯对妻子的真挚爱情感动，让欧律狄刻恢复了生命。

《农事诗》中的将军于"1781年首次结婚，娶了一位信奉新教的年轻荷兰女人"[③]。将军与妻子伉俪情深，为了妻子他甘愿付出一切。妻子离世后，将军仍对其一往情深，他命人在庄园中为发妻修建了一座坟墓，与她朝昔相处。他说："财产和荣誉对我起了什么作用？最大的价值在于曾与那可爱的女人分享，但她已埋在黄泉之下许久了。二十年过去，但我想起她时仍然心痛欲绝。"[④]《农事诗》和《俄狄浦斯与欧律狄刻》都赞美了世间爱情的力量，其相似性可以说是西蒙对于传统经典的引用，具有热奈特所说的"引语"（citation）特征。

俄狄浦斯与欧律狄刻的故事也不断出现在小说中。将军的一个后代在童年时就观看过格鲁克的意大利语歌剧《俄狄浦斯与欧律狄刻》，该后代在上前线时又从收音机里听到了这个歌剧的片段。西蒙在小说中吸收了格

①转引自董小英，《〈再登巴比伦塔〉——巴赫金与对话理论》，北京：生活·读书·新知三联书店，1995年，第97页。

②C. W. Gluck. *Orpheus und Eurydike*. From "Psychosozial-Verlag".

③克洛德·西蒙，《农事诗》，林秀清译，上海：上海译文出版社，2008年，第1页。

④同上，第279页。

鲁克的歌剧题材，格鲁克的作品再现了古罗马诗人维吉尔用拉丁文创作的《农事诗》里的故事，而维吉尔所做的又是对一个古希腊神话的转换性重述。[①]从古希腊神话到西蒙的小说，这一经典题材分别经历了叙事、史诗、歌剧和小说等多种样式，涉及希腊语、拉丁语、意大利语、法语等多种语言，这些作品虽内容相似，也大体忠实于原作，但每部作品都明显是对前人其他文本的蹈袭或袭用，这与热奈特提出的“袭用”（plagiat）的内涵大致相符。

罗伯－格里耶《橡皮》里的许多情节和细节都影射了俄狄浦斯的故事，书中多次提及的类似于斯芬克斯之谜的对话就是最明显的例证：

> ——什么动物早上弑父，中午乱伦，晚上盲目？
>
> ——怎么……没猜着吧？其实这并不难……早上弑父，中午盲目……不……是早晨盲目，中午乱伦，晚上弑父……[②]

如果把此段文字与古希腊神话中俄狄浦斯杀父娶母的故事结合来读，就会发现小说主人公瓦拉斯与俄狄浦斯的情况惊人地相似。上述引文用直接引语的形式影射了瓦拉斯受命到一座小城去调查教授杜邦被刺一案的经历，写法晦涩，使真相不易察觉。然而，从其中的三个关键字眼“盲目”“乱伦”“弑父”以及书中的某些细节出发，将意象和迹象植根于西方文化的记忆深处，我们或许会推此及彼，发现罗伯－格里耶文本与古希腊神话的关系：早上，瓦拉斯的调查没有任何结果，他就像盲人一样对一切视而不见；中午，他拜访了一个女人，目光游移不定，这个女人或许与他有着某种特殊关系；晚上，他误杀了自己的保护对象杜邦，这个人很可能就是他的父亲。小说还有另外一条线索：童年瓦拉斯曾与母亲一道来过这个城市，从旁听说杜邦曾与一个出身寒微的女人生了一个儿子，这个私生子后来长大成人。此后，瓦拉斯又慢慢想起：“他们母子在这个城市里寻找的不是一位女亲戚，而是一个男的。这位亲戚，他可以说是以前并不认识。这一天他也没有见到这个人。原来这人是他的父亲。他怎么连父亲也忘记了呢？”[③]根据这条线索，我们可以联想起前面那个类似于斯芬克斯之谜的段落，由此推断出瓦拉斯杀死杜邦的行为是由俄狄浦斯情结这种神秘莫测的力量使然。作者在小说中将古希腊神话中的旧经验进行了移植，并与侦探

---

① Ralph Sarkonak. *Understanding Claude Simon*. Columbia: University of South Carolina Press, 1989, p.135.

② 阿兰·罗伯－格里耶，《橡皮》，林青译，上海：上海译文出版社，1981 年，第 234 页。

③ 同上，第 237 页。

案件的新语境对接起来，以“暗语”（allusion）的方式引导读者关注文本之间的有机连接，继而让文本中的文字痕迹与源文本展开对话，借助“互文性”来实现文本语义的自由增值。

布托尔所使用的一种重要技巧就是将本来分属不同系列的词语和句子并列起来，同时展示。他的文本有时把用于叙述或描写的句子同法律条文、报章段落、广告词等并置在一起，仿佛一幅拼贴画贴在书页的表面，产生一种类似于电影蒙太奇的效果。读者在其中读出的不是词的意思，而是词的表述形式；阅读的目光不再是线性的，而是超出了这种线性的展示之外，在出其不意的叙述之外，把不同的线索拼接在一处，既体现出一种“文本的快乐”，又让文本与社会文化之间形成互文关系，将文本置于一个巨大的文化网络系统中。这就说明“创作并不是表现在材料上，而是表现在方法上，或者说表现在方法与方法的交接上”①，由此与“互文性”的观点贯通起来。

总而言之，“互文性作为当代西方文论的一个新概念，不仅概括和凸显了一种普遍存在、形态丰富的文学现象，而且把文本之间的互涉和互动看作文学的构成性因素，它既是一种新的文学观念，也是一种新的研究方法”②。还需说明的是，“互文性”不仅存在于文本之间，更存在于文本酝酿和生成的文化话语空间中。从狭义上说，“互文性”包括了文学文本之间的“互文”，即一部作品与另一部作品之间或明或暗的参照方式。从广义上说，“互文性”还包括文学文本与非文学文本之间的“互文”，即文学文本与非文学文本可能存在的各种关系，更包括文本与社会文化之间的“互文”，即文本对社会文化的参与以及文本与文化之间的互动关系。这种理论和写作手法不仅从静态方面反映互文关系，而且从动态方面解说人的思想和社会意识的形成过程和表现特征，暗含着以表层含义揭示深层意义的艺术审美风格，赋予作者和读者更多自由写作和自由解读的权利，以多元、多样的因素来激活文本中潜在的各种意义。

二、新小说的“超文性戏仿”

一般来说，“互文性”理论所论述的只是文本间的局部性再现、吸收和转换，而对“源文本”（source text）与新文本间整体转换的特殊性并未

① T. Samoyault. *L'Intextualité, Mémoire de la Littérature*. Paris: Nathan, 2001, p.51.

② 转引自麦永雄、蔡熙、郑德聘，《多元文化时代的间性诗学与世界文学观念（笔谈）》，载《广西师范大学学报》，2008（6），2 页。

给予特别的关注。实际上，包括“戏仿”（parodie）在内的仿拟文本并不强调源文本里的语词或个别句段、意象的再现、吸纳和转换，而是从全局对源文本进行整体改造，通过再造和转换创建一个新文本，实现源文本的外化或异化。[①]在这一点上，热奈特的研究颇具启发性。他将一篇文本在另一篇中切实地出现（即再现）称为“互文性”，又将一篇文本从另一篇文本中被派生出来的关系命名为“超文性”。“我所称的超文是：通过简单转换或间接转换把一篇文本从已有的文本中派生出来。”[②]因此，“超文性”反映的是两个文本之间的“偏移”（déviation）或“变形”（transformation）关系，而改写、仿拟和戏仿等都可纳入“超文性”的范畴。本节结合新小说的部分文本来讨论戏仿手法的特殊功能。

戏仿可以被看成“超文性”的具体运用之一。作为一种独具特色的文学手法，它在模仿和转换源文本的过程中显出反讽、戏谑的意味，并最终生成新的文本。“戏仿”对源文本进行直接解构，表现在题材、主题、风格、笔法等方面对前者的外化、延续或戏谑上：

> 如果说一般的“互文”形式在新文本与源文本之间存在一种并列的、横向的、转喻式的共存关系，那么“戏仿”与源文本之间就是一种替代性的、纵向的、隐喻式的派生关系……在一般的“互文”形式中，源文本的局部元素会顺利地融入新文本并与之保持和谐统一，而在戏仿中，两个文本、两种话语不但不会出现融为一体的现象，反而“不同的声音不仅各自独立，相互间保持着距离；它们更是互相敌视，互相对立”。[③]

此外，“戏仿”用“矮化”的手法把神圣之物“变为令人开心的降格游戏和玩笑的对象”[④]，通过拆解和粉碎经典文本的“意义链”来表达现代社会无意义和无所适从的感觉，使新文本洋溢着自由自在和随意不拘的气氛，用欢快而自由的姿态来传达对文本交替、更新、未完成性和开放性的愉悦。

“戏仿”手法在新小说作家笔下极为常见，显示了现代小说艺术方法的不断更新。许多新小说作家，如布托尔、罗伯－格里耶、罗贝尔·潘

①赵宪章，《超文性戏仿文体解读》，载《湖南师范大学社会科学学报》，2004（3），102页。
②蒂费纳·萨莫瓦约，《互文性研究》，邵炜译，天津：天津人民出版社，2003年，第21页。
③程军，《超文性戏仿：一种独特的“互文”与“对话”体裁》，载《文艺评论》，2013（3），29页。
④米哈伊·巴赫金，《拉伯雷研究》，李兆林等译，石家庄：河北教育出版社，1998年，第322页。

热（Robert Pinget）等都对侦探小说进行过“戏仿”，在他们的早期作品中清晰可见犯罪、谜团、侦破等通俗文学中常见的元素。罗伯－格里耶的中期作品，如《幽会的房子》《纽约革命计划》等也套用了耸人听闻且充满色情意味的警匪文学中的某些公式。在其他新小说作家的作品，如西蒙的《风》和克洛德·奥利耶（Claude Ollier）的《场面调度》（*La Mise en Scène*）中也可见到侦探小说的痕迹。就连萨特在解读萨罗特的《陌生人肖像》时也说过：“这是一本读起来像侦探小说的反小说。”① 不过，新小说与侦探小说之间的“互文”关系更多地体现在“既是与所模仿之物的合作，又是对它的一种荒诞的挑战”②。与传统侦探小说不同，新小说作品中的犯罪者最终逃之夭夭，侦破行动往往归于失败，案件的真相始终扑朔迷离。新小说作家意在以戏谑的笔触，借用侦探小说的框架，并将自己碾压、揉碎的故事放置于原有的整体框架之下，让读者既能细细品味其中的微妙变化，又能感受到原作品的思想和气息。

罗伯－格里耶对传统侦探小说的材料在美学上乃至政治上都持一种对抗性的态度，对所谓大众文化的创造性亦颇有微词：

> 在这些主题（我将其用作发生器）的重新启用中，可以看到没有任何符合社会规范的东西——并不比符合道德规范更符合叙事规范——相反，有的是对于代码中零星要素的解构。③

此话道出了新小说与传统侦探小说关系的一个重要层面。作者仅仅是受到侦探小说情节结构的启发，摄取与其结构的同一性，旨在创建一种与大多数侦探小说不一致的文本，在两者的相似性与对立性之间寻找平衡。在新小说中，侦探只是向读者提供一些与犯案有关的层层迷雾或蛛丝马迹，搬移出一些无关紧要的细节，把读者从迷雾笼罩的罪案引向某种不确定的结局。布托尔的小说《时间表》的主人公雷维尔对犯案动机的调查过程隐匿于重重堆积的细节之中，赋有某种可能性的细枝末节与主人公记忆中浮现的微小迹象相向而行，随后又在其日记的每一次记述中产生位移。雷维尔以一种强迫性的方式对侦探小说家乔治·伯顿（George Boughton）的小说《布勒斯顿的谋杀》（*Le Meurtre de Bleston*）进行了重读和改写，当

① Jean-Paul Sartre. Préface à *Portrait d'un Inconnu*. In Nathalie Sarraute, *Portrait d'un Inconnu*. Paris: Gallimard, 1996, p.35.

② 转引自王岳川、尚水，《后现代主义文化与美学》，北京：北京大学出版社，1992 年，第 272 页。

③ Alain Robbe-Grillet. Sur le Choix des Générateurs. In Ricardou et al., *Nouveau Roman: Hier, Aujourd'hui*. Tome II. Paris: Union Générale d'Éditions, 1971, p.160.

他在事件中发现疑犯就是他的旧友詹姆逊时，他觉得其行为与其说是要隐藏可怕的罪恶，不如说是要掩饰恋爱关系。雷维尔甚至认为经理性推断而发现的詹姆逊的犯罪事实只不过是一个嫉妒者面对情敌而冲动犯下的过错，在小说的结尾，他才说道："我不情愿但也正是由于我，因为我化身成的这个幽灵，把曾经爱着我的那个安娜……还有那个詹姆逊联系在一起，我终于相信他就是一起谋杀案的元凶"[①]。"终于相信"揭示了理性的脆弱，个人偏见有时可以轻而易举地击败理性。这种变形的情感阻碍了调查者梳理出有效的线索，影响其发掘案件的真相。

罗伯－格里耶的《橡皮》在某种程度上可以被看成对俄狄浦斯故事的"戏仿"，但主人公瓦拉斯明显具有"矮化"的倾向。根据古希腊神话传说，俄狄浦斯才华横溢，足智多谋，屡建功勋。而瓦拉斯作为负责破获一桩政治谋杀案的侦探，却终日游荡，无所事事。"他那种悠闲自在的样子，而且又是站在这条通衢大道上，在那些抓紧最后一点时间急忙赶到港口去上班的工人看来，有点不大正常。"[②]他经常忘记一些基本事实，有时还会无缘无故地迷路，与人谈话时心不在焉，面对涉案细节六神无主，其所作所为与其职业素养毫不相符。在侦破过程中，他屡屡失手，最后还将杜邦教授亲手置于死地。如前文分析，杜邦很可能是瓦拉斯的生父。罗伯－格里耶在自己的作品中借用了俄狄浦斯弑父的故事，但他打碎既成的传统模式，将故事加以重新组合，达到滑稽、戏谑、解构、嘲讽的效果，用"戏仿"的手法加强了作品的游戏性及意义的不确定性，将原本不相干的各个画面或元素并置，赋予其新的内涵。由于"戏仿"的对象是读者耳熟能详的经典，因而这种戏仿的破坏力极强，放大了模仿对象的弱点及其自我意识的缺乏，并能很快地激起读者的联想，让读者在强烈的反差中感受风格迥异的崭新内容。

潘热《诉讼程序》(*L'Inquisitoire*)中的人物大都玩世不恭，变态的情感时常阻碍他们认清事实的真相。小说中有一个秘书失踪的片段，主人公在回答调查者的询问时，东拉西扯，说的尽是些与案件毫无关联的话语，还往往词不达意，没有涉及任何相关细节和失踪动机：

> 譬如，当你在咖啡馆里头枕座椅再次思考这件事情时，你是否会猜测是谁决定了秘书的命运？

---

①Michel Butor. *L'Emploi du Temps*. Paris: Minuit, 1956, p.341.

②阿兰·罗伯－格里耶,《橡皮》，林青译，上海：上海译文出版社，1981 年，第 16 页。

如果你以为我在想着这事，那你就错了。幸好我不再忧心我们遇到的那些事的种种缘由，人们知道每天都会失去什么，而这就够了，我本该用十年来回顾我的一生，从而重新拥有记忆，但如今甚至这记忆留下的就像它曾经在你身上发现的那样，人们对其的所知愈来愈少，面对一大堆浮动的东西，人们首先要从中打捞出一些碎片，然后抓住其中所现并且对人们本来期望却最终没能拥有的错误回忆产生臆想，这要回忆很久而且定会有记不清楚的时候，从另一角度来看，这会是不错的结局，你看见过死人吧？他们什么都不再记得，但这难道不是你所期待的正常事情？当我们忆起纷乱的岁月，没有头绪，没有工作、休息，规划乡下住宅为的是拥有这一切而且得到又会忘却的时候，你快对我说他们什么都不再记得这难道不正是如此。

因此请回答，你对时代的重重疑惑究竟是什么？①

这段文字看似难以理解，蕴含着流行文学内在的无厘头文化的印记，然而结合上下文仔细阅读，我们或许会发现，虽然作品借鉴了侦探小说的框架，却从根本上实现了对传统侦探小说的“戏仿”，颠覆了侦探小说这一样式。潘热并没有像传统侦探小说那样沿着案件发展的线索来揭开真相，而是依据感觉，借助书中人物之口将读者的注意力引向与记忆、琐事、特殊性相关的方面，传达出一种对现在与过往无法联系的无奈与苦楚。描述事件的人发觉自己浸入其中，仿佛迷失于一种摇摆、迷幻的空间中，用一场持续追忆的游戏让读者感到惊讶。最后一句“……请回答……究竟是什么”在小说的开头和其他地方多次出现，这或许预示着要将一切重新启动的努力。而其中的“猜测”“思考”“忘却”“臆想”等字眼则意味着作者有意在文本中设置漏洞和阻碍，在凸显文体效果的同时，又将这些漏洞和阻碍随后消解。

20世纪，个人主义与个体风格的创新实难为继，因为这类尝试早已被前人所思考、所实践。后现代主义文化已经不可能具备现代主义那样的风格体验，因而只能在众多已有的个性风格之上汲取所需。然而，这并不意味着当代文化及文艺发展进入后现代社会以后便全无创新可言，事实上，创新仍然是推动文化及文学发展的一个重要动力，只不过现当代语境下的创新不能彻底摆脱那些经过无数岁月积淀下来的文化遗产。“超文性”的“戏仿”手法与后现代主义文化思潮密不可分，它在对原型承袭的时候

① Robert Pinget. *L'Inquisitoire.* Paris: Minuit, 1962, pp.473-474.

又不忘质疑，既让人们对某些原初的人文思想作出新的思考和判断，又为作者提供了文学自由主义所追求的开放的虚拟空间，打破了严格等级秩序的生活节奏，将一种狂欢式的自由自在的态度展现无遗。依据传统侦探小说“戏仿”出来的新小说文本更注重细腻逼真的画面和淋漓尽致的效果，揭示了语言和空间之间更加深刻的关系，让冗长繁杂的文字与现实中人物和事件组成的复杂空间相对应。从以上所举的新小说作品对源文本的“戏仿”例子中，我们没有看到作者对古典文化和传统思想的轻蔑或不恭，反能发现其对经典极具分量的审视与思考。“戏仿”手法如今已经成为文学自我发展的一种内在进程，其中充满了思想火花和强烈的批判精神，构成了新时代文学必有的一种新秩序。从另一角度来看，严肃的“戏仿”能够引导读者适应新的阅读方式，使之不再以线性的思维来阅读文本，从而构建一种“识别与间距”（identification and distance）间的二元辩证关系。“戏仿”在制造出新文本与源文本之间“间距”的同时，又通过文本阐释将建构者和解读者联系起来，让他们在各自能够施展的领域发挥主观能动性，最终完成创作、阅读、欣赏方面的自由飞越。这恐怕也是新小说能在思想与技巧上给予今天的读者与作者极大启示的一个重要原因。

第四节　禁锢与自由
——让·艾什诺兹小说中的城市书写①

艾什诺兹喜欢城市，尤对巴黎情有独钟。他总能在城市中寻找有趣和有益的事物，乐此不疲地思索、打磨，最终重构事物之间的关系。艾什诺兹在创作过程中将巴黎当作主要对象，这与其城市经验关系甚密：他时常漫步于巴黎，对这座城市细心观察，并详加记录。其小说中的巴黎文化景观涉及街区、教堂、剧场、酒吧和博物馆，这些景观皆被视为独特的城市符号，在一定程度上给作品增添了人文气息。

依据社会学的观点，城市被定义为地理上有界限且具备一定特点的社会组织形式，是一系列符号的集合，人们可以据此更透彻地理解城市。在众多诠释城市符号的途径中，文学当属其中的一种重要方式。城市不仅是社会发展的呈现体，也是相应的文学和文化的承载体。艾什诺兹的观察角度独具特色，其文学文本展现了多元化的城市空间。作者透过对城市符号的书写，力求揭示现代人混沌的生存状态，又于其中注入对现代社会存在

①此节由胡茵撰写、杨令飞定稿。

的问题和人的存在价值的反思。城市在艾什诺兹的小说中是一种禁锢的象征，生活在其中的人们失去的是自由，与此同时也更加渴望重获自由。

一、巴黎城市环境

熟悉巴黎纹理的艾什诺兹在其小说中挑选了他所熟悉的区域作为描写对象，即第 8 区、第 9 区、第 16 区和巴黎近郊。巴黎的第一次区域划分于 1795 年确定，当时的巴黎分为 12 个区（arrondissement）。第二次区域划分于 1859 年出炉，以塞纳河为中心，按顺时针编号，把巴黎原先的 12 个区扩展为 20 个区。不同的区域具有不同的文化特色及生活对象，凸显了不一样的生活方式。一个区域的独特性在于其特殊的地域文化气质，作家对于特定区域的感受和表现是混合了情感、记忆和历史的综合体验。艾什诺兹选择这几个特定区域，其文本不但融入了他的生活记忆，还体现了他对不断变化的巴黎的思考。

寓居巴黎的艾什诺兹将《出征马来亚》和《格林尼治子午线》（*Le Méridien de Greenwich*）两部小说的背景分别设置在第 8 区和第 9 区，它们是巴黎很具代表性的区域，也是别具韵味的场所，这给作家和读者均留下了很大的想象空间。

第 8 区和第 9 区是巴黎最热闹、游客最多的城区，名扬国际的香榭丽舍大街从著名的协和广场横越至凯旋门。大街两旁的时装店、精品店、香水店比比皆是，琳琅满目，人来人往，车水马龙。这两个城区遍布高档酒店和高级写字楼，警卫森严的总统府、内政部、海军部皆在这里，大小皇宫、玛德莲娜大教堂、巴黎歌剧院、春天百货、拉法叶百货公司也坐落于此。与游客眼中热闹非凡的景色不同，艾什诺兹却觉得这两个城区充满着矛盾：协和广场上散落着一些“风格不相协调的”建筑；塞纳河畔“像街道上一样冷冷清清”；王宫前面少女贞德的雕像“在灰色的空气中呈现出灰暗的黄色”；歌剧院使人联想起“一个巨大的奶油杏仁饼”；安坦大街街道两旁有许多“彩色的、变幻不定的、不停闪烁的”霓虹灯招牌，似乎是为“表演或拍摄镜头而搭建的”，而置景工人“却在幕后等待着拆卸的时刻”[①]。待售商品变成“配角”，挤在商品陈列柜或者装满无商标衣物的大筐周围。讨价还价的主妇们在“有黑眼圈的、目光暗淡的”女售货员的簇拥之下，“一面尖叫着，一面争夺部分内衣”[②]。而玛德莲娜大教堂附近比地

①让·艾什诺兹,《格林尼治子午线》, 苏文平译, 长沙:湖南美术出版社, 2004 年, 第 22 页。
②同上。

铁更空的大街上，由电线和灯泡结成的彩灯早已熄灭。豪华商店装饰一新的橱窗在提醒不在场的过客：年终的喜庆已接近尾声。

第16区是巴黎面积最大的城区，其中布洛涅森林公园约占该区面积的一半。这里通常被视为巴黎最富裕的城区，拥有法国最昂贵的住宅。“这是一个富人街区，居住着不少的名人，而这些名人又认识不少的名人，这是一些很漂亮的街区，有不少狗仔摄影师常来这里。”[①] 艾什诺兹不吝笔墨地对该区昂贵的房产进行详细描述。例如，在《我走了》(*Je M'en Vais*) 中，本加特内尔的住宅就位于爱克塞尔曼林荫大道上一个貌不惊人的大门后面，其中有三座20世纪30年代的别墅，散落在一个美丽的大花园中，紧挨着越南大使馆。别墅中有一个铺着砖石、栽着椴树和洋槐的院子，还有一个四周围着绿篱的小花园，花园中有一个水池，池中喷出拱形水柱。水柱的下方躺着一辆带有支撑架的儿童自行车。院子的角落安置着三个“微不足道”的后视镜，每栋别墅的大门上固定着一个录像监视镜头，“分别睁着小眼睛盯着这一片小小的全景”[②]。远处依稀可见一排造型丰满的公寓楼，呈现出各式建筑风格上的差异，1910年的式样与1970年的风尚比肩而立，景观和谐，金钱的力量如此强大，以至竟能淹没不伦不类的历史误差。布洛涅森林公园以绿地的形式存在，人们将其称为巴黎的“左肺”。在土地如此昂贵的巴黎，该公园的面积竟超过8平方公里，包含湖泊以及各有特色的动物园，其中明显的路标将游客引至各个湖泊和烧烤露营点。

在《出征马来亚》和《格林尼治子午线》中，街道的作用同样不容忽视：“街道，正是城市的寄生物，它寄寓在城市的腹中，但也养育和激活了城市。没有街道，就没有城市。巨大的城市机器，正是因为街道而变成了一个有机体，一个具有活力和生命的机体。”[③] 巴黎的街道分为多种形式，其中比较常见的市内道路就是街，路面的宽度比较合适，街的两边排列着很多房屋。比街更宽的道路被称为大街，大街的两边分布着很多树木，如香榭丽舍大街。大道的路面一般比较宽阔，有很多树木遮阳，它们一般是通过古城墙遗址来建造的道路。一般而言，这三种道路并没有特定的划分标准。滨河路位于塞纳河畔附近，该道路的一侧是河滨，另一侧是房屋。在艾什诺兹笔下，这些区域不仅具有地理学上的意义，还体现了他的思想情感，这些区域被赋予了丰富的文化内涵。

①让·艾什诺兹，《我走了》，余中先译，长沙：湖南文艺出版社，2000年，第88页。

②同上。

③让·艾什诺兹，《格林尼治子午线》，苏文平译，长沙：湖南美术出版社，2004年，第7页。

艾什诺兹在多部作品中都描述过奥斯曼大街，其对这条大街的描写凸显了巴黎的现代化特征。在《格林尼治子午线》里，乔治哈斯的办公室就位于奥斯曼大街，房间有“一个健身房那么大”，办公桌如同“台球桌一样大小”，墙壁上装着两种窗户，沿街的小窗户“装有暗色窗帘和双层玻璃”，另一种“装有柔软而平行的、可转向长薄板窗帘的”大窗户正对着一个“公园似的、井井有条的大花园”[①]。“从屋子往外看，根据你看的是花园还是大街，那外面的天气并不是完全一样的。”[②]拜伦·凯恩的办公室也位于奥斯曼大街。他的办公室和彼特拉克街的住所可以说是他日常生活中的两个极，让他感到既熟悉，又陌生；既亲密，又疏远。例如，他认为它们很像一个电梯轿厢，很像某个牙医的候医室，或者很像伏尔泰堤岸上一个咖啡 - 香烟店的露天座。在阿贝尔看来，奥斯曼大街代表一种特殊情况，犹如“一件科学珍品”。埃菲尔铁塔也是如此，它产生了巨大的影响，也是以建造者的名字命名的。奥斯曼大街就是以建造这条大街之人的名字命名的，这就使它具有了特殊的含义，并且以不同于其他大街的方式表现了出来。其他大街的名字虽然都有独特的联想魅力，但始终是模糊不清的。若与奥斯曼大街右下侧的奥斯曼子爵的签名所体现的那个“客观、冷静、不容置疑的标志”[③]相比较，它们就不值一提了。此外，许多相邻的大街也是由同一个子爵修建的，它们之间因相似而联系在一起，它们本来也能够以他的名字命名，后来大概是因为“担心将使用者引入歧途而放弃了这种做法”[④]。

艾什诺兹对位于共和广场的圣 - 马丹大街则有更深层次的思考。街道不仅仅具有实在的意义，更能体现身份和地位。圣 - 马丹大街上，绿树成荫。街道是又宽又长、几近笔直的沥青路，两旁是人行道，有各种各样的建筑，也有各色人等和少许动物。街道每 400 米就更换一个名字，与这种换名相对应的就是建筑、经济、色调风格的改变，这也是环境风格的改变。共和广场到玛德莲娜广场展现的是一种缓慢的、断续的、分段的变化过程。那些路段本身的名字，仿佛就是分别模仿其居民与设施的特征而来的。“意大利人和嘉布遣公修女、好消息和长形鱼锅”，这些名字似乎标志了这些街道的人与事，包括动物在内。富人往往住在姓氏富有者的街区，而穷人则往往给街道取一些肮脏又难听的名字。或许街名最初并未用来标识经济

①让·艾什诺兹，《格林尼治子午线》，苏文平译，长沙：湖南美术出版社，2004 年，第 8 页。
②同上，第 26 页。
③同上，第 260 页。
④同上。

上的贫富，但随着时间的推移，街道不断被归入富有者和贫穷者的行列，慢慢“竟有了富有或贫穷的含义”[1]。艾什诺兹对街道名字的思考超出了小说本身，带有对社会现实进行反思的意蕴。

街道与日常生活紧密相关，其世俗特征在艾什诺兹笔下被清晰地呈现出来。苏伊士街是一条市场街，物产丰富，是人流密集之地和商品交换的场所。这里“鳞次栉比地开着一家家非洲人经营的肉店，活鸡店，杂货铺，卖电视天线等小玩意，卖色彩鲜艳的化纤布料，巴赞布，蜡染布，爪哇布，荷兰印染的”[2]。而在苏伊士街的偶数门牌一侧，旧楼房显得“垂头丧气”，大多数门窗都被碎石封死，表示拆毁之前已经无主；窗户在“苟延残喘地透气”，窗子上蒙着厚厚的灰尘，窗帘“半耷拉着”，信箱大开，没有了姓名，楼梯、阶梯不齐，墙上豁开一条条裂缝；四处标记着由“市政部门留下的日期字样和标志符号，证明了这些裂缝不可缓和的进展”[3]。

位于共和广场附近的圣康坦市场由于修路而导致交通堵塞，停驶的汽车把大量气体排到了人行道上。夏天，绝大多数的就业人口都在度假，巴黎变得更加柔和，人流也更加稀少，但并不容易透气，因为空气停滞不动，充满了有毒气体，“就像是打烊之前的一家乌烟瘴气的酒吧”[4]。到处都在挖路维修，所到之处可见蒸汽锤的撞击、钻头的旋转、混凝土搅拌机的翻滚以及雾蒙蒙的阳光中散发着臭味的新鲜沥青。此时，巴黎的寂静令人想起大浮冰上的寂静，只是没有寒冷，而代之以在烈日暴晒下表皮已经熔化的柏油路。

艾什诺兹在小说中选择了巴黎街区、市容、文化景观和人民生活作为表现对象，不仅为读者提供了巴黎城市环境的概观，更透过对城市的描写让读者看到一个事实：巴黎这座城市具有悠久、璀璨的历史文化和高度现代化的生存环境，生活于其中的人们可以在这个大舞台上展现自己的风采。然而随着现代化的演变进程，人受制于物的现象也日趋明显，人在这样的城市环境中似乎也会产生某种压抑感，不能无拘无束地工作、娱乐和生活，这隐约道出了生存环境与自由情怀之间的冲突。

二、巴黎异质空间

美国学者爱德华·W. 索杰（Edward W. Soja）曾提出一个重要的跨学

①让·艾什诺兹，《格林尼治子午线》，苏文平译，长沙：湖南美术出版社，2004 年，第 285 页。
②同上。
③让·艾什诺兹，《我走了》，余中先译，长沙：湖南文艺出版社，2000 年，第 58 页。
④同上。

科批评概念，即“异质空间”，指在真实和想象之外还有一个融合了真实和想象的“差异空间”，亦可称之为一种“他者化”的“第三空间”。“异”在此不是指数量上的稀少，而是指功能或形态上的偏差。福柯在1967年的《关于异类空间》(“Des Espaces Autres”)的演讲稿中对“异质空间”的概念进行了更为详细的解说，使这一概念在后现代语境中显现出了独特的理论魅力。

在《出征马来亚》中，主人公保尔的家就是一个“异质空间”。保尔靠家里印刷厂的收入过着富足的生活，他的家位于塞纳河前的一幢高楼里，从窗前可以眺望城市的诱人景色。家本应是人们休养生息的港湾，是灵魂和肉体得以安放的场所，然而他在家里却丝毫感觉不到温情和放松。在小说的开篇，保尔孤零零地在那个“过于明亮的套房里”来回踱步，他觉得房间“白得毫无意义且数量又多”①。这一开篇形象地建构了外部自由空间与“异质空间”的对立，隐含了塞纳区看似华丽却囚禁个性的豪宅与法国主体社会间异质文化冲突的主题。“他什么也看不见”②这句话交代了主人公被囚禁于房间的生活环境。这里虽然是日常居所，但墙上的那些画对保尔没有任何意义。窗脚处的那些绿色植物也被遗忘在它们的桶里，“同那种死的念头作着斗争”③。在这些窗户的那头，“沉甸甸的空气穿着节日的盛装”④。房间过大，未整理的床也过大，有活动柱面盖的书桌一无是处。在这里，艾什诺兹给读者描绘了一个逼真的囚禁场景，展现了一种类似于监狱或精神病院的异质文化空间，由此隐喻了巴黎人的精神世界。

在福柯的权力 - 空间理论中，空间是连接施受对象和权力的载体，它被分成多种类型，其中涉及人们生活中的很多场景，如城市、学校、军营等。“异质空间”能够在一个真实的空间中把多个看似没有关系的场所融合在一起，从而形成一种功能叠加的空间。例如，《格林尼治子午线》里的教堂既是薇拉祈求心灵平静的场所，也充当了严酷的权力强加的角色。教堂里没有座椅，人们得在那里站几个小时，出神地观看一场难懂的演出。观众们“看不见的一个天使合唱队在伴唱，抑扬顿挫地表现着他们的特长”⑤。一支由神甫、辅祭和杂物神甫组成的队伍以三个不停地开启、关闭

①让·艾什诺兹，《出征马来亚》，赵家鹤译，见《让·艾什诺兹作品选》，长沙：湖南文艺出版社，1999年，第257页。

②同上。

③同上。

④同上。

⑤让·艾什诺兹，《格林尼治子午线》，苏文平译，长沙：湖南美术出版社，2004年，第158页。

的门为背景，跳起了“机械而准确”的芭蕾，犹如“咖啡馆侍者编排的舞蹈”[①]。大厅里，四个穿黑色长袍的非圣职人员，手提柳条篮子，脖子上挂着写有俄文的告示，一个紧跟着一个，在参加礼拜的人当中走来走去，“犹如一条募捐的蛇……蜿蜒曲折地爬行于人群之中”[②]。在参加礼拜的人群中，有个身着制服的老者，僵直而瘦削，行动“像机器人”，眼上遮着一片黑纸，似乎“随时准备从背心里掏出一支传令兵手枪”，以便“把枪管插进自己的耳朵里”[③]。还有一些头戴面纱、窃窃私语、不显年龄的妇女，她们只能利用每周礼拜的机会，才能“从虚无之中突然地冒出来”[④]。

主日的寒冷强制性地出现在极端的季节里，越权行事，将其严寒的标志同时印在房屋的门面、行人的脸庞、声音本身，甚至空气的密度上。更糟糕的是，严寒并不局限于这些可感知的事物中，它弥漫于分开这些事物的空间，把它们相互联系起来，在它们之间建立一种距离关系、尊重关系、冰结关系。开门的商店寥寥无几，透过它们的狭窄门面，可隐约看见那些灰色的小糕点或者淡灰褐色小书上的灰尘。人行道上的行人稀少，道旁的大门关闭着。街上少有车辆，且行驶缓慢。而教堂虽然有些破旧，但是依然具有其威严，它代表了以神职人员为典型的自私、严厉，带有宗教狂热的诵经行为表明诸多信徒在非正常的虔诚中迷失了自我。

艾什诺兹关于“异质空间”的描述体现了两种力量的博弈。住宅和宗教陈规生成的“异质空间”逐渐使人们的生活无法与生存环境相适应，变得呆板、麻木和机械化，人们的心灵日渐空虚，逐步失去了生存和精神的自由。处于“异质空间”里的人们唯有在社会发展的进程中努力改变自己的生存方式，并获得被尊重的权益，才能感受到自由的气息，进而更加自由地生活。

三、人的逃离和消失

詹姆逊认为：“在当代理论中一个很重要的话题就是所谓主体性的非中心化，这是对自我，对个人主义的抨击。人们认为也许从来没有存在过什么‘中心化的主体’，也没有过个人主义的自我……”[⑤]通过分析艾什诺

①让·艾什诺兹，《格林尼治子午线》，苏文平译，长沙：湖南美术出版社，2004 年，第 158 页。
②同上。
③同上，第 162 页。
④同上。
⑤弗雷德里克·詹姆逊，《后现代主义与文化理论》，唐小兵译，西安：陕西师范大学出版社，1986 年，第 177 页。

兹的作品，我们发现不管是私人空间还是公共空间，不管是休闲空间还是工作空间，都反映了某种权力关系。所以从某种意义上来讲，这些空间与其原始功能相悖，最终变成了权力的“异质空间”。艾什诺兹笔下的人物与巴黎的关系从来都是微妙而复杂的，他们生活在巴黎，却又渴望逃离巴黎。从某种角度来说，人们根据自己的需要而建立城市，它给人们以庇护、满足和快乐。人们不断地发展和完善城市，以获得更大的满足。但是，城市又使人们感受到本质被异化的痛苦，于是他们又企图逃离自己的创造物。人与世界的关系正如艾什诺兹所总结的那样：“他们既在大众中间，又独立于大众之外。”[①]

在《出征马来亚》中，保尔想打电话，却不知道电话该打给谁。他的记事本上堆积着一连串数字和名字，如同在一座死者纪念碑的侧面，满是偏远的亲人、一面之交的朋友以及以前误认的朋友。令人窒息的房间衬托了保尔的寂寞。保尔在其中就像“伊利诺瓦本人在合恩角的时期”[②]，叮嘱着自己的灵魂，策划从这里出去的方案。但一切风平浪静，时间“如冷油般流驶”[③]。电话不响，他感到无事可做。人在现代社会中失去了自我，不再享有主宰自身命运的特权，在城市生活的荒凉中倍感孤独，看似高朋满座，但事实上无人问津。即使是现代科技的发展也无法掩饰自身的空虚和尴尬。保尔无人可见，也无话可说，只能不停地按着电视遥控：体育，一些人在投掷、奔跑、跳跃，又落下，然后“慢镜头重复一遍”[④]。虽然人在巴黎，住在一个地段繁华、配套齐全的房间里，享受着常人无法企及的富裕生活，可这并不能消除他心中的落寞之感。在巴黎这座城市，保尔一直处在流亡的边缘，时间在延伸，空虚在威慑。厨房里的一台半导体收音机“噼啪响着在呼救但沉寂显得格外清晰”，被一个额外的槽口紧紧卡着，“猛烈地轮番恐吓”[⑤]。呼救的呐喊没有被顺利接收，保尔只能在自己生活的牢房中慢慢腐烂，而自由无处可寻。

《格林尼治子午线》里，薇拉参加宗教仪式的目的是希望其能够对自己的身心产生一些有益的作用，让她的身体在“一种极其少有的平衡、非

①让·艾什诺兹，《出征马来亚》，赵家鹤译，见《让·艾什诺兹作品选》，长沙：湖南文艺出版社，1999 年，第 275 页。
②同上。
③同上，第 260 页。
④同上。
⑤同上，第 257 页。

常和谐、完美而空虚的状态下移动”①。薇拉渴望一种堕落的、悲剧的但没有混乱与危险的空虚，一种吸食鸦片的空虚，因为“那是一种真切的感受”②。她害怕回到她那乱糟糟的家里，期待宗教的救赎，渴望从中找到些许寄托，并发现自我，但于事无补。人们渴望自由，反而被城市遗弃，这预示着人之为人的可笑与荒诞。个人主体已经失去其中心地位，自由也只是一种可望而不可即的幻象。薇拉对空虚的渴望根源于她对自由的追寻，她对自己的物质生活和精神状况有清晰的认识。然而在接触教堂这个“异质空间”后，她还是无法忘掉心中的烦恼和忧愁，只能重新回到精神的流亡中。

艾什诺兹对生活在巴黎的人们所表现出来的思想情感和心理状况给予了极大的关注，把其当作文学表现的对象并辅以严肃且深入的思考。那些身处禁锢之中又企盼自由的人们无法找到摆脱现状的方法。他们始终没能走出孤寂、郁闷、厌恶的流亡状态，无论怎样选择，悖论依然存在，最终不得不回到原先的生活中去。艾什诺兹的小说经由沉沦在巴黎这座城市中的人们的所作所为，以独特而形象的方式向读者传递出一种理念：不管禁锢现象在巴黎是否真实存在，也不管这座城市被赋予了什么样的意义，拒绝奴役和占有才是通向自由的唯一道路，而自由之路必须经历千辛万苦才能变成通途。

①让·艾什诺兹,《格林尼治子午线》, 苏文平译, 长沙:湖南美术出版社, 2004 年, 第 160 页。
②同上。

第六章

自由主义与新浪潮电影

"新浪潮"（nouvelle vague）本是女作家弗朗索瓦兹·吉鲁（Françoise Giroud）于1958年写的有关青年人的一本书的名称，后来这一名称被用来指称那些由法国年轻导演拍摄的一批风格与传统电影大相径庭的新潮电影。新浪潮运动兴起的一个重要原因是战争留下的精神创伤。在第二次世界大战和战后的一段时间内充斥于法国国民心中的是消极、颓废、悲观、失望的情绪，知识分子中形成一种因苦闷、孤独、无望而玩世不恭、放荡不羁的风尚，致使标榜个体意识、自由和平等的思想备受青睐。作为当时的一种精神导向，新浪潮电影从自由主义的相关理念中汲取所需，抗拒任何形式和性质的强权专制对自由意志的打压，同时也在自由主义精神的引领下，透过电影文学和艺术的革新，以艺术审美的方式来实现超越并获得自由。1958年是新浪潮电影诞生的标志性时间，电影研究者大多把20世纪60年代当作法国新浪潮电影的终结时间，因为这种电影的形式和风格已经广泛地渗入各种电影的制作之中。自此之后，新浪潮电影的余波犹在，而且电影的表现形式也更加多样化，为法国乃至世界留下了宝贵的文化遗产。

第一节　新浪潮电影中的自由、平等和个体意识

新浪潮运动的产生有着特殊的时代背景。第二次世界大战之后，法西斯主义受到了历史性的审判，而战争造成的精神创伤则在法国人心中留下了挥之不去的阴影。第二次世界大战之后，阿尔及利亚战争和越南战争的失败也促使了法国人对战争性质和意义进行深刻反思，彷徨、苦闷、看不到前途和光明是这一代人共同的精神特质，社会体制的僵化更使青年一代的幻想破灭。第二次世界大战后，法国经济受到了美国的援助并获得了极

大的发展，但物质产品的丰富并没有使精神生活变得充实，相反，法国社会的精神贫困和危机更加触目惊心，成了文学艺术家尤其是青年文学艺术家关注的话题。当时，西方主要国家的文艺作品开始聚焦于处于成长期的青年一代，反映这一代人的生活成为这一时期文学艺术的特殊现象。

西方世界的精神状况在这一时期也发生了深刻的变化，旧有的理性规范和知识框架几乎全部遭到质疑，一道前所未有的难题摆在了当时的知识分子面前。经历了历史性浩劫的新一代知识精英开始对前辈们曾经探求的事物与道德人生进行新的思索。尽管在不同的国度历史在进程和内容上不尽相同，但基于迷茫和困惑后的发泄在某种意义上来讲亦是自由的一种表现。正如梅洛－庞蒂所言："哲学家和电影人拥有某种共同的存在方式、某种看待世界的共同视野，他们是同一代人。"① 新浪潮运动产生于这样的时代背景，其作品从主题到情节、从风格到表现手法都带有时代的印记。新浪潮电影中的一部分作品包含着创作者对第二次世界大战的反思，盖因法国社会的动荡和现实的痛苦使人们急于从精神世界找到寄托。此外，新浪潮电影与后现代主义思潮紧密相关，它在艺术上反对当时法国电影拍摄和制作中沿袭戏剧化的理论和缺乏电影创新意识的僵化状态，主张作家电影，要求发挥创作者个人的独特个性。

新浪潮电影属于后现代主义文艺的范畴，总体上并不提倡直接传达某种政治理念和倾向，其创作者并没有具体提到自由主义对他们的影响，但在以自由主义传播为主导的法国社会中，这些创作者不可能与自由主义思潮毫无联系。这类电影对处于社会变动时期的种种政治现象并没有拒而远之，创作者情有独钟的爱情、悬疑等表现内容看似远离政治，实际上弥漫在影片中的悲观气息和思考力度显示出这类作品并非游离于社会现实之外，而是带有重大社会语境的印记。

"新浪潮之父"安德烈·巴赞（André Bazin）虽没有像其他电影理论家那样撰写过严格意义上的理论著作，但他创作的大量充满人文思辨色彩与丰富哲理的影评却大大提高了电影评论的地位，这些影评后来被收录在《电影是什么？》（*Qu'Est-ce Que le Cinéma?*）一书中。巴赞认为，应该"从哲学、心理学等尽可能广泛的角度考察电影；从尽可能多的方面（经济、政治、社会、技术、历史等）理解电影……"②。他力图在电影作品中体现创

① Maurice Merleau-Ponty. *Œuvres (Édition Etablie et Préfacée par Claude Lefort)*. Paris: Gallimard, 2010, p.75.

② Pierre-Aimé Touchard. D'Esprit au Parisien Libéré. *Cahiers du Cinéma*, 1959, *16* (91): 6.

作者的个体生命的人文精神和人格力量，让作品显示出一种哲学精神和震撼灵魂的人格魅力。巴赞尤其强调，电影必须真实、自由地反映现实，必须带有强烈的意识形态倾向，反对弄虚作假和粉饰太平的行为。他赋予电影的道德价值以极高的地位，旗帜鲜明地提倡电影的教化功能，希望“电影能够以神奇的方式穿越文化、政治、艺术的界域，点燃人们的激情，在动荡不安的世界中成为‘高尚’的最后避难所”[①]。

巴赞提出了“电影是现实的渐近线”[②]的现实主义观点，他对蒙太奇和其他电影形式的反对也是基于这些形式中的人为设计和干预破坏了客观真实性，歪曲了客观事物的本来面目。巴赞颇为推崇意大利新现实主义电影，也非常关注人的存在和个体的生存处境。他曾指出：“影片抨击了穷人为了生存被迫互相偷窃的这个社会。问题不仅在于一个特定的历史制度，或者特殊的经济状况，还在于现存的社会机体本身对于来之不易的个人幸福天生就是漠不关心的。”[③]巴赞深谙社会上存在的不自由和不平等现象，真诚地希望所有人都能找到自我，把自由当作一种珍贵的必需品，在各个方面都能受到公平的待遇并享有平等对待的权利。从哲学的角度来看，人的自由和平等正是人寻找自我、体现个体意识及其重要的标识。为此，巴赞将自己的整套美学思想用“总体现实主义”一词来概括，其中最根本的一点就是要求艺术家真实地记录拍摄对象的本来面目，而不能干预拍摄对象的自然进程，更不能根据创作者的意愿将其加以分解。唯有这样，才能拍摄出真正的现实主义电影。

德勒兹出版过两部关于电影美学的著作——《电影Ⅰ：运动影像》(*Cinéma I: L'Image-mouvement*)和《电影Ⅱ：时间影像》(*Cinéma II: L'Image-temps*)，这两部专著是他哲学思想的延伸和细化，也体现了其电影美学思想的主体。德勒兹推崇莱布尼茨关于单子是世界的最基本组成单位的观点，把影像视为电影的本体论，而电影则是一种新哲学。德勒兹的影像理论超出了电影美学的范畴，指向更为广泛的社会政治领域。他在福柯权力思想的启发和影响下，对微观权力以及背后的资本运作进行了深刻的批判和揭示。但德勒兹对资本的批判更多地表现在哲学和美学等文化范畴方面。例如，他非常反对弗洛伊德的精神分析学说，因为弗洛伊德将人

① Jeffrey Crouse. Because We Need Him Now: Re-enchanting Film Studies Through Bazin. *Film International*, 2007 (6): 7-8.

② 安德烈·巴赞，《评〈偷自行车的人〉》，崔君衍译，见《电影是什么？》，南京：江苏教育出版社，2005 年，第 304 页。

③ 同上。

与人或个体与社会间复杂多样的关系简单归结为“俄狄浦斯”情结，牵强附会地解释欲望与需要的关系，如此将会导致欲望服从于外在的目的或集团的利益，使人失去自身的本质，甚至造成自身的异化。德勒兹的电影理论不仅关注对电影文本的研究，而且站在哲学的高度讨论了电影的发生、发展等问题，将深刻的哲理意蕴注入电影理论当中。他力图凭借影像特有的自由来探寻人在社会中的自由问题以及同个体意识相关的种种问题，同时为人类的思维空间开拓新的领域。

“电影手册派”给这一时期电影的定位就是寻找自由、追求自由。因此，对于自由、平等的追求是新浪潮电影乐于表达的主题，这也是个体意识的强烈表现。无论现状是否祥和，一旦对影片中人物的自由加以限制，他们就一定会尽力摆脱这种限制，哪怕要为此付出巨大代价。电影《四百下》中的安托万、《枪击钢琴师》（*Tirez sur le Pianiste*）中的爱图瓦、《朱尔与吉姆》（*Jules and Jim*）中的凯瑟琳等人物都是这方面的突出代表，尽管前途未卜，他们也不愿苟活在迷茫和挣扎之中，而是竭力追求个人自由。

特吕弗许多作品中的人物都是所谓的“世纪病”患者。其代表作《四百下》选取与青春期叛逆有关的题材，题名源自法国俗语“faire les quatre cents coups”，意为把不听话的孩子狠揍四百下。该片涉及关爱与惩罚、秩序与自由等成长和教育方面的诸多话题，折射出未成年人的灰暗心理，生动地表现了他们的不良生活习惯和隐藏的内心世界。而处于青春叛逆期的主人公安托万身上也融入了导演特吕弗不幸的童年经历。安托万面对僵化保守的学校教育制度、四分五裂的家庭环境和残酷冰冷的社会现象，多方寻求出路而终不可得。当个体自由和个体意识受制于具体的社会原因时，人们通常会对任何形式和性质的强权和专制进行持续的反抗。在成长的过程中，孩子的抵抗一旦转化为仇恨，他就被置于反抗行动的前列。该影片中有一个安托万逃离未成年人管教中心的情节：他奔向一望无际的大海，抛开一切烦恼，感到身心都在飞翔，沉重的现实正离他远去，周围的旁观者也变得模糊不清。这一情节象征着主人公要冲破社会道德规范对人的本性的压抑和扼制，让绝对自由的天性得以舒展和延续，同时也使观众对安托万向往自由的心情和行为给予充分理解，表达了人类对争取纯粹、极致的自由的期许。

《朱尔与吉姆》构建了一个由女性主导的错综复杂的三角关系。影片中的朱尔与吉姆是一对挚友，两人同时爱上了充满活力又难以捉摸的女主人公凯瑟琳，三人在这种畸形关系中不断挣扎，交替拉锯，交替占据主导位置，人物的爱恨情仇都在封闭的情感空间中尽情地释放出来。特吕弗幼年曾遭母亲遗弃，他想利用电影来填补自己内心深处母爱的缺失。如此看来，凯瑟琳这一形象隐藏着特吕弗本人对母亲形象的幻想。女主人公凯瑟琳向往自由、无拘无束，她既不完美，也非阴险毒辣；不相信爱情，但又渴望爱情。她在影片中自由选择个人的情感和命运，并成功地掌握着男性的情感走向。她具有乐观精神，但仍摆脱不了无尽的哀怨。她不取悦任何人，却带有强烈的控制欲，想让所有人对她俯首称臣。特吕弗期望影片中的人物可以尽情释放情欲，生活和感情都能得到自由发展，却又塑造了一个极其强势的女主人公，其控制欲在影片中得到了细化。凯瑟琳的个体意识极其强烈，她要确保自己始终处于被仰视的地位，她不仅要控制身边人的行为，还要控制他们的精神。这种爱情方面的不平等与特吕弗倡导的自由、平等理念相悖，因此他透过这个人物表达了自由、平等应该惠及所有人的思想。

戈达尔也是新浪潮运动中一位特立独行、不言放弃的代表人物，他在自己的作品中也传达了自由、平等理念。在影片《卡宾枪手》（*Les Carabiniers*）的末尾，利西斯和米开朗基罗将分类捆绑好并放置在皮箱中的明信片拆开、并置、打乱顺序，在向妻子展示了上面印着的世界名胜之后，他们最终把明信片抛向空中，让其随着狂风的挟裹快速翻飞。这里的每一张明信片似乎都以无声的辩证意象竖起了巨大的警示牌：历史的进步制造出许多虚假的欲望，人类财富的积累和喧嚣吞没了被压迫者的苦楚和呻吟，进而把个人异化为虚假欲望和物质财富的奴隶。戈达尔似乎是想赋予这段影像以一种颇有深意的隐喻：旧知识系谱已经分裂成零散的碎片，而新系谱却迟迟不见踪影。建构“宏大叙事”的意图业已受阻，对终极意义和绝对真理的自由追求只是一个可望而不可即的梦幻。这个隐喻或许还蕴含着如此诘问：人类文明的历史是否定将走向进步？明天的人们是否真的会比今天更加自由？

戈达尔的重要作品《阿尔法城》（*Alphaville*）反映了一个未来城市中人的绝对“异化”的生存状态，也反映了资产阶级意识形态对个人意识的宰制和禁锢。这一座死寂冰冷、无情无爱的“死城”里的一切都受一台名叫阿尔法 60 的机器人掌控。感情在这座城市里是不存在的。女主人公竟然不知爱情一词的内涵，这种情感连同人类的一切欲望都因被视为绝对权威统治的对立面而销声匿迹。影片蕴含着强烈的政治色彩，透过一系列情节和场景来表达资本主义对人民的控制正在改变方式，传统的国家暴力机器的强制干预因不再适合时代的需求而日渐式微，意识形态国家机器即将发挥其应有的作用，现代权力主要依靠教育、信仰、媒体来钳制人的思维。当代社会中工具理性内在逻辑的极端膨胀、科学技术的畸形发展势必会抹杀人性。人们感觉不到权力的运行，却无时无刻不受权力的压迫，表面上似乎可以自由选择，但这种选择只能囿于一定的区域。在这样的社会中，人们毫无自由、平等可言。该影片反思了理性主义文化特别是现代技术、工具文明对人的压抑与人的全面异化现象，表达了追求人的生命意志，深入人的心灵、思维空间来探索人的生命和存在的意义。

《精疲力竭》是戈达尔的成名作，也是新浪潮运动的标志性作品之一，其反社会的主题造成了极大的轰动。影片讲述了年轻的米歇尔在杀死一名警察后逃到巴黎，一面到处借钱，一面又同女友帕特丽夏厮混，结果被女友告发，死于警方枪下。影片中的男主人公是一个反英雄的悲剧式人物，当他知道女友将他出卖的时候，却不愿逃生，而是任凭警方处置。他对毫无意义的生活的抗议仅仅表现为因中弹而躺在大街上时嘴里发出的“可恶”俩字，这种抗议展现出后现代主义作品中始终存在的荒诞感。当自己的生命都要任凭别人摆布时，自由和平等也就成了一些虚妄的字眼。影片中，米歇尔盗车、偷钱、抢劫、杀人的举动正是对传统信仰和传统道德的极力反叛。该影片的创作者对造成主人公牺牲的外在社会制度进行了隐晦的批判，努力营造一种既无暴力威胁又无意识形态专制的社会氛围，也流露出反对一切形式的宰制和压迫的强烈倾向，而追求绝对自由的种种行为则充分展示了个体的正面价值和可控的创造性，体现了充满个人独立意志的自由主义精神。

克洛德·夏布洛尔（Claude Chabrol）是新浪潮运动的奠基人之一，早年曾凭借《英俊的塞尔日》（*Le Beau Serge*）和《表兄弟》（*Les Cousins*）享誉影坛。这两部影片都是围绕中产阶级的价值观和原始情欲的冲突而展开的。前一部影片叙述青年瓦扬从城市回到群山环绕的荒村中，他百无聊赖，因酗酒而堕落，神的力量也无法将他挽救。后来，他同妻子的妹妹相爱，生下小孩，最终重获新生。后一部影片不落俗套地刻画了农村青年的颓唐、苦闷：乡下表弟跑到城里，看到了富裕表兄酗酒、狂欢、彻夜玩乐的大学生活。乡下表弟在学业和感情上都不是表兄的对手。他想杀死表兄的计划未能得逞，反因意外而命丧枪下。这两部电影确立了夏布洛尔在新浪潮运动中的重要地位，其风格趋向朴实的自然主义。其影片在揭露社会中的不平等现象、展现后工业时代的人们近乎绝望的情绪的同时，也隐射了尊重生命价值，恢复人与人、人与世界之间的和谐关系以及重构人与自然自由、平等社会的意图。

《穆谢特》（*Mouchette*）是罗伯特·布列松（Robert Bresson）导演的作品，在这部电影中，布列松试图“将静止与沉默传达的东西挖掘殆尽”[①]。作为自然界的一员，人具有世间万物不具备的思想性，这一点决定了人在自然界的主体地位，同时也决定了人自身的复杂性。少女穆谢特这一形象充分体现了人性的复杂性。她默默地忍受着来自社会和他人的欺凌，没有倾诉的对象，也无法得到社会的原谅。在短暂的一生中，她对生活满是畏惧，最后走上了自我毁灭的道路。从人性的角度来看，穆谢特渴望自由，也渴望拥有独立的个体意识，但是在缺乏仁爱的社会里，她无法找到自己的栖身之地，只能以激烈的方式来抗拒世俗的种种不平等，直至以死亡的方式宣告她对这个世界的拒绝。布列松详细地揭示了女主人公复杂的内心世界，以电影的艺术手法回应了“不自由，毋宁死”这一至理名言。

“左岸派”的主创人员均来自知识界和文学界，具有品位高雅、思想前卫的特点。他们作品的题材常常与政治有关。由杜拉斯编剧、阿兰·雷乃（Alain Resnais）导演的剧情片《广岛之恋》（*Hiroshima Mon Amour*）和雷乃执导的短片《夜与雾》（*Nuit et Brouillard*）都选择了反战题材。前者记述了一位法国女电影艺术家与一个日本建筑工程师之间的爱情纠葛，展现了对似水年华的回忆，也寄托了创作者对东方的痴情和怀念。但更重要的是，电影揭示了法西斯发动的非正义战争是造成男女主人公爱情悲剧的重要因素，也是造成全人类不公正、不合理状况的重要原因之一。以自由、平等、博爱自居的西方民族将这种非正义的行为延伸到广大地区，在世界近代史上留下了耻辱的一页。影片向观众揭示了一个道理：类似的历史悲剧不仅仅发生在广岛，它是人类的共同伤痛。要寻求人类的自由和平等，就必须唤醒世人的良知和正义感，重寻失落的精神家园。后者揭露了第二次世界大战时期纳粹集中营的恐怖暴行。纳粹党在掌权之初就修建了大片排列整齐的集中营，很多犹太人被关押至此，他们忍受了常人难以想象的折磨和侮辱，一大批人死于疾病、饥饿和苦役。1942 年后，集中营难民的境遇更加恶化，他们中的很多人被用于药物试验，造成遍地尸体的惨状。尔后，集中营人数倍增，他们不堪重负，成堆的尸体被推土机推入大坑掩埋。影片的主题在于警醒世人：尽管战争已经结束，但追求自由、爱好和平的人们绝不能掉以轻心，必须想尽一切办法来防止法西斯势力卷土重来。

① 罗伯特·布列松，《电影艺术摘记》，单万里等译，载《当代电影》，2001（1），69 页。

由罗伯－格里耶编剧、雷乃导演的《去年在马里昂巴德》(*L'Année Dernière à Marienbad*)，被评论界誉为“现代意识流电影的巅峰之作”。像小说一样，该影片充分体现了写物主义的创作思想。从电影创作的时代背景来看，后现代或后工业社会中科学技术和物质生产力的高度发展、社会经济的飞速增长、资本增值力的持续增强以及资本对劳工统治力的不断强化，创造了大大超出人类实际需要的财富。人被自己创造的物质财富所控制，失去了对物的自主权，异化为“非人”。《去年在马里昂巴德》的情节大致如下：男主人公 X 在一所公馆里试图说服女主人公 A 遵循一年前的约定，跟他私奔。一年前，他们好像曾经在这所公馆里相恋过，但碍于 A 的丈夫的存在而无法深入发展，于是约定一年后在此公馆幽会。尽管 A 矢口否认与 X 相识，但其言谈举止又让人浮想联翩。此外，A 的丈夫又疑似知道 A 与 X 之间的暧昧。这一连串的事件似乎都在构建某种可能，而真相并不重要。影片着力在崭新的叙事时序中，构建一种属于内心世界的时空，主创者以冷峻、客观的态度营造了一个不加判断的想象世界，通过简化人物形象、淡化情节表达了人与人之间一种新型的深层关系，反映了处于物件重重包围之中的人类主体的被动性，深刻地表现了全面物化时代主体危机的特征。影片创作者大概是想用电影这一艺术形式来传达 20 世纪的某些社会状况，这种意图与丹尼尔·贝尔的思想极其相似：

> 资本主义经济冲动与现代文化发展从一开始就有共同的根源，即有关自由和解放的思想……尽管两者在批判传统和权威方面如出一辙，它们之间却迅速发展为一种敌对关系……当工作和生产组织日益官僚化，个人被贬低到微不足道的角色的时候，这种敌对化的冲突就更加深化了。①

《去年在马里昂巴德》的特殊性在于：电影中的一切都如外在的物象一样纷乱、模糊、无序，人物缺乏个性，没有思想，甚至连外貌都复杂难辨，人物的生命状态如物质世界般冷漠、客观、不可理喻。人与人之间恰似物与物之间那样不能沟通，也无法互相理解，这种后现代现象反映了人类的生存状况以及人类对个人自由和个体意识的诉求。

历史传统的崩溃、主导思想的匮乏、对不确定性的彷徨与苦闷使得新浪潮电影艺术家对后现代思想和文化给予了极大的关注，他们在创作上也

---

①丹尼尔·贝尔,《资本主义文化矛盾》, 赵一凡等译, 北京：生活·读书·新知三联书店, 1989 年，第 33~34 页。

受到了后现代主义思潮的深刻影响。不过，这派电影人也同后现代主义文学家一样，承袭了前辈思想家渴望自由、追逐自我认知和追求个人价值的秉性，对社会生活中的种种成规带有质疑和批判倾向。这些精神体现在电影里就成了新浪潮电影的代表精神，那就是“对人生和世界的悲观宿命的哀叹，对个体与人类整体、人与自然和社会的相互疏离的揭示，对再现和模仿现实的艺术观念的决裂和对表现和宣泄自我的艺术精神的追求”①。新浪潮电影突出了一种自我意志和主观精神，它不仅以反文化的立场颠覆了对传统电影艺术的深度思考，而且在电影作品的表现内容方面与时代和社会接轨。新浪潮电影艺术家本着为大众谋利益的主旨，在自己的作品中多次表达自由、平等的思想。他们倡导个体意识的表现，积极地为弱势群体鸣不平，这种嫉恶如仇的态度也反映出当时的后现代艺术家普遍具有的自由主义情怀，具有不容置疑的进步意义。

第二节　自由主义与新浪潮电影的“去主体化”特征

自由的观念与“主体”的概念密切相关。从古至今，自由与“主体”的关系问题时常被叩问，而在不同的时代和不同的社会背景下，各阶级、阶层和利益集团的思想家、理论家和政治家对此却提出了大相径庭的见解。许多西方思想家对这个问题的看法仍具有一定的共性，他们认为自由是人应该追求的最高价值，自由不仅具有终极意义，也具有当下的意义。为了赢得更多的自由，人类和个体必须合理地宣扬“主体”或“主体性”，使“主体性”的生命存在获得更高层次的自由。

“主体”的概念源自拉丁文“subjectum”，意指“作为基础的东西”，在西方哲学史上经历过一个漫长的演变过程。在亚里士多德看来，“主体”即“实体”，这个概念既可以指涉人，亦可泛指实际存在的物，它承载了一切事物的性质、变化或状况。近代人文主义思想强调“以人为本”，竭力彰显“大写的人”，使“主体”概念更多地与人相关联。“主体”在笛卡尔的理性主义哲学中成为专门与人相关联并着重凸显人的主观能动性的哲学范畴。其名言“我思故我在”蕴含的内在逻辑在于：“我”可以怀疑一切，但作为怀疑之承载者的“我”实实在在地存在，不容置疑。笛卡尔的“主体”概念体现了自我、心灵、灵魂之于“我”这一实体的意义和价值，从

① 武岳，《浅析法国“新浪潮”电影的背景、特点与贡献》，载《新闻世界》，2014（6），247~248 页。

这个意义上讲，他的哲学开启了近代主体哲学的先河。“主体性”也是黑格尔哲学的重要原则，旨在重树作为主体的人的尊严。但黑格尔的“主体”与近现代“主体性”哲学意义上的“主体”实则差别颇大。黑格尔的主体概念拒绝“主客二分”的逻辑预设，认为“主体”不是一个抽象的概念，而应摆脱自我封闭的状态，“主体”不能与“客体”分离。黑格尔“主体”和“主体性”的观点可以被视为对传统“主体”概念的消解与颠覆，在一定程度上具有“去主体化”的倾向。黑格尔相信，“主体”的最终发展以实现人的自由为旨归，而以市民社会为表现方式的资本主义社会就能够实现自由。黑格尔的理论也影响了马克思“主体”思想的建构，但马克思的理论与黑格尔及传统的人本主义理论有着极大的差异。马克思通过对政治经济学的研究发现，资本主义社会有其自身不可克服的矛盾。他将“主体”和人的考察与社会历史的发展过程紧密结合，在社会物质生活的生产与再生产的过程中透视人的存在方式，坚信只有消灭资本主义社会，人的自由才能真正实现。[①]他所创立的历史唯物主义在某种意义上也是“去传统主体化”的结果。

后现代主义理论对传统的主体观也进行了深刻的反思和批判，盖因这种主体观预设了一个高高在上的万能主体，而客体的命运则完全取决于主体的设定和操控。更有甚者，传统的主体观还先入为主地把自我当成主体，提倡一种自我中心主义哲学。后现代主义认为：“主体中心主义以主客二元对立为前提，而主客二元对立的实质，就是要毫无节制地提升人在世界中的地位，凸显人的主体性，为人在世界中的统治、占有权提供内在根据。”[②]这正是西方哲学步入迷途的根源。因此，解构了主客二元对立结构也就颠覆了主体中心主义，实现了人在社会及自然界中的真正自由。

传统电影往往追求主题的宏大、人物形象的真实、思想意义的深远、表现形式的完美和叙事结构的统一，通过对全局性、稳定性、秩序性、宏大性的维护，导出与普遍性、真理性和理想相关的种种预设。而在西方后现代主义思潮的启发下，法国新电影文本的叙事已经在某种程度上从方法论转换到本体论的地位。新电影开始尝试“去主体化”的叙事策略，在一种刻意扭曲的叙事逻辑中对作者的“主体性”和认识的“主体性”进行解构，强调将文本作为对象，以实现对电影文本意义的消解。

巴赞认为，电影试图“表现的主体”决定了它必须逼近现实，因此不

①冉光芬，《黑格尔的主体观对马克思的影响》，载《山东社会科学》，2012（4），21页。
②张其学、姜海龙，《主体性的式微与文化霸权的解构》，载《学术研究》，2010（3），46页。

应将大量精力放在追求电影的“附加值”上，否则必然会偏离电影拍摄的初衷。巴赞很早就提出了“作者电影”(cinéma de l'auteur)的概念，坚持“电影的价值来自作者……相信导演比相信主角安全得多”[①]的观点。现代电影技术使作者和导演发展出一套独特的“书写方式”，它摒弃了传统电影对作者“主体性”和认识“主体性”的肯定，以一种开放的思维构成电影独特的精神世界。巴赞认为：“优秀的影片当然离不开艺术家个人的视野与电影媒体客观本性的精妙平衡，但抽象化和人为技巧应当削减至最低限度。应该让素材本身说话，将电影再现世界原貌的本性作为电影美学的基础。”[②]电影创作者要注重生活细节，透过对普通的人、事件和场景的诗化来挖掘事物的诗意内涵，使电影作品既不是物质世界的象征性概念，也不是物质世界的纯客观记录。巴赞所尤为关心的并不是世界的外在面目，而是世界的本质属性。世界的本质是思想，而非表象，因此他倡导以心灵和想象去触及表象的世界和历史的发展过程，用电影艺术体验和揭示历史或社会本质的真实，并最终通过创作者独特的艺术风格将这一切呈现出来，在束缚与自由的两难抉择中洞见作为意向性行为内容的意义，在作者意向性的真实行为中发掘和显现事物的本质，在电影作品中体现作者的人文精神和人格力量。虽然巴赞没有亲历新浪潮电影的勃兴，但他的电影理论却给新浪潮运动提供了启示。

美国现代主义者吉迪恩·巴赫曼（Gideon Bachmann）在谈论“作家电影”特征的时候说过：这种电影使

> 创作者和他的作品之间产生了一种新的联系，这种联系又在作品和观众之间造成一种新型的联系。创作者通过他影片的形式来表达他自己心目中的真实。他让观众自己去理解这种真实。他不再向我们叙述故事，他让观众亲自参与他在影片中表现出来的那种生活。他并不表现现实，他只表现现实的表象，而对这种表象则可以作各种解释。总之，他创造一种真实的现实，需要观众自己决定对待它的态度。这是一种从个人角度来对待艺术的方式。[③]

这段话清晰地说明，由于个体在后现代的工业社会中处于被异化的状态，整个社会的无序性和盲目性与日俱增，人与人之间的关系日渐疏离，

---

① André Bazin. *Le Cinéma de l'Occupation et de la Résistance.* Paris: Union Générale d'Éditions, 1975, p.63.

② Ibid, p.66.

③ 转引自邵牧君，《略论西方电影中的现代主义》，载《电影艺术》，1980（11），62页。

人与社会则彻底脱节，不确定性已成为新时代的一个显著特征，因此传统电影的作者“主体性”和认识“主体性”已不能用于表现新时代的精神。需要注意的是，这里的作者概念完全不同于导演概念。作者的艺术世界观决定了电影风格的统一性，他不仅以自己的艺术理念和表现手法确定影片的特色，更以自己的一套电影符号体系区别于传统电影的叙事方式和形象塑造方式。而导演只是通过场面的调度和实际操作来体现作者的风格和个性。既然如此，电影本身就不应该向观众直接灌输某种思想，而应该“直接向我们提供存在于世间、对待事物和他人的那种特殊方式”[①]。

法国新电影经常运用的手法之一是对传统作者“主体性”的解构，传统电影那种全知叙事遭到消解，电影创作者不再是无所不知、无所不能的上帝，影片留给观众或读者的也不再是一个明晰的答案，而是大量无从求解的空白。例如，在《去年在马里昂巴德》支离破碎的情节中，男主人公 X 和女主人公 A 之间不断的回忆和呓语将过去和现在纠缠在一起，影片中的人物身份和他们的关系均无法确认，创作者对“去年”和“马里昂巴德”这两个用于明确标示时空的概念语焉不详。对于男女主人公而言，维系他们关系的唯一纽带就是 X 所述“去年”在马里昂巴德的一段时光，A 的否认和 X 的极力证明都反映出一个基本事实：过去并不存在，即便存在，也无法证明。换言之，过去的一切全都可以被改写，“去年”只不过是创作者头脑中一个不确定的印象，既然如此，怎么解读或者由谁解读皆无不可。创作者在影片中放弃了对作者“主体性”及文本真实性的承诺，使作品充满了种种不确定性且蕴含了一些戏谑、嘲讽，把对过去事件的高度怀疑态度最后传达给了观众，引领观众对现实和生活进行更深层次的质疑。

《精疲力竭》是新浪潮电影中最受评论家和观众赞誉的影片之一。男主人公米歇尔是一个无视伦理、道德和法律的浪子，他在马赛偷了一辆轿车，独自驱车前往巴黎，并在车上大声自言自语，甚至直接面向摄影机对观众说话。随后，他头脑发热，开枪打死了一名盯梢的警察，一路狂奔逃到巴黎，在街上邂逅了女主人公——卖报女帕特丽夏。影片中多次出现两人闲谈的场景，这种毫无意义、不断变换主题的对话贯穿始终。帕特丽夏被米歇尔自由散漫、玩世不恭的态度所吸引，但又对这段爱情的前景感到忧心忡忡。这种巨大的反差最终促使帕特丽夏背弃了自己的爱人，她向警方举报了米歇尔的犯罪行为。在整部影片中，人物的出现和事件的转折不

① Maurice Merleau-Ponty. *Sens et Non-sens*. Paris: Nagel, 1996, p.74.

带任何铺垫，显得异常直接和突兀。导演戈达尔在创作伊始就表明要在这部电影中大肆破坏创作者的“主体性”，他推崇布莱希特的间离理论，强调观众与电影叙事的距离，“逼迫”观众以全然的主体身份参与文本意义的创造过程，让人物与观众直接对话。他轻快自由、充满活力的剪辑增强了影片中各个场景的浮夸性和不确定性，他不仅抛弃了古典叙事所需的戏剧特质，更不加节制地引入各类文本和符号，将高雅艺术与流行文化融为一体。创作主体的消解和复杂的指涉结构不可避免地解构了叙事，片中人物的身份认同不再清晰，故事元素和符号所指难以捕捉，意义也不再稳定“在场”，而是被推向永恒的建构过程之中。戈达尔的这部影片不厌其烦地叙述人物的日常琐事，更多地采用纪实手法来展现“生活流”，透过现实生活中的具体细节和非戏剧化的生活流程来体现人物的行为方式和行动过程，进而消解了创作主体，突出了一种自我意志和主观精神，以反文化的立场颠覆了对传统艺术电影的深度思考，打破了大众既有的观影习惯和观念，试图以一种无序、浪漫、即兴的创作方式来表达解构与自由的思想。

新电影在消解创作者“主体性”的同时，认识主体也遭到了不同程度的解构。罗伯 – 格里耶电影中的人物对自己的身份产生了深切的迷惘和困惑，甚至连原本应该再明晰不过的人物之间的关系和人物活动的场所都变成了模棱两可的悖论性存在。戈达尔的电影时常会用一连串跳接的镜头进行叙事，其中可见人物背景和形象的不统一，而故事时间也随之发生转换。这种人物形象的不确定性使得人物对话和电影叙事语言都没有固定的标准，后一行为往往否定前一行为，后一句话往往推翻前一句话，形成一种不可名状的认识主体的消解形态。

雅克·里维特（Jacques Rivette）拍摄电影时始终抱持一种理念，即“叙述始终迷惑，表演是场游戏”[①]。他导演的第一部影片《巴黎属于我们》（*Paris Nous Appartient*）讲述了一名音乐家胡安的自杀以及他的亲朋在聚集场合猜测其自杀原因的故事，但谁也无法确定他自杀的真正原因。亲朋之中有他冷艳的女儿特丽、剧场导演杰拉尔、信奉虚无主义的菲利普、游戏人生的皮埃尔以及他的妹妹安妮。胡安的女儿特丽是一个老于世故、擅长交际的女人，她与三名男子的关系错综复杂。胡安死后，他的创作录音带也不见踪影。安妮竭尽全力寻找真相，想要拨开层层迷雾。然而，她的努力仿佛使事件背后的存在愈隐愈深。在这部影片中，导演凭借一桩谋杀案将生活场景融入悬疑剧情节，关注个人在现实社会中的处境和感受，反映人物

①谭易，《雅克·里维特：唯一确定的，是不确定》，载《文汇报》，2010-09-10，第 11 版。

情感变化的微妙过程，但并未着眼于故事的叙述和人物的塑造，也不直接针对社会问题发言，更不对人物进行典型化、道德化的处理。该影片采用纪实手法，风格真实、内敛，又充斥着令人费解的文本互译和抽象的符号。导演将众多角色放在一个房间里，靠人物的潜意识带动意识，让所有人忠实于内心，忠实于事态的发展。该影片似有一种催眠的力量，让观众恍惚觉得眼前的所有起伏和纠葛都顺着自己的意识流淌而出，其中的人际关系、事件表象充满了不确定性，认识主体被完全解构。然而，认识主体的消解意味着能更自由地将情节与人物放置于表象与真实、正常与荒诞、稳定与混沌的对立之间，渐渐由局部揭露出人们交往当中普遍存在的秘密、阴谋与欺瞒。

阿涅斯·瓦尔达（Agnès Varda）的影片《五至七时的克莱奥》（*Cléo de 5 à 7*）记录了流行歌手克莱奥在等待癌症诊断报告出来前的 90 分钟里在巴黎街头游荡的过程。这部未经任何剪辑的作品使主人公活动的时间与电影持续 90 分钟的时间完整对应，极大程度地挑战了蒙太奇造成的时间幻觉，堪称“实时电影”的代表作。影片舍弃完整的故事情节，没有以主人公为中心来反映她对自己病情的忐忑心理，也没有围绕她的病情及她与别人的互动，而是将她在外面游荡的过程真实地记录下来。衣帽店、咖啡馆、学校、电影院、公园、医院以及鳞次栉比的街道都被一一呈现出来，咖啡馆里谈论诗歌、艺术和政治的顾客，传送着英吉利海峡冒险消息的出租车司机，愉快地回忆起夜间驾车险遇的女司机以及表演活吞青蛙的街头艺人全都映入观众的眼帘。人物主体在影片中遭到彻底消解，观众从克莱奥看到和听到的内容中难以窥见隐喻或象征的意义，对她的心理活动也无法得到明确的暗示。影片中的时间消解也极为明显，片名中的“五至七时”含两个小时，但导演只记录了一个半小时内发生的事情。或许那剩下的半小时是导演为影片预设的一个开放式的结局，而这种结局恰恰给观众留下了无限的想象空间。摄影机模仿人的眼睛，选择性地抓拍不同的场景，再将这些镜头组合起来构成某种意义。例如，克莱奥在大街上的一系列遭遇，可被视为她受到启发而冲破束缚、找寻自由的过程。她来到朋友制作人体模特的艺术作坊，摄影机镜头穿过一群尚未制成的人体模型，这似乎在隐喻人类只有回归到原始、纯朴、自然的状态才能获得自由。在影片后半部分，克莱奥偶遇即将奔赴战场的士兵，笼罩在心头的阴霾随之散去。她找到了一个真心关爱她的人，对爱情也有了比以往更加深切的体会。她逐渐敞开了心扉，获得了真正的自由。影片的主体部分使用黑白胶片拍摄，而开头和结尾却是彩色摄影，将女主人公确诊前后的心态变化和她对生活意义的不同理解形成鲜明的对照。这或许也预示着人类就是这样怀抱着生存的希望，眺望着未来与远方，逐步走向人生的终点。

戈达尔有言：新浪潮的真诚之处在于它恰到好处地表现了所熟悉的生活，而不是蹩脚地表现它不了解的事情。他拍摄的影片《周末》（*Weekend*）讲述了一对夫妻骗取遗产的故事，但重点不在于情节本身，而在于展示这个过程中所发生的各类琐事。在影片中，戈达尔秉承后现代主义的“不确定性”原则，有意识地用后现代的叙事手法对人物和时空的“主体性”进行了模糊处理，致使认识主体遭到消解。影片的开头是一个持续了几分钟的镜头：一个身着乳罩和短裤的女人坐在一张半明半暗的桌子上，对着一部正在拍摄的摄影机说话，详细地叙述她参加的一次狂欢。戈达尔还让两个倒垃圾的人直接对着摄影机谈话，镜头长达七分钟。《周末》中的演员完全是即兴表演，冲动所引发的补充性对白和暴力行动几乎随时发生，演员所做的就是传达愤怒和歇斯底里的情绪。戈达尔用镜头构建一些看似无关的场景，然后把这些场景串联起来以表达主题，淋漓尽致地展现情绪细节。认识主体的消解在很大程度上体现在大量非理性的疯狂意象中，影片中的人物是一群背负着痛苦并在现实中艰难生存的“非人”，他们缺乏传统电影所规定的明确身份和清晰属性，只能在欲望和本能的驱使下苟且偷生。电影镜头的衔接也显得诡异、别扭，其中的时空关系令人难以捉摸。戈达尔以极富想象力的时空剪辑来表达自己对现实的心理感受，其目的或许是对现代科技的高速发展所引发的个人精神扭曲现象进行暗示，借此呼吁清算主体理性的统治，从理性的权威中解救个体，恢复人的真实存在。

埃里克·侯麦（Eric Rohmer）是新浪潮电影导演中相对保守的一位，他拍摄的电影《秋天的故事》（*Conte d'Automne*）沿袭了自己一贯的清新、淡漠的散文式风格，淡化情节，也不刻意塑造人物形象。其电影风格看似单调、沉闷，角色要么唠叨不停，要么行走不止。他将镜头聚焦于法国青年男女的生活圈，通过滔滔不绝、幽默生动又富于智慧的对白，将现代男女那种无法言传的爱情观感借助自然的镜头逐一呈现，将忠诚、伦理、社会价值等道德问题融入影片之中，展现出他对爱情意义的思考，同时实现了话题、风格、素材和客观条件之间的完美平衡。侯麦蔑视权威和理性，在故事叙述手法上有意消解人物的“主体性”。然而值得注意的是，侯麦的电影揭示了一个普遍存在的现象：在一个物欲或情欲横流的世界里，人们的道德感已不复存在，社会属性也消失殆尽。人在社会中逐渐沦为物化的活体，正缓缓坠入罪恶的渊薮并趋向生命意义的毁灭。他的作品是现代人自我迷失的形象写照，作品的意义不仅在于反映了现代人走向时空无序、无向的精神荒原的现状，更在于显示了解构和消解认识主体之后对精神自由的追求。

当代西方社会丑陋的现实致使智慧、思想和文化的良性作用得不到充分的发挥，人的前途、命运甚至生命也都不可避免地沦为殉葬品，因此人的“主体性”和认识的“主体性”的消解已是必然。后现代主义电影艺术家大都渴望自由，对生命的成规和价值有一种本能的追求。他们是后现代理论氛围下成长起来的一代人，不相信任何权威，对传统的绝对主义始终持怀疑的态度，质疑过去那些把事件、现象、经验简单归结为放之四海而皆准的真理以及由此得出的所谓客观性的历史和美学真实，对一切成规进行彻底的批判。这种精神就是后现代主义电影的代表精神。然而需要说明的是，后现代主义电影创作主体和认识主体消解的初衷是突出一种自我意志和主观精神，它以反文化的立场颠覆了对传统电影艺术的深度思考，打破了观众的审美习惯和传统观念，改变了传统的电影形式和电影语言，也即改变了传统现实主义的客观再现性的美学规范，而且摒弃了传统文学艺术的“主体性”。他们看到了传统电影体系存在的缺陷和与现实世界的不相容性，试图透过无序和即兴的拍摄手法来表达解构与自由的思想，实践并探索一种带有后现代“主体性”及其表现特征的新美学规范，最终经由解构来实现电影体系的重新建构。而这种新美学规范仍是创作者主体精神的产物，反映了创作者自己的主体感受，在拓展电影语言和表现手法的潜力的同时，也充分表达了电影创作者对人生、历史、世界的感悟和寄语，使电影的空间更加广阔，也使其表现方法和形式更加自由。

第三节　自由主义与新浪潮电影的叙事策略

电影的叙事策略可以理解为将电影里的情境或事件呈现或描述出来的叙述活动，包括叙事策划、叙事文本和叙事效果在内的电影叙事所必须遵循的宏观创作方针和叙事手法。传统电影属于古典叙事的基本样态，需要空间、时间和一连串因果论的事件来完成情节呈现。后现代主义文艺的重要特征之一就是要摆脱既定的法则，以“一种无深度的、无中心的、无根据的、自我反思的、游戏的、模拟的、折中主义的、多元主义的艺术反映这个时代性变化的某些方面”[1]。新浪潮电影与古典叙事电影的差异主要表现在其特殊的叙事策略方面，其创作者提倡表现内容和艺术形式的自由，在电影叙事上进行大胆而开放的尝试，调动多种元素和技巧，容纳各类电影的特点，追求故事之外的情绪和韵味，旨在充分调动大众的积极性，并凭借读者和观众的参与来填满艺术作品中的“空隙”。因此，属于后现代主义文艺流派的新浪潮电影在内容和形式上都力求突破传统的叙事策略，生动地体现了自由主义的创新精神。

一、题材无限制

在电影创作、发行和消费的过程中，题材处于重要的基础性地位。新浪潮电影意欲从各个层面反映社会现实，力求突破电影题材的局限性，让观众全方位、多角度地反思社会和人生。

在风云变幻的当代社会大环境中，许多西方作家对于理解和描述社会现实深感力不从心，只能躲进语言的世界里自得其乐。文学创作已经不再具有所谓的“中心任务”，作家也从时代的宏大社会和政治现象中撤退出来，只满足于在语言的迷宫中孜孜不倦地探索。[2]新浪潮电影在影像上较少采用宏大场景和奇特景观，把选材集中在一些小人物和日常生活的琐事上面，但在反映社会现实、重构历史、参与社会政治和展现人文主义道德关怀等方面仍释放出巨大的能量。

新浪潮电影以独特的视角再现了法国或西方的社会现实，反映了社会底层的生活，它们关注当代政治和战争，表现家庭与婚姻生活，并塑造了一批处于绝望边缘、濒临崩溃的普通人形象。特吕弗的电影之所以深受广大观众的欢迎，是因为其影片客观地再现了现实生活。其影片中的许多人物都是游走于主流社会的边缘人，他们在爱情、婚姻、家庭生活、社会关系等方面的痛苦纠葛能够让人们对社会、道德、人际关系等问题给予强烈的关注。新浪潮电影受存在主义观念的影响，强调影片是一种具有强烈个性化色彩的艺术。特吕弗的电影作品没有经典剧作的完整结构和叙述手法，却带有相当明显的个人自述风格，多部影片都与他本人的生活经历密切相关。《四百下》可以被看成特吕弗自传风格电影的代表作，但影片不追求事件之间的因果关系，而是侧重于事件本身，尤以重点事件来烘托人物，

① 特里·伊格尔顿，《后现代主义幻象》，华明译，北京：商务印书馆，2014 年，第 172 页。

② P. Roth. *The Novel Today: Contemporary Writers on Modern Fiction*. Manchester: Manchester University Press, 1977, pp.37-38.

通过一个个碎片化却具有独立性的镜头组合真实地展现生活的自然流程。

戈达尔的电影题材贴近现实，再现了当代社会中民众的焦虑和恐惧。例如，在影片《随心所欲》（*Vivre Sa Vie*）中，女性始终处于一种被消费的地位，这也反映出人是社会的产物，个体行为终究要受制于外部社会。物质社会使得人们之间的关系变得异常冷漠，沟通无力的画面处处可见，人们只能诉诸身体消费，而要克服这种现象，只能寄希望于社会的和谐。有些新浪潮电影虽然没有直接反映社会问题，但透过对个人命运和现实事件的关注，较完整地传达了创作者对社会现实和个人处境的感受，在一定程度上引起了当代社会群体的共鸣。新浪潮电影导演的生活经历和文化背景差异较大，因此他们表现时代生活的侧重点也不尽相同，这就使他们的电影创作呈现出多元化和多样化的特征。然而，他们在题材选择方面仍然具有统一性，那就是着力表现时代生活。

马克·柯里（Mark Currie）指出："历史在自身之中承载着由叙事与情节强加其上的价值观和各种臆断，因此历史知识在认为能透明地接近过去的同时常常不自觉地同意了那些价值观。"[①] 这种新历史主义观点也在一定程度上反映在新浪潮电影中。有些新浪潮电影导演从历史事件中取材，但其初衷并非要真实地表现历史事件的确切面貌，而是以电影文本来承载历史，使电影文本历史化，重构某些历史片段，让它们在影片中以新的姿态出现，进而体现电影创作者对历史的阐释。

杜拉斯的电影《广岛之恋》被业界誉为"左岸电影的经典之作"，其产生的影响和引起的反响已远远超出电影界的范围。该影片透过一段发生在异国他乡的短暂恋情，将女主角在第二次世界大战结束前夕同一名德国士兵相恋的经历巧妙地结合在一起，并让观众看到广岛经历过的重创以及原子弹爆炸的恐怖景象。杜拉斯并非想在影片中真实地反映第二次世界大战的历史，而是让今朝与往昔相互渗透，从一个战争历史话题生发出其对战争、历史、人性等的思考，从中还可见其在作品中延续的关于死亡、情欲和东方情调的印记。

戈达尔的《卡宾枪手》中清晰可见战争的残酷画面和种种披着合法外衣的暴行，但更重要的是其充满了主观性，鲜明地注入了他一贯钟情的揶揄、调侃风格。戈达尔似乎是想借历史题材说明一个道理：参战双方对战

①转引自余军，《时代生活、历史书写与道德世界》，载《解放军外国语学院学报》，2015（1），156页。

争的性质茫然无知，个人利益和革命信仰在面对血腥的行为和惨烈的场景时，都毫无意义，信仰和道德不足以承担生命的救赎，因为一切都被更大的暴行所扼杀。而造成这种局面的动因是人们对当时的政治体制盲目信仰，这种信仰促使人们对战争产生了莫名的欲望，而欲望又导致了对战争的极度迷恋。

作为体现话语权的方式之一，电影艺术的现实描写和历史书写都不可能完全摆脱特定社会中的话语权力，而在权力关系作用下的电影创作都或多或少地与这种关系中强势一方的话语相关。这样一来，新浪潮电影虽然在题材选择方面不受限制，但这种不受限制也在一定程度上反映出其创作者正是利用所掌控的话语权力来表达自己的主观意志和思想观点，以及重新思考、再现现实和历史的愿望。因此，新浪潮电影绝不是现实生活和历史场景的如实复制，也不可能做到真正的客观和全面，而是混杂着大量的主观欲望、主观理解和主观色彩，观众也因此具有自由的解释空间。

二、思想的电影

传统电影在本质上以叙述故事为宗旨，其主体是涉及故事发展的动态情节，其中贯穿了创作者的鲜明观点，而有关空间和人物的静态描画则处于从属的地位。新浪潮电影看似反其道而行之，学术批评界、读者和观众也因此更关注其中的“反电影”观念及表现形式的特色。但其实，新浪潮电影的创作者也非常注重作品中所蕴含的思想，有些创作者甚至将自己的影片称为“思想电影”，有意在作品中注入自己对自然、社会、生活和人生的看法，由此衍生出对思想与行动关系的思考，进而透过对客观现实的观照来展现人与自然、社会的和谐。

侯麦的电影体现了对人类与自然、社会和谐统一的生存状态的追求，这种追求透过其作品中“激活差异性、张扬相对性”[①] 的后现代主义特征而得以呈现。其电影思想中潜在的世界观与中国传统哲学思想中的相对主义“齐物论”有一定的联系，具有“天人合一”的大同思想。“天人合一”倡导“人与自然、社会”的和谐统一，这种思想是东方哲学观念的核心。在侯麦看来，他的电影一边是自然，另一边是人性；一边是情欲，另一边是英雄主义的优雅。在人物的言语中，我们能体味到宇宙、自然、社会的合而为一。在外在形式上，侯麦电影中长镜头的景深构图将宏观的宇宙（自然、社会客观存在）时间与人类的反思（自我感知存在）时间、观影者的

① 张泽乾，《法国文化史》，武汉：长江文艺出版社，1997 年，第 424 页。

心理时间统一在同一画面里，而其中自然界的蝉鸣声、鸟叫声、建筑作业声、飞机噪声等也应和了“天人合一”的学说，折射出中国传统哲学思想中人与自然和谐统一的观念。①

雅克·塔蒂（Jacques Tati）的《游戏时间》（*Playtime*）用风格化的方式将现代文明的冷漠转化为超现实的意象。该影片透过分散的片段和场景来表现人们所处的超现代化社会：周围满是混凝土铸就的建筑，房间密不透风，巨大的建筑空间把人与世隔绝开来，光滑洁净的地面没有一丝人气……一切都那么井然有序。然而，电影中出现的一群寻欢作乐的人却坚决拒绝这种一丝不苟的生活方式。该影片没有对白，全凭演员的肢体动作来展示其与世界的格格不入，表现出现代化都市对人的天性与自由的压抑和限制，体现了强烈的反“全球一体化”的思潮和追求人性健康发展的自由主义精神。塔蒂与新小说作家罗伯-格里耶有一定的相似之处：前者让影片中的人物游荡于一座表面活力四射而内在空洞无物的城市，即便最后的结局是被迫停下，人们依然忙忙碌碌，而这无非是为了造成不断前行的印象；后者的域外之旅注重发掘当地城市和乡村特有的价值，而对现代化都市的成就不置一词。虽然 20 世纪的新兴科技进入了居家与生活的各个领域，甚至成为整个西方文明的中心，但是社会、文化乃至人性也随之付出了巨大的代价。科学技术飞速发展的意义究竟何在？这就是影片留给观众思考的问题。

罗伯-格里耶编剧和导演的《玩火游戏》（*Le Jeu avec le Feu*）讲述了一个年轻姑娘因被控杀害女友而进了教养院的故事。其间，她接待了许多人的采访，对他们讲述自己过去生活的不同片段，并借助模拟叙述的场景把观众带入一种剪不断、理还乱的人与社会的关系中。影片采用“主观镜头”（caméra subjectif）进行叙事，将支离破碎的情节、毫无意义的动作、空旷神秘的场景、怪诞的音响配置和彩色与黑白交错的画面堆砌在一起，叙述的重点不是客观存在的社会现实，而是影片人物或创作者的“主观世界”，影片的主要内容也可以说是由主人公的意识所构成的个人的思想内容。根据现象学的观点，创作者之所以要对意识中直接呈现的东西加以详尽的描述和非因果的分析，是因为直观的生活现象作为原初世界的基石奠定了其观察和思考的第一现实。罗伯-格里耶曾经坦言：“新小说作家起步时就有一个共同的想法，就是要用全新的形式，即接近胡塞尔、海德格

①唐源，《埃里克·侯麦电影时空艺术的研究》（硕士学位论文），重庆：重庆大学，2009 年，第 54~55 页。

尔和柏格森的形式来反映社会的关系。”[①]罗伯 - 格里耶的电影创作与小说创作都以“虚无意识”来注视世界，从直观经验出发，不带任何偏见地观察事物，力求摒弃所谓的“深度模式”，将现象学的精神灌注于创作之中。他不考虑传统电影的人物和情节，而把电影当作创作者意识表现的一种适当的方法，通过人物交叉、时空倒错、事件重叠的网状结构，将叙事与议论、现实与幻境、心理与自然有机结合起来，用纯粹的电影语言和“表面化”的方法反映世界的真相。罗伯 - 格里耶意欲在一个思想逐渐开放的时代，在自己的电影创作中尽力体现自由的气息，以使电影具有开放性和未来性。

夏布洛尔的《表兄弟》从两性关系的角度如实地表现了当代法国青年糜烂的生活方式和混乱的精神状态，对当时充斥法国社会的空虚、迷惘的道德观念进行了探讨。影片以冷峻的风格反映了一对从外省来巴黎发展的表兄弟之间的关系，他们被巴黎腐化、堕落的生活方式所挟裹，他们之间的冲突不仅使他们失去了爱情，而且还酿成了生命的悲剧。影片的女主人公是一个性格开朗、追求欲望、崇尚自由的大学生，她坦承自己没有稳定的爱情观，只会随心所欲。她并不满意自己的糜烂生活，但精神空虚和性格犹豫使她无法摆脱这样的生活及周围的人群。她与表兄暧昧，与表弟也若即若离，这种人生态度为后来的悲剧埋下了伏笔。夏布洛尔通过克制的镜头语言和电影节奏冷静地展示了这个伦常悲剧，影片没有宣泄创作者的个人情绪，也没有强烈的批判色彩，而是以真诚的主题和富于现实感的影像来层层剖析人物的犯罪动机，并将创作者的主观性、对文化和意识形态的把握与新浪潮电影独特的表现手法有机统一起来。此外，该影片也是商业和艺术完美结合的典范，不仅使夏布洛尔一鸣惊人——在柏林电影节上斩获金熊奖，而且上座率非常可观，首轮放映即收获 18 万美元，在 1959 年的法国国产电影票房中居第五名。

从本质上说，电影是一种娱乐产品，但也是结合了多种媒体的精致艺术，是可以透过叙事来传达某种意识形态的一种社会实践，新浪潮电影也不例外。新浪潮电影之于习惯于传统电影表达方式的一般观众而言，只是“好看”的程度不一，但其电影语言毕竟和传统电影一样，总是需要传达意义。这类电影不管形式如何零碎，手法如何奇异，其叙事仍然无法摆脱关于个人、家庭、社会、国家或人生的道理，都带有某种特定的社会价值观，从中也足见自由主义始终倡导的人文关怀。

①转引自张唯嘉,《罗伯 - 格里耶新小说研究》, 长沙:湖南人民出版社, 2002 年, 第 218 页。

三、手法多样性

新浪潮电影在艺术风格上体现出多元主义的特征，它以多样的视觉和听觉手段打破了创作主体与表现对象之间的界限，并采用时空交叉、拼贴、戏仿、模拟等特殊的电影叙事手法。这类电影缺乏叙述中心，人物的内心状态也毫无依据，创造出了一种新的叙事逻辑，使影片形成特有的风格。新浪潮电影有多种表现手法，笔者仅针对其中的几点进行分析。

新浪潮电影表现手法多样性的特点之一是导演的时空控制机制，导演透过这些机制来把握影片的节奏和叙事的进展。电影的创作者通常打乱事件发生的时空顺序，将事件安排在一种人为的时空顺序中来讲述，运用顺叙、逆叙、倒叙、插叙等多种方法将事件重新组合，使观众能够感受现在、过去以及想象中的时空。

杜拉斯和雷乃共同创作的电影在叙事结构上采取了多时空交叉叙事的手法。《广岛之恋》摒弃以时间为线索的单一叙事模式，将顺叙、倒叙、插叙等多种叙事手法交织在一起，交替叙述女主人公的两段爱情经历，让日本男人与德国士兵的形象交叉出现。影片中人物的命运和爱情都带有不确定性，观众也无从知晓女主人公的恋人究竟是现在的日本工程师还是过去的德国情人。雷乃还多次在影片中运用长镜头来表现女主人公的情爱。例如，他通过一个 15 分钟的长镜头剪辑来展现女主人公的广岛见闻，同时不断切换镜头，使观众忽而看到她与日本男人的情爱交缠，又忽而看到劫难后的残垣断壁……随着时空的转换，两人耳鬓厮磨的现实与血肉模糊的战争情景交替出现，镜头的不断变化将女主人公的回忆与现实巧妙地重叠在一起，“在这种时空交错的视觉叙事中，导演并没有使用其他摄影技巧就将这种叙述的连贯性展现出来”[①]。

时空任意转换的机制在罗伯 - 格里耶与雷乃合拍的《去年在马里昂巴德》中亦有明显的体现。男主人公 X 在舞厅酒吧台旁边跟女主人公 A 讲述他们去年见面的情景时，银幕上突然出现一个空荡荡的大房间，镜头仅仅持续一秒钟。随即传来 X 的声音，“一天晚上，我上楼到了您的房间……”[②]。静场之后，再次出现房间的画面，紧接着是酒吧台的画面，两者交替出现，A 的记忆似乎在画面的不停转换中被不断唤醒。镜头由短变长，时空亦真亦幻，真假莫测。这种手法恰恰应和了罗伯 - 格里耶在一场

① 马赛尔 · 马尔丹，《电影语言》，何振淦译，北京：中国电影出版社，1980 年，第 203 页。

② Alain Robbe-Grillet. *L'Année Dernière à Marienbad*. Paris: Minuit, 1961, p.13.

演讲里所说的话：他的电影并不是要讲述故事，连他自己都不知道反映去年或今年的镜头究竟是哪些。因此，这部电影不是在讲述故事，仅仅是一部影片而已。[①]

新浪潮电影表现手法多样性的特点之二是电影创作者尽力在影片中凸显自己的创作风格和表现特色。不似传统电影那样通过蒙太奇技巧讲述紧凑的故事，这类电影的镜头之间有时缺乏有机联系，剪辑也很随意，进展自由，但创作者的观点或印记却无处不在。

杜拉斯的《情人》（*L'Amant*）运用大量的旁白来叙述和转接故事。视觉艺术与语言艺术相互融合，电影图像配上文字解读令电影直白、生动且发人深省，也通过电影与文学的自由组合来反映后现代艺术的特色。该影片以作者的旁白为开端："我当年虽 18 岁，但已经很衰老。"[②]视觉画面则充分展示了语言不具有的功能：缓缓流淌的湄公河、落日黄昏下的永隆长街、荒凉而不见人迹的旷野、海洋般的稻田……这些画面体现了视觉艺术本身的价值所在。在影片结尾处，当女主人公登上亚历山大船的时候，旁白再次伴随着生动的视觉形象出现："她突然发现她深爱着他，一段她从不承认的爱情"[③]。视觉和听觉形象根源于人的不同感官，画面和语言同样重要，它们的结合反映了影片创作者以一种平等的精神尊重不同艺术形式所具有的差异性，展示了语图完美结合的高超技巧。

《广岛之恋》中听觉与视觉形象的结合也充满了魅力。影片开始时，男女主人公交错的胴体、广岛遇袭后留下的一片废墟、劫后余生者的惨状等画面不断交替出现，同时辅以女主人公低声诉说广岛见闻的画外音，人物简练的对白、纪实的画面与背景音乐巧妙地融合在一起：

> 我看着那些人们……看着那些铁块……我看见一大堆瓶盖子：谁能料到会看见这个？……生命在延续……烧焦的石头……不知是谁的一缕缕头发，广岛妇女睡醒一觉，发现头发全脱光了……[④]

主人公的寥寥数语及那些无尽的沉默对于表现人物的创伤性记忆似

---

① 阿兰·罗伯－格里耶，《我的电影观念和我的创作》，参见其于 1984 年在中国作家电影协会及中国世界电影协会的演讲。

② 参见电影《情人》，该电影由让·雅克·阿诺（Jean Jacques Annaud）执导，由法国 Films A2、Grai Phang Film Studio 等公司出品，于 1992 年在法国上映。

③ 同上。

④ 玛格丽特·杜拉斯、阿兰·雷乃，《广岛之恋》，刘寿康译，见《外国电影剧本丛刊》，第 19 卷，北京：中国电影出版社，1992 年，第 13 页。

乎是一种合理的处理。图像和语言都是人类认识与表达世界的重要手段，它们既有异质的一面，更有互渗的一面，两者可以相互支撑、相互渗透、相互转化。而画面、语言和音乐的交融较之单一的手段更能直指人心，不仅给观众或读者带来了审美感受，也为人们思考不同媒介之间的冲突与转化、不同艺术之间的可能性对话以及它们与传统之间的关联提出了新的问题。

戈达尔在电影《男性，女性》（*Masculin, Féminin*）中让梅洛－庞蒂的名言以大写字母的形式出现在影片的结尾，这种形式也可以被看成新浪潮运动的电影人向梅洛－庞蒂这位哲学大师的致敬。戈达尔赞同梅洛－庞蒂提出的电影艺术理应恢复到应有的地位并同现代哲学一起探求有关真理的观点，表达了渴望自由、追逐自我认知与价值并对生命的成规持天然的批判和怀疑的态度。戈达尔电影里的这种精神成了后现代主义电影的代表精神。

电影的情节叙事通常是通过对话来展示冲突的，但让－皮埃尔·梅尔维尔（Jean-Pierre Melville）的电影则采用动作叙事推进剧情发展的叙事方式。在影片《影子部队》（*L'Armée des Ombres*）中，有一个盖世太保医生为菲利克斯做检查的场景，这个场景持续了很长时间，然后被缓慢拉回，还配上了人物在院中踱步的动作。梅尔维尔在这里用蒙太奇来预示一个假设性的结果，让观众从中体验一种奇特的效果：三名抵抗运动成员不顾一切地挽救菲利克斯的生命，传达出期望他起死回生的焦虑情绪。如此手法不仅使动作场面的拍摄更具真实感，而且还将情节起始、发展、完结的各个细节进行了一览无余的表现。

新浪潮电影表现手法多样性的特点之三是各种艺术元素的拼贴。拼贴本是一种绘画技巧，意指将报纸、碎布、铁皮、糊墙纸等材料贴在画板或画布上的粘贴技法。这种技法在达达主义、超现实主义和立体派艺术家的绘画作品中较为常见，给人以出神入化之感。拼贴最初仅仅局限于视觉艺术中，后来，这种创作理念延伸至其他艺术领域，广泛运用于现代主义与后现代主义文学当中。“拼贴实际上也是戏仿的一种，模仿其他文本的人物情节或其他文学艺术的体裁或文本的内容，将这些看似不相干的片段构成相互关联的统一体，在叙事上凸显共时性的交错并置，打破一般意义的叙事常规，以此刺激读者的期待视野。”[1] 新浪潮电影的创作者利用这种特殊的叙事手法，或展示不同艺术样式的风格，或显现主人公的内心状态，

① David Lyon. *Postmodernity*. Buckingham: Open University Press, 1994, p.114.

或创造新的叙事逻辑。

戈达尔喜爱拼贴影片风格，在拍摄过程中时常将传统叙事与纪录电影和纪实场景拼贴在一起，充分表现时间动感、空间转换、叙事情节等。其影片《法外之徒》（*Bande à Part*）杂糅了不同的风格，幽美神秘的色调、萨克斯式的风情、浪漫的巴黎文艺场景夹杂着富有文学性的台词，近景、全景、俯拍也让人深深着迷，其中还有向早期电影大师致敬的片段和几段即兴表演。虽然作品叙述的故事情节略显老套且尚欠完整，但其电影手法变换多样，表现逼真，也能让观众在欣赏时平添几分乐趣。戈达尔的影片从来没有完整地诉说一个故事，其《精疲力竭》里一个典型的特征就是将纪录片那些随意发表的时论与故事片的剧情乃至社会学思考拼贴在一起，这些风格迥异的镜头引领观众去探寻问题的所在，而非发掘人物的内在逻辑性与事件的合理性。

侯麦的《慕德家的一夜》（*Ma Nuit chez Maud*）颇受国际影评人的赞誉。电影中的天主教徒让－路易和同学维塔尔应邀到离异少妇慕德家中做客，慕德以大雪为由挽留让－路易过夜。影片重点谈论哲学、宗教和感情，将看似不适合转化为影像的文学故事成功地搬上了银幕。侯麦在这部影片中已经形成了简约和散漫风格，将简约隽永的影像与兼具文学气息和人生哲理的精妙对白结合在一起，将观众耳熟能详的旧场景和诸多新奇元素组合、拼贴，凭借对经典作品的模仿来建构整部电影的总体意象，也显现了主人公复杂的内心状态，使观众脑海中的类似记忆得以唤醒和重建。

罗伯－格里耶编剧和导演的电影《欧洲快车》（*Trans-Europ-Express*）讲述了导演、制片人和场记三人在旅行列车上即时编写缉毒故事的事情。观众可以看到他们在不停地讲述故事，甚至可以看到导演思考和指挥拍摄影片的整个过程。拼贴手法使得电影场景如同碎片，男主人公的潜意识和性心理与铁链缠身的风尘女子以及火车轨道的飞逝相关联。电影的拍摄过程与影片中要叙述的故事交替出现，它们之间似乎毫无关联。罗伯－格里耶使用拼贴技巧，将真实与虚构并置，让过去与现实重合，进而实现了对碎片化、无中心、不确定的荒诞世界的戏仿。这种新的叙事逻辑人为地消除了场景之间的距离感，通过矛盾和混乱来制造戏剧性效果，还对传统的叙事等级和电影文本的意义提出了挑战，颠覆了以生活和艺术为代表的二元对立模式，由读者赋予文本以意义，也给观众留下了诸多独立思考的余地。

新浪潮电影表现手法多样性的特点之四是呈现出以长镜头运动及景深镜头为主的美学风格。“长镜头（full-length shot）是指用一个镜头连续进行拍摄而形成的一个完整的镜头段落，它保持了空间与时间的连贯性，因此具有比较强的时空真实感。”[①]景深镜头也被称为深焦镜头，指创作者在电影构图中寻求大景深的摄影方法，以使前景最前端及背景中最深远的部分在影片中皆能清晰入焦，能够显示出空间的真实性和完整感。这类镜头大多运用散文化的情节结构和开放式的结局，追求一种记录式的真实感，旨在更接近日常生活的原貌。这两种镜头都深受巴赞的青睐，尤其是长镜头，长镜头在时间上的连续性能够最大限度地实现表现对象、时空和叙事结构的真实。巴赞认为：“运用得当的景深镜头能更加洗练、简洁、灵活地凸现事件；它不仅对电影语言的各种结构产生影响，而且还对观众和画面之间的思想关系发挥作用……如此一来，意向的含糊性和解释的不确定性就率先蕴含在画面的构图中。”[②]

新浪潮电影导演大量采用长镜头和景深镜头，表现出一种冰冻、冷漠的影像效果。特吕弗的电影一般利用实景来展现巴黎各处的景色，在真实地反映现实的同时，也将完美的画面表现出来。《四百下》中旋转场景的拍摄就是一个典型的例子：特吕弗使用景深镜头拍摄游戏场的全景，不仅清晰地反映出活跃其中的各色人物之间的关系，还生动地表现出人物旋转的动作以及背景中的物象。该影片结尾处的一个长镜头展示亦堪称经典：主人公安托万沿着塞纳河一路飞奔，来到茫茫的海边。导演在这段长达1 分 20 秒的跟拍中舍弃了配乐，完全采用全景式呈现，让纯自然的环境音烘托主人公来之不易的短暂自由。随后，音乐响起，镜头在缓慢摇过塞纳河之后再一次对准了安托万在沙滩上、在浪花里尽情嬉戏的背影。长镜头并没有到此为止，导演让镜头急推，全片定格在安托万的脸部特写上。这个镜头几乎没有移动和场景变换，主人公漠然的脸部特写最终形成一个定格画面，那迷惘而脆弱的眼神久久注视着观众，也让观众为之深深动情。这个深沉而含蓄的长镜头可谓是神来之笔，表现了安托万被压抑的情绪的一次彻底释放，而他那迷惘的眼神隐约传递出一个信息：即便看到大海，他也没有看到自由，因此反叛与逃离的隐喻才是这个长镜头要表达的深层含义。

---

①蓝凡，《真实论：蒙太奇与长镜头的历史辩证新论》，载《艺术百家》，2013（3），84 页。

②André Bazin. *Le Cinéma Français de la Libération à la Nouvelle Vague (1945-1958)*. Paris: Éditions de l'Étoile, 1983, p.184.

戈达尔的影片《周末》较多使用景深镜头和长镜头来构建一些看似毫无关联的场景，借助景深镜头淋漓尽致地展现与情节相关的一切细枝末节，然后把它们串联起来表达主题，让各种想象具体化。这种多层面和多元性的画面可以生出多义性的结果，因此在观看电影时，观众能够对画面形象的某些或全部含义作出自己的判断和理解。长镜头亦为观众提供了多方观察、多维理解被表现对象的可能性，对现实多义性的尊重最终让创作者把思考的权利交还给观众。影片中表现车祸的景深镜头和一个长达八分钟的车祸长镜头的结合可谓是神来之笔：焦躁的喇叭声让观众看到了一场未知车祸引发的由公交车、货车和轿车组成的长龙。等待时，有人显得烦躁，有人怡然自得……在这里，景深镜头和长镜头的运用去除了人工的雕饰，银幕上出现的不是支离破碎的场景，而是一系列完整的动作画面以及周边环境的展现。这一切都在不断地提示着画外空间，使画外空间与画内空间相互呼应，在本质上更加符合现实。随着镜头的运动，观众可能会更想知道发生车祸的原因到底是什么，那些荒诞、疯狂甚至血腥的画面绝对会震撼观众的想象。

新浪潮电影表现手法多样性的特点之五是流行元素的引入。高度消费的现当代西方社会创造了与之相应的消费文化，基于对传统艺术和现代艺术观念的反叛及求生本能，后现代艺术努力寻找更多的观众。在新浪潮电影中，时常可见时尚元素的复制与展现，随着高科技被引入电影的胶片制作中，影像表达的无所不能真正成为现实。

夏布洛尔《表兄弟》中的大多数场景是在城市里拍摄的，带有舞台剧色彩。在影片的开端，来自乡村的表弟查尔斯踏入夜幕笼罩的巴黎，一双带有些许惶恐的眼睛注视着喧嚣的巴黎街头，街灯的流光溢彩中闪烁着他对美好未来的幻想。镜头随着他的眼睛移动，梦幻般的巴黎容纳了一个对生活充满热情与期待的青年的梦想，为此他离开了相依为命的母亲，来到这座城市寻梦。巴黎作为时尚之都，各类光怪陆离的画面交织，其中渗透着时尚的逻辑，影片在传达思想性的同时，也以鲜明的形象传播了时尚，使其具有了某种诱惑力和召唤力，在一定程度上影响了当代青年的生活走向和潮流。音乐在这部电影里具有很重要的地位。该影片巧妙地运用音乐，表哥错杀表弟时播放的瓦格纳（Wagner）的《女武神的飞行》（“The Ride of Valkyrie”）让人联想起科波拉（Coppola）的《现代启示录》（*Apocalypse Now*）中美军飞机在越南降落的场景。尽管该影片没有壮观的大场面，但音乐里的暴力和宿命元素恰好与电影的结局相照应，使人们或主动或被动地接受这些流行文化的熏陶。

新浪潮电影对时尚的引入与市场规律和经济规律相适应，同时也符合电影艺术所应遵循的艺术规律。有些影片以娴熟的商业模式运作，将爱马仕、福特、道奇、法拉利等品牌贯穿其中，既体现了法国的时尚，也巧妙地宣传了法国的产品。这些相关元素是一个时代的主要标志，同时也对整个社会潮流产生了一定的影响。新浪潮电影中的流行原则似在提醒观众：时尚是当代生活的特征之一，而我们就身处这样的一个时代。这类电影的成功不仅在于令人惊叹的特效场面和对时尚的营造，还在于透过现象表达出对人类发展前景的担忧，创作者用这种特殊的方式来传递积极向上和自由探索的精神。此外，新浪潮电影从形式到内容都具有后现代主义文化的诸多特征，它已成为我们了解后现代主义文化的一种切实有效的途径。

根据后现代主义的观点，文学艺术起源于对自由的向往与追求，而自由也是文学艺术的最终目标和归宿。文艺创作是实践自由的一种重要方式，作为创造性自由表现的文艺作品应该反映人与世界的关系，以其特有的方式展现人的整体状况。[①]电影是一种有助于人超越自身、获得自由的极佳的艺术形式，它以综合多样的表现手法体现了人类超越现状和追求自由的生命本性，同时也以其特殊的审美方式反映了人性的自由，并由自由把艺术与人类的命运联系起来。新浪潮电影不受具体事物和现象的制约，更反对种种约定或强制规则的束缚。这类电影所提倡的受法国后现代主义思想家极力推崇的“非合法性”其实就是文学艺术的本质，最终指向任意而多样的、与精神自由相关的境界。新浪潮电影的创作者用自己的独特方式实现了对主客观的超越以及对思想和精神自由的追求，而读者和观众则通过电影作品以审美想象的方式来完成这种超越并获得自由。从这个意义上来讲，文学艺术真正凸显了文学的人学价值，并且使得人类借助这种价值来实现自身的自由。

第四节　杜拉斯电影中的“东方意象”

意象是由记忆表象或知觉形象改造而成的想象性表象。文艺创作过程中的意象主要是创作者在对实际生活所提供的经验材料进行加工的基础上，于头脑中形成的形象显现。而“东方意象”不仅可以表现在一些与东

①让 - 保尔·萨特，《萨特文学论文集》，施康强等译，合肥：安徽文艺出版社，1998 年，第 115 页。

方有关的形式符号中，如城市、物品，也可以表现在东方的意识形态、思维方式、文化资源中。“东方意象”作为一个美学概念，也可由主体通过模仿表现对象的形态创造而成，其在感性形态、具象上与客观存在的东方相似甚至达到逼真的程度。因此，很多文艺作品中的“东方意象”都是作者想象中的东方，而非客观存在的东方。需要说明的是，许多西方学者笔下所谓的东方和西方，不过是西方文化的构成部分，并非纯粹、明确的地理或文化概念，而是西方构筑的把握世界格局的观念框架。笔者的研究有别于萨义德（Said）东方主义对东方的界定，将研究对象里的东方概念聚焦于东亚、南亚和东南亚地区。

杜拉斯出生于嘉定（即后来越南的胡志明市），在远离法国的印度支那度过了她的青少年时期。这段经历以及东方文化的熏陶对她日后的电影创作产生了极大的影响。杜拉斯的电影属于后现代主义电影，其中的一些影片透过异文化书写营造出的“东方意象”打破了传统电影求同的稳定模式，展现出多元文化意识的结晶。她利用多元式的话语异质，在影片的文本叙事、话语传达、受众接受等层面都流露出其东方情结或精神向往，凸显了“东方意象”与西方文化价值观的对立与互动，也体现了其透过电影创作追求自由的憧憬。

一、“东方意象”：多元文化意识互动的结晶

人类社会的发展和信息流通的发达加速了各种文化的更新和转型，文化的不断交融必然会导致多元文化的产生。“东方意象”早已出现在法国作家的创作中，其中不乏经典之作。作家对东方的感受也不可避免地融入其固有文化当中，从本质上反映了东西方文化之间的互动，也解构了原有文化中固化的精神价值，由个体自身的反思映射出“他者”环境下“自者”的精神文化状态。

杜拉斯电影中“东方意象”的一个突出表现就是其中国情人形象的塑造，这个形象寄托了创作者逃避现实、寻找失去的精神家园的意愿。早年的侨居生活使她浸染了一种关注社会历史发展的多元文化意识，她从少年时期就游离于西方主流文化之外，不满当代西方的主流价值观，于是深入异文化之中寻找精神慰藉。《抵挡太平洋的堤坝》和《情人》改编于杜拉斯的原创小说，中国情人形象的原型就是她少女时代热恋过的一位华裔青年。在《抵挡太平洋的堤坝》中，创作者叙述的异国恋情充斥着矛盾、毁灭与绝望。少女苏珊的母亲为了经济利益欲将其嫁给来自东方的年轻富豪

诺先生，在得到了后者赠予的厚礼之后，其母依然站在白人的立场上对诺先生言语不恭。苏珊的家人出于偏见，一方面从骨子里看不起诺先生；另一方面又时常将他们的物欲毫不掩饰地表达出来，这种态度混杂着物欲、虚荣心和民族自大感。而《情人》却没有对东方人的歧视和鄙夷，该影片表现的是女主人公对东方情人的欣赏和赞美——“模样帅气，身体健康……我从来没见过你这么英俊的男人”[①]，其中还有多处两人耳鬓厮磨、裸体做爱的场景。同一人物原型在杜拉斯不同时期的两部影片中的前后变化反映了她对东方文化由排斥到接受的过程，也隐喻了东西方文化从矛盾冲突到和谐交融的流变趋势。即便如此，观众依然能够感受到《情人》中的种族情结。该影片中的中国情人形象虽然比较正面乃至完美，但女主人公的内心深处依然存有抗拒。杜拉斯的电影经常以爱情为主题，而且还形成了一套固定的程式：厌倦—等待—邂逅—尝试—灵肉交融—爱恋失意。而爱恋失意的原因不外乎种族差异、贫富差距和身份悬殊，《抵挡太平洋的堤坝》《情人》《广岛之恋》等影片概莫能外。杜拉斯以西方人的眼光审视东方文化，她对东方文化的感受反映出西方社会集体意识的底色。然而，杜拉斯人生经历中受到的多元文化的熏陶形成了其电影作品中异国恋情发源的土壤，也是其异国恋情中矛盾与痛苦的内在根源。为了摆脱这种痛苦，她尝试从东方文化中汲取所需，在西方文化的氛围中进行创作，在分享的过程中将熟悉的情感尽情倾诉，于东西方文化的互动中释放自己，一展自由的情怀。

杜拉斯电影中的“东方意象”的另一个表现是以东方情怀来对西方现代工业文明进行深刻的反思。西方现代文明承载了基督教的文化基因、追求救赎的内在冲动和面对“异教”的危机意识，形成一种带有强烈排他性与征服性的文化品格。[②]数百年来，西方现代文明依靠弱肉强食、疯狂掠夺达到了空前的“辉煌”，但资本的逻辑未必符合人类生存之道，更无法保持社会的和谐。20 世纪中叶，西方文明仍在以“科学化”和“现代化”的名义疯狂演进，原子弹就是西方现代工业文明发展到一定程度的产物之一。《广岛之恋》将西方文明带给人类的毁灭性灾难展现在观众眼前。该影片中原子弹纪念馆里那些极具刺激性的展品，如畸形的婴儿躯体、烧焦的男女尸体、弹奏钢琴的独眼女孩、头发脱光的美丽少妇等，再现了核爆

①参见电影《情人》，该电影由让·雅克·阿诺执导，由法国 Films A2、Grai Phang Film Studio 等公司出品，于 1992 年在法国上映。

②田畔，《反思西方现代文明》，2015-02-22，“田畔的博客”。

时惨绝人寰的场景。原子弹使大量的房屋变成瓦砾，使整个城市变为废墟，让人类饱受病痛和辐射的折磨，最终会彻底摧毁人类的文明。电影中这些具有象征意义的符号控诉了西方现代工业对人类的反噬。杜拉斯生活在20世纪的法国，深受自由主义思想家和后现代主义思想家的影响，对西方现代文明与东方文明的关系进行过思考，也在一定程度上认同法国先贤批判现实世界、向往自由、回归自然的观点，这种观念又与东方文化中老子和陶渊明的思想有着极大的相似性。[①]此外，杜拉斯看到了文明的进步具有对抗性的一面，文明每前进一步，不平等也同时被推进一步。要真正实现人类自由、克服不平等的状况，就应该在不断追求进步的同时，对西方工业文明的发展进行适当调整，用科学的态度去观察和学习不同的文化，因为文化的多元化和多样性是人类生存的基本保障。

杜拉斯电影中的东方意象还表现在东方文化镌刻在创作者生命中的那些难以磨灭的印记，而这些印记又清晰地显现于作品之中。杜拉斯在印度支那度过童年和青少年时期，东南亚丛林中自由奔跑的日子，汩汩流淌、永不停歇的湄公河水，无忧无虑的似水年华和青春少女的初恋构成了她对早年生活的回忆。杜拉斯作为出生在越南的法国人同时拥有两个边缘人的身份：一个是生长在东南亚殖民地的穷苦白人；另一个是自幼丧父又失去母爱的孤苦女孩。印度支那的青春岁月和边缘人的身份使杜拉斯终其一生都在双重语境、个人身份和文化认同上迷惘、追寻和放逐，也注定了东方意象成为杜拉斯作品中的永恒主题。影片《情人》抒发了她对未经雕饰的自然景物的情有独钟。该影片开头就出现了令她魂牵梦绕的湄公河码头景象：明媚的阳光、宽阔的河流以及河畔高大的椰子树。男女主人公因湄公河结识，又因这条河相恋，最后又在河岸边离别。影片中多次出现的作者旁白——“我真想再回一次美丽的湄公河畔”[②]可谓是寓情于景，表达了创作者对往昔岁月的悠悠情思。湄公河在杜拉斯电影作品中反复出现，具有重要的意蕴，也是主人公情感的载体和倾诉的对象。“对杜拉斯迷而言，这是神秘的名字，传奇的河流，作者不由自主地把自己命运的河流与传奇河流的湍流结合起来，从中窥视到了自己的宿命：‘奔向大海，走向消亡’。”[③]

---

①卢梭在其著作中多次表示自由是人的一切能力中最崇高的能力。而老子和陶渊明也多次表达了要逃离文明的愿望。

②参见电影《情人》，该电影由让·雅克·阿诺执导，由法国 Films A2、Grai Phang Film Studio 等公司出品，于 1992 年在法国上映。

③让·瓦里尔，《这就是杜拉斯》，户思社译，北京：作家出版社，2010 年，第 3 页。

杜拉斯电影中的东方意象体现出一种二元互动基调下的东西文化的碰撞和东方文化对于法国思想及文学艺术的浸润作用。电影创作者正是将来自东方文化的感觉融入自己固有的文化中，塑造自己对于新文化的体验，并以此反映出西方文明的真假善恶，从而在“自我”文化与“他者”文化之间形成一种互为观照的关系，实现自己对自由、平等的诉求。

二、东方意象：追逐于现实与虚构之间

菲利普·福雷斯特（Philippe Forest）在《薛定谔之猫》（*Erwin Schrödinger's Cat*）中文版序言里写道：

> 大家会发现，这本新书有很多中国元素，不过跟真实的中国无涉，它近乎一种幻想——一个欧洲人仅通过文学对其产生的想象。虽然真实的中国，我到北京、上海或南京转一转就会给我一个惊艳的印象。《薛定谔之猫》时不时提到的中国——从第一页开始——是一个充满先贤智者和神话传说的神奇古国，我对它的描述很多都经不起推敲，我得承认有些故事的的确确是我杜撰的。①

杜拉斯的电影创作亦有同样的特点，她擅长凭借感情的欲望和出色的想象吸收、浸润和重构异质文化，进而用电影文本形成对固有文化与东方文化的交织建构，打造文本独特的“东方意象”。杜拉斯电影中的“东方意象”有时只不过是一种想象或虚构，与真正的东方文化相去甚远，或者说并非客观事实，只是一种西方理念或理想的展现，抑或是借以反观自身的“他者”，旨在以自由的理念和方式完成自身对于原有意识形态的解构和改造。

杜拉斯的电影以女性的视角想象女性在构建“东方意象”时的参与，使得在西方父权社会中作为客体的女性在面对东方男性时竟逆转了性别上的劣势，成为欲望的主体。《情人》中 15 岁的法国少女凭借自身的种族优越性，在与中国情人的交欢中竭力释放情欲，实现情感的自由宣泄。时至今日，还有杜拉斯的影迷和书迷造访杜拉斯早年在越南的住宅，凭吊早夭的恋情或想象躯体的暴烈爱欲。②《广岛之恋》从法国女演员和日本工程师两具相拥的躯体开场，明确了女主人公在交欢中的主导地位。该影片让激情交缠的肉体与惨不忍睹的原子辐射受害者的残肢画面交替出现，表达了

①菲利普·福雷斯特，《薛定谔之猫》，黄荭译，深圳：海天出版社，2014 年，第 3 页。
②黄心雅，《杜拉斯的欲望书写》，载《联合文学》，2014 年度特刊，77 页。

爱欲与死亡只隔一线的思想。女演员借由日本男子回忆起在内维尔已逝的德国恋人，广岛和内维尔两地在女演员脑中交错出现，以至他们两人干脆用广岛和内维尔互称。内维尔只不过是女主人公呼唤德国恋人的记忆词语，男主人公也只是其德国恋人的替代品。正如女主人公所言：

> 如同这种在爱情中的幻觉，这种使人永不会忘记的幻觉还存在那样，在广岛面前，我同样也产生了我将永远忘怀不了的幻觉。
>
> 和你一样，我也曾经试图竭尽全力遗忘斗争。和你一样，我曾经渴望拥有一段难以慰藉的回忆，一种影子与碑石的回忆。[①]

广岛和日本男人虽是典型的“东方意象”，但创作者并非有意摹写真实的历史，只想透过法国女演员与日本男工程师情爱的连接找回昔日的战争记忆，并传达强烈的女性意识。据说《广岛之恋》在选角的时候，杜拉斯曾要求饰演日本工程师的男演员的面容不要过于亚洲化，因为她不希望跨文化恋情模糊了影片的焦点。在该影片中，广岛实则代表一种普世的文明浩劫[②]，个人感情在此已经上升到了对女性主体的张扬和对文明灾难的审视。

《恒河女子》（*La Femme du Gange*）是杜拉斯“印度系列”电影中的一部，也是杜拉斯自编自导的电影。影片讲述了一个发生在印度的催人泪下的故事，主人公历经磨难回到曾经生活过的城市，却发现那里已经面目全非，风光不再。“这是一座城市，空空荡荡……这里或者那里，这座城市有一个名字：萨塔拉。”[③]电影开始时银幕上出现了一个男人，他来到这座城市中的广场，“穿着雨衣，手里提着一只黑色小箱子。他迈着舒缓、整齐的脚步，一直到电影结束始终如此”[④]。萨塔拉这个名字展现了故事发生的背景，将人们带到恒河岸边的一座小城，而男人行走在广场上的场景颇有叙事的现实感，让观众感受到东方的真实性存在。伴随着男人的脚步，突然响起了一个女人的歌声，“远处有人在低声哼着一首歌，是女人的声音。《蓝色的月亮》，1931 年的布鲁斯”[⑤]。随后，银幕上又出现了大海、蓝天、海鸥等画面。萨塔拉这座城市似真似幻，梦境般的画面缩短了现实与

---

①参见电影《广岛之恋》，该电影由雷乃执导，于 1959 年在法国上映。

②黄心雅，《杜拉斯的欲望书写》，载《联合文学》，2014 年度特刊，76 页。

③玛格丽特·杜拉斯，《娜塔丽·格朗热》，户思社译，上海：上海译文出版社，2014 年，第 167 页。

④同上。

⑤同上，第 168 页。

梦想之间的距离。由恒河、印度人、当地音乐、南亚风情构成的视觉形象和听觉形象是现实的，却又提示着过去或异域发生的事情。创作者透过人物活动时空的虚实转换，让经由萨塔拉形成的"东方意象"既展示现实空间曾经的繁华，又让时空不断地转换于现实与虚幻之间，进而揭示表象背后隐藏的深层动机；也把自己的内心表露给观众，借此显露精密的人类思考，传递一些具有普适性的价值观念。

改编于小说《副领事》(*Le Vice-consul*)的《印度之歌》(*India Song*)是杜拉斯电影创作中较为成功的一部。这部影片以法属殖民地印度加尔各答为背景，讲述了三个异乡人的流浪经历：来自老挝的疯姑娘因失身被母亲赶出家门，四处流浪；加尔各答大使的夫人安娜随丈夫在世界各地漂泊多年，只有音乐给她的心灵带来慰藉；桀骜不驯的副领事终生缺乏关爱，在远离祖国的南亚也未能获得幸福。影片还反映了生存在这座城市里的众多麻风病人和饥寒交迫者的悲惨状况，以情节、画面、场景和音乐向观众展示了加尔各答这个噩梦般的城市。杜拉斯从童年起就痛恨由制度造成的社会不公，她不停地思索社会问题，在创作中始终关怀人类的命运。该影片中的印度城市景观、异国他乡情调、当地的民风民情构成的"东方意象"，写实鲜明，让观众看到殖民地并非游离于现实世界，这里的生活更易让人染上精神痼疾。作为具有双重文化身份的艺术家，杜拉斯在影片中透露出自己独特的文化见解，也表现了对曾经经历的东方生活的矛盾心情。而源于杜拉斯亲身经历的东方世界又以诗情画意般的异文化色调与西方世界在功利、世俗熏染下的精神状态形成了鲜明的对照。游走于现实与虚幻之间的"东方意象"或许是杜拉斯意欲借助的手段，目的是无情地揭露巧取豪夺的殖民制度的不公正和不合理。此外，她还想从东方文化中汲取一种质朴、善良、单纯、无染的气质，用"东方意象"反抗西方传统的价值观念，表现出对自由和个体价值不断追求的精神特质。

三、"东方意象"：电影形式美学的诗意

杜拉斯电影具有"重影轻戏"的特点，她摆脱了传统电影叙事方式的限制，倚重影像，创新了电影的叙事结构和语言，其"东方意象"暗藏颇具诗意的电影形式美学，让观众着迷于一种直观的美学风格，为法国影坛带来深入肺腑的自由气息。

"东方意象"电影美学的诗意首先透过影片的摄影得以展现。电影本质上是影像的艺术，影片的底片、颜色、光亮、取景角度、景深长度以及

摄影机的移动都会影响观众观影的感受，也会为电影带来不同的意义。

《广岛之恋》以东方男子与西方女子的爱情故事为框架，日本的生活风情、广岛劫后余生的惨景、日本男子的面目和性格都带有真实的东方韵味。然而，创作者并未用线性的方式来叙述直观的现实，而是在影片中穿插了大量的回忆场景。回忆有时连续，有时断续；有时清晰，有时模糊；有时顺序，有时倒叙；叙述时有断裂，所谓的记忆就是一些带有不确定性的碎片。有时，还使用彩色与黑白底片交替的手法来呈现现实和回忆之间的转换。导演将反映广岛原子弹爆炸的纪录片与情欲片段交叉剪辑，黑白底片现实感强烈，回忆广岛原子弹辐射的场景让人体验到一种纪录电影的真实，并将个人的苦难与战争的浩劫有效地结合起来，对记忆与遗憾、内心现实与外部现实进行探讨。导演时而用同框镜头将纠缠在一起的男女同时框在银幕上，来表现他们炽热的情感，但更多地使用广角镜头来呈现空旷甚至扭曲的空间感。摄影机俯视或从空中鸟瞰，清晰地展现了影片的东方景物或历史背景，甚至还运用特写镜头来吸引观众的注意，由此凸显“东方意象”在影片中的特殊意义。影片整体宛如一支结构严谨的交响曲，每个音符自有其存在的价值。杜拉斯曾坦言：“谈论广岛是不可能的，人们所能做的，只是谈谈不可能议论广岛的这件事。”[①] 她想借用其中的“东方意象”让观众窥见无法言说的情怀，于不确定性之中体会人世的哀伤和人性的闪光点，同时也蕴含了对不人道的战争发动者给人类带来灾难的深刻批判。

《印度之歌》亦如其他影片般情节松散，人物性格不甚鲜明，更多地注重场景和画面的唯美描述：林木葱郁的热带雨林，白色宽敞的殖民府第，包裹着头巾的印度仆役；印度的湿热笼罩着河流，还扩展到海滩；河上轻舟驶过，歌舞升平，于诗情画意中充溢着浪漫的激情。影片透过广角镜头以仰视视角将这些场景呈现得尤为引人瞩目，仿佛是创作者手持摄影机，引领观众跟随角色，与他们一起生活，一起去体味那份淡然。摄影在此不仅是表现了世界，而且主动地再现了世界。创作者对摄影艺术进行了形而上层面的思考，强调了形式与内在意象的表达，无论是创作的出发点还是艺术思维的方式都具有开创性及先锋性，也是“东方意象”在艺术美学方面的体现。影片的灯光和画面的色彩有时也十分随意，似乎在特意维持整个影片可以营造的即时感和真实感。这些摄影特色一方面表现出创作者对于“东方意象”的个人癖好，意欲给审美疲劳的西方观众添加一点异域的

①玛格丽特·杜拉斯，《广岛之恋》，谭立德译，上海：上海译文出版社，2010年，第3页。

“佐料”，而这种“东方意象”又符合法国人“把所有东西都按他们自己的口味改动，而不是改变自己来适应不同时代”[①]的自负心理，且难以掩饰创作者对西方主流话语的流露；另一方面也凸显了杜拉斯对西方传统价值观和文艺观的反叛，她超越了传统的叙事套路，用具有强烈跳跃性的画面感创作出一种诗化的意境，在揭露西方殖民者罪恶的同时，也起到了警醒世人的作用，从“东方意象”中重寻失落的精神家园。

其次，“东方意象”的电影美学的诗意得益于声与画的双重叙事。音响在电影艺术中的作用不言而喻，音效和配乐都是影响观众观影感受的重要元素。正如法国电影学家所阐释的那样：“电影艺术家或剪辑师根据声音的逼真性作出他们的选择……声音能够参与画面的叙事建构，声与画的双重叙事因此而融合起来。”[②]

《印度之歌》由 74 个镜头和 500 多句画外音构成。影片中的配音采用了先期录制的方法，由演员在拍摄前录好，有时还会出现角色之外的其他人的声音。杜拉斯坚持所有声音必须是旁白的传统，画面上的人物皆不开口说话。这部声画分离之作的声音与画面并不同步，影片中的许多音响给人以一种神秘的不确定性，如其中的 4 种画外音：

1：好像有种花的味道……？
2：麻风病。
3：这些帆船？
4：稻田。
3：在斜坡上，这些阴影的斑点。
4：人群。
3：这个绿色，它变大了。
4：海洋。[③]

杜拉斯用画外音呈现表述故事与感情的言语，男女声交错，娓娓道来，与画面相得益彰。画外音不是按照事件发生的时间线索出现的，而是按照叙事者心理活动的动态变化跳跃式展开的。这些简单交错的话语能帮助观众依据心理的逻辑线索理解作品。观众在此感受到的是可辨别的音响，看

①转引自许钧，《尊重、交流与沟通——多元文化语境下的翻译》，载《中国比较文学》，2001（3），82 页。
②安德烈·戈德罗，《什么是电影叙事学》，刘云舟译，北京：商务印书馆，2011 年，第 97 页。
③参见电影《印度之歌》，该电影由玛格丽特·杜拉斯执导，于 1975 年在法国上映。

似抽象，却富有诗意。如果少了音响，画面就完全丧失了叙述功能。借助声音来叙述的手法把往昔的故事从遗忘中显现，脱离创作者的记忆而为观众的感觉所支配。影片里城市、河流、海域及行政区域的名称都具有一种清新的音乐感，词语独特的音响效果、语言内在的或者外在的东西都蕴含着强烈的音乐节奏。影片中的音响成了电影的主宰，把电影从视觉的桎梏中解放出来。此外，影片中不时响起的优美且带有印度风情的拉格音乐无疑是影片的一大亮点。这种音乐的回旋变奏让回旋主题不断呈现，恰似生命的轮回，由此建构的“东方意象”带给人一种灵魂的超越感，协助影片营造出良好的效果和情绪。

《情人》的导演以画外音的方式来叙述故事。杜拉斯苍老、喑哑、平和的声音从画外娓娓传来，接着出现了小女孩渡河的经典画面：“我保持着这容颜，这脸孔记载我的往事……且听我一一道来。我那年只有 15 岁半，那是在湄公河岸的渡轮上……”[①]。《情人》和《抵挡太平洋的堤坝》都展现了 20 世纪上半叶远东法国殖民地里的纸醉金迷、西方少女情窦初开的意乱情迷、异国情鸳的浪漫缠绵、年少轻狂的肆意纵情，并由音乐大师盖布瑞·雅德（Gabriel Yared）配上委婉悠扬的曲子。影片以当时的经典歌曲作为插曲，并结合当地的民族音乐元素，使视觉影像和听觉影像处于一种特殊的间接关系之中，形成的“东方意象”似乎可让人领略到中国古典诗歌所传达的生离怅惘和感伤之情，具有心醉神迷的功效。电影因配乐而变得更加写实，由音乐引发的各种想象、形成的电影视觉画面刺激着观众的感官，紧扣观众的心弦，在情节尚未到位之前已增强观众的内心感受，让观众有身临其境之感，也为杜拉斯追忆逝水年华的那种刻骨铭心而唏嘘不已。

再次，“东方意象”的电影美学的诗意亦由电影中场面的调度加以表现。所谓场面调度，意指一个镜头的景框内所呈现的所有元素，包括布景、服装、人物的举止和动作、相对的空间关系及剧中的主要物件。[②]

《情人》中有永隆小镇的街景、交趾支那海洋般的稻田、牛车缓缓经过的塔梅平原、一望无际的湄公河三角洲，还有身着民族服饰的熙熙攘攘的人群。影片中的中国情人身材瘦削、性格温柔，其父为第一代移民，在西贡（即胡志明市）因做房地产生意而暴富。情人的府第临水依林，厅堂

① 参见电影《情人》，该电影由让·雅克·阿诺执导，由法国 Films A2、Grai Phang Film Studio 等公司出品，于 1992 年在法国上映。

② 林文淇，《我和电影一国》，台北：书林出版有限公司，2010 年，第 20 页。

里挂满了当地华人赠送的庆贺屏匾，附近街上还有当地华人兴建的“建安宫”。这些景物突出了影片的“东方意象”，也吸引观众去注意其特殊之美与浓郁的情感。以渡轮上的相遇为例，中国情人在看到站在船侧的白人女孩之后，坦然相迎，但他不停颤动的手指、递烟时抖动的右手以及被拒后犹疑不决的眼神皆可让观众看到他的自卑与懦弱。影片中这些重要的场面调度让女主人公对中国情人极端且绝望的爱、与家人之间的情感纠葛都与东南亚这片土地紧密相连。在时长115分钟的电影里，导演用了20分钟左右的时间将视觉感超强的色情场面呈现在观众眼前，用蒙太奇手法把文学作品中的文字描述进行了转换：摇曳的灯光、堤岸上的黑暗小屋、醉心于情欲的男女主角、嘈杂的华人街区等场景给观众留下了非常深刻的印象。然而，杜拉斯的本意并不是刺激观众的感官，而是透过“东方意象”将西方的理性化思维与东方的诗意化美学完美融合于电影作品中，由此彰显欲望的诉求，传递人的主体感受和体验，追求一种富有生命力和内在张力的表达。

《在荒芜的加尔各答她名叫威尼斯》（*Son Nom de Venise dans Calcutta Désert*）是杜拉斯导演的一部电影，其中看不到热带的浓绿、黝黑的居民及异域的风土人情，是“一部空白、贫瘠、充满空洞的电影”[①]。本片摄制于法国兰姆地区的无人宫殿，场面调度以室内空间和室外空镜互相填充，这两类属性不清的空间预示着种种想象性的场景，大量的空镜头构建的只是一个想象性的模糊空间。从某种意义上说，这部电影印证了杜拉斯拍摄电影是为了对抗电影的理念，她用后现代艺术的惯常手法完成了别出心裁的场面调度，透过拼贴创造了一种注入自己美感和理想的“东方意象”。该影片显现出导演扎实的纪录片功底，也虚拟了一个比现实更有力量的东方，让其“印度系列”电影作品不断循环。

最后，“东方意象”的电影美学的诗意离不开影片的后现代剪辑手法。剪辑意在根据创作者的意图对电影的影像及声音素材进行分解和重组，这也是影片摄制中一个非常重要的再创作过程。杜拉斯电影的创作者摒弃了叠化、划像、化出化入、淡出淡入等传统电影表现手法，让蒙太奇成为切割时空的主要手段。其影片更多地采用镜头之间的直接衔接，造成时空关系的大幅度跳跃。此外，创作者对影片的长度、节奏等颇有兴趣，增加了电影的镜头数量。

① 黄茳，《杜拉斯的电影情结》，载《经济观察报》，2014-04-05。

《广岛之恋》中大量采用跳接手法，在故事顺序之外插入一两个镜头，用来表现对过去的回忆，实现了对影片镜头的快速剪辑。例如，导演多次在影片中将日本恋人的手部特写与女主角德国情人的手部特写剪辑在一起，亦将广岛的画面与第二次世界大战前后欧洲的画面通过剪辑组合成一个整体，在生动的画面表达中形成了“东方意象”与西方景象的暗示、阐发和对比。虽然这种挑战传统叙事的手法有时会造成突然的跳动、减弱故事的连贯性，但这种不在乎传统规范的剪辑手法就是要摧毁传统的故事观念，创造出模糊的镜头关系，从而产生独特的艺术效果。

“印度系列”影片《恒河女子》《印度之歌》和《在荒芜的加尔各答她名叫威尼斯》或只是留了一些故事和情节，或仅利用只言片语来勾勒故事轮廓，其间没有任何直接的叙事。此外，影片的画面单调，指称模糊。其中的人物大多数时候是在慢慢地行走，或者缓缓地跳舞，有时干脆一动不动地待着。这些影片将拍摄于法国特鲁维尔的海边镜头通过剪辑制作成影像，观众在银幕上看到的是一片荒芜、空旷、沙滩和水域，萨塔拉、加尔各答、印度都成了电影的虚构场景。不过，影片带给观众强烈的视觉感，成功地用虚拟的“东方意象”反衬出人类在现代化生活中的不稳定情绪和充满欲望的生活状态带来的躁动，暗示了现代人心里尚存的深层次精神追求，也传递了创作者在现实生活中的焦虑感和对生活的深入思考，彰显了其竭尽全力将电影推向高度自由的理念。

“东方意象”作为“他者”有其真实的成分，也有在表现“他者”的同时，影射自我的功能。在杜拉斯看来，东方的历史和现实可以成为法国乃至西方的文化镜像，可以引起西方人对相似问题的思考和探索。杜拉斯电影以后现代主义的表现手法塑造了可以划分为意识形态形象和乌托邦形象的“东方意象”。前者“将群体的基本价值观投射在他者身上，通过调节现实以适应群体中通行的象征性模式的方法，取消、改造或消解他者”[①]；后者向往一个根本不同于自身的“他者”社会，具有颠覆群体价值观的功能。杜拉斯的“东方意象”透露出不可否认的西方优越感和西方话语霸权，但她也希望从东方独特的景象和文化价值观念中寻找启示，以更好地处理传统与现代、过往与当下的关系。在不放弃对西方文化本源性认同之余，亦不排斥给特定地域的人群以关注，同时充分尊重和聆听不同民族的声音，从世界多元文化的滋养中获取对西方文化的启发，对西方社会和文

① 让 - 马克·莫哈，《试论文学形象学的研究史及方法论》，见孟华，《比较文学形象学》，北京：北京大学出版社，2001 年，第 39 页。

化的关怀因在世界语境中的思考而得到深化。这一切都反映出自由主义的基本精神和意愿，而对新电影形式的美学追求也预示着创作者的生命实践同以自由主义为原则的艺术实验相结合的意图以及将电影创作内化为自由意志的努力。

第七章

自由主义与法国其他作家

进入 20 世纪之后，后现代主义思潮的影响使法国文学的表现形式发生了深刻的变化。除了前面章节所归纳的一些后现代主义文学流派之外，还有一些风格独特的作家，很难将他们归入这些派别，但其写作内容、创作思想和艺术手法中都可见后现代主义的色彩。本章选取这类作家当中的几位代表性人物的作品，从自由主义的层面对其予以观照。

第一节 《反回忆录》的后现代性与自由主义精神

法国作家和社会活动家马尔罗的《反回忆录》以后现代的思维模式和写作方式切入法国及世界的历史和现状，透过艺术创造出超越自身和历史的真实，对当代社会与历史文明的永恒关系、人类思想的演变以及艺术形式与时代社会的互动等问题进行了深刻的思考，表达了作者追求精神自由和审美自由的理想，也在一定程度上体现了后现代主义与自由主义精神的融合。

一、马尔罗的后现代主义美学思想

据利奥塔《马尔罗传》（*André Malraux*）记载，马尔罗终生渴求一种另类的生活，竭力尝试人生的各种可能性，他意欲成为于连、波拿巴式的人物，旨在抗拒“被控制”“平庸重复”和“创造感尽失”的恐惧。这一人生主题在马尔罗的生活和创作中不断得到强化，日益清晰，最终构成了其别具一格的人生轨迹。[①]

马尔罗不仅创作了享誉世界的文学作品，还发表有《沉默的声音》（*Les Voix du Silence*）、《无墙的博物馆》（*Le Musée Imaginaire*）、《诸神的变异》

① 袁祺，《艺术化生存——利奥塔对马尔罗的解读》，载《名作欣赏》，2007（3），48 页。

（*La Métamorphose des Dieux*）等艺术理论和美学著作。他创建了“想象的博物馆”（musée imagimaire）美学体系，试图从艺术美学和文化哲学的角度来阐述其美学思想，对人类的处境、人类的命运、艺术真谛等问题进行深入的探讨。“有的人曾经在伟大人物的壮举中探寻人的本质，还有人在普通人不为人知的行动中对其进行探索。”① 由此看来，20 世纪的回忆录可以分为两种类型：一类是重大事件的见证；另一类是自我反省——对人性的探索。马尔罗要突破的正是传统文学创作的窠臼，他要正视死亡，思考人生，将个人的经历上升到历史的高度。“任何虚构的博物馆都在记述各种文明的消亡，同时也体现孕育这些文明的杰作的复活。”② 因此，面对这类关乎世事人生的大事时，“那些只与我本人相关的事情，在我看来还会重要吗？……塑造自我，我几乎没有而且懒于尝试……我对自己差不多毫无兴趣”③。马尔罗的文学创作几乎都遵循着这样的原则：“我从不在我的艺术论著和小说之间划出敏感的界限”④“《人的状况》《反回忆录》和《诸神的变异》是同一个生命的不同章节……创造力就是我的生命”⑤。在他关于文学艺术标新立异的论述中，后现代主义倾向随处可见。

艺术形式始终是马尔罗关心的首要问题。在他看来，形式是艺术作品的终极体现，形式本身已经具备了自主性和美学观念。“诗人不是靠形式以外的东西去吸引读者，而是凭借他所欣赏的各种形式，小说家亦然。”⑥ “艺术世界并非永恒的世界，而是变化的世界。今天，变化就是艺术作品本身的生命。”⑦ 不同形式的艺术皆随时间的变化而更新，这就形成了人们自身革命的战场和载体。艺术作为人类的创造活动，最终以形式缔造一个自我统治的世界。⑧ 而且，文学作品的意义并不在于叙述真实，而是为了创造，生活的真实只是艺术创造的发酵剂。⑨ “既然托尔斯泰讲述的是过去的事情，那么人们为何不用照相机将他的叙述拍摄下来？其实拍摄之物

---

① André Malraux. *Antimémoires.* Paris: Gallimard, 1967, p.14.

② 安德烈·马尔罗，《反回忆录》，钱培鑫等译，桂林：漓江出版社，2000 年，第 8 页。

③ André Malraux. *Antimémoires.* Paris: Gallimard, 1967, p.10.

④ Roger Stéphane. *La Fin d'une Jeunesse.* Paris: *La Table Ronde*, 1954, p.69.

⑤ Ibid, p.212.

⑥ André Malraux. *L'Homme Précaire et la Littérature.* Paris: Gallimard, 1977, p.106.

⑦ André Malraux. *Antimémoires.* Paris: Gallimard, 1967, p.68.

⑧ 刘海清，《写作的想象——论马尔罗小说的互文美学》，载《当代外国文学》，2011（3），143~150 页。

⑨ 王淑艳、徐真华，《论马尔罗的艺术形式理论》，载《辽宁大学学报》，2003（3），18~23 页。

从来都不等于他的叙述，而他的叙述也绝非过去的真实情形。”[①] 在《反回忆录》中，马尔罗再次使用之前写进小说的某些场景，并充分发挥自己的想象。“在小说创作中，在战争中，在真实或想象的博物馆里，在文化或许也在历史中，重新探求一个基本的谜……”，因为“记忆——不论偶然与否——都无序地再现着一种生命……面对未知的领域，我们的某些梦想并不比我们的回忆缺乏意义”[②]。

马尔罗的美学思想中包含诸多后现代主义的倾向，这似乎要从当时的社会及作者自身的经历中去探究原因，也与西方当代社会现实及当代西方世界的精神危机息息相关。作为艺术家、政治家和坚定的反法西斯斗士，马尔罗参加了第二次世界大战，感受过战争带来的恐怖并为正义而战，他也经历过西方社会的种种变迁，为法兰西民族的复兴做出过卓越的贡献。他体验过与现代许多西方知识分子类似的精神危机，也像他们那样到后现代思想和理论中寻找慰藉。后现代主义者要求用新思维、新范式、新写作来克服传统乃至现代思维、话语和实践的缺陷，实现对传统以及现代性的批判和否定。由此，文学艺术领域也开始了所谓的后现代转向，凸显人的主观世界和个人价值，透过文化层面的重构展现形而上的超越现实的世界，寻觅个人与社会的自由发展。马尔罗在一定程度上认可后现代思想和理论，他与当代前卫艺术家接触颇多，与超现实主义、立体主义、新小说等作家和艺术家保持着密切联系，在担任文化部长期间，对后现代主义文艺给予了大力支持。新小说作家罗伯－格里耶就曾对笔者表示：尽管新小说作家有时并不认同马尔罗的文学理念，也并不欣赏他的文学创作，但是马尔罗是一个正直的人，他在担任文化部长时对新小说作家给予过大力支持。[③]这些都说明了马尔罗的美学思想和文艺实践与后现代主义有着千丝万缕的联系。

马尔罗美学思想和文艺创作中的后现代主义倾向也与其自身生活经历有关。他自幼父母离异，在母亲、外祖母等众多女性亲属呵护下长大。女性的呵护虽然给他带来温暖，却也让他感到丧失独立性和被人控制，因此他很早就模糊地意识到女性的温柔对他而言犹如自由的羁绊，而父亲的存在则成为他反抗和摆脱羁绊的强大动力，对他日后的一系列反抗行为产生了巨大影响。从马尔罗的传奇经历中能看出一定的后现代主义倾向：他青

① André Malraux. *L'Homme Précaire et la Littérature*. Paris: Gallimard, 1977, p.110.

② André Malraux. *Antimémoires*. Paris: Gallimard, 1967, pp.17-18.

③ 1998 年罗伯－格里耶在广州曾接受笔者的访谈。

年时期流连于画廊、博物馆、电影院，享受艺术杰作带来的震撼，与前卫艺术家的频繁互动、远赴印度支那进行的考古探险和艺术考察、出任戴高乐政府文化部长时推行的诸多文化保护政策也都从不同侧面反映了他凭借艺术实现生命的延伸和扩展的意图及追求精神自由和审美自由的理念。

艺术表达旨在捕捉生命的意义和艺术的永恒，是个体生命对社会历史的超越。人类的伟大之处就在于自己创建一个有价值的世界，以此揭示生活的荒诞，反抗非人道的社会秩序，最终摆脱人类的悲剧性状况。而后现代主义文艺对传统的反叛、后现代艺术形式的变形与创新表达了艺术家对世界的独特看法。为此，马尔罗穷其一生不懈地探究人类思想的演变、艺术形式的变形、现实生活与既往文明的关系、人的存在价值。作为作家和社会活动家，马尔罗一生向往自由地生存，为此他尝试各种冒险行为，且意欲用虚构的创作来解释真实的人生，他不断地写出风格迥异的文本，而非追求风格一致的创作。“艺术的历史从开始到结束，都是人们为摆脱奴役的处境而找寻新的形式的历史。相应之处亦存在于文学范畴：究竟什么才是发自人类内心最深处的呼号？我的回答则是：从受奴役的境地中解脱出来。”[①] 由此可见，马尔罗毕生所追求的就是思想或审美的自由，因为人是会思想的动物，思想自由及审美自由亦是人的天赋权利，每个社会成员都应享有传达思想、表达审美感受的自由。这种自由强调个人内心活动的自主性，力求使个人依照自己的世界观和思维方式进行独立思考和判断。此外，这种自由又是自由主义精神中重要的题中之意。从这个意义上说，后现代主义于马尔罗而言正是一种追求精神自由和审美自由的驱动力，借此可以逐渐实现自己的不懈追求。

二、《反回忆录》思想内涵的后现代性与自由主义精神

后现代主义的开放和多元特征决定了其有别于传统的诉求，在传记方面主要表现为对传统传记的核心价值（即真实性）提出质疑并发起挑战。受后现代主义思潮的影响，马尔罗认为作家亲身经历的事情并不重要，重要的是作家本人对生命意义的认知及对人生的思考。现实世界注定消亡，唯有思想的价值永存，而艺术则是抗拒和战胜死亡、超越人类处境、体现人类价值和理想的最有效手段。因此在《反回忆录》中，马尔罗以自己的人生经历为线索，但不囿于自身经历的事件，力图站在历史的高度，透过对东西方文化的考察，“回答一个回忆录不涉及的问题，而不回答那些回

①王淑艳、徐真华，《论马尔罗的艺术形式理论》，载《辽宁大学学报》，2003（3），22页。

忆录提出的问题"[1]，进而转向对生活本质的深入探究。

生命与死亡是全书竭力探讨的重要主题。马尔罗多次遭遇亲人的离世，在反法西斯战争中也有几次死里逃生的经历，他耳闻或目睹了 20 世纪的人类各式各样的劫难。在《反回忆录》中，他借尼赫鲁之口发出振聋发聩的感叹："人类缺乏某种本质的东西。是什么呢？是一种精神因素，它能够驾驭现代人的科学力量。迄今为止，很清楚的是科学不能构建生命。生命受价值观支配。我们的生命，还有民族的生命——或许包括人类的生命……我们懂得杀人的艺术，但不知道生活的艺术……"[2]。

《反回忆录》第一部的开篇提到了外祖父那令人困惑的自杀。外祖父的自杀给幼小的作者带来了深深的震撼和恐惧，作者对外祖父自杀的原因百思不得其解。不过，他从亲朋对外祖父之死的议论中隐约感受到生命与死亡之间存在的另一种关系：这是"一个不仅仅源于仍隐藏在外祖父身后的死亡之谜，一个与其说是死亡不如说是生命的谜"[3]。外祖父之死意味着肉体意义上生命的消失，但其生命并未因肉体的消失而终止，而是活在他人的精神世界里，在他人心中延续。面对沧海桑田，死亡无处不在，人类极其渺小，无法应对和主宰命运，但又不能听其自然，必须努力与命运和死亡抗争。外祖父的自杀就是一种抗争方式，从某种意义上说体现了人性自由的崇高与神圣。

据《反回忆录》记载，马尔罗的父亲与外祖父一样自杀身亡，马尔罗的两个儿子和他们的母亲死于车祸……马尔罗还不无虚构地讲述自己一次次出生入死、战胜死亡的故事：1934 年寻找萨巴女王故都时飞机失事，1940 年驾驶的坦克险遭敌方的摧毁，1944 年被盖世太保押到刑场佯装枪决时的情景…… "只要是与生死相关的问题，他人就始终与我的死相关，反之，我的生也始终与他人的死相关。"[4] 为此，马尔罗跳出"小我"，从家人和自身与死亡相关的经历联想到埃及法老的陵墓，联想到战争造成的大规模杀戮，联想到人类文明遭到的破坏，也联想到国家与民族的生死存亡。第二次世界大战的罪魁祸首希特勒的自杀更是引发了他对战争与和平、文明与野蛮的思考。第二次世界大战对人类物质和精神文明的毁坏可谓是前所未有，给活着的人以及后世留下了不可忘却的精神创伤，经历过历史创

① André Malraux. *Antimémoires.* Paris: Gallimard, 1967, p.20.

② Ibid, p.334.

③ Ibid, p.36.

④ Ibid, p.64.

伤的人们最有权对法西斯作出审判。而在这场惨绝人寰的战争中，文明与野蛮变成了一个问题的两个方面：现代文明虽然不是大屠杀的充分条件，但毫无疑问是必要条件，因为大屠杀的实施离不开现代文明。[①]

在《反回忆录》中，马尔罗从对生命和死亡的探索出发，来思考现代人的生存状况。死亡是对生命的威胁，它引发人类内心深处的孤独和恐惧，使人陷于痛苦之中，生命和生存皆笼罩着一层荒诞色彩。然而从另一角度来看，"死与生的一致是一种美"[②]。人类无法逃避死亡，因而能够面对死亡的强大力量和可悲的生存处境的"只有行动，繁星的冷漠和江河永恒的涛声都不能与之匹敌：正是它使得人类能够与死亡抗争"[③]。行动就是一切，如此方能战胜死亡。而艺术具有顽强的生命创造力，足以抵御死亡的恐惧，超越生存的荒诞。这种思考从《征服者》（*Les Conquérants*）、《人的状况》（*Les Conditions Humaines*）等小说的创作开始一以贯之。20世纪，西方社会的各种变化使得自古希腊以降的欧洲文明及一系列道德、原则、伦理、观念都面临新的挑战。人道主义传统和人的信仰逐渐被忧患意识所取代，现代社会要求对关系到人的一切问题进行重新解释。马尔罗的作品以深刻的哲理发人深省，也凸显了其荒诞哲理的真正内涵和价值所在。

虽然马尔罗认为人类最大的荒诞感源于死亡的必然性，但他又主张"人应该最有效地使用自己的力量"[④]，以实现自身的价值。《反回忆录》中多处可见马尔罗对于生命的赞颂：喜马拉雅监狱枝头冒出的嫩芽、不见人迹的农舍中行走的母鸡、阿尔萨斯迷人的夕阳、满目废墟的纽伦堡市内一个自行车上插满了丁香花的女人以及关于中国红军飞夺泸定桥的叙述，都显示出热爱生命、珍惜生活、抗拒死亡的意念。记述重游埃及的场景时，马尔罗写道："我又见到了尘埃满布的博物馆和沙漠广场。这广场今天叫作解放广场；在我四周生机勃勃的新开罗矗立起座座简易的摩天大厦，城里巨大的希尔顿饭店使埃及与两只慢慢盘旋于空中的荷鲁斯神鹰形成对比。广场深处是欢乐的喷泉……"[⑤]。在经历了飞机失事之后，作者发出了对生命的赞叹：

---

①杨亦军，《一个生者与死亡的对话——解读马尔罗的〈反回忆录〉与战争》，载《当代外国文学》，2007（1），83页。

② André Malraux. *La Condition Humaine.* Paris: Folio, 1972, p.225.

③ André Malraux. *Antimémoires.* Paris: Gallimard, 1967, p.65.

④ André Malraux. *Les Conquérants.* Paris: Grasset, 1975, p.61.

⑤ André Malraux. *Antimémoires.* Paris: Gallimard, 1967, p.59.

> 正由于此，我第一次有了“重回大地”的感受，这在我生命中作用巨大……人始终在生存。当我坠入黑暗王国的时候，他们仍继续活着。有些人满足于生活在些许友谊和热情的氛围中，可能还有些人，耐心地或强烈地试图从他们的对话者那里获得多一点的尊重……这就是生活。随着夜幕的降临，人间的戏剧展开了无限的柔情，抹了香水的女人围着橱窗游荡……①

生活是美好的，生命是有价值的，作者不由自主地发出令人警醒的感慨：“啊，生活，多么古老的生活啊！今天早上，我平生第一次领悟到，生命和黑暗一样强大，和死亡同样有力……”②。这些对生命的礼赞表达了马尔罗热爱生活、珍惜生命、反抗死亡的观点，也体现了他积极向上的乐观态度。

马尔罗沉浸于艺术中，借助艺术的虚构和想象来探讨对生命和死亡的见解，并将这类主题延伸至对人性永恒议题的探讨。“艺术不依附陵墓，而是依附永恒。所有神圣的艺术都与死亡截然对立，因为它不会装饰死亡的文化，而是依据其崇高的价值来表现这种文化。”③这与普鲁斯特的《追忆似水年华》（*À la Recherche du Temps Perdu*）有着异曲同工之妙。普鲁斯特的这部长篇小说用文学的形式将过去的时光固定下来，使之重现在新的历史时期，在人的精神世界永存。而开罗博物馆中陈列的木乃伊、北京明陵的神道、神象岛的湿婆神雕像、拉斯高岩洞里的野牛图，都是藐视死亡的有效方法，都是人类追求永恒、揭示历史本质的见证。与之相似的是，《反回忆录》中包含的后现代主义的叙事内容与真实的传记相去甚远，然而作品又非纯属虚构，除作者的亲身体验之外，还参考了当时的研究资料和报刊。更重要的是，《反回忆录》中的虚构不是用来叙述那些激动人心的故事，而是为作者提供一个能够自由思辨的空间，作者可以在此自由地播撒思想的种子，将艺术作为一种反对非人道压迫的秩序，帮助人类摆脱悲剧性。其中的片段虽不乏非理性的成分，但作者始终贯穿其中的思考仍向人们展示了一种新的世界观，展现了作品思想内涵具有理性的一面。马尔罗把生命与死亡引发的个体荒诞感直接扩展到对全人类生存困境的正视，行动和抗争是自由意志的体现，它们支配着理性，而自由意志又将反抗荒诞上升至人类自由的高度，体现了实现人生价值的强烈愿望，将人类

① André Malraux. *Antimémoires.* Paris: Gallimard, 1967, pp.80-81.

② 安德烈·马尔罗，《反回忆录》，钱培鑫等译，桂林：漓江出版社，2000 年，第 8 页。

③ André Malraux. *Antimémoires.* Paris: Gallimard, 1967, p.53.

的行动引向反对专制、提倡人道和追求自由，这也正是自由主义精神的一贯诉求。

三、《反回忆录》写作手法的后现代性与自由主义精神

马尔罗的《反回忆录》在写作形式上也对传统传记文学的独立性进行了质疑和挑战，走出了一条彻底背离传统范式的创新之路。探讨其写作手法的后现代性难免会挂一漏万，但笔者在此仍将其大致归纳为三个方面，它们从不同侧面体现了文学自由主义的创新精神。

首先，《反回忆录》打破了传统的时空顺序。该书共有5部，18章。初版时，作者分别给各部冠以自己的著作名——《阿腾堡的胡桃树》(*Les Noyers de L'Altenburg*)、《王家大道》(*La Voie Royale*)、《西方的诱惑》(*La Tentation de l'Occident*)、《反回忆录》和《人的状况》，由此为作品设置一条隐线。全书的时间、地点并未按编年史的顺序来设定，过去和现在杂糅，现实与虚构并存，同一与差异交织成一幅幅图景，这便于自由联想的充分发挥。例如，作品第5部回忆了1965年马尔罗访问北京时受到毛泽东主席接见的情景，这实际上只是一次仅持续了30分钟的礼节性见面。马尔罗却用20多页的篇幅来记述这次会面，其中包括与毛主席讨论中国现实和历史问题、交流中苏关系和国际形势、探究哲学问题等。此外，马尔罗在描述这次历史性会面的章节前后还添加了大量有关红军长征、延安窑洞、故宫探幽、西安揽胜等的生动记述，将自己的见闻与文献、传闻交织在一起，让思想自由遨游于虚实结合的时空隧道，任文字驰骋于真实和遐想的博物馆，在文化或历史的长河中探寻人生之谜。又如，该书第3部记载了马尔罗20世纪50—60年代再度访问印度一事，尤其是与尼赫鲁等人关于艺术、甘地（Gandhi）和非暴力主义的谈话，实际上只涉及现实中的零星片段，而大多是对东方灿烂的艺术时空的描述；既让读者流连于孟买、爱罗拉石窟、贝拿勒斯、恒河之畔为代表的古老印度文化的博大精深，又使他们的心灵徜徉于超凡脱俗的深邃境界，由印度文化精神的传递转向对世界意义的探索，引出关于西方世界对生命的毁灭和东方世界对生命的超脱的思考。[①]

其次，《反回忆录》的语言建构形象地体现了现代语言学所揭示的“组合关系”和“聚合关系”（paradigmatique）。根据后现代理论，文本的意

① 杨亦军,《“双重结构”与战争话语——再读马尔罗的〈反回忆录〉》，载《外国文学研究》，2008（3），136~137页。

义并不是由作者创造的，而是要依靠读者各自的解读。读者的解读可以重现文本的生产过程，并在这个过程中创造意义，而这种意义又寄生于语言符号的排列组合中。《反回忆录》中关于作者行动的重要年份的时间标注与现实及重大历史事件的记述当属“组合关系”的范畴，具有直线型和不可逆转性，同时又奠定了时空延伸的基点，由此生发出触景生情的联想、虚构的故事和对人生的议论。而“聚合关系”则可以让作者的思绪天马行空，促成语言与表现对象之间及其他思维形式之间的近似转换。在《反回忆录》的最后两部中，作者完全隐去了行动的时间表，仅以“新加坡”和“香港”两词标注地名，有时甚至完全看不到地名。这样一来，中国红军长征便可以同古希腊奥林匹斯山上的众神之战、印度史诗《罗摩衍那》（*Rāmāyaṇa*）中的复国之战发生联系，打破了战争的历史与民族的分层和界限，使之回归时空的永恒。而越南战争、西安事变、农民运动、法国革命、美国霸权等话题又让关于战争与和平、历史与现实、冒险与行动等多元的政治观点和意识形态相互交融，共存于同一个文本。[①]《反回忆录》中语言层面“组合关系”和“聚合关系”的结合有利于作者在描述具体事件的同时，阐释自己的观念，把语言当作文学创作过程中的具有自我价值的艺术载体来加以创造，作者在写作过程中透过种种不确定性来探寻自身的价值。同时，也能让读者在阅读中注重文本潜能并自由发挥自己的创造力，从语言的排列组合中体验作者的思想并得出自己对历史或现实的看法。

最后，《反回忆录》使用了戏仿、拼贴、蒙太奇等技法，给习惯于阅读传统文学的读者带来了审美上的强烈震撼，也表达了作者在写作上的自由追求。

透过对某些历史事件和人物或对日常生活中某些现象进行夸张、扭曲、变形的嘲弄和模仿，戏仿实现了对历史、现实价值、传统范式的批判和否定。《反回忆录》颠覆了希特勒的形象，他不再是一个权倾一时的独裁者，而是一个逆历史潮流而动的跳梁小丑。例如，作者在新加坡会见了《人的状况》中的原型克拉皮克，此人当时已是一个玩世不恭、沉溺于鸦片幻觉之中的叛逆者，不再是一个充满理想、行动坚决的革命者。戏仿在这里具有嘲弄权威、修正和颠覆权力语言的神圣功效。

《反回忆录》还将其他文本，如文学作品、报刊、新闻报道以及自己的亲身经历等拼在一起，用互文手法将毫不相干的片段构成相互关联的统

① 杨亦军，《“双重结构”与战争话语——再读马尔罗的〈反回忆录〉》，载《外国文学研究》，2008（3），138页。

一体，打破传统回忆录的结构，不给出某种确定的意义，让读者在阅读中得出自己的感受。在记述1965年与毛主席的会面时，马尔罗把礼节性会面写成了私人会谈，把会谈的目标写成了中法两国共商世界的未来，如此便把行为的意义上升到历史的高度。在洋洋洒洒的20多页文字中，作者对在场的刘少奇、周恩来、法国大使等人进行了淡化处理，把官方的档案和自己的创造融为一体，并加上了其他史料和新闻报道。因此，柯蒂斯·凯特（Curtis Cate）对此书给予了“立体主义的杰作”的评价；利奥塔亦说此书“并不是马尔罗的生平”，而是“马尔罗的生命”，旨在创造出永恒。[①]

《反回忆录》还大量运用了蒙太奇手法，将内容和形式上没有联系、处于不同时空的画面和场景连接起来，将不同风格的语句和内容重新排列组合，以增强读者的感官刺激，取得强烈的艺术效果。例如，马尔罗运用蒙太奇手法表现他对旧中国的印象：

> 我曾看见过苟延残喘的旧中国，看见过城墙上狐狸略过紫菀丛的身影，城墙下是披着白色冰霜从戈壁滩走来的骆驼。我记得张家口车站附近烛光照耀下充着气的猪膀胱，上面的汉字标示着俄罗斯人开的旅馆，暗夜中只能看到他们胡子的下半部分……我见过老去的雪公主，犹如行将就木的非洲皇后：蒙古女人步态活像西藏人，梳着西哥特人的发髻……[②]

在这里，作者把一些不同的镜头艺术地剪辑在一起，以快慢不同的节奏使之产生连贯、对比、联想等功效，流畅的蒙太奇手法使声音和图像有机结合，一个个鲜活的画面似乎可将文本直接用于电影的拍摄，表现出文学文本与其他艺术样式之间的互动。更重要的是，蒙太奇手法在这里的运用并不局限于营造特殊的艺术效果，更在于通过镜头的撞击来传输思想，造成情感的起伏状态，作者又借助这种被激发起来的情感使读者不由自主地卷入这个过程，与作者一起产生思想共鸣。

概言之，马尔罗虽然不能被归入后现代主义作家的行列，但《反回忆录》从思想内涵到表现手法都贯穿了其后现代主义美学观，其中的后现代主义倾向显而易见。这部作品在思想内涵方面质疑和颠覆了传统传记的核心价值，揭示了现实与历史的真实性和虚构性。作者站在人道主义的立场

---

① 忻剑飞，《醒客的中国观：近百多年世界思想大师的中国观感概述》，北京：学林出版社，2013年，第377页。

② André Malraux. *Antimémoires*. Paris: Gallimard, 1967, p.507.

上，描绘了当今社会的荒谬，以人性的标准揭示了历史事件的本质，形象地说明了作者对人生及重大哲学问题的思考，实现了思想和审美的自由。这同反对强制、把追求人性和自由当作终极目标的自由主义极其相似。而作品在写作上力图摒弃传统文学的墨守成规，在艺术形式方面倡导不受束缚，对传统传记样式进行革新，使用戏仿、拼贴、蒙太奇等手法，这些都承袭了文学自由主义的创新精神。在此意义上，我们可以把这部作品看作对自由主义的践行，这种践行亦在一定程度上反映了现代自由主义的精神内涵。

第二节　自由与死亡
——《不能承受的生命之轻》新探

小说《不能承受的生命之轻》（*L'Insoutenable Légèreté de l'Être*）自问世以来激起了国内外学界和读者的极大关注和如潮的评论。有的西方学者着重探讨该作品的伦理说教和政治倾向，从哲学和政治学层面揭示昆德拉作品的思想内涵。也有西方学者对该小说的语言运用和叙事策略进行了深入且细致的分析，认为后现代主义小说既有反传统的一面，又有对传统继承和弘扬的一面。[①] 在过去的 20 多年里，国内对该小说的研究也已形成强大的阵容，研究内容广泛，研究方法多元，发表在学术期刊上的论文多达 70 余篇，该小说也成为高等院校博士或硕士学位论文的热门选题。然而，无论是在国内，抑或是在国外，多元观照下的文本阐释仍有进一步拓展的空间。[②] 在《不能承受的生命之轻》这部小说中，二元对立是一个显而易见的现象，学界和读者对此亦有所关注。昆德拉继承了巴门尼德（Parmenides）的哲学观，认为世界由一系列的二元对立组成。在这种关系中，自由与死亡的对立是该小说的关键，盖因其辩证过程不仅在哲学层面指涉小说中的概念“轻”与“重”，同时也关涉书中人物的命运和社会发展的走向，更表现了人类在不懈追求自由的过程中对生命的理解和评价。

一、自由与死亡的辩证关系

个人自由的观念在西方社会经历了漫长的发展过程，这种自由的充分

① Leonidas Donskis. *Yet Another Europe After 1984: Rethinking Milan Kundera and the Idea of Central Europe*. Amsterdam: Rodopi, 2012, p.124；安德烈·布林克，《小说的语言和叙事：从塞万提斯到卡尔维诺》，汪洪章等译，上海：上海人民出版社，2010 年，第 273~292 页。

② 董飘飘、丁香，《〈不能承受的生命之轻〉国内研究综述》，载《海外英语》，2013（12），211~212 页。

实现和个性的全面开拓亦是西方历史上许多仁人志士的一贯诉求。死亡与肉体的消亡紧密联系，表明生命存在的有限性，但亦是消除焦虑、实现自由不可避免的话题之一。作为生存的基本参照和背景，它迫使人们对个人自由的意义和社会生活的价值进行不断思考。

《不能承受的生命之轻》中自由与死亡的二元对立及辩证关系主要是通过其中人物的悲剧命运来体现的，这类悲剧或表现为主人公死于非命，或表现为主人公自杀身亡。在作者看来，小说旨在揭示人类存在的种种可能性，然而多种形式的死亡亦包含或掩盖某种追求个人自由的诉求。[①]死亡与自由的关系相辅相成，个体的死亡有时也意味着超越生命极限。

外科医生托马斯放荡不羁，游戏人间，阅历、职业、爱情乃至性欲对其而言皆为不能承受的生命之“重”。他抛弃父母，逃避婚姻，捕捉各种“偶然”的机遇，意欲追求绝对的自由。托马斯与特蕾莎的相遇实属“偶然”，即便他们成婚之后，托马斯仍在数不尽的艳遇中寻求逃避：

> 他明白自己天生不是能在一个女人身边过日子的人，不管这个女人是谁，他也明白了只有单身，自己才感到真正自在……所以他费尽心机为自己设计一种生活方式，任何女人都永远不能拎着箱子住到他家来。[②]

托马斯将个体的自由看得超乎一切，身体的独立性与精神的独立性相互依存，只有这样才能彰显生命的意义。即使他先前表示要终生坚守的医生职业也未能让他不忘初心，挥之不去的沉重感不断侵入他的生命，使他落魄，逼他放弃。“生命一旦永远消逝，便不再回复，似影子一般，了无分量……”[③]这种感觉让他体验到生命之“轻”，不甘心自身价值淹没在“生命的初次排练”[④]中。像许多同时代的人那样，他尝试进行自己的“伟大行军”，也逐渐承担起与特蕾莎的婚姻重担。他的一生充满了“自由”与“制约”的双重悖论，直到身体被卡车碾得粉碎方得解脱。托马斯的人生经历体现了自由与死亡的辩证关系，对立并非一成不变，其界限有时会受到明显的冲击、突破和抹杀。

---

① Milan Kundera. *L'Art du Roman*. Paris: Gallimard, 1995, p.675.

② 米兰·昆德拉，《不能承受的生命之轻》，许钧译，上海：上海译文出版社，2010 年，第 11 页。

③ 同上，第 3 页。

④ 同上，第 9 页。

特蕾莎一出场便给人以“重”的感觉，情节的发展又使她转向更加不能承受的生命之“轻”。她不满家庭对其个人自由的严重束缚：

> 她几乎从童年时代起就用这个词来表达她对自己的家庭生活的看法。集中营，就是日日夜夜，人们永远挤着压着生活在一起的一个世界。残酷和暴力只不过是其次要特征（而且绝非必然）。集中营，是对私生活的彻底剥夺……来到世上，就是来到它的中间，不拼尽全力，就不可能从中逃出去。①

特蕾莎不断思考灵与肉的关系，追求纯真的爱情。在酒吧当女招待期间，与托马斯的“偶然”相识点燃了她心中爱的火苗。偶然性本身包含着种种不确定感，同居生活似“无比沉重的箱子简直把她压弯了腰”②。花花公子做派的托马斯让特蕾莎伤透了心，她以红杏出墙的方式对其进行报复。作为“重”之群体的一员，特蕾莎默默地接受现状，忍受强加的男性之“重”，缺乏独立和自由之“轻”。特蕾莎之死预示着天堂梦的幻灭，她毕生追求的独立个性在爱情、家庭和社会中均未实现，而死亡最终使她摆脱了束缚。

萨比娜的命运更是印证了不能承受的生命之“轻”这一主题。她是个画家，是托马斯的情妇之一，也是特蕾莎忌妒的对象。她的生活轨迹可以用背叛一词来归纳，背叛使她成为独立的个体，这种行为隐藏着逃避和反抗各种媚俗的意图，从美学的层面追求个体性，捍卫自身的自由。这一意图亦同昆德拉本人的美学思想息息相关，“我们与现实的关系首先属于美学范畴，每个人都根据美的法则来构建生命”③。在萨比娜眼里，没有什么比反叛更美妙的事情，因为美就是对世界的反叛。从祖父和父亲那里继承的对于“伟大行军”的态度激发了她对媚俗的反叛：她时常头戴一顶黑色的圆顶硬礼帽，这顶礼帽象征着其自由和反叛的秉性；她以第一次婚姻反抗父亲的专制，又在生活中一次次背叛自己的丈夫和情人；她向往自由的新世界，然而正如她所有的画作一样，她：

> 实际上都在传递着某种同样的东西，是两个主题、两个世界的即

---

①米兰·昆德拉，《不能承受的生命之轻》，许钧译，上海：上海译文出版社，2010 年，第 160 页。

②同上，第 10 页。

③Jorn Boisen. “Une Fois ne Compte pas.”: Le Paradoxe de la Répétition dans l’Œuvre de Milan Kundera. *Orbis Litterarum*, 2001, *56* (3): 162.

时融合，就像一些经过两次曝光制作出来的照片。表面上是一幅风景画，可深处确是一盏点亮的床头灯，隐隐约约。一幅画着苹果、胡桃和闪亮的圣诞树，牧歌般的静物画，背后却是一只痛苦挣扎的手。[①]

尽管背叛给萨比娜带来了她所期待的“轻”，但与此同时也引发了强烈的异化感，消融了她与家庭、爱情、社会的种种联系，最终又显示出不能承受的生命之“重”，她最后选择通过自杀来摆脱这生命之“轻”，获取个人精神上的自由。

弗朗茨是作者极力塑造的一个媚俗的受害者，童年时期被父亲抛弃的痛苦使他崇尚柏拉图式的爱情，结婚之后的他对妻子毫无爱意，仅仅靠相互尊重来维持家庭。直到遇见萨比娜，他才鼓足勇气与妻子决裂，然后投入情人的怀抱。他是一个梦幻者，媚俗是其梦幻的根源，也是对其自由的制约。这种朝向无限的运动既限制了个人的人性需求，又盲目顺应大众的趣味。弗朗茨的个体性在粗俗的谎言中消失殆尽，他没有死于“伟大行军”，却在一场因琐事引发的冲突中不幸遇难，从某种意义上说是以死亡的方式换取了自由。

个人自由强调个人在社会中应该具有的独立性，个体生命应有的理想状态是形成追求与热爱自由的心态。死亡在一定程度上导致了人们的英雄崇拜，因为人们可以从个体的死亡发现足以藐视死亡的精神力量，达到身心自由的境界。[②]昆德拉继承了西方思想史上自由主义思潮的精华，通过表现死亡来弘扬个人自由和个人价值的观念，从文学方面丰富和发展了个人自由的内涵。《不能承受的生命之轻》通过四位主人公的死亡暗示了死亡也是追求自由的方式之一，凸显了个体存在的意义，同时也反映了个人自由观念给予人们的启示，即重视个人的思想自由和行动自由。唯有如此，个体生命才能得到健康的发展，人的终极价值也才能得以实现。

二、个体命运与人类前途的思考

1968 年，华沙条约组织[③]出动几十万军队占领捷克斯洛伐克全境，民主改革的气氛演变成专制独裁的风潮。捷克斯洛伐克随即开始的党内清洗

---

①米兰·昆德拉，《不能承受的生命之轻》，许钧译，上海：上海译文出版社，2010 年，第 78 页。

②Otto Rank. *Art and Artist: Creative Urge and Personality Developement*. New York: Agathon Press, 1968, p.128.

③该组织已于 1991 年 7 月 1 日正式解散。

涉及全国50余万党员，200余万人遭受株连，约20万人被迫逃亡异国他乡。在这一大背景下，《不能承受的生命之轻》中“所有的人物并不仅仅是完成自己的历史，而且也体现了欧洲历险中超越个人的历史”[①]。作者将主人公的爱情经历、个人悲剧命运与压抑的历史背景结合在一起，揭示了历史语境中死亡的象征意义及自由与死亡的辩证关系，探索反抗强权、国家危亡、生命价值等与人类自由相关的话题，同时还将对个体命运的描写上升至对民族和人类前途的思考，折射了捷克民族及全人类的生存状态。

托马斯是当时捷克知识分子的代表，他在思想上坚持独立思考，在生活上却沉迷肉体，自我麻醉。军队入侵后，他对秘密警察、思想钳制、审查制度等颇有微词，在写了一篇不见容于当局的文章之后，他被迫辞职，当了擦窗工人和卡车司机。根据托马斯的人生哲学，“重”不一定是负担，“轻”也不一定是自由，有时负担越重，生活就越充实，越趋向真切和实在。为此，托马斯心急如焚地到处寻找因其负心愤而出走的特蕾莎，两人在战乱中重逢，一路狂奔逃脱追杀。战争的灾难和强权的统治使他们意识到爱情是他们富有重量感的唯一依靠。经过几番挣扎，托马斯终与特蕾莎成婚。静谧的田园生活貌似为他们的个人幸福与价值的实现提供了条件，也体现了个体生命的意义。然而，他们之所以结合，主要是因为外在的社会、历史、政治因素，作为在生命的“重”与“轻”之间挣扎的捷克人，其私人生活领域和个人权利实质上已受到外族统治和强权政治的干预与制约。特蕾莎甚至觉得：

> 占领的最初七个日子里，她是在一种兴奋的状态中度过的，简直像是某种幸福。她常在街上转，手里拿着相机，还给外国记者发胶卷……她在布拉格街上冒着生命危险拍摄俄国士兵的镜头，这是她度过的最美好的日子。[②]

但是好景不长，捷克人作为独立国家公民应该享有的政治、经济和社会平等的权利从此得不到保障，个人和民族的民主权益亦遭到公共权威的侵犯，自由和平等更是可望而不可即。托马斯和特蕾莎的死亡预示着他们对于政治媚俗的拒绝与反抗，价值体系的失衡导致了不能承受的生命之“轻”，唯有死亡才能使他们摆脱社会和政治的沉重与痛苦，达到自由的永

① Milan Kundera. *L'Art du Roman.* Paris: Gallimard, 1995, p.665.

② 米兰·昆德拉，《不能承受的生命之轻》，许钧译，上海：上海译文出版社，2010年，第30~31页。

恒状态。

萨比娜先后生活于捷克、瑞士和法国，又有流亡美国的经历，她同当时捷克的许多知识分子一样，不愿做社会的边缘人。忠诚与讨好大众的媚俗行为使她心生厌恶，她不认同自己与捷克文化和历史之间的联系，蔑视同胞的爱国热情。然而在军队入侵捷克时，她也走上街头参加游行，拍摄军队入侵的照片：

> 对萨比娜来说，活着意味着观看。视觉受双重边界所限：让人什么也看不见的强光和完全彻底的黑暗。她对任何极端主义的憎恶，或许产生于此。极端标志着生命的终极之界，极端主义的激情，不论是政治上的，还是艺术上的，都是一种改头换面的对死的渴望。[①]

她一生处于矛盾之中，“要活在真实中，不欺骗自己也不欺骗别人，除非与世隔绝”[②]，然而当亲人、爱情和祖国一样也不剩的时候，她自我存在的勇气也荡然无存。捷克的失败和欧洲文化艺术的衰落象征着欧洲文明的死亡，这种结局使她感到孤独、痛苦和焦虑，“压倒她的不是重，而是不能承受的生命之轻”[③]。因此，她在自杀前立下遗嘱，要求死后将遗体火化，将骨灰抛撒于大自然，以追寻生命的终极自由。

弗朗茨不屑于过书宅式的生活，他毕生都在追求所谓的理想：

> 他渴望与同他并肩行进的男女接触，渴望听到他们的呼喊。他没有觉悟到，他以为不现实的（图书室里离群的工作），其实是他的现实生活，而被他视作现实的游行，不过只是一场戏，一支舞，一个节目，或者换句话说：一个梦。[④]

他希望走出狭小的圈子，投身于欧洲永远向前的“伟大行军”之中。但他至死都没有摆脱媚俗的束缚，他陶醉于其中的所谓的“伟大行军”正是一种政治媚俗。“伟大行军”的空间越缩越小，他的不自由感也越来越强烈。这种感觉驱使他进入柬埔寨，他一厢情愿地去帮助那些他认为需要帮助的人。在一场抢劫中，弗朗茨因为想展现自己的勇气而进行了无谓地反抗，结果遭到重击而身亡。弗朗茨之死象征着文明被野蛮战胜，在自由、

①米兰·昆德拉，《不能承受的生命之轻》，许钧译，上海：上海译文出版社，2010年，第113页。
②同上，第133页。
③同上，第144页。
④同上，第120页。

平等、博爱、正义旗帜下进行的“伟大行军”偃旗息鼓，也说明在一个没有信仰的时代，在整个民族受制于人的社会中，个人的“主体性”也在逐渐消失，处于这个社会中的个人不可能获得真正的自由。

捷克民族有着伟大的过去，从封建帝国统治、摆脱奥匈帝国的压迫到建立民主共和国，这些辉煌的历史始终让这个民族感到自豪。但在经历了布拉格之春、国家分裂和强权统治之后，外来政权及意识形态的介入使其彻底丧失了民族自由和思想独立，经济和政治方面在很大程度上亦依赖苏联。布拉格之春以降的捷克民族的经历为思想家和文艺家提供了进行反思的最佳历史时机。这段历史不仅关系到捷克民族面对外来统治的生存状态，也是人类各种相互对立的理念和文化价值观念的大决战。当时的捷克知识分子普遍具有一种看不到前途与光明的灰暗心理，这种心态促使他们对有关民族自由和人类自由的各种问题进行反思。尽管昆德拉作品的美学基石建立在小说是对存在的分析和探索之上，并坚持认为小说家应该“拒绝与任何政治、宗教、意识形态、道德、集体相认同的立场……如果小说家一旦扮演公共人的角色，就把自己的作品置于危险之中”[①]，但他切身体验了外族占领之于民族生存自由的钳制和剥夺，深知在如此境遇中个人已不再是自己和民族的主人，而仅仅是受政治、历史支配的物。因此，他在小说中以人为中心来探索世界，把个人视为自由、价值、权利的基本单位，表达了渴望自由、追求理想的动机；强调个人并非游离于社会之外，而是整个社会的有机组成部分，社会利益就是社会成员的利益之总和；在对伦理价值的重塑和对人文精神的思考中，反映了个人乃至整个民族的生存价值和自由。

三、自由主义与小说叙事艺术

昆德拉的小说观表明，小说的历史产生于人的自由，因为西方小说史中的伟大作品均建立在个人经验之上，按照艺术掌握世界的方法和逻辑来创作。20 世纪是文学理论和创作多元化、多样化的时代，但在意识形态话语霸权的干预下，小说精神与时代精神已经背道而驰，唯有开辟自己的发展道路，小说方能获得新生。现代小说不仅仅要描述或讲述一个故事，还要揭示人的存在和行动的辩证关系及其特征，要透过想象中的具体人物和环境对生活进行深思。昆德拉《不能承受的生命之轻》的创作实践没有

① Nicoletta Pireddu. European Ulyssiads: Claudio Magris, Milan Kundera, Eric-Emmanuel Schmitt. *Comparative Literature*, 2015, 67 (3): 67-88.

脱离西方小说既有的传统，又穿插了后现代的操作和艺术解构方式，在叙事艺术方面有着明显的突破。

首先，小说将哲理、叙事和梦幻融为一体，体现了文学自由主义的创新精神。昆德拉认为小说家应该担负起训诫世人的责任，“这并非是要把小说写成哲学著作，而是把所有可以阐明人生的手段——理性的和非理性的、叙述的和思辨的——都汇集到故事中”①。小说的叙事反映了社会现实，也隐约流露出作者对于自由的向往：

> 这个事实是任何一个历史学家都不会记录下来的：俄军占领后的几年是葬礼的年代，死亡从未如此频繁过……绝望慑住了整个国家，控制并压垮了一个个肉体，一直渗透到了灵魂……世界是如此丑陋，没有人愿意起死回生。②

“不自由，毋宁死”，作者在这里形象地印证了这句著名的人生格言。二元对立并非一成不变，实则可以彼此涵盖，又相互转化。托马斯、特蕾莎、萨比娜等人都尝试过对生命的轻重进行取舍：托马斯以一种表面上的退让来获取身心的自由，最终以惨烈的死亡方式得以解脱；特蕾莎一生为自己、为民族而激烈抗争，生前追求的理想一无所获，只能在另一个世界寻觅真正的自由；萨比娜则是以背叛和出走的方式争取自由，但在一个媚俗无处不在、人的思想和行为时时受限的社会里，自由可望而不可即，她只好在碌碌无为中了此残生。此外，小说将叙事与梦幻杂糅在一起，梦境与现实的界限消失，为文本平添了独特的魅力。例如，特蕾莎梦见游泳池里一群一丝不挂的女人受到一个衣着整齐、貌似托马斯的男人的枪击，“每一声枪响，都伴随着她们开心的狂笑，随着尸体慢慢沉入水下，她们的歌声愈发嘹亮”③。梦境的描述似乎意味着人在现实世界中无处寻觅自由，只能将美好的向往寄托于梦幻之中，唯有死亡才能让人解脱不自由的生存状态。这种自由与死亡的相互转化突破了传统小说非此即彼的认识方式，作者透过具体的描述将后现代主义文学文本中所谓的不确定性呈现在读者眼前，同时也体现了作者对人生终极价值的深刻思考。

其次，小说恰似一部文字写就的复调音乐作品，其主题和旋律不断重现，并相互交织，既包容了现代世界的复杂性，又不失结构的明确和清晰。

① 黄书泉，《小说：对存在的探索》，载《安徽大学学报》，2000（1），47~52页。
② 米兰·昆德拉，《不能承受的生命之轻》，许钧译，上海：上海译文出版社，2010年，第272页。
③ 同上，第70页。

昆德拉文本的复调由对话构成，这里的复调已经超出文学理论的范畴，亦体现了艺术思维、哲学观念和自由精神。《不能承受的生命之轻》具有时代气息，又不完全是现实生活的反映，其故事时间与叙事时间并置、重叠，不同的历史时间凸现空间化的效果。该小说以托马斯和特蕾莎夫妇的故事为中心，中间还穿插了托马斯与情人萨比娜的故事以及萨比娜与弗朗茨的故事。从另一角度来看，《不能承受的生命之轻》又是一部行动小说，一部具有巨大道德力量的社会政治文献。试看一个片段：

> 特蕾莎回想起入侵的最初几个日子。所有城市的街牌被撤下，所有道路的指示牌被拔去。整个国家一夜之间变成了无名国。整整七天，俄国军队在这个国家到处闯，却不知道身处何方。军官们到处找报社、电视台、广播电台，要强行占领……年复一年，这种无名的状况似乎对这个国家并不是没有危害。无论是街道还是房屋，都无法找回它们原来的名字。①

这个片段将特蕾莎的想象与当时的历史结合起来，有力地印证了中东欧小国的命运掌握在外族极权主义势力中的社会现实。整个国家就像处于死亡的状态，民族的生存受到了很大的威胁，在民族危亡之际，个人也难逃厄运。此外，整部小说通过对一系列事件的叙述、描述和文体界限的突破，将叙述、史实、议论融为一体，将每一人物对死亡和自由的理解加以呈现，在相互的对话中达成平等的交流，实现了思想的自由与活力。

最后，小说充满了游戏精神，充斥着浓郁的荒诞感。在昆德拉看来，写作本身不过是一种游戏，人们从中可以获得某种智力与诗性的愉悦。“小说是一种讽刺的艺术：它将真相隐藏，没有说出，亦无法道出。”②《不能承受的生命之轻》以看似轻松的反讽手法和幽默的语调来描绘人类境况，有时在高潮处笔锋一转，进入非线性、非理性的情节，游戏精神与特定的政治语境相得益彰。例如，在特蕾莎拍摄的军队占领捷克的照片中：

> 小伙子们骑着摩托车挥舞着绑在长长的旗杆上的捷克国旗，围着坦克车飞速疾驰，姑娘们则穿着短得不可思议的迷你裙，当着俄国大兵的面，与素不相识的过路人接吻，故意刺激那些性饥渴的可怜虫。俄国的入侵，再说一遍，不仅仅是一场悲剧，也是一场仇恨的狂欢，

---

①米兰·昆德拉，《不能承受的生命之轻》，许钧译，上海：上海译文出版社，2010年，第197页。

②Milan Kundera. *L'Art du Roman*. Paris: Gallimard, 1995, p.722.

永远没有人会理解它奇异的快感。[①]

作者在这里没有暴露自己的主观愿望和情感，也没有对社会现实进行直接阐释与评判，而是让所叙述的场景充满了卡夫卡式的荒诞感，让悲剧性的情景聚焦于一种“狂欢”的气氛，将表面的欢快之“轻”与真实的历史之“重”并列呈现，让读者于调侃中体验捷克民族的亡国之痛。再如，作者从不同角度三次描述了托马斯和特蕾莎之死，尤其是小说结尾处对托马斯夫妇临终前的一段描写，它不似福楼拜（Flaubert）描写包法利夫人临终前的沉重笔触，而是以表面轻松的形式来表现十分严肃的内容，读者在字里行间甚至可以感受到风格的优美。这种反讽手法看似减弱了悲剧性，却以游戏精神揭示了死亡与自由的相对性和二者相互转化的辩证关系，使主人公之死的悲剧效果得以增强。

昆德拉在《不能承受的生命之轻》中通过人物的不同死亡方式，揭示了在一个充满偶然性和不确定性的世界里，人已不再是自己的主人，而是受制于政治、历史支配的物；追求自由的行为无疑是徒劳之举，已经成为生命的不能承受之“轻”。然而，人的生存状态与个性的自由发展密不可分，作者经由人物走向死亡过程中的生命体验和对自由的独立思考，展现了自由本身的不确定状态。自由与死亡的二元对立和辩证关系推动了情节的发展，也深化了作品的哲学内涵。在文学实践上，作者借鉴后现代主义的某些艺术手法，发挥了小说样式的特长，凸显了小说的文化价值，因此这部作品无论是在小说艺术的开拓上，还是在小说世界的营造上，都与文学自由主义的精髓不无关联。然而，“昆德拉的问题在于，他彻底否认了人类获救的可能性，否认了人类获得意义的可能性”[②]。如果小说家不仅手握解构和否定的利器，采取超然的态度，而且还给作品注入一种肯定性的内在价值；不仅试图摧毁一个旧世界，而且还能激起读者对一个更新、更美的世界的向往，那么小说作为一种审美的艺术将具有更高的品位和更大的意义。

第三节　自由主义与后现代叙事的有机结合
——《悠悠岁月》后现代叙事手法解读

法国当代著名女作家安妮·艾尔诺的叙事作品《悠悠岁月》（*Les*

①米兰·昆德拉，《不能承受的生命之轻》，许钧译，上海：上海译文出版社，2010 年，第 84 页。

②李德南，《暧昧的庆祝无意义》，载《北京日报（文艺版）》，2014-09-11。

Années）的篇幅不长，但内容颇丰。作者在尽情释放自己欢乐与痛苦的同时，运用后现代的叙事手法，从内容和形式上展现出强烈的自由主义色彩。近 20 年来，国内外学界对艾尔诺的研究涌现出大量的学术成果，《悠悠岁月》一书的相关论述也不时见诸报端，然而研究者大多聚焦于文本的表现内容、叙事艺术、作者与作品的关系等。本节意欲拓展其研究空间，拟从该作品的后现代叙事手法，如新型的文本样式、"中性"写作法、碎片的拼贴等方面入手，揭示其中自由主义思想与后现代叙事手法的有机结合，进而发掘其文学创作中的新机制。

一、新型的文本样式

艾尔诺曾说："我的所有作品都以我自己的生活经历为蓝本，其中皆有我对这个社会和这个世界的深切体验，因此可以说是真实的。"[①] 不过，艾尔诺从文学生涯开始时，就没有囿于传统，而是刻意求新。她的作品"不是一部传记，自然也不是一部小说，而是文学、社会学和历史的混合"[②]。

与艾尔诺之前的作品相较，《悠悠岁月》在文学样式上的革新更进了一步。这种"无人称叙事"的出现体现了作者在文学创新上的不断追求，也是时代和社会变迁的需要。艾尔诺在 2008 年的一次访谈中对这一样式进行了解释：

> 关于这本书的样式，我特别想创造一种融合。我使用 on、nous、elle 来作为一种无人称的结合形式，因此就不会给我带来一种亲近感……而是讲述周遭世界的一种方式……文本里出现的那些照片是我记忆中的定格，连同我的日记、记录和个人记忆一起，所有这些不同的文体使我可以同时将心路历程、故事、生活变化和记忆给记录下来，构成一个有关时光和记忆的文本。[③]

"无人称叙事"自然包含作者对亲历事件的叙述，与作者的个人生活息息相关。艾尔诺精选了一些旧照片，以此作为线索来勾勒其生活轨迹：她出生在一个普通家庭，通过自己的努力进入大学学习，后来考取教师资格证书，并成为作家，进入所谓的上流社会，然后结婚、生子、离婚、患病、衰老……自传的一个重要特征在于作者与叙述者之间的身份认同，虽

① 参见安妮·艾尔诺 1994 年与笔者的通信。

② Annie Ernaux. *Une Femme*. Paris: Gallimard, 1987, p.126.

③ 杨令飞、葛金玲,《安妮·艾尔诺作品中的平民生活——以〈地位〉和〈一个女人〉为例》，长春：吉林大学出版社，2013 年，第 123 页。

然文本中并未使用第一人称，也没有出现艾尔诺的名字，但贯穿其中的旧照片却是一条主线，将作者的人生经历同时代、社会紧密联系起来，构成了作者与叙述者的认同。此外，与作者和作品相关的“副文本”（paratexte），如作者访谈、图书广告、作者序言等信息也同样指向这一认同。例如，艾尔诺在《悠悠岁月》中译本的序言里写道：

> 我最大的希望……能使你们，中国朋友，接触一种法国人的记忆。一个法国女人的也是和她同一代人所熟悉的记忆，从第二次世界大战直到今天的记忆，在各种生活方式、信仰和价值方面，比他们几个世纪里的祖先有着更多的动荡……它根据对从童年到老年的各种不同年龄所拍摄的照片的凝视，同样勾勒了社会的进程和一种生活的内心历程。①

作者创作这个文本时已步入老年，而且功成名就，完全有资格对自己的人生经历进行一番梳理，对自己的人生感悟进行一个总结。②然而，问题的关键在于艾尔诺创造这一新的文学样式并非仅仅向读者展示自己的人生，而是要与他们分享“不是在历史学家的著作里的记忆，而是真实的和不确定的，既是每个人唯一的又是与所有人分享的记忆，是她经历过的时代的痕迹”③。这就是说，她要凭借自己和同时代人所见证的种种社会现象和历史事实，用一代人共同的记忆，生动、直观地反映第二次世界大战后的时代变迁，在个人记忆里发现集体记忆，同时恢复历史的真正意义。

首先，文本选择了一些对现当代法国社会影响极大的时代大事，重现了一代法国人的集体记忆。例如，文本有一个片段描写了某个家庭在聚餐时的闲谈：

> 如此遥远、如此充满异国情调……的印度支那已经不再成为问题，而是适度地消失在对奠边府的怀念之中……那是一场现在的人们从未有过的冲突。他们也不想用没有人确切知道怎样开始的阿尔及利亚骚乱来破坏气氛。但他们全都同意……阿尔及利亚及其三个省就是法兰西，作为非洲的一大部分，我们的占领地图上覆盖了一半大陆。叛乱必须镇压……下一场战争将来自东方，像布达佩斯那样用俄国的坦克来摧毁世界，而像1940年那样上路是没有用处的，原子弹不会

①安妮·艾尔诺，《悠悠岁月》，吴岳添译，北京：人民文学出版社，2010年，第2页。
②Philippe Lejeune. *Le Pacte Autobiographique.* Paris: Seuil, 1975, p.138.
③安妮·艾尔诺，《悠悠岁月》，吴岳添译，北京：人民文学出版社，2010年，第2页。

留下任何机会。[①]

这段引文在闲谈中影射了法国人集体记忆中的几个重要事件：奠边府战役、阿尔及利亚战争和匈牙利事件。第二次世界大战的硝烟刚刚散去，战争给法国乃至世界带来的物质和精神的巨大创伤尚未平复，为反法西斯战争做出重要贡献的法兰西民族仍处于国亡财尽的边缘，却又切身感受到新的战争恐惧，于冥冥之中窥见原子弹的阴影。法军在奠边府战役中的失败、阿尔及利亚民族解放战争和苏联对匈牙利的出兵干预都是第二次世界大战以来西方现代社会内在文化危机的延续，也为西方人尤其是知识精英提供了反思历史的绝佳时机。他们在残酷的战争期间切身体验了失去人身自由的痛苦，亦经历了自由民主理念与专制独裁之间的殊死搏斗，因而他们厌倦战争、反对暴力、渴望和平、追求幸福的情绪日渐高涨。

文本也反映了1968年的“五月风暴”事件：

> 一九六八年是世界的第一个年头。
>
> 十一月的一个早晨获悉戴高乐将军去世，有一阵令人难以置信——因为他在我们看来是不朽的——然后我们发觉在一年半里已经把他遗忘到何种程度了。他的去世结束了五月之前的时代，我们生活中的一些遥远的年头。[②]

20世纪60年代的法国社会经济快速发展，人民生活得到了保障，但也存在着各种各样的不和谐因素。青年一代成长于充满物质欲望的环境中，他们希望能够在更加自由和平等的社会中获得超越父辈的种种待遇。当期望与现实发生不可调和的矛盾时，伴随着世界局势的风云激荡，一场社会政治危机必然会爆发。《悠悠岁月》反映出人们在开始怀疑自己、怀疑社会并流露出悲观、彷徨的危机感时，也对自由主义所主张的天赋人权、自由平等充满期待。他们想通过抗争来挣脱束缚，开拓美好的人生。艾尔诺在此以“无人称叙事”的文学样式来引领读者一起回忆与思考，字里行间透露出其自由主义的理念。

其次，文本借法国人的集体记忆来描绘人们在一个难以捉摸的后现代世界里渴望自由的普遍心态。其表现形式不再具有传统文化和现代主义文化的激战色彩，而在一定程度上呈现出一种灰色幽默和玩世不恭。例如，

① 安妮·艾尔诺，《悠悠岁月》，吴岳添译，北京：人民文学出版社，2010年，第46~47页。
② 同上，第92~93页。

艾尔诺用简洁、形象的文字概括了后现代社会中两代人的差异：

> 从幼儿园开始就混在一起，姑娘和小伙子在一种我们看来是纯洁和平等的环境里一起平静地成长着……面对我们像他们这么大的时候折磨过我们的一切：性、老师和父母，我们发现他们“依然故我”“泰然自若”……我们惊讶而又满足地注视着他们的自由和独立：似乎在世世代代的历史里赢得了某种东西。
>
> 他们在宽容、反对种族主义、和平主义和生态学方面胜过我们。他们不关心政治，但是继承了所有宽容的口号……①

随着几代人的不断抗争和社会发展，当代的年轻人更具有打破枷锁和限制、争取人身自由的种种特质，这也是时代前进的标志之一。作者在书中进一步表达了人人自由、平等的观念：

> 每个人，只要他代表着一个集团、一种身份、一种不公正的行为，无论是否知识分子，都可以说话和被倾听。有过某种作为女人、同性恋者、阶级的叛徒、在押犯、农民、矿工的经历，就给予了说“我”的权利。存在着一种用集体的词语来进行思考的狂热。②

这段引文显示了作者对自由主义伦理的认可。社会中的每个人，不论其身份贵贱、职位高低，都可以享受自由的天赋人权。个人行为的结果和选择只应由个人负责，他人不应干预。这种对个人与他人、个人与群体关系观照的本质在于关注弱者，呼吁正义，折射自由的社会意义。

最后，文本的集体记忆一如波伏娃的创作，有很强的介入性和政治性。艾尔诺意欲将社会结构层层剥开，对文化和社会等级提出质疑，将隶属于人类关系的种种权力结构进行揭示，对不平等现象进行批判。③其中，最突出的一点就是作品中多处体现女性主义观念。正如作者本人所言：

> 由于现实中存在着男性/女性的统治关系，我会相信，当我写作的时候——即便我不去思考——我也会表现出女性写作的某些印记。女性主义对我而言不是一面旗帜，而是一种必需，行为准则的必需，政治秩序的必需。我在写作时表现出女性主义，我并没有想着我是一

① 安妮·艾尔诺，《悠悠岁月》，吴岳添译，北京：人民文学出版社，2010年，第131~132页。

② 同上，第91页。

③ Chantal Bertrand-Jennings. Le Génie d’Annie Ernaux: Une Esthétique au Service d’un Engagement Social. *Revue des Lettres et de Traduction*, 2000 (6): 364-366.

个女人，而是尽可能地走进人类现实。[①]

因此在艾尔诺看来，写作是一种政治行为，就是说它可以揭示和改变世界，或者说反过来它可以稳固既存的社会和道德秩序。[②]

艾尔诺在《悠悠岁月》中多次表述了女性主义思想。例如：

> 妇女们从来没有像现在这样构成一个被监视的集团，其行为、趣味和欲望成了一种不断的演说、一种不放心而又得意洋洋的关注的目标。她们以“什么都得到了”“无处不在”和“在学校里比男孩子优秀”而著称。像往常一样，她们解放的标志要在她们的身体里、她们在服装和性方面的大胆里去寻找。[③]
>
> 我们曾在厨房里流产，离婚，相信解放自己的努力有利于他人，并且为此而精疲力竭。我们不知道是否有过妇女革命……我们像15岁女孩那样穿着牛仔裤和短裤，T恤衫……随着衰老也看不出年龄了……与我们在绝经期里自我封闭和令人厌烦的母亲相比，我们觉得是赢得了时间。[④]

女性长期在两性、家庭和社会生活中扮演着附属的角色，虽然近代以降自由主义思想的传播使女性地位有了一定的改善，但男权观念在近现代社会生活中仍然占据优势。历史上一些自由主义者为通过实现男女平等来实现人的自由付出了极大努力，女性主义话语构成了西方思想史上一个值得关注的现象。存在主义作家波伏娃的理论和创作对女性主义话语产生了重大影响。艾尔诺秉承了女性主义的传统，力图从波伏娃的影响中继承“生活和写作中自由的欲望”，将读者“带入不寻常的、令人不安的或是幸福的境地，将他们引入‘现实的惊愕’之中”，给他们“带来多一点的真实”[⑤]。艾尔诺对女性主义思想的伸张体现了当代女性不甘屈服于现实、敢与既往的不公正现象抗争的自由主义思想，也反映了女性在两性关系和社会生活中实现了一定的解放和自由的现实，具有一定的现实意义和伦理意义。

《悠悠岁月》这种“无人称叙事”的文学样式不仅见证了艾尔诺的个人生活，也深刻反映了20世纪法国社会的现状和世界发展的进程。因此，

---

① Pierre-Louis Fort. Entretien avec Annie Ernaux. *The French Review*, 2003, *76* (5): 987.

② Annie Ernaux. *L'Écriture Comme le Couteau*. Paris: Gallimard, 1988, p.73.

③ 安妮·艾尔诺，《悠悠岁月》，吴岳添译，北京：人民文学出版社，2010年，第150页。

④ 同上，第151页。

⑤ Ferniot Christine et al. Entrevue d'Annie Ernaux. *Lire*, 2008 (2): 46.

它不仅是一部自传，也是一个具有现实性和历史性的新型“社会叙事”文本。艾尔诺用这个文本重建了法国人的集体记忆，旨在引起同时代读者的强烈反响，亦给后人留下一些可资参考且弥足珍贵的时代文献。

二、“中性”写作法

艾尔诺在《地位》(*La Place*)一书中写道：

> 为了让艺术服从于一生所经历的生活，我没有权利去首先考虑艺术，也没有权利尽力书写一篇“动人心弦”“感人至深”的东西。我要把我父亲的言行举止、兴趣爱好、生平大事以及我也一齐参与度过的他一生中所有的客观踪迹汇集起来，写成这本书。
>
> 没有任何回忆的诗情，也没有任何嘲讽和揶揄。平淡的文字自然涌上笔尖，我从前给父母写信告知他们一些重要的消息时就是使用这种文笔。①

艾尔诺在此提到的是一种平淡无奇、不掺杂任何感情色彩的叙事手法。作者本人置身事外，不动声色地、客观地反映现实。我们姑且将这种手法称为“中性”写作法。此法拒绝主观意识，仅向读者提供一些客观信息，留给读者无限的空间去评判和思考。

“中性”写作法贯穿《悠悠岁月》。文本里的一切事件、所有人物皆以一种纯客观的态度加以反映，鲜见作者本人的情感流露和思想阐发。例如，在一段关于“抵抗运动”的回忆中，作者写道：

> 他们永远说不够的是1942年冬季，严寒、饥饿和球茎甘蓝，口粮和烟票，轰炸
>
> 预示着战争的北方的黎明
>
> “溃退”时大路上的自行车和两轮车
>
> 被抢劫的店铺
>
> 灾民在废墟里搜寻他们的照片和金钱
>
> 德国人来了——每个人都明确地定位在什么地方，在某个城市里——始终彬彬有礼的英国人，无拘无束的美国人，附德法奸，抵抗运动中的邻居，某个女孩在解放时被剃成了光头
>
> ……

① Annie Ernaux. *La Place.* Paris: Gallimard, 1983, p.24.

> 在饥饿和恐惧的共同背景下，一切都按照“我们”和“人们”的方式来讲述。[①]

对于那些曾经给法兰西民族带来无尽灾难和巨大创伤的历史事件，作者超越了理性主义的感性化和诗意化，并未刻意挖掘战争的破坏性，也未着力表现战争带给人类的深切痛苦。文本中也没有传统文学中最能唤起读者回忆的战争场景、最能激发读者情绪的情感铺陈和悲怆气氛。作者摒弃了“宏大叙事”，代之以平铺直叙、不偏不倚的非理性审美方式。文本的平实写法不是通过摹写一个个具体的生活场面来展示人所生活的环境的，而是记录社会历史中真实的场景，于平淡中给人以无限遐想，继而反思战争对自由、平等理念的戕害，憧憬人类的自由和解放。

作者还用同样的手法反映了第二次世界大战后法国社会底层人民的艰难生活：

> 实际上，住房的狭窄迫使孩子和父母、兄弟和姐妹睡在同一间房子里，继续在一个盆里盥洗，在外面的小棚子里大小便，在一个冷水桶里洗涤用毛巾布做的卫生巾上的经血。用芥子泥敷剂治疗孩子们的感冒和支气管炎。父母们用阿司匹林加掺热糖水的烈酒治疗他们的流行性感冒。男人们大白天在墙根小便，用功读书所带来的疑虑和对爬得高、跌得重的恐惧令人发疯。所有的嘴里都缺牙。人们说时代对每个人是不一样的。[②]

这也是艾尔诺的童年经历，她完全可以在文本里添加主观解释，融入自己的真情实感，似传统文学那般有血有肉、以情动人。但她在此却将视觉活动严格地限制在事物表面，大量运用与视觉相关的中性词语，客观地对视觉所及进行详尽的非人格化摹写，不露痕迹地把一些生活现象摆在读者面前，引领读者进入人物和事物深处，体悟现代社会等级在财富、政治和权利方面的不平等和不公平现象，激发他们对自由、平等的向往。

艾尔诺的“中性”写作法与福楼拜、新小说作家皆有渊源，但她在继承的基础上又实现了超越。他们都主张不要在作品中暴露自己的主观愿望，不要对社会和现实进行直接的阐释与评判，只需客观地将人与事和盘托出。然而，社会现实和思想意识不可能不对作家的创作活动产生影响。

---

①安妮·艾尔诺，《悠悠岁月》，吴岳添译，北京：人民文学出版社，2010 年，第 13 页。
②安妮·艾尔诺，《悠悠岁月》，吴岳添译，北京：人民文学出版社，2010 年，第 32~33 页。

艾尔诺的生活经历比较丰富，亲历第二次世界大战前后的所有社会事件，且独具慧眼。她善于观察和体验生活，对现实有着独到见解。她自幼就痛感社会不公，深谙种种不自由状态。自由与平等是她的社会理想，她年轻时就立志通过教育来改变命运，在自己的作品中也不时流露出关于个人自由、平等、正义的自由主义思想，旨在让写作干预生活，在一定程度上为大众争取真正意义上的自由与平等。当然，“中性”写作法又限制了这种思想的直接表达，更需要调动读者的参与性和创造性。

“中性”写作法是后现代写作手法的一种，它是艾尔诺对文学形式尤其是文学语言创新的实验，是一种独特、新颖的文学技法，是后现代主义文学观的体现。此外，“中性”写作法对发生过的事情进行客观描述，客观地向读者展现一幅幅活生生的记忆画面，将高雅与低俗、精华与垃圾、神圣空间与世俗尘埃并置，使叙述话语及叙事风格呈现出发散性的特质，展现了审美意义被深度磨平之后的平面感。这表现了她敢于摆脱传统束缚、追求自由写作的理念，也揭示了其透过写作实现人生自由的信念。

三、碎片的拼贴

拼贴是后现代写作的重要特点之一，也是艾尔诺惯用的一种手法。在《悠悠岁月》中，艾尔诺时常从一个旁观者的角度将一个个碎片加以拼贴来描绘人间百态，而这些碎片的选取自然少不了一番仔细斟酌。

文本伊始，艾尔诺就凭借一些旧照片所引发的印象和感觉唤起了人们的回忆，这些记忆都是碎片式的。艾尔诺的回忆与当代多数人的集体记忆相互交织，生动、直观地反映了半个多世纪的社会变迁：

> 所有的印象都会消失。
>
> 战后在伊沃托的废墟边上，大白天蹲在一间当作咖啡馆的木棚后面撒尿，然后站着撩起裙子、系上短裤，再回到咖啡馆里去的女人
>
> 在影片《长别离》中，与乔治·威尔森跳舞的阿丽达·瓦莉热泪盈眶的面孔
>
> ……
>
> 西蒙娜·西涅莱在《泰蕾丝·拉甘》的广告上的面孔
>
> ……
>
> 罗马终点站的陌生人把他头等车厢的窗帘拉下一半遮住上身，从侧面向对面月台上倚在栏杆上的年轻女旅客摆弄着他的生殖器
>
> ……

头几年里所有黄昏的印象，有夏季一个星期天的发亮的水坑，父母死而复生，我们走在难以确定的道路上的梦境

……

躺在丈夫身边回想着一个男孩第一次拥抱她和她说着“是的，是的，是的”的莫莉·布卢姆的

……

真实的或者虚构的印象，直至睡梦里连续不断的印象①

上述引文除第一句外，其他文字均未以句号结束，恰似一幅幅旧照片的拼贴，透露出旁观者的视角，又给人意犹未尽的感觉。通过对文字的细读，读者可以察觉到这一个个碎片除却表面迹象外，还暗含不少题外之意。例如，关于战后的伊沃托，作者既交代了叙事开始的大致年代，也涉及了战争的残酷和对人们生活造成的破坏性影响。引文中提到的杜拉斯的电影《长别离》（*Une Aussi Longue Absence*）不仅讲述了第二次世界大战之后的一个既感人又略带绝望情绪的故事，还有反对异化、张扬人性的旨趣。自然主义作家左拉（Zola）的小说《泰蕾丝·拉甘》（*Thérèse Raquin*）意在展现禁锢的灵魂和表达自由的愿望。罗马终点站摆弄生殖器的男人似乎预示着对性欲的充分释放，以性解放的形式追求更加彻底的个性自由。父母的死而复生和女人躺在丈夫身边回想拥抱过她的男孩则暗含了作者本人对父母和情人的回忆，依稀可见作者个人主观情感的自由展示。碎片的拼贴也形象地勾勒出从左拉到杜拉斯再到艾尔诺的近现代文学史的发展线索，画面和回忆交织在一起，流露出打破传统束缚、反对非正义战争和阶级压迫、强调人身自由和主观情感自由、注重人与人之间平等的思想，于碎片的拼贴中传递了这种一脉相传的自由主义理念。

艾尔诺在文本里使用碎片拼贴的手法描述了一个小姑娘（即她本人）的成长经历，“现代照相馆，里戴尔，利勒博纳（下塞纳省）。电话 80。一个肥胖的婴儿……日期大约是 1941 年……”②。这种手法贯穿于文本始终。艾尔诺往往用几个简单的词再现当时的生活和感受，秋千、稻草、农场等充斥了她的童年，家乐福、肉铺等又构成了她的青年记忆。中年生活的主体则是：

上课和批改作业，准备早餐，孩子们的衣服，要洗的内衣，午饭，购物……

①安妮·艾尔诺，《悠悠岁月》，吴岳添译，北京：人民文学出版社，2010 年，第 1~5 页。
②同上，第 11 页。

各种事情极为杂乱
购物地点的频繁往来
几乎完全没有消停的时间
……
她开始在夫妇和家庭之外进行思考。

她的大学对她而言不再是怀旧的目标。她把它们看成精神上资产阶级化的时代，与她原来的世界决裂的时代。她的记忆因此从浪漫变成了批判。[①]

与原来的世界决裂就是一种不断进步的自由主义理念。艾尔诺在这里讲述了从浪漫如何变成批判的写作过程，让读者真实地感受到作品的基调发生了变化。40 多岁的女人知道自己并不幸福，她不甘心在无止境的家庭琐事中消亡，于是她选择离婚，决定为自己而活。在决裂的过程中，她将 15 年来积累的物品清单拼贴进文本：

地毯 300 法郎
高保真度组合音响 10 000 法郎
……
床 2 000 法郎
药品柜 50 法郎等等[②]

拼贴手法的运用让读者隐约看到主人公在婚姻中没有感到丝毫的温馨，在离婚财产分割方面也表现得很淡然。婚姻的终结不仅意味着夫妻关系的终结，也是主人公为了追求自由与过去进行的决裂。

进入新生活阶段的主人公开始“给人以一种有分寸的洒脱、像女性杂志为 50～55 岁的妇女所说的‘完美’的印象”[③]。虽然她的乳房已变小，还有“微微隆起的肚子，膝盖以上鼓起的臃肿的大腿”，但摆脱婚姻束缚的她可以将更多的时间用在安排自己的兴趣上，“其他以夫妇和家庭生活为特征的人们不断产生的、物质和精神上的操心都离她远去了，代之以一种更为轻松的、对人类事业的关注”[④]。由此，一个敢于打破枷锁、为个人自由而活的独立女性形象跃然纸上。

①安妮·艾尔诺，《悠悠岁月》，吴岳添译，北京：人民文学出版社，2010 年，第 103~104 页。
②同上，第 120 页。
③同上，第 152 页。
④同上，第 153 页。

这种亦真亦幻的拼贴手法有时会让人混淆后现代生活的现实与虚拟、历史与假说，模糊了真实记忆和虚拟真实的界限，这也正是后现代主义对历史叙事的消解所致。它脱离了以二元对立为基础的历时性的发展模式，以一种共时的平面性创造了一种开放的文化游戏，“力图通过不同的方式延缓封闭、挫败期望、鼓励抽象、保持一种嬉戏的多元角度、转换观众心中的意义场”[①]。然而，拼贴手法的运用摆脱了传统文学的清规戒律，提倡以不受束缚的艺术形式再现现实或真实的自由，这也是对文学自由主义的创新精神的承袭。

艾尔诺的《悠悠岁月》运用“无人称叙事”、“中性”写作法和碎片的拼贴等后现代叙事手法，以一个小女孩的一系列旧照片为线索，将个人成长经历与一代人的集体记忆融为一体，通过客观的视角和表现形式向读者展现了一幅幅活生生的现实和历史画面。文本所反映的内容体现了作者和同时代人对自由、平等和正义的向往，对突破传统、追求属于人生幸福的自由主义精神进行了生动而形象的诠释。后现代叙事手法的运用凸显了自由主义无拘无束的创新原则，给读者带来了无限的想象空间，极大地调动了他们的主观能动性，也使这种文学创新机制得到发展。概言之，文本借助自由主义与后现代叙事的有机结合，“重建了一个共同的时代，从很久以前逐渐改变到今天的时代——以期在个人记忆力发现集体记忆的部分的同时，恢复历史的真实意义”[②]。

① Ihab Hassan. *The Postmodern Turn: Essays in Postmodern Theory and Culture.* Columbus: Ohio State University Press, 1987, p.168.

② 安妮·艾尔诺，《悠悠岁月》，吴岳添译，北京：人民文学出版社，2010 年，第 208 页。

第八章

自由主义与法国后现代文论和美学

法国后现代文论和美学在西方文学中独树一帜，它产生于后现代工业化语境中的变异，又与西方传统文化因素不无关系，自由主义思想也对其有过很大的影响。中外学界历来对法国后现代文论和美学众说纷纭，本章主要从其在西方文学中的地位、它与自由主义的结合及其美学特征、美学价值、审美走向与后现代主义文学创作实践的互动等方面进行论述。

第一节　法国后现代文论和美学的地位

西方学界对于后现代主义的探讨始于文学现象，随着研究的日趋深入，后现代主义从文学领域走向了整个文化领域。总体来说，后现代文论和美学是对现代文艺表达方式、思维方式以及价值观念的颠覆和反叛，具有跨学科和跨媒体并以新思维颠覆创作主体和创作形式的特质，而其不具备具体、单一风格的特征又使得各个创作领域中的后现代境况变得不易表述。法国后现代文论和美学以拉康、巴特、利奥塔、德里达、福柯、列维纳斯以及女性主义法国学派的作家，如克里斯蒂娃等为代表，他们的观点或包含于后现代理论之中，或散见于具体的文学评论里。

拉康在法国当代思想发展历程中可以被视为承上启下的关键人物。他发扬了马克思、尼采和弗洛伊德的思想精神，继承和超越了结构主义，其思想又直接推动了德里达、利奥塔、福柯等人的文化解构和思想创造。[①] 拉康的论述大部分收录在《文集》(*Écrits*)和《研讨会论集》(*Séminaire*)中，主要由论文和研讨会发言构成，他在文论方面的研究深刻影响了后现代主义文论和美学的发展。

①高宣扬，《当代法国思想五十年》，北京：中国人民大学出版社，2005 年，第 181 页。

首先，拉康的思想主要以索绪尔的语言学为基础，同时对弗洛伊德的精神分析学说进行了重新定义和创造性的改造。巴黎大学教授克洛德·克莱芒（Claude Clément）曾对拉康的理论要点进行了如下概括：“拉康的理论可以表述为两点，其中每一点都同无意识观念有关，都同无意识的东西对语言和对主体概念的关系有关：无意识的东西是像语言那样构成的，主体的无意识的东西就是‘另一个人的’言语。”[①] 换句话说，主体问题从来不是一个独立存在的本体论概念，主体的产生是人在社会中运用语言的结果，主体的具体状况也在很大程度上取决于语言的运用，而语言的运用又与人的无意识活动尤其是人的整个精神活动密切相关。拉康全面地用语言来说明无意识，其实也是用无意识来反衬语言的特质，这意味着对传统“理性中心—语言中心”的一个颠覆。[②] 拉康的文学批评论著《关于〈被窃的信〉的讲演》（*Seminar on “The Purloined Letter”*）以文学文本来阐释其精神分析理论，并演示了其阐释学的特有方式。[③]

其次，拉康的镜像阶段论对于观察和分析人的自我意识、“主体性”、思想面貌及思想创作活动具有重要的意义。这种理论透过儿童发现镜像中的“自我”实则空洞无物这一现象来说明孤立的人不可能存在，人只能在与“他人”或“他物”的接触中发现自己。当人透过“他者”发现自己的时候，又发现这仅仅是一种虚空的象征。象征使人认识自己，又使人不断超越自身和超越世界。因此，拉康将语言和象征的双种结构同社会文化的现实结合起来，深刻说明了社会文化现象的“自我”复杂化和人为复杂化的原因，使得语言和象征系统在文化语境中获得了新的生命力。

再次，拉康的“凝视理论”意在表达主体在观察的同时，也被另一事物所注视，主体总是处于“他者”的目光之下。这看似是一个悖论：作者的无意识透过对作品的分析解读展现出来，但仍与读者的欲望息息相关，是读者意欲解读的一个部分。拉康的“凝视理论”说明，实际上不只是“自我”在凝视“他者”，“自我”本身也处于被凝视的状态，“自我”无意识中的欲望机制被投射到外在的“他者”之上，转而凝视着“自我”。在文本中析出凝视与被凝视的螺旋交织过程中产生的诸多碎片化的信息与传统文学观或现代主义理想中的系统化解读实则相去甚远。

---

① 克洛德·克莱芒，《弗洛伊德学说的起源和心理分析的发展》，见《马克思主义对心理分析学说的批评》，北京：商务印书馆，1985 年，第 106 页。

② 方汉文，《后现代文化心理分析——拉康研究》，上海：上海三联书店，2001 年，第 86 页。

③ 同上，第 186 页。

拉康的这些相互关联的理论在心理、语言和文化层面上为精神分析学注入了新鲜的血液，也深刻影响了后现代批评话语的产生和发展。拉康的文学理论不仅受到法国学人的极大关注，也成为学界探讨、研究语言、文学、结构主义和后现代主义问题时不可或缺的参照物。拉康结合现代结构主义语言学的思想精髓来重新审视弗洛伊德精神分析学说，不仅促成了精神分析学在 20 世纪下半叶的转型与变革，而且为当代人文社会科学的各个领域都带来了宝贵的精神财富，其影响还惠及德里达、福柯、巴特等著名思想家。

巴特的文化符号论于 20 世纪 50—60 年代形成，是法国后现代主义思潮的起点和重要组成部分。作为文论家、美学家和符号学家的巴特在漫长的写作生涯中发表了大量作品，涉及的问题和领域极其广泛，主要著作有《写作的零度》(*Le Degré Zéro de l'Écriture*)、《神话学》(*Mythologies*)、《符号学要义》(*Eléments de Sémiologie*)、《批判与真理》(*Critique et Vérité*)、《符号帝国》(*L'Empire des Signes*) 等。其作品最终被编成《罗兰·巴特著作全集》(*Œuvres Complètes de Roland Barthes*)。

巴特首先是一位文学评论家，他于 20 世纪 40—50 年代投身于文学活动。通过文学评论，巴特阐述了作家在发挥社会职责的同时，更应与社会保持一定距离的观点。文学的最独特之处在于审美，这决定了文学家与其他社会职业的不同。他认为作家无须靠直接宣扬来表明他们对写作的态度，而应通过作家的风格和文字技巧并以文学作品的效果来对读者产生深刻的影响。[①]

巴特以索绪尔的语言学为基础，把批判的方向转向了对文学形式的考察。他坚持研究作品首先要研究其语言的观点，认为批评的重点应该是语言的结构，文学研究唯一关注的对象就是文本。文本的概念不似传统的作品那样渗透了作家强烈的主权意识，而是更加抽象、更具普适性的意义，因此不必结合诸多外部标准来确定其心理学、文化学、社会学、历史学等中心意义。[②]

巴特于 20 世纪 60 年代喊出了“作家已死”的口号，预示着文学返璞归真、以文为本的时代的到来。巴特在进行理论探索的早期就注意到了新小说作家运用文字来实现思想与现实结合的举措，并在对新小说作品分析的基础上发展了自己的理论。语言学方法被移植到文学批评，促成了专注

①高宣扬，《当代法国思想五十年》，北京：中国人民大学出版社，2005 年，第 230~233 页。
②杨令飞，《法国新小说发生学》，北京：人民文学出版社，2012 年，第 111 页。

于文学形式的考察，催生了一整套旨在无限地开发语言潜能的“新批评”的理论和方法。在巴特文论的启发下，“新小说”“新电影”“新戏剧”应运而生，而这些文学作品的出现又反过来推动了“新批评”的发展。

巴特还于 20 世纪 70 年代依据快乐原则对“可读的文本”和“可写的文本”进行了区分。前者与传统文化密切相关，阅读是一种被动接受信息的过程；后者则打破了读者对既往历史、文化、心理和价值观念的认同感，体现了读者同语言之间的危机关系，但读者可以通过艰苦的自觉阅读和作家一起创作，参与到这种新型的阅读－写作关系中来。由于读者的参与，文学创作、文学批评和文学阅读都成为极具伸缩性的游戏活动，亦成为探索文本意义和延长创作实践的无限反复过程。[①]

德里达解构主义的基本精神就是对传统的西方文论和方法论进行彻底的清算。他的文学思想主要包含以下几个方面：

第一，关于文学本质的问题。德里达认为，长期的思维禁忌和使用习惯造成了现今对于文学本质的定义，而文学本质问题的缘起盖因一种假说的存在，其根源只是基于幻想。文学文本内部并不包含能够自我证明的本质，文学的本质并非局限于文学样式，也不仅仅是由诗歌、小说、戏剧和散文构成。只有突破原有的思维禁忌，才能彻底打破对文学本质的幻想。为此，德里达的解构首先针对的就是任何形式的“中心”概念以及伴随这些“中心”而形成的“在场”概念。他还否认结构主义关于“能指”和“所指”之间的同一性关系，认为二者之间存在差异。人类具有不满现状、不断超越自身矛盾的特性，如此方能在不断的文化构建中改善自己的追求。然而在建构文化的过程中，人类既要超越旧文化，又面临被改造、被克服的命运，这种二重性又体现在语言本身的二重性上。语言是现实对象与表现对象之间的中介，由于“能指”在时空上的“延异”，“所指”无法及时“在场”而造成“缺席”现象的出现，其空缺就必须由其他符号加以填补和解释。而解释有时是因人而异的，由此产生多元、开放式的文本阅读。由此可见，作品是一个开放的体系，“所指”是一场无限的“延异”，因此读者对文本的解读具有未完成性和不确定性，文本具有自身的生产力和增值力。德里达的“延异”概念揭示了“能指”与“所指”结合的任意性，由此产生了文学文本的自由游戏，动摇了结构主义理论的基础。[②]

---

①杨令飞，《法国新小说发生学》，北京：人民文学出版社，2012 年，第 113 页。

②同上，第 114~115 页。

第二，关于文学与哲学的关系。德里达并不赞成把哲学与文学截然分开的观点。为了表现作者的个性和主观性，文学往往使用大量的隐喻来描述外部世界。哲学虽追求普遍性的真理，但哲学著作中也不乏隐喻的例证，如法国作家阿纳托尔·法朗士（Anatole France）的批评论著《伊壁鸠鲁的花园》（*Le Jardin d'Épicure*）。哲学与文学之间并非不可逾越，而是相辅相成，因此哲学作品和文学作品可统称为文本。德里达赞同写作本身就是一个哲学问题的观点，文学创作不必遵循确定的规则和判断尺度，因为作家所从事的是一种无规则可寻的活动，牵涉到语言和文本的多样性问题，作家正是在这一过程中寻找自己的存在方式。

第三，关于创作主体的问题。传统的西方文学理论和美学注重创作主体，将作者视为文学创作中最为关键的要素和作品意义的源泉，对影响创作主体的各种因素进行深入的研究。社会历史、传记批评、文艺心理学等方法便体现了其对创作主体地位的极大重视。形式主义文学理论质疑作者对文学文本的决定性意义，这种思维传统被德里达延续和发扬。德里达认为，创作主体不是文学文本的决定性因素，他通过“延异”概念怀疑、消除了创作主体“在场”的可能性，对创作主体的理论给予了致命一击。

第四，关于文本的阅读和创作。根据德里达的观点，文本只是意义的散播，不是真理的呈现。它与作者的意象、现实无关，也很难确定其中的意义。但是，一个文本可以指涉其他文本，通过“互文性”产生触类旁通的效应。读者在阅读的过程中不是直接得到某种思想和理念，而是在其中寻找蛛丝马迹，逐步靠近作者的思想和理念。文学创作亦是如此。德里达以自己的写作方式现身说法，他打开一本书，加以评述，累积成册，便成为创作。

简言之，德里达通过“延异”颠覆了逻各斯中心主义和“在场”形而上学，他立足于文本，寻求意义的无限传播，把解构当作一种自我创新的精神活动。文本的开放性和差异性就是意义传播的最佳方式。

利奥塔是西方最具代表性的后现代主义哲学家之一，以后现代主义和后现代性的开创研究而闻名于世。他并不经常就具体的文学艺术问题进行专门论述，而是关注与这些问题和现象相关的社会与伦理。他对叙事结构、美学和语言政治的分析为广大文艺研究者提供了重要的启示。利奥塔的《后现代状况：关于知识的报告》一书是当代后现代主义理论的奠基之作，其重要著作还有《现象学》（*La Phénoménologie*）、《论述和形象：一篇美学论文》（*Discours, Figure: Un Essai d'Esthétique*）、《性动力经济学》（*Économie*

Libidinale)、《公正游戏》(*Au Juste: Conversations*)、《哲学的贫困》(*Misère de la Philosophie*)等。

利奥塔的后现代主义哲学思想从根本上拒绝了统一性和决定论的现代模式，向读者展示出一系列与当代科学、美学、伦理学、政治学等相关联的后现代主义画幅，勾勒出关涉多元性、多样化、异质性的后现代秩序的轮廓。其文艺和美学思想包括以下几个方面：

第一，“宏大叙事”。根据利奥塔的观点，所谓现代性，就是关于解放和启蒙的“宏大叙事”，而这种传统哲学的叙述方式把所有叙述方式都纳入一种唯一的和统一的叙事方式之中。

当叙述者以评判的姿态来转述别人意见的时候，便以自己的某种立场代替了他人的立场，条件性的叙述也随即成为“元叙事”。西方传统哲学将认知陈述和伦理陈述相混淆，导致了“解放叙事”和“启蒙叙事”的产生，将人的行动奠基于知识之上，同时也将某些概念当成人类应追求的理想。例如，法国启蒙叙事的思想奠基人是英国哲学家洛克，他使经验论的认识论体系化和理论化，同时追求话语的统一性。洛克的思想深深地影响了孟德斯鸠和卢梭等人，他们将广义的“法”或者“自由”观念贯穿于一切事物发展的过程之中，坚信事物的发生和发展皆有其必然性和规律性，并通过追求话语的统一性来统一所有的叙事方式。后现代主义者则采用一种对“元叙事”不信任的态度。利奥塔强调：叙述的功能在它的功能元件中已经丧失了，既是它自己的英雄，它的危机，同时又是它的旅途和它的目标。“宏大叙事”隐含着将某种意志强加于人的权力政治的内涵，具有使某种世界观神化、权威化、合法化的本质。

第二，“崇高美学”。利奥塔将哲学研究与美学问题、艺术作品的探讨结合起来，他的“崇高美学”思想在其后现代理论中占据了非常重要的地位。

在《话语，图像》(*Discourse, Figure*)一书中，利奥塔着重论述了他的“欲望美学”思想，这一思想可以看作其“崇高美学”的最初表述。利奥塔认为图像是话语的“他者”，可以表达那些话语中存在但又无从表现和难以表现的成分。他意欲借此用艺术形象颠覆理论话语，主张感官和经验优于抽象和概念，指出诗歌和绘画虽是处于异质空间的两种不同艺术，但是相辅相成，互为补充，积极互动。利奥塔通过对诗歌和绘画之间单纯的对立关系进行解构，重新阐释了话语和图像的性质和功用，为其后来创立“崇高美学”奠定了基础。利奥塔在书中还借助弗洛伊德精神分析学说对图像进行了重点考察，认为图像可以直接表达各种无意识的欲望。推而论之，艺术作品既能揭示结构的局限性，又可保持结构变形的开放性，在此意义上完全可把艺术作品看成欲望的未尽之作。[①]这些思想在利奥塔“崇高美学”的艺术理论中得到了进一步发展。

利奥塔厘定的后现代“崇高”的核心要义有三：(1)“崇高”是一种未知的革新力量，其情感表现出主客合一的感受性，对传统“主体性”造成了强有力的冲击。(2)“崇高”是一种不可能被人们深入理解和绝对把握的品格，盖因其发生和存在于当下，属于尚未完成的现时性范畴，还需假以时日方能接近较为深刻的认知。(3)“崇高”是一种不可决定的判断范式，是论辩双方或多方由于缺乏共识而使争论无法解决时产生的一种快感。这凸显了利奥塔对“崇高”的认识中的一种个体生存的价值取向。[②]

第三，艺术理论。利奥塔没有对后现代主义艺术的种种特征泛泛而谈，而是借助自己的后现代哲学，试图揭示后现代艺术的实质。

利奥塔写道：“后现代艺术就是用表现本身来展示种种不可表现性。”[③]围绕这个界定，利奥塔将“崇高美学”与先锋艺术结合起来研究，认为以先锋艺术的“非人”来对抗资本主义社会的“非人性”和现代科技的“非人化”不失为一条有效的途径，这就充分体现了其“崇高美学”对人的生存境遇和心理危机的密切关注。利奥塔还认为，艺术家作为知识分子的一部分与探索真知的科学家不同，他们要通过创作而且是纯粹的创作来实现自己的责任。艺术家不需要服务于某种政治理想，甚至也不应该受制于公众的接受水平。艺术家、作家等面临的状况是：他们并不清楚自己的评判者究竟是何许人，因为他们在创作中也在质疑公认的文学和艺术评判标准，他们只需担负起创作的责任，而无须认同一个普遍的主体并承担起人类集体的理想。[④]为此，利奥塔特别强调艺术创造的实验性和创新性要通过呈现不具呈现性的实验来把艺术的本质问题化，因而艺术家的作品应该体现一种绝对先锋的艺术精神。艺术创作必须摒除总体性和最终结论，通过

---

①刘冠君，《利奥塔的“崇高美学”思想研究》（博士学位论文），济南：山东大学，2000年，第3页。

②同上。

③Jean-François Lyotard. *La Condition Postmoderne: Rapport sur le Savoir*. Paris: Minuit, 1979, p.81.

④让－弗朗索瓦·利奥塔，《后现代性与公正游戏：利奥塔访谈、书信集》，包亚明主编，上海：上海人民出版社，1997年，第118页。

无限感和碎片性，在拒绝旧规则的同时，不断地探寻新规则。[①]

福柯对文学评论及文学理论亦做出过巨大贡献，他的《疯癫与文明》（*Folie et Déraison*）、《词与物》（*Les Mots et les Choses*）、《知识考古学》（*L'Archéologie du Savoir*）、《性经验史》（*Histoire de la Sexualité*）等著作包含诸多文艺思想。从整个思想体系来看，20 世纪 60 年代是福柯的文学时期，现代主义和后现代主义文艺的创作经验对其理论研究产生了很大的影响。在写作《疯癫与文明》之前，福柯从事过文艺批评工作，他的思想给予了文艺界以极大的启发并引发了文艺界的深刻变革。

福柯文艺本体论的性质是关系本体论，换言之，他的文艺本体论是建立在考察各种关系的基础之上的。福柯认为，关系体系有主要的或现实的关系体系、次要的或反思的关系体系、对话性的关系体系，并由体验、隐喻和历史三个维度构成。[②]体验反映存在与“他者”的关系维度，体现了理性与非理性对话交流的开放思维。这一维度源于审美主体对世界的认识、价值判断与情感体验，既是人类体验的审美形式，也是人类体验的艺术传达。隐喻揭示形式与意义的关系维度，多体现在文学语言内部与外部关系的新型构造上，或者说文学语言的性质就在于隐喻。福柯的隐喻思想涉及对结构、互文、话语等要素的详尽阐释，表现出对文学语言结构的全新认知。历史涉及关系本体论在变化方面的关系维度，一切事物的发展变化致使历史的维度决定着体验的维度和语言的维度。当然，这种历史是一种总体的历史，是一个展开的空间，它不同于围绕着一个中心把所有现象集中起来的传统历史。[③]福柯的关系本体论文艺思想为后现代主义文论提供了反思与认识价值，对当代文艺理论的发展也具有启示性的意义。

福柯把疯癫作为一种文化现象进行研究。疯癫作为文艺表现的对象在古往今来的文艺作品中普遍存在。在《疯癫与文明》一书中，福柯从文艺本体论的高度对疯癫给予观照，并对疯癫与艺术的一体两面性进行了思考。他认为，与其说疯癫是自然疾病，不如说是文化建构的结果。疯癫作为文艺对象并非描述历史上的客观事实，那些经作者鉴别、挑选出来的不由自主的胡言乱语以作者独特的审美体验和建构思想将灵感和幻觉融入所

①刘冠君，《利奥塔的“崇高美学”思想研究》（博士学位论文），济南：山东大学，2000 年，第 4 页。

②陈长利，《体验·隐喻·历史——福柯关系本体论文艺思想研究》，载《吉首大学学报》，2013（3），86~94 页。

③同上。

塑造的形象之中。由此，艺术获得了介入现实的功能。福柯发现了艺术作品表象下面的深层结构，指明了疯癫作为文艺本体性存在就是重视历史本身。福柯全面考察了从文艺复兴至今的疯癫与理性的关系以及历史上对疯癫的各种理解和处置，将疯癫归因于权力运作，认为其是制度化和道德化双重束缚的结果，因为制度的力量源于理性的信仰，道德的力量出自对宗教的虔诚。福柯求助于艺术，对制度化的生活和道德化的生活进行了深刻的批判。他坚信艺术能驱逐暴政，也能解放道德和伦理。疯癫与艺术作品共始终，因为疯癫使艺术作品的真实性开始出现。艺术作品与疯癫共同诞生和变成现实的时刻，也就是世界开始发现自己受到那个艺术作品的指责，并对那个作品的性质负有责任的时候。

作者理论是西方文论中最重要的部分之一。福柯的作者理论受后结构主义影响，他基于自己的权力 - 话语学说提出了以“作者—功能”为核心的作者理论。福柯认为作者是意识形态的产物，因而“作者—功能”与意识形态关系极大，特指发挥作者意识形态的功能。当然，历史环境不同，话语存在的方式也不一样，伴随着书写行为，意识形态的侵越行为日趋明显。在具体的环境中，作者的功能不一，而不同环境、不同时代的读者对文学文本的理解也有相异之处。总之，作者不是一成不变的、静止的存在，而是一个不断变化的形式功能，既受外在性的制约，又必须通过作品“生产”来满足社会的需要。“作者—功能”的思想表现了福柯的文艺观再度向意识形态、历史和审美敞开，预示着一个新时代的思想趋向。[①]

在福柯看来，文学是语言的现代存在样式，这一观点的内涵颇丰。福柯通过对法国作家雷蒙·鲁塞尔（Raymond Roussel）作品中的新语言机制的研究，发现文学语言是一种游戏，而且与非理性息息相关。许多现代优秀作家的语言摆脱了创作主体的束缚，以自由的游戏方式来展现自我，真正成为思想创造的中介。语言也是一种思维体验，从法国“新小说”文本的创作贡献来看，体验使文本脱离了心理学上的意义，变成了直接的思想对象。文学语言还构成一种独特的思维空间，是语言的单纯表现，存在于人类活动的一定时空范围之内。文学语言还是一面“空镜子”，存在皱褶的同时，又具有某种自明性。福柯的文学语言思想旨在探索在文学创作中对传统语言基本原则的破坏和超越，对实现文学艺术的高度自由有着十分

① 陈长利，《论福柯的“作者—功能”思想——以〈什么是作者？〉为考察对象》，载《北方论坛》，2008（5），49~51 页。

重要的意义。①

列维纳斯的文论思想在对海德格尔存在论美学的批判和超越中成形。与其哲学思想的相关研究相比，列维纳斯的文学思想被大大低估了，因此这方面仍有待拓展的空间。

列维纳斯认为，海德格尔的存在论美学具有总体性的特征，为了突破这种总体性，他赋予艺术两个新维度："异在"和"他者"。所谓"异在"，就是真理所包含的"异域存在"，这正是现代艺术致力于表现的地方。"异在"不具备最终超越存在的力量，在艺术上，它作为一种自足的艺术空间，将现实与他人的真实隔离开来。只有"他者"的伦理召唤和自我对"他者"的无限责任能实现用伦理学替换存在论基础性的构想。②列维纳斯强调"他者"，解构了本体论传统，这使他同后现代主义有相似之处。列维纳斯还认为，西方本体论传统追求的"总体性"包含所有存在的总体，这种本体论最根本的特征在于求"同"除"异"，这必将导致专制的出现，同时也暴露出西方文化危机的根源。

文学在这一构想中起到了非常关键的作用，因为文学最接近伦理，它能恰如其分地对伦理进行阐述。列维纳斯认为，可以充分利用文学对存在论语言的超越来促进人们对哲学和伦理学的深入思考。于是，列维纳斯便将美学的自由和伦理的启迪相结合，对异质性美学进行了多方探究和深入思索。不过在列维纳斯的文论中，伦理并不等同于道德，他重视伦理，推崇责任，坚信终极价值，与后现代主义保持距离，与古典精神相互应和。

整体哲学和历史理性极有可能导致历史性的悲剧重演，列维纳斯在"他者"理论中对此有着清醒的认识，并对其进行了深刻的批判。此外，他还对现代文学和文学理论追求"自身性"和"绝对性"提出了质疑。列维纳斯明确表示，只有对文学和哲学追本溯源，让其返回启示的源头，才能够使之在对现实世界的理解、回应和书写中展现自由精神，揭示伦理生活中的可能性，进而应对现代虚无主义的挑战。③

让·鲍德里亚（Jean Baudrillard）深入剖析了当代社会的组织方式和美学特征，具有罕见的彻底性和独创精神。他全面抛弃了现代主义的思维

① 吕菲菲，《论米歇尔·福柯的文学语言观》（硕士学位论文），济南：山东师范大学，2001年，第7~14页。

② 王嘉军，《存在、异在与他者：列维纳斯与法国当代文论》（博士学位论文），上海：华东师范大学，2015年，摘要。

③ Emmanuel Levinas. *Liberté et Commandement.* Montpellier: Fata Morgana, 1994, pp.54-55.

逻辑和价值话语，更对新的感知和阐释方式不断地进行实验。

鲍德里亚在《象征交换与死亡》（*L'Échange Symbolique et la Mort*）中考察了“仿像”的三个等级，“超真实”便位于“仿像”的第三个等级之上。他指出，人类的文化价值自文艺复兴以来经历了三个“仿真”序列：（1）从文艺复兴到工业革命的“古典”时期，文化价值的主导形式是仿照。[①]（2）在工业化时代，文化价值道德主导形式是生产。[②]（3）在被符码主宰的当前历史阶段，文化价值的主导形式是仿真。[③]在当代社会，真实与虚幻之间的界限已经消失，原型不再存在，存在的只有“拟像”。鲍德里亚非常关注当代社会的物品符号运作的社会意义。他认为晚期的资本主义社会就是一个典型的“仿真”社会，在这个社会中，符号的一元生产已经完全取代了传统的真假二元对立观念，“拟像”淹没了真实，当今，人们无法逃出这个以假象为特征的“拟像”世界。他用当代资本主义社会的诸多实例深刻分析了“仿真时代”的产生、特点，并提出了一些应对策略。

德勒兹的影响遍布当今人文科学的各个角落，他的《反俄狄浦斯》（*L'Anti-Œdipe*）和《千高原》（*Mille Plateaux*）业已取得世界性的声誉。德勒兹攻击一切中心化和总体化的企图，坚决反对禁区、权威、机构和暴君。

德勒兹认为，整个世界，包括人类社会和自然界，都如皱褶一般相互渗透、相互交错，这种性质和构造让世界充满复杂和不可预测的因素，因此世界的本质可以归结为混沌。在现实世界中，较之必然性，偶然性更加复杂和优越，因此它能够更加生动地体现世界的实际结构，也能更加具体地表现混沌世界的皱褶性。[④]

德勒兹对传统的人学观进行了深刻的批判，并且把这种批判同对当代资本主义社会的批判紧密地联系在一起。他将弗洛伊德精神分析学和当代哲学当作为资本主义社会进行辩护的学说，在批判资本主义社会制造精神分裂现象的同时，也对这些学说进行了批判。他用精神分裂来说明在后资本主义条件下，人已经忘却了自我，失去了生活目标，成了只懂消费的商业化的物。在文学领域，德勒兹坚持文学不是一种用来享受的成果，而是具有一定政治功能的武器的观点，他不赞同有些美学理论将文学定义为与

①汪民安，《后现代性的哲学话语》，杭州：浙江人民出版社，2000年，第317页。
②同上。
③同上。
④高宣扬，《当代法国思想五十年》，北京：中国人民大学出版社，2005年，第625~626页。

社会没有直接关系的创作的观点。文学的功能不是破坏性的，而是建设性的，其根本功能在于如何创造一种不存在的人类。①

克里斯蒂娃的著述广泛，涉及互文性、符号学、文学理论及批评、精神分析、艺术及艺术史等领域。自《符号学》(*Semeiotikè*)出版起，克里斯蒂娃在当今的国际批评分析、文化理论和女性主义领域声名鹊起，为发展解构主义的新符号论做出了重要贡献。

作为后现代主义的文本理论，互文性理论突破了理论研究和批评术语的范围，在文学研究和文学写作中扮演着越来越重要的角色。互文性理论对既往的文学传统兼容并包，将外在的影响和力量文本化，传统的文学批评和现代主义、后现代主义文学批评的合理因素都被纳入这一理论体系中，与政治、历史、社会、心理等领域相关的文本都具有了互文参照的价值。因此在现当代文化语境中，文本便可以代替文学，互文性亦可取代传统的思维，自主、自足的文学观念也随之被打破。互文性理论拓展了文学研究的视野，使理论本身具有了多向度阐释的可能性。

互文性理论的思维模式在于吸取了解构主义和后现代主义的反逻各斯中心主义的立场、观点，将断裂性和不确定性视为文本的重要特征。新历史主义将史实与文本互文解读的观点也是互文性理论一个重要的文本分析策略。互文性理论还结合结构主义文论的特色，突出文本与文本的互文性，并以此为基础进行拓展。互文性理论以形式分析作为切入点，将分析和研究的视线扩及整个文学传统和文化影响视域，将众多影响文学创作的要素纳入其关注的领域，遵循的是一个从文本的互文性到主体的互文性再到文化的互文性的逻辑模式，从而使其从单纯的形式研究层面进入多重对话层面。

法国后现代文学和美学理论是后现代主义文学的重要组成部分，它们受后现代主义文艺创作的经验启示而成，对文艺实践进行了精辟的总结和描述，又在一定程度上影响了后现代主义文艺家的创作活动。文艺理论界的精英人士观察、思考和研究这些现象之后，产生了深刻的见解，并自觉地将理论融于文艺创作实践之中。

① Odiari Sebastien. Martin Heidegger and National Socialism: Questions and Answers. *Philosophical Books*, 1992, *33* (2): 76-77.

第二节　自由主义：后现代文论和美学的合理性依据

自由主义思潮主要体现在个人自由上，换言之，就是要用理想的眼光审视世界和看待人类，确保人在多样化的世界中充分发挥自己的个性，能自由地选择，并能决定自己的命运。思想和言论自由是自由主义思潮中非常重要的内容。思想自由强调个人内心活动的自主性，以保证其能够按照自己的独立思考作出判断，进而实现其各种自主性的行为。此外，人类还有创造和传达思想的自由，不仅要反叛旧有思想和规程的束缚，还要鼓吹创新精神和思维，树立新的规范以适应时代的发展和人类的进步。法国大革命后兴起的浪漫主义运动表现出了强烈的个性解放精神和改造社会的意图，对法国社会的良性进展起到了相当大的促进作用。浪漫主义文学的代表，如斯塔尔夫人（Madame de Staël）、维克多·雨果（Victor Hugo）、乔治·桑（George Sand）等，都曾为自由思想和自由文学大声疾呼，倡导在获得政治自由的社会里打破抑制文艺发展的规范，让文学自由主义和政治自由主义得到了普遍伸张，并从文学理论和美学理论方面阐发了自由主义思想。①

20 世纪中叶，西方社会的内在危机和西方文化的反人类性质日益凸显，而自由主义仍保持着其破坏性和革命性的批判特质。自由主义把个人视为构成社会的最基本单元，但个人并不游离于社会之外，而是构成社会的有机组成部分。对个人与社会关系的这种辩证看法将理性生活的道德律与个人自由的天然性恰如其分地统一起来。

后现代主义是西方后工业社会的产物，它解构并重建了传统和现代性的逻辑与规范。尽管人类已经实现现代化或进入后工业社会，自由仍是推动人类思想前进的动力，思想家们对自由问题的探索也不会停歇，因此法国后现代主义理论及其文论和美学对自由这个人类思想发展史上的重要主题给予了极大的关注。

首先，法国后现代文论和美学把人的自由和尊严当作关怀的重点，也把发挥和弘扬人的自由和尊严作为讨论的中心话题，表现出与自由主义的基本精神完全一致的特征。后现代主义文论家和美学家提出了一种与传统理论相异的后现代文论和美学范式，通过倡导差异和多元，正视情感、欲

① Madame de Staël. *Sur la Littérature*. Paris: Seuil, 1962, p.225；维克多·雨果，《雨果论文学》，柳鸣九译，上海：上海译文出版社，1980 年，第 93 页；George Sand. *Correspondances*. Paris: Gallimard, 1957, p.316.

望等非理性层面的作用，从文论和美学方面对人的自由本质和尊严给予了肯定。

自由是萨特存在主义哲学和文学的核心问题，萨特的思想就是关于自由的思想。在萨特看来，人的生存与世界所具有的共生性决定了生存意味着自由，也意味着创造，包括创造自己和创造世界。现实生活中的自由是有限制的，因为自由到了某一个阶段就会与责任发生关系，通过个人与社会、政治、法律的融合实现人格的完整性，以追求自由的健康发展。在文学方面，写作是意志自由的一种特定方式，但文学写作不能脱离作者所处的社会和世界。作家对社会负有责任，必须为自由和正义而战。而加缪却对萨特的“介入文学观”进行了严厉的批判，他指出：当弃权本身被看成一种选择的时候，不管被当成一种惩罚还是赞扬，艺术家都被卷入社会中，不管他愿不愿意；实际上，对于艺术家来说，并不存在志愿介入的问题；美，不管是长期或短期而言，都只能为人类的痛苦或自由所用。[①]加缪在此将审美视为文学艺术的第一标准，因为唯有审美才能使文学趋向无限的自由境地，才能体现文学的真正价值。加缪不愿意将文学创作的价值标准同政治或政党的利益联系起来，也未对萨特立场的复杂性多加考虑。实际上，萨特在表明“介入文学观”的时候有着不得已的选择，其中暗含着其曾经揭示的某种偶然性，人永远只能在不可选择中进行选择，这是人的悲哀，同时也体现了人的自由本质。[②]

福柯的“文艺本体论”通过对现实社会中各种关系的考察探讨“主体性”的问题，这些问题同样关涉人的自由与尊严。福柯认为，在近代资本主义社会现实的关系体系中，从说话、劳动和生活三个方面建构和训练的为适应整个社会文化制度的新型“主体”看似充满理性、法治、民主和科学，也似乎都保持着自身的自由和尊严，但这些“主体”都是在话语论述建构和散播的过程中及与知识、权力、道德的相互勾结中虚构而成的人。[③]福柯进一步指出，对人的“主体性”的过度强调恰恰否定了人的复杂、多元化的个性存在，进而剥夺了人的自由和尊严。事实上，“主体是通过种种被奴役的实践构成的，或者以一种更自主的方式，就像在古代那样，通过种种解放和自由的实践被构成的”[④]。它“允许个体以自己的方式或通过

①转引自高宣扬，《当代法国思想五十年》，北京：中国人民大学出版社，2005年，第228~229页。

②同上，第229页。

③ Michel Foucault. *The Birth of the Clinic.* New York: Vintage, 1994, p.229.

④米歇尔·福柯，《必须保卫社会》，钱翰译，上海：上海人民出版社，2010年，第46页。

他人的帮助，对自己的身体、心灵、思想、行为、生存方式施加影响以改变自己，达到某种快乐、纯洁、智慧、美好、不朽的状态”[①]。福柯的名言“人死了”可谓是承接了尼采的“上帝死了”，对工业文明中的“主体性”崇拜与本质主义崇拜进行了批判。事实上，人性中存在着诸多不见容于本质主义的非本质因素，而这些因素或许是人类最具多元色彩、最能体现自由本性的部分。这个时代中的人已经死去，取而代之的就该是强调个性自由发展、反本质与无中心的后现代状态。福柯晚年对古希腊文化有所研究，在此基础上提出了自己的“生存美学”理念，主张个体经由伦理和美学的途径构成自我主体。这一思想既吸收了古典智慧，也发挥了审美的现代性精神，与某些后现代主义思想家的审美可谓是异曲同工。

利奥塔从考察当代知识形态入手，强调知识之间的异质性和不可通约性，由此否定将全部知识统一于共同原则的做法。利奥塔有关“宏大叙事”方法的思考典型地表现了后现代文论和美学对于这类叙事的怀疑或不信任。“宏大叙事”遵循宗教、历史、科学、心理学及艺术领域的正统性解释方法，是一种用单一标准去裁定所有差异并统一所有话语的传统思维方法，是现代性初期科学、文化、艺术等为了证明其自身游戏规则的合法性而共同炮制出来的一套哲学话语。利奥塔认为，“宏大叙事”本身因不同语言的特质而存在着不可通约性，与之相关的传统科学及各类知识的合法化也早已失效。在文艺创作中，作家和艺术家们首先应该颠覆一切先在的规则，尽力争取自己作为个人的自由，而不是顺应社会或集体的意愿和品位，从完美的形式中获得某种慰藉：

> 真正的艺术家、作家或哲学家的唯一责任，是回答“何为绘画、思想？”这一问题。如果有人对他们说：“你的作品几乎是不可理解的”，他们有权利、有责任不去理睬这种反对意见。他们的接受者不是公众，我想说，甚至不是艺术家、作家等群体。说实话，他们不知道谁是他们作品的接受者，艺术家、作家等面临的状况是：把一个“讯息”抛入虚空之中。他们也并不清楚地了解谁是他们的评判者，因为他们在创作中同时也在质疑公认的绘画、评判标准……我们说他们在进行实验，他们根本不想培养、教育或训练任何人……他们不需要认同于一个普遍的主体并承担起人类集体的责任，才能负起“创作”的责任。[②]

① Michel Foucault. *Ethics: Subjectivity and Truth*. Paul Rabinow (Ed.). New York: The New Press, 1997, p.36.

② 让 - 弗朗索瓦 · 利奥塔，《后现代性与公正游戏：利奥塔访谈、书信集》，包亚明主编，上海：上海人民出版社，1997 年，第 118 页。

利奥塔理论的实质就是解构中心和容忍多元，他坚决反对现代理性与既有的文化束缚，反对用统一性与整体性来规范世界、用固定不变的逻辑与规则来说明世界。他求助于“小叙事”以实现对于“宏大叙事”的反抗，旨在把人们从现代性的神话中解救出来。唯有注重差异和微观，才能颠覆现代性的统治关系，借助多元和突变促成自由的实现，同时也维护了人的尊严。

由此可见，人的自由本质是能够使人类生存并持续发展的动因，它要排除一切自然和人为的阻碍，突破一切旧有的束缚，不受限制地实现新的生活目标。自由的观点与人的超越性特质息息相关，人之为人就应永远试图超越。人的尊严主要体现在个人可以凭借自己的意志自由地行事和选择上，在自己自由权利的范围内，具有高度的自治和自决的自主性。自由主义坚信现实的人在本质上是自由的存在物，而个人自由和人的尊严也是后现代文论和美学的根本价值，因此两者在本质上都表现了人类对个体自由的不懈追求。

其次，法国后现代文论和美学都体现出对自由超越精神的推崇，努力在未被发现的领域中施展自由意志，毫无顾忌地设想和规划各种新观念和新方案。从存在主义文论到解释学和接受美学再到结构性阅读和创作的文学批评的发展体现出法国后现代文论家和美学家对自由意志的追问，这与自由主义寻求自由和自主超越的态势一脉相传。

自由意志就是自由选择和自我决定的意志，它使人们能够以自己期待的方式对他人和世界产生影响，同时可以决定自己的意愿和未来。然而，从西方古代哲学到中世纪，宗教决定论仰仗上帝的意旨，将自由意志和自由想象彻底打入深渊。尽管近代科学技术的进步和个人主义的发展让“人类感觉远不像在从前的时代那么任凭环境摆布”①，但科技理性的力量让自由意志仍显得可望而不可即。事实上，对于人类来说，自由意志无比重要，且并非遥不可及，人类完全可以透过叩问存在的本质和意义或者借助文艺重拾并且充分发挥自由意志。

萨特的文学观以其存在主义哲学思想为前提，强调透过自由选择来实现创作和批评的充分自由，而人在选择、创造自我本质的过程中，同样享有充分的自由。这种观点体现在文学创作和批评方面是指人的思想和行为完全自由，既无事先规定的本质，也不需要任何强加其上的规定性意义。

①伯特兰·罗素，《西方哲学史》，马元德译，北京：商务印书馆，2007年，第271页。

“作者要求于读者的不是让他去应用抽象的自由。而是让他把整个身心都奉献出来，带着他的情欲，他的成见，他的同情心，他的性欲禀赋，以及他的价值体系……书不是工具，不是达到任何目的的一种手段，它所献身的目的就是读者的自由。”[①] 作家在自由意志的引领下作出选择，带着让读者获得自由的目的而写作，唯有自由意志才能使其作品的存在富有意义。自由意志会使作者的感情浸入作品，“这种感情不但不会吞没或掩盖我的自由，反而是使我的自由为向自身显示而选择的各种方式”[②]。对于读者或评论家而言，阅读是一场自由梦，然而他们在阅读的过程中也要履行自己的责任，因为他们不是被动接受作品的奴隶，而应在对作品的欣赏和评论中发挥他们的自由意志，凭借自由想象将主观的行动自由与客观责任要求结合起来。萨特进一步指出，作家要想写出有价值的作品，还必须介入社会事件和现实生活，阅读者和评论者亦是如此，这也足见自由意志发挥的关键作用。

德里达认为：“文学是一种允许人们以任何方式讲述任何事情的建制。”[③] 作家：

> 可以讲述他想要讲或能够讲的一切，而同时得到保护，免受一切检查，无论是宗教的还是政治的……他可以——我甚至要说他必须——要求某种不负责任性，至少是对于意识形态的权力机关……这种不负责任的职责、这种拒绝就自己的思想式创作向权力机构做出回答的职责，也许正是责任感的最高形式。[④]

德里达所说的“以任何方式讲述任何事情”指文学具有讲述一切的自由，而且还应该浓缩历史，包容一切，这也体现了自由意志的作用。自由意志就是不受任何外在制约的存在，如果作家遵从这种自由意志，那么无论面对怎样的必然性或偶然性，他 / 她仍然可以保持着完全的自由精神。作家可以不按任何外界的框框行事，而且只有当他 / 她这样做的时候，他 / 她才真正体现了自由意志。在文学艺术方面，作家所进行的任何创作都源于有意识地参与的深思熟虑，因而自由意志的决定性作用自不待言。此外，文艺评论也必须具有批评一切和以一切方式进行批评的自由。德里达

①让 - 保尔·萨特，《萨特读本》，桂裕芳等译，北京：人民文学出版社，2005 年，第 552~553 页。
②让 - 保尔·萨特，《什么是文学？》，施康强译，见《萨特文论选》，北京：人民文学出版社，1991 年，第 102~103 页。
③雅克·德里达，《文学行动》，赵兴国等译，北京：中国社会科学出版社，1998 年，第 3 页。
④同上，第 5~6 页。

认为，任何符号的表意功能都不太完备，因而当“能指”出现之后，“所指”不一定就能及时“到场”；符号的“所指”乃至对它的解释活动皆要依赖符号形式的表达，如此便引发多重解释的出现，导致“延异”现象的产生。因此，任何对于“能指”的当下解释都只有相对和暂时的意义，一个文本的“所指”并非朝着某一确定的方向延伸，而是向着各个不同的方向“衍射”和扩展。文本犹如人们所生活的世界，允许人们进行无限的诠释，最终形成多种解释的可能。因此，只有对这些感性显现的“延异”和散播进行批评，人们才能背离和摧毁传统语音中心主义和逻各斯中心主义的束缚，从符号和类符号游戏中探讨新的解释学方法，揭示事物存在的自由状态，最终使自由的感性生命得以维持。

在巴特看来，传统意义上的文本是一个封闭的符号系统，侧重意义的唯一性。传统文论将作者看成文本的缔造者，而真理的化身则是上帝，因此这种理论维护的是上帝和作者的权威。然而，尼采的“上帝死了”的呐喊动摇了西方理性主义哲学大厦的根基，也引起了法国后现代文论家和美学家的积极回应。巴特曾说：

> 实际上，在复合写作中，一切都在于厘清，而不在于破译；结构可以在其每一次重复和其每一个阶段上被后续、被“编织”（就像有人说的长丝袜的网眼编织的情况），然而，却没有底，写作的空间需要走遍，而不可穿透；写作不停地提出意思，却一直是为了使其消失：写作所进行的，是有步骤地排除意思。①

巴特从共时性和历时性两方面看待文本。从共时性上看，任何文本都是一种互文，文本就是织物，可将文本的理论与网络学类比。从历时性上看，任何文本都是对过去引文的重新组织。巴特以开放的视野看待文本，认为文本内部有着复杂的结构关系。此外，文本的制作和解读又是一个开放性的动态过程，文本始终处于未完成和正在编织的状态，作者在不断地写作中制造意义，读者也在不断地阅读中得出意义，他们之间的互动就是意义的“编织”过程，但这个过程又使意义不断地消失。文本最重要的特征就是意义的不断生产性，意义并非预先给定或者一成不变，意义的获取必须依赖作者、读者和评论者自由意志的作用，文本本身就可以给他们提供无限的自由想象空间。

---

①罗兰·巴特，《作者的死亡》，怀宇译，见《巴特随笔集》，北京：百花文艺出版社，2003年，第306页。

克里斯蒂娃认为，文本是一种“生殖文本”，是“确定表达主体，实施结构特有的逻辑运算，它既是现象型文本结构化的场所，又是意义生产的场域”①。从根本上说，文本不仅是一种语言学现象，还是一种意义生殖的过程，具有开放性和未完成性的特点。文学作品的意义并非一成不变地存在于作品中，而是需要读者去挖掘和体会。她“注意到决定文本意义的不仅仅是语言系统，还有外部世界这个大文本。社会与历史并不是外在于文本的独立因素或背景，它们本身就是文本，是文本整体的一个有机组成部分”②。作为文本基本单位的语言是各种符号中最典型、最复杂，也最具生命力的一种。因此，对语言现象的分析既离不开符号构成的文本世界，也离不开与文本息息相关的社会、文化和历史，离不开文本制作者的自由意志和注入文本生产过程中的自由想象。而读者在对作品的理解、评价和接受的时候，由其各自的社会、历史和个人原因决定的自由意志和自由想象也会对文本的生产和接受过程起到积极的干预作用，致使他们对文本做出不尽相同的解读和评析，因此产生千差万别的审美功效。

自由意志是处于社会生活中的人们保持自身独立性和挣脱各种桎梏的特殊品质。凭借这种意志和与之相关联的自由想象，后现代主义文论家和美学家呼唤创作自由，他们不满足于现存的理论和方法，不拘泥于实际的规则和既有的成果，大胆突破以往文艺思想的界限，充分展示了文艺创作和文本诠释过程中自由的无限可能性。

最后，法国后现代文论和美学对当代社会和文化进行了无情的批判，表现出明显的人文情怀。其思想理论同当代文艺创作密切相关，也在一定程度上促进了整个社会文化的转型，也使人民的生活方式、思维方式和个人心态向更加自由的方向转变。而自由主义在论述自由、平等的时候，重点强调了人的自由和参与，也把对人的关怀放到了极其重要的位置。

萨特批判了启蒙主义哲学和康德哲学中的普遍人性说，“因为没有上帝提供一个人的概念。人就是人。这不仅说他是自己认为的那样，而且也是他愿意成为的那样……人除了自己认为的那样以外，什么都不是……任何文学作品都是一种召唤”③。文学创作的结果犹如中介，意在唤醒读者的

① Julia Kristeva. Word, Dialogue and Novel. In *Desire in Language: A Semiotic Approach to Literature and Art*. New York: Columbia University Press, 1980, p.35.

② 孙秀丽，《解析符号学批判——克里斯蒂娃研究之一》，载《外语学刊》，2006（5），26 页。

③ 让 - 保尔·萨特，《存在主义是一种人道主义》，周煦良、汤永宽译，上海：上海译文出版社，2012 年，第 7~8 页。

自由想象。萨特的论断实际上关涉认识和处理文艺的社会性和个体性关系的问题。如果只强调文艺的社会性，而忽略个体性，定会导致片面性的产生。每个处在社会中的人都独具个性，都“被判定是自由的”，自由的人必将一切束缚虚无化，因此作家的写作理当“向读者的自由发出召唤”，唤醒读者自身的感受，同时召唤读者“协同产生作品”[①]。正因如此，萨特存在主义美学观将文学作品看作对人的自由选择，即审美感知的独特性或差异性的召唤。[②]文艺创作和文艺欣赏发轫于个体的意识、情感思维和行为动作，忽略个体必然导致忽略文艺的特性和特殊规律，真正的审美自由也就无从实现。当然，文艺中亦存在个体性和社会性的辩证关系，无论是作者还是读者，其个体性与社会性都不可截然分开。个人离不开社会，否则个体性甚至连个人性都将失去。社会也离不开个人，因为社会由无数个体组成，失去个人，社会也将无法存在。

拉康的符号批判理论吸收人文社会科学乃至自然科学的优秀成果，极其重视人的思想创造实践中存在的灵活性和机智性，使符号批判成为一种真正的实践科学和生活艺术。拉康从人的生命活动、思想脉络、行为趋向以及人在社会中的语言实践等方面研究潜意识，将主体间的文化结构或者社会法则放在头等重要的地位。他认为:“语言结构是潜意识的内在结构的外化；或者，换句话说，潜意识就是被内在地结构化的一种语言。”[③]这种潜藏于心的内在语言结构与社会中的意识形态结构及其语言表达方式密切相关，构成了人类交往的基础，也决定着语言及人类的心理结构，是支配人类思维方式的首要原则。而语言又构成了各种文化的象征体系，以多种方式影响着人类的言行，人类经由语言逐渐进入整个社会关系中。语言（符号）与社会文化之间存在着辩证关系，语言的产生由某种先在性所决定，社会中的人凭借语言的创造与运作不断进行文化的生产与更新，而文化的更新又进一步推动了语言符号的多层次、多向度发展。从后现代主义的发展脉络来看，拉康的符号批判理论站在资本主义社会文化生产与再生产的高度，指出对传统文化的批判和新的价值体系的建构基本上就是各种符号不断重建与解构的过程。拉康并没有仅仅从技术层面对语言符号进行考察，而是将其置于人类社会发展的大背景下，将语言符号的研究与必要的人文关怀紧密结合起来。

---

①罗国祥,《法国后现代主义文化哲学与世界文学多样性的美学基础》，载《武汉大学学报（人文科学版）》，2001（6），675 页。

②同上。

③高宣扬,《后现代论》，北京：中国人民大学出版社，2005 年，第 197 页。

列维纳斯将美学的自由与伦理的启迪作用相结合，其“他者”哲学带有浓厚的人文情怀，对后世产生了深远的影响。列维纳斯的哲学探索从“他者”出发，密切关注自由与责任的关系。“自由不是生存的出发点，而是被赋予的”[①]，因为“他者”对本人必然是一种限制。诚如列维纳斯所言：“他人的在场难道没有对自由的幼稚合法性提出质疑？自由本身难道就没有表现出一种愧疚？此外，在还原为自身时，它难道又不是一种僭越？”[②]众所周知，美学就是追求和体验自由的学问，人们通过审美达到自由的境地。列维纳斯“他者”伦理学的特质中所展现的自由也具有美学意义。然而在自由与责任之间，列维纳斯明显倾向于后者，认为“别样的存在，就是从存在本质中超脱，就是承担他人的不幸，一直到那种责任心，那种他人也可能对我产生的责任心”[③]。列维纳斯主张“对他人的责任先于我的自由”[④]，用伦理责任取代意志自由的美学主题，把对他人尽责作为成功保持自我“主体性”的方式。在艺术自身越来越走向理论化和抽象化、越来越求助于其所谓的自律性和自由性、越来越走向自我意识和自我创作的时候，列维纳斯毫不留情地指出，当代社会对艺术绝对性的盲目推崇正反映出社会的病灶——一种极端的个人主义精神。[⑤]由此可见，列维纳斯对自由与责任的关系的研究表明了其美学思想最突出的特征就是强调文艺的伦理性，并希望通过以伦理思考为特征的美学思想和文艺创作来探索人类精神的深刻意义。

鲍德里亚是一位紧跟时代步伐的社会思想家，他对“象征交换”（échange symbolique）进行了透彻研究，把马克思政治经济学、新马克思主义异化论与索绪尔语言学结合起来，深入分析了当代社会消费过程中的信号交换问题。[⑥]鲍德里亚的拟像理论提出了社会符号游戏的结果以及他对这种社会的批判。在他看来，西方现代化的发展起初是以模拟为旨归，而研究生产经济活动的政治经济学就是模拟的典型标本。随着西方进入后工业化社会，经济的发展终结了生产本来的意义，一个以消费决定生产命运

①转引自张中，《列维纳斯：越向自由与伦理的美学》，载《北方论丛》，2013（1），123页。

②Emmanuel Levinas. *Totality and Infinity.* Alphonso Lingis (Trans.). London: Martinus Nijhoff Publishers, 1979, p.303.

③伊曼努尔·列维纳斯，《上帝·死亡和时间》，余中先译，北京：生活·读书·新知三联书店，1997年，第212页。

④Emmanuel Levinas. *Otherwise than Being or Beyond Essence.* Alphonso Lingis (Trans.). Pittsburge: Duquesne University Press, 1998, p.15.

⑤Ibid.

⑥高宣扬，《当代法国思想五十年》，北京：中国人民大学出版社，2005年，第418~419页。

的消费社会随之出现，在这个社会中，生产服务于消费，变成了消费的一个环节。鲍德里亚指出："如今在我们身旁有着一些丰富的、奇特的、令人惊诧的消费和物质空间，这些空间由一系列物体、服务和物质财富的膨胀所构成，由此引发了人类环境的一种根本性转变。"[①]这种根本性转变的特征之一就是西方社会文化由模拟向拟像转变、从仿真向非仿真转变。拟像活动是一种盲目的、偶然的符号创作及运作，不存在参照系统、客观标准和价值导向，其过程完全摆脱了对客观世界的模仿。鲍德里亚据此对美国当代社会和文化进行了批判，把美国当代社会说成没有历史的"未来的原始社会"[②]，这种缺乏历史的精神状态使美国人更加依靠没有参照体系的拟像游戏来发挥其控制群众的有效力量，并虚构各种理想。拟像的运作有其绝对的自由，而人只有在自由运作这些拟像的时候才能获得自身的自由，所以人的自由完全依赖于控制物体运作的权力体系。[③]鲍德里亚批判了政治、经济和文化霸权对于文化再生产的干预，反映了现实的发展同个人创作自由之间存在的不可调和的矛盾，表现了一种试图寻找新的自由创作理念的失落感。他对纯粹技术制作而无历史意义的拟像现象的强烈论证似乎得出了一个经典的自由主义思路的结论。

国内学界长期流行这样一种观点：自由主义坚持理性主义基础之上的积极创造、奋发有为的自由，把人类理性视为推动人类社会不断前进的思想动力。后现代主义思想家则不遗余力地攻击西方自启蒙时代以来备受推崇的理性观念，他们过度强调非理性的作用，质疑客观真理、同一性和客观性的经典概念，对普遍的进步或人类的解放更是不置一词。后现代主义具有边缘化、零散化、平面化等消极无为、随心所欲的因素，而后现代文论和美学提倡的自由也是一种散漫的、随心所欲的自由，不是积极努力、奋发向上的自由。[④]其实，这种观点存在着误区。总体来说，传统理性仅仅是一种特定历史意义上的理性，它突出了人性中那种为获得真理而具备的普遍、可靠、先验的功能，这种导向"绝对实在概念"的通路的理性观在20世纪已受到彻底的批判。后现代主义反对的是传统的绝对意义上的理性，而非反对一切意义上的理性，它强调真理的复杂性和事物的多元性，提倡对不同价值、信念、生活方式的包容，以更加开放的态度对待不同的传统、

①Jean Baudrillard. *La Société de Consummation*. Paris: Le Point, 1970, p.17.

②高宣扬，《当代法国思想五十年》，北京：中国人民大学出版社，2005年，第466页。

③同上，第445页。

④谢地坤，《哲学与自由——兼论现代性和后现代主义》，载《浙江学刊》，2005（2），29页、31页。

思想和文化。后现代文论家的著述中也可窥见理性原则的踪迹。例如，在解构主义文论中，德里达、利奥塔等人为使其观点得到清晰的阐释，皆想方设法地贯彻基本的逻辑法则，在论域中保持前后一致。这实际上便可看成一种秩序或理性原则，旨在于散乱中求得条理，在不明中求得理解。当然，这种理性并不是传统文化中那种追求必然真理及普遍逻辑意义上的理性，而是体现了历史发展和经验积累的一种拥有自我矫正能力且更加清醒的理性。后现代主义思想家在实践中已经自觉或不自觉地表现出这种理性观念。①

综而观之，自由主义在本质上倡导进步，将理性和自然紧密结合，反对传统教条对个人思想和行为的束缚，力图调动人的主观能动性，以实现改造现实和追求人类解放的目标。法国后现代文论和美学不赞同人在社会生活和审美过程中消极、被动地听任客观世界的安排，而是强调人在此过程中的主动创造活动，坚持依据人自身所期待的审美方式和特殊偏好，根据自己的经验及品位标准进行判断，实现自身的超越。后现代文论家和美学家在自己的著述中竭力更新信仰的内涵，重新规定对理性的认识，既考虑自己理念的实施与复杂交错的社会生活及审美方式的演变的密切关系，又让人们洞悉历史的经验和未来的生存方向。后现代文论和美学与自由主义理论和自由主义精神的一致性主要体现在两者都弘扬了人的自由和尊严，对自由意志进行了坚决肯定和不懈追问，于当代社会和文化的批判中展现了人文情怀。从这个意义上说，自由主义是后现代文论和美学的合理性依据。

第三节　后现代主义文论和美学与后现代主义文学创作的互动

法国后现代文论和美学与自由主义的关系密切，这种关系对后现代主义文学创作具有深刻的启示作用。此外，后现代主义文学作品中的自由主义精神也对后现代文论和美学产生了整体性的影响。因此，法国后现代文论和美学与法国后现代主义文学创作在自由主义意义上的互动理当成为文学研究中的一个重要话题。

一、荒诞意识

荒诞意识在西方思想史上由来已久，许多作家都在自己的作品中表述

① 参见唐逸，《道家与后现代理性》，2014-02-14，“豆瓣”。

过与现代荒诞意识相近的思想观点。总体而言，这些作家皆以理性为准绳，将偏离社会理性的思想和行为视为荒诞的表现，在揭示荒诞的同时，也反抗荒诞，进而批判社会，展示具有重大意义的社会议题。存在主义哲学诞生后，荒诞现象和理念得到了系统和透彻的阐释。萨特、加缪等人更将荒诞意识哲理化和理论化，并以文学的形式向大众传播。法国新小说、荒诞派戏剧和新浪潮电影也都对荒诞意识予以接受并加以表现。

加缪作为“荒诞哲学”的集大成者，其哲学著作《西绪福斯神话》可谓是认识荒诞、理解荒诞的经典之作。在该著作里，加缪系统地论述了荒诞理论，并用形象的语言为荒诞感做了说明：

> 一个能够用理性解释的世界，不管有着什么毛病，仍然是人们熟悉的世界。但是在一个突然被剥夺了幻想和光明的宇宙里，人感到自己是陌生人。他的境遇就像是一种无可挽回的终身流放，因为他忘却了所有关于失去的家乡的回忆，而且丧失了对未来乐园的希望。这种人与生活间的分离，演员与舞台的分离，真实地构成了荒诞感。①

对加缪而言，荒诞感的产生与压抑的时代氛围和自身的哲学思辨气质相关。真实的现代社会用各种束缚阻碍着人们追求自由的行为，基于此，人生的痛苦与失望促使加缪拿起笔来揭示荒诞的世界和生存的无望，在让世人认识荒诞的同时，达到反抗荒诞的目的，由此踏上寻求自由的通途。加缪的小说《局外人》以较完整的故事情节和清晰生动的人物形象与《西绪福斯神话》相互印证，为荒诞哲学做了明确的注脚，将荒诞意识成功地灌注于文学创作之中，并使之成为作者对现实世界的一种基本看法。该小说中母亲之死、阿拉伯人之死和主人公之死的基本情节体现了强烈的荒诞感，看似完全脱离了传统理性的范畴，但作者在对一系列荒诞事件的反映中隐喻了现代社会人际关系的冷漠和令人窒息的生存环境，在否定荒诞的同时，也流露出对现实问题的关注和对身处逆境的人们的同情。此外，该小说还表达了对现实的批评和对人生理想的些许向往，字里行间又隐晦地透露出对人类自由及和谐世界的渴望。

萨特哲学的出发点可以归纳为“世界荒诞，人生痛苦”这一基本模式，“存在先于本质，自由选择，重在行动”是其存在主义的基本命题。同加缪一样，萨特哲学中的荒诞概念也具有强烈的时代感，标志着现代人对人

① 阿尔贝·加缪，《西绪福斯神话》，杜小真译，北京：生活·读书·新知三联书店，1987 年，第 15 页。

生、对世界的一种崭新认识。其哲学著作《存在与虚无》对人的价值和尊严进行了详尽的论述，表达了人在被压迫和被奴役的状态下有权利选择反抗而最终获得自由的思想。萨特在小说《恶心》《墙》《自由之路》等中参透荒诞，抨击现实，揭露社会，这些作品的意义已经超出了文学本身。在《恶心》中，萨特通过主人公罗甘丹对恶心现象逐步深化的感受，批判了资本主义社会的荒诞现实，揭示了“世界荒诞，人生痛苦”这一普遍存在的状态，同时也强调了人即自由的观点，形象地说明了洛根丁的自由是在恶心的前提下选择的彻底的、绝对的自由。短篇小说《墙》是体现萨特“绝对自由观”的名篇，它以文学表现方式形象地阐释了这一思想：人可以不受外界的干扰并能够依据自己的真实意愿进行自由选择，存在与自由须臾不可分离，因而自由对每个人而言都具有绝对的意义。尽管人的自由受到境遇的限制，但任何境遇都不能对人的自由加以限定。人一旦降生，就是自由自在的，无须去追求自由。该小说的主人公伊比埃塔的选择看似荒诞，但选择的自由给他带来的“存在”上的满足感使他行使了自由选择的权利，实现了他作为人的本质。只要存在于世，人就必然不断地进行自由选择，这既是命定，也属无奈。当然，纵使自由选择的权利之于任何人都没有差别，却不表明选择者最终一定可以获得自由。《自由之路》的主人公马蒂厄一直彷徨于自由之中，他坚持对荒诞的人生进行不懈的思考，以各种荒诞的叛逆方式获得了一定程度的自由。然而，历经磨难之后的他最终认识到，必须放弃虚度年华的人生态度，清楚行动的社会意义和知识分子对社会负有的责任。最后，他投入到了反法西斯战斗中，在荒诞而充满激情的报复中通过自由选择实现了自己存在的价值。萨特的自由选择的贡献在于将个人从整个人类的价值和各种外在枷锁中解放出来，使个人担负起自己行为设想和后果的全部责任，由此展现了个人的精神面貌，在一定程度上实现了自由和价值。

存在主义的荒诞意识及自由观在法国风靡一时，这是时代需求的反映。在两次世界大战期间，德法两国已经出现了以“存在”为基本命题的哲学流派，但这种哲学并未引发人们的信仰狂潮。第二次世界大战之后，在满目疮痍的法国，荒诞意识是社会中的一种普遍而突出的精神状态，普通大众的思想困惑需要在较为广泛的层面上得到切实解决，政治抉择和道德抉择成为生活中萦绕不散的重大问题。于是，经过萨特等人改造的存在主义自由观应运而生，“自由选择”的中心论题与法国的特殊氛围密切相关，极大地迎合了法国人的心理需求。

与存在主义文学作品一样，新小说以独特的写作方式表达了作者所意识到的人类处境的荒诞，在作品内容方面不乏揭示荒诞、反抗荒诞、倡导自由的主题。罗伯－格里耶的小说《橡皮》借用侦探小说的框架，通过对物件事无巨细的刻画和场景的不断重复，处处营造出荒诞的氛围。这样的世界犹如一团乱麻，世人无法参透其中常规，只好听任命运的摆布。布托尔的小说《时间表》的主人公勒维尔在喧闹的城市和茫茫的人海中有一种身陷囹圄的感觉，甚至丧失了自由呼吸的能力。该小说营造了那种挥之不去的压抑感和荒诞感，描述了城市像恶魔一样正在压垮和吞噬着人们，反映了在人际关系业已丧失、人性完全异化的社会中作者对自由的些许向往。潘热的小说《马于或材料》（*Mahu ou le Matériau*）所传递的信息和主题都十分荒诞，其中的叙述者不是同一个人，叙述视角也在不断变化。该小说中同一个故事的不同版本交替出现，怪异的叙述模式将荒诞的种种迹象表现得一览无余，而荒诞感导致的不自由状态也令读者感到窒息。值得注意的是，新小说作家对荒诞现象的反映是显而易见的，然而他们不似存在主义作家，在对荒诞现象和不合理的客观世界进行揭露之余，提倡积极介入，对社会进行挑战和反叛，以自己的行动为人类争取自由。他们认为，荒诞无法战胜，因而更愿保持一种平淡、了悟的心态，对荒诞现象的描写也不带有焦虑和绝望的色彩，而是用游戏的方式从文学内部来反抗和超越荒诞，以赢得自由。

荒诞派戏剧的哲学基础之一是存在主义。不过，该派作家在表现荒诞现象时拒绝存在主义作家使用的方式，而是用荒诞的手法来直接表现荒诞的存在。荒诞派戏剧想要揭示的主题是：在荒诞的世界中，人的生存显得毫无意义，人与人、人与自然的关系严重异化，人的行为举止变得荒诞不经。这类作品均采用不合逻辑的情境、非传统的对话以及最低限度的情节来表达存在的荒诞性。《等待戈多》历来被视为荒诞派戏剧的经典，其中的两个流浪汉幻想着上帝般的人物戈多的到来，虽苦苦等待而不得其果，但其等待过程的本质仍严肃、认真，最终仍未失去对等待行为的信念。他们超越了世俗的念头，超越了自身的弱小，也超越了荒诞不经的现实，继续依照自己的选择追寻精神上的自由，让等待的过程变成了荒诞的壮举，这似乎印证了萨特人就是要把自己存在的责任完全由自己负担起来的思想。尤奈斯库的作品凸显了戏剧的思想内容与艺术形式的荒诞性。《犀牛》中人变成动物的变态反应和集体的精神变异对应了拉康的无意识欲望的“能指”作用观点，正是这种作用导致了人与自身的分裂，最终除主人公贝兰吉之外的所有人纷纷融入人变犀牛的时代大潮中，人类社会遭到颠覆。根据拉康的主体理论，人类由理性引导的一切探索与追求恰似婴儿对镜中影像的一厢情愿的迷恋，实乃一种虚幻的镜像，亦为一种自欺欺人的想象性认同。福柯的惊人之语“人已经死亡”，预示着人类梦想用理性的思维方式建立起来的“主体性”是虚幻的。无论是人与人之间的荒谬对话和行为，还是人变犀牛的荒诞故事，都隐含着以理性自居的人类实际上处于整体性的异化之中，西方现代社会的精神压抑正是造成“主体性”行将消失的一个重要原因。正如尤奈斯库所言：“荒诞就是缺乏目的……人由此切断了所有宗教的、形而上的、超验的根基，趋于迷失，他的一切行为都变得无意义、荒诞、没有用处。”[①] 荒诞派戏剧的荒诞性具体表现在它的荒诞主题——人类生存的荒诞性上，而荒诞派剧作家对荒诞所持的不加修饰和不予评论的态度也暗含着对自由精神和自由生活的向往。

自由主义是以批判和抗争的面貌出现的，它反抗不合理、不人道的处境和制度，对既定的专制思想和行为进行批判和抗争，意在打破限制，除去枷锁，让人成为自己的主人。在宣扬理想社会、政治和观念的同时，自由主义也对产生于资本主义的包括荒诞现象在内的种种不自由、不平等、不合理的社会现象进行尖锐的谴责和批判。法国后现代文论和美学从理论上体现了自由主义的基本精神，而后现代主义文学创作对荒诞现象的揭示和反抗也在本质上与自由主义保持一致性。

二、“零度写作”

“零度写作”源于巴特的文章《写作的零度》，指作者在文章中不掺杂任何个人想法，只是进行机械的陈述。巴特认为：“比较来说，零度的写作根本上是一种直陈式写作，或者说，非语式的写作。可以正确地说，就是一种新闻式写作，如果说新闻写作一般来说未发出祈愿式或命令式的形式（即感伤的形式）的话……于是，我们可以说，这是一种毫不动心的写作，或者说一种纯洁的写作。”[②] 20 世纪 50 年代以来，以巴特为代表的结构主义文学批评家在索绪尔语言学的基础上探索形式主义的文学批评，将文学研究和批评的重点放在语言研究尤其是语言的结构上，让文本成为文学研究唯一关注的对象。

巴特的理论探索与新小说作家的创作相辅相成。前者在对新小说作品

① 马丁·艾斯林，《荒诞派戏剧》，华明译，石家庄：河北教育出版社，2003 年，第 8 页。
② 罗兰·巴特，《写作的零度》，李幼蒸译，北京：中国人民大学出版社，2008 年，第 55 页。

分析的基础上发展了自己的理论，将语言学方法移植到文学批评，促成了专注于文学形式的考察，催生了一整套旨在无限地开发语言潜能的“新批评”的理论和方法。例如，巴特很早就注意到了萨罗特等新小说作家运用包含多样图像和意义变化多端的透明文字来实现思想与现实的结合，在分析其作品的基础上发展了自己的理论。当罗伯－格里耶出版第一部小说《橡皮》的时候，巴特就在该小说中发现了自己正在寻找的“零度写作”，并认为罗伯－格里耶的小说是这种写作的典范。他在给对方的贺信中写道：《橡皮》是“一本很重要的书，先锋的，一句话，很成功”[①]。他始终认为罗伯－格里耶的小说是一种客观的文学，并将其定义为一个“物视派”（chosiste）的杰出代表。“法国年轻的小说家阿兰·罗伯－格里耶追踪着一种现实主义，意欲超越荒诞与非荒诞、消除意义与添加意义之间的对立，而且试图创建纯粹笔录一般的文学。”[②] 两年之后，罗伯－格里耶又在其另一部小说《窥视者》中实践了一种新的写作方式，他将客观的环境和行为放置台前，让场景、物体和事件自行言说，建构文本，而人物则退到幕后。他以直陈式的环境描写和人物行为描写体现了“零度写作”的核心观念，同时以倒叙的叙述方式和片段式的组合方式将传统小说的逻辑打乱，从整个文本中无法窥测他的意识形态倾向，他将小说中的意识形态痕迹降至了冰点。例如：

> 纪念碑周围有很高的铁栏杆围着，这铁栏杆是由许多等距离的直线型垂直铁条构成的一个圆圈；栏杆的周围还有长方形的石板铺成的人行道，和整个雕像合成一个整体。他沿着铁栏走的时候，发现脚下的石板铺道上出现了那个石头雕像的影子。这影子被投射得变了样子，已经难以辨认，但是线条十分清晰；和旁边布满灰尘的路面比较，影子的颜色十分深黑，而且轮廓那么鲜明，使得他产生了错踏在一个结实的物体上的感觉。他本能地把脚一缩，避开了当前的障碍物。[③]

作者对上述场景的描绘犹如手持摄像机的纪实拍摄，镜头的切换将不同的场景一一展现出来。在小说中，这些纪录片式的场景就是一种直陈式的描写，其中没有蕴含主观的价值判断和说教功能，仅仅把其原有的特点和色彩呈现给读者，让他们自己去想象和判断。在罗伯－格里耶的整个文本中，类似的描写比比皆是，而发生变换的只是场景的客观内容。这种方式一直是罗伯－格里耶创作风格的特色之一。罗伯－格里耶也在该时期写

① Richard Howard. *Roland Barthes*. Berkeley: University of California Press, 1994, p.87.

② Ibid, p.87.

③ 阿兰·罗伯－格里耶，《窥视者》，郑永慧译，上海：上海译文出版社，1979 年，第 18 页。

了一系列的文章，其中可以清楚地看出巴特的影响，他们都致力于创造一种前所未有的文学语言。新小说甚至超越了巴特的理论成果，它利用语言符号与意义表达之间似是而非的关系，以游戏的方式层层重构符号结构，将传统小说对人的“主体性”的关怀转移到话语内部的关系上来。从这个意义上讲，如果没有巴特的文学批评，就不存在罗伯－格里耶的新小说，反之亦然。①

“新电影”和荒诞派戏剧同样离不开巴特文论的启示。《去年在马里昂巴德》可以被看成新小说探索在电影方面的移植，其表现风格在影坛是绝无仅有的。该影片中没有传统电影中的情节叙述和人物塑造模式，采用的是一种新小说般的“客观文学”和“表层哲学”的创作活动。正如让·雷诺阿（Jean Renoir）所说：“阿兰·雷乃终其一生，用他的全部电影来讲述一个道理。”② 在该影片中，过去与现在的关系被人为地上升到了近乎哲学的高度，X 和 A 的不断回忆将过去和现在混为一体，“去年”和“马里昂巴德”这两个明确标示时空的概念随着影片的进展都丧失了意义。该影片大量运用慢镜头，给人以自由飘移的感觉和静穆的气氛，时间也因此放慢了脚步，时间和空间凝聚在了一起。在该影片中，“零度”的、空白的当下成为一切的原点，对于过去事件的高度怀疑态度将两人之间既往和未来的种种不确定性纳入了探讨的框架，同时随着影片的进展，观众最终放弃了起初意欲厘清来龙去脉的努力，接受了自由解释一切的状态。该影片的编剧和导演所要表达的思想似乎是在一个荒诞不经的前提之下，他们通过读者 / 观众与作者的共同努力，自由地参与到一种新型的阅读－写作关系中来，用文学批评和文学阅读这类极具伸缩性的游戏活动来质疑从前不敢质疑的存在于世的各种所谓的合理性。

荒诞派戏剧的美学价值在于集中呈现了某种非现实、非常规、非理性的荒诞美。这些剧作不是单纯地为荒诞而荒诞，而是剧作家利用现实生活的变形，以荒诞的手法来反映现实社会的某些本质。不过，剧作家在创作中并没有使用带有感情色彩的语言和体现道德或价值观念的表现手法，而是运用近乎“零度写作”的文字，象征并隐喻了作者意欲表达的思想。例如，在《等待戈多》中，贝克特用荒诞且不带感情的语言描述了主人公等待戈多的情景。戈多作为一个自始至终都没有出场的符码反衬了剧中人物在等

① Ronald Bogues. *Roland Barthes, Alain Robbe-Grillet, and the Paradise of Writers*. Princeton: Princeton University Press, 1980, p.157.

② Carol Volk. *Renoir on Renoir: Interviews, Essays, and Remarks*. Cambridge: Cambridge University Press, 1989, p.120.

待戈多的过程中的不安情绪和焦虑心境，似乎在隐喻人类艰难寻觅、长久守候、望眼欲穿的某种希望。《椅子》采用不动声色的象征手法，遍布舞台的椅子在表现手法上消解了传统艺术与非艺术之间的界限，从观念的层面对戏剧艺术进行了颠覆、解构和演绎。该剧中的那对老夫妻在舞台上难以立足，最后不得不被生生地挤下舞台。在这里，剧作者把后现代主义强调感性视觉艺术转变为一种知性的观念艺术，观众可以从现象中体验到哲学、政治等具有社会人文内容的核心元素，会联想到资本主义社会中恶性膨胀的物质文明使人丧失了在社会中应有的地位，人与人之间变得难以交流、无法沟通。资本主义社会虽使物质得到了极大丰富，但对人的生存环境、生存价值、生存地位的侵害也是不可否认的事实。

诚然，巴特"零度写作"的观点并不意味着排斥文本中的思想、意识、风格、个性等元素，而是试图通过弥合、超越写作的断裂状态，重新找寻语言的自由和思想的自由。尽管巴特有意强调写作具有独立、自主的本性，但写作活动一旦出现，就无法摆脱语言结构和文本风格的约束。"语言从来也不是纯净的，字词具有一种神秘地延伸到新意指环境中的第二记忆。写作正是一种自由和一种记忆之间的妥协物，它就是这种有记忆的自由，即只是在选择的姿态中才是自由的，而在其延续过程中已经不再是自由的了。"[①] 因此，只有当作家的写作"不再为社会意识形态利用，不再具有功利性时，作家才可能完全诚实、自由地写作而不必受制于社会和阶级意识。这种全新意义上的中性零度写作中的工具性美学特征，使得写作中论及的社会人生问题，才能得到真正的不带作者和社会主观色彩的表现"[②]。概言之，"零度写作"的意图在于杜绝政治的介入，拒绝强势的观念说教，尽量消除写作的外在干预，摆脱写作中的价值预置和判断，去除写作行为的功利色彩，从而扩充写作蕴含的种种可能性，扩大写作成果本身应该具备的容量，让文学和艺术获得真正的自由。然而，世界上绝不存在毫无感情、意义空白的"零度写作"，即使是巴特赞誉有加的作家，如加缪、罗伯-格里耶等，其客观、冷漠、淡然的笔调所传达的仍是他们对于世界荒诞、人生痛苦的自我认知。他们的创作行为并没有只停留在小说这一种文学样式的探索上，而是通过"零度写作"寻获个人艺术创作中更加明确的指向性和更加宽广的自由度。

①罗兰·巴特，《写作的零度》，李幼蒸译，北京：中国人民大学出版社，2008 年，第 13 页。
②同上，第 14 页。

三、多元性、多样性和异质性

后现代文论和美学倡导的多元性、多样性和异质性对后现代主义批判西方传统文化和思想的创造活动具有决定性的指导意义，而许多文论家和美学家的理论实质上与后现代主义文学创作之间产生了良好的互动。提倡多元性、多样性和异质性意味着不能用统一性与整体性来规范和束缚文艺创作，坚决反对“宏大叙事”，要凭借差异、微观、多元和突变来实现精神自由和创作自由。

多元性、多样性和异质性的最终指向是要对文本进行解构，用多元、多样的写作方法来发掘文本的多义性并否定文本所谓的恒定结构。受后现代理论的启示，一些新小说作家在 20 世纪 80 年代纷纷重新投入创作，继续新探索。

罗伯 - 格里耶在其“传奇故事”三部曲中没有对与其相关的真实经历进行重构并作出解释，而是让记忆中的一切变成与每个读者有关的特殊印记。作品把“我”的回忆与科兰特的故事融为一体，以写实与虚构文本的结合对自传本体进行解构，让“在场”的元素诱发对“缺席”或“不在场”元素的联想，不断否定现在并自行创作新的文本。作者凭借科兰特的冒险经历将那些“无足轻重的琐事、温馨的画面、空隙和极其巨大的事件交织在一起”，不仅阐释了其后现代主义文化哲学观点，而且披露了其后现代主义思想的发展历程，由此“再一次使读者不由自主地把自身的不确定性与整个现代文学的不确定性恰如其分地统一起来”[①]。

西蒙的《农事诗》把代表世事沧桑的战争和象征人类生存的农事结合起来，以多样化的手法对人类的处境进行了描绘。作者通过查阅档案掌握了许多与真实人物相关的第一手资料，但在写作中却没有遵循传统写法，其叙述主体、所涉人物及历史事件都给人以一种不确定性。小说文本与解构的观念多方对应，仅凭语言生产过程作用于人脑的种种回忆、感情和思想，将各种战争场景和经历做了超时空的链接，体现了意义的多元多样性和文学表现的异质性。

杜拉斯的《广岛之恋》通过时空的跳跃寻找个体的意义。女主人公忘却了过去与德国士兵相恋不成的痛苦记忆，丢失了其主观存在的明证。电影镜头不断地在现实与过去之间切换，展示了女主人公和日本工程师在咖

①陈侗、杨令飞，《罗伯 - 格里耶作品选集》，第 3 卷，长沙：湖南美术出版社，1998 年，第 726 页。

啡馆里忆起的往事，导演用这样的方法来完成女主人公主观层面的时空超越。导演通过镜头的直接变换让女主人公的回忆与现实毫无违和地重叠在一起，在这种时空交错的视觉叙事中，创作者仅仅通过镜头变化就将叙事的连贯性展现出来。①

罗伯－格里耶的《欧洲快车》则体现了叙述层次的超时空性。该影片讲述的是在一次火车旅行中导演、场记和制片人临时编造的一个缉毒故事。这个故事本身并无特殊性，只是讲述方式略有不同而已。不过，观众仍有一些疑问：男主人公到底去了哪里？是先遇到风尘女子还是先遭到警察的袭击？影片还用许多镜头来揭示男主人公的潜意识和性心理，通过对大量场景的切割组合，将他对风尘女的施暴过程与火车飞驰的场景进行交叉剪辑，让夜总会铁链缠身的女子和火车驶过时的呼啸形成一种声画对位，形象地传达了现实的破碎感，观众则可凭借多元的元素和多样的手法组建自己的思考空间。

多元性、多样性和异质性旨在针对长期以来存在于工业文明中的“主体性”崇拜与本质主义崇拜，通过人类最具多元色彩和多样化存在的诸多非本质因素强调个性的自由发展，体现了人的自由本性，从而彰显了人的自由和尊严。

萨罗特的《陌生人肖像》中仅有一条情节线索：一对父女因生活态度和行为方式各异而导致关系紧张，父亲专横、吝啬，女儿挥霍无度，后来女儿嫁给了一个有钱的丈夫，父女关系才得以缓和。该小说并没有顺着这一情节线索写出一个现实主义的故事，而是着力于淡化情节，模糊人物形象，将重点放在刻画父女之间相互吸引又相互排斥的心理上。作者通过作品强调了个人在社会中应该具有的独立性和创造性，揭示了每个个体生命应有的状态是形成追求和热爱自由的心态，而不应屈从于他人或社会的制约。该小说为内心生活提供了一种不受约束与限制的自由活动场所，作者在此基础上探求了家庭、阶层、文化等集体关系中的人的意识和心理，体现了其在现实世界面前的困惑、疑问和对 20 世纪资本主义现实的强烈批判精神。此外，萨罗特意在通过写作弘扬个人自由和个人价值的理念，突破小说创造的清规戒律，用前人未曾用过的手法在小说写作上全面开拓作家的创作个性，充分实现作家的个性自由和思想自由。该小说表现了个人创作自由的权利，也标志着小说在探索的时代对自身进行的开放性思考。

---

①马塞尔·马尔丹，《电影语言》，何振淦译，北京：中国电影出版社，1980 年，第 203 页。

荒诞派戏剧从内容和形式两个方面表现了世界的荒诞和人的异化导致的人生虚无。它解构了传统戏剧视为重要因素的人物、情节和语言，这类剧中不见跌宕起伏的戏剧情节，亦缺乏高尚的理想和崇高的激情，更无让人难忘的经典性人物独白与对话，有的只是没有个性、渺小猥琐、灵魂空虚的反英雄形象和毫无意义的絮语。《等待戈多》中的两个流浪汉行为举止无聊而荒诞，他们或许是在等待一个永远不会出现的上帝。《椅子》中的客人竟然是无生命物体，而来传达人生真谛的演说家偏偏是个哑巴，该剧流露着真理无存、世界荒谬、一切皆空的意味。《最后一局》（*Endgame*）中的四个残疾人相互折磨，处在可悲的环境中却浑然不觉。《动物园故事》（*The Zoo Story*）中的人物以邻为壑，似乎只有死亡才能实现人物之间的沟通。荒诞派戏剧的情节支离破碎，传统程式尽遭遗弃，只有反理性、无逻辑、杂乱无章的表现方法，体现了反传统和反戏剧的明显倾向。也许，剧作者想通过这类毫无作为的人物形象和不确定的戏剧表现方式自由穿梭于人物的内心，于字里行间流露出叙述者的心理，揭示了现代人难以洞见、混乱不堪、复杂难辨的心理状态和生存方式，进而寻找自己的真实意图。与传统戏剧相比，特立独行、随心所欲的写作手法增强了这类戏剧的自由度和独立性，更能表现作者的意愿和独立意志；在创作上更大地发挥了作者的自由，打破了时空的限制，也更新了戏剧艺术的理念。

多元性、多样性和异质性还有一个重要特性就是宣扬文本动力学，强调通过文本与读者的交流把握语义的生产过程，让读者借助互文性来实现与其他文本的对话，完善文本的创作和解读。

布托尔在新小说创作中使用了特别的技巧，把本来分属不同系列的词语和句子并列展示，甚至把用于叙述或描写的文字同引文、广告词、报刊段落等放置一起，造成一种类似于电影蒙太奇的效果。读者在其中首先关注的是文字的表述形式，阅读活动已经超越了线性的排列，不同线索的并列和连接让人体验到文本所蕴含的乐趣。这一手法与克里斯蒂娃的互文性理论相通，说明“创作并不是表现在材料上，而是表现在方法上，或者说表现在方法的交接上”[①]。

新小说理论家里加尔杜曾经创作过一部名为《君士坦丁堡的征服》（*La Prise de Constantinople*）的小说，其中明显地运用了互文性的手法。该小说把一些处于互不相容的时空中的叙事置于同一平面上，包含了诸多其他艺术样式，如神话、童话、传奇、科幻及传记的元素，可谓是多重叙事小

① T. Samoyault. *L'Intertextualité, Mémoire de la Littérature.* Paris: Nathan, 2001, p.51.

说的范例。作者创作该小说是为了用语言和文字的游戏来实现其“写作的冒险”理念，其中“尽管用大量的笔墨描绘海滨，也写了几个探险家，但是他遨游的不是人世，也不是天国，而是文字的世界”①。

法国新浪潮电影力求在银幕上充分展示现实生活，通常采用无逻辑的事件组合来代替和打乱情节结构，杜绝传统影片追求的戏剧性效果和因果叙事的故事化倾向。新浪潮电影导演的大量实践较多关涉互文性理论。例如，戈达尔在影片《精疲力竭》中将主人公米歇尔的活动跟许多看似无关的松散事件串联起来，而且在叙事时又常穿插一些无关的细节，以表现生活的随意性和偶然性。该影片没有叙事中心，叙事缺乏完整性。特吕弗的《四百下》缺少传统电影的开端、发展、高潮和结局，弱化了戏剧性的矛盾冲突。该影片采用并列的结构方式，把一个个没有因果性的事件与主人公安托万的生活联系在一起，通过叙述发生在学校、家庭、少管所中的一系列毫无戏剧性的日常琐事，再现了主人公孤独、苦闷、彷徨的内心世界，揭示了致使其产生叛逆乃至犯罪心理的社会因素。那些看似断裂的多个事件和场景并置的独特叙事风格实际上也可被看成互文性理论在电影实验方面的样板。

法国后现代文论家和美学家对荒诞意识、“零度写作”和文艺的多样性均进行过论述，这些理论发生并丰富于后现代主义作家的创作实践，反过来也对这些作家的创作提供了启示和指导作用。后现代文论和美学正是在与创作实践的彼此互动中得到了发展。后现代文论和美学以及后现代主义文学创作的最基本倾向就是提倡不受拘束的创作精神和方法，这一特征又与自由主义的基本精神息息相关。后现代主义文学理论和创作对于人类认识自己的处境，揭示人的异化状态，引导人们追求自由、平等等起到了一定的积极作用，同时也凭借独树一帜的写作风格和魅力在一定程度上体现了自由主义兼容并包的精神。从这一角度来看，把后现代主义文学理论和创作视为自由主义在20世纪的文学领域里的一种实践亦不无道理。

① 转引自王钦峰,《后现代主义小说论略》，北京：中国社会科学出版社，2001年，第161页。

第九章

自由主义的独特人文价值和审美价值

人性的发展、人的自由品格和人的审美追求，是文艺存在的至高理由。自由主义作为一种重要的社会思潮为包括法兰西民族在内的近现代西方人追求自由、自主的生存方式和思想活动奠定了深厚的理论基础，也为个人自由和个人价值在法国文学领域里的探索和表现提供了广阔的视角，同时还激励着文艺创作者励精图治，为不断创造符合现代人需求的审美形式而努力。20 世纪，“酷爱思辨和推理的法兰西突然摇身一变，洋溢着艺术的气息，开足马力，向揭示新节奏、砸烂旧模式的生活方式奔涌而去”[①]。因此，厘清自由主义的独特人文价值和审美价值并认清自由主义的重要影响对我们深刻体悟和理解法国后现代主义文学的精神气质大有裨益。

第一节　人性的深入挖掘和具体呈现

人性这一概念源自人的形而上的思维倾向，体现了人类对优越地位的不懈追求。在西方思想史上，许多思想家都对这个概念进行过解说，并从善恶的角度来阐释人性问题。然而，西方思想家对人性的论述主要强调人的心理倾向，凸显人的各种要求，肯定人的自利性，探求社会运行的合理与和谐，将人的普遍要求与一定的理性节制相结合，并在此基础上发展成当今西方社会普遍存在的人道观以及自由、平等、民主、法制等社会思潮和大众心理。[②]

人性观是自由主义理论的基础，因为人是追求生存自由的社会性动物，追求生存自由和生存优越是人的本性。生存优越不仅包括人自身的生存状况，也指涵盖家庭、民族、国家乃至全人类的生存状况。追求一词既

①艾黎·福尔，《世界艺术史》，张泽乾等译，武汉：长江文艺出版社，1995 年，第 890 页。
②陈瑛、林桂榛，《“人性”新探》，载《南昌大学学报（人文社科版）》，2002（1），25 页。

含心理上的内容，更有行为上的内容，是一种自主、自觉、自由的活动。我们很容易发现，自由主义文艺思想的关键价值就是坚持人性追求艺术的观点，同时认为文艺的目的在于挖掘人性的本质，并将其呈现出来。霍布豪斯说过：

> 有一样远为深奥的东西，只不过粗粗地论述过，而且通常论述得不恰当，这样东西就是真正的人。真正的人是一样比曾经用人们能理解的语言恰当地陈述过的东西更加含蓄的东西；正如人性比社会地位、阶级和肤色甚至性别（尽管是在不同意义上）的一切差别隐藏得更深。因此它也深深地处在那些使一个人成为圣人，另一个成为罪犯的比较外部的事件下面。①

对社会进行改造是自由主义思想的目的，迄今为止，我们仍然将其当作对社会进行改造的思潮而加以弘扬。个人自由意志在改造社会的过程中尤为重要，而提倡个人自由意志亦离不开人性的张扬。法国后现代主义文学虽不以表现人性、描写人生为标榜，但人性与人生、社会本来就存在着内在的联系。“无论是什么诗，其基础都是人性，而正因为人性是在道德上实现的，任何诗的基础也就都是在道德上实现的，任何诗的基础也就都是道德意识。”②人性是艺术和道德的共同基础，艺术家生活于思想和行动的社会之中，他们会通过对真善美的感悟和体验，生发出情感或自觉的意识，由此激发灵感的出现，而人性在这一过程中起着举足轻重的作用。

后现代主义语境下的人性观强调对科学以及纯理性的批判，努力整合文化以及人文精神，关注人的经验，尤其重视人文学科以及后现代主义文艺，把多元价值、呼唤人性视为特征。人性化是后现代主义文艺的核心内容。在后现代主义者看来，非人性的力量已经超越物质主宰的社会，并且蔓延到科学、理性、真理等领域。法兰克福学派把始于启蒙运动以来的理性和科学技术当成非人性的力量而加以批判。马尔库塞（Marcuse）以工业社会对人性的压制为基础，提出了非常具有影响力的“单面人性”观点。他表示如今的社会属于单面的社会，由单向度的人形成了整个社会，生活的单向度是促进人形成的主要原因。③利奥塔特别肯定个人的具体性和不确定性，不赞同用逻辑归纳和抽象分析的方法来肢解日常生活中的个人，认

①转引自范鹏，《陇上学人文存：支克坚卷》，兰州：甘肃人民出版社，2011年，第189页。

②贝奈戴托·克罗齐，《美学或艺术和语言哲学》，黄文捷译，天津：百花文艺出版社，2009年，第10页。

③孟鑫，《马尔库塞科学技术社会功能理论分析》，载《理论前沿》，2001（15），22页。

为“人的本义就是人本义的缺席，就是其虚无，或者是其超验性”[①]。福柯在著名的“世纪之辩”[②]中亦坚持这样的看法：“人性、公正、实现人类本质的这些概念生成于我们文明内部、在我们的知识类型和我们的哲学形式之中的概念，因而是我们阶级体制的一部分。”[③]他的观点在后来得到了德里达的赞同：“人这一称谓是对那种在形而上学或本体神学的历史中——换言之，在他的全部历史中——梦想着充分在场，梦想着可靠的基础以及游戏的起源和终结的存在的命名。”[④]解构主义作为一种以语言模式为基础的反人文主义“无主体性”的新人性观与20世纪80年代至90年代中期后现代主义提出的“非人”概念互为衔接，将对传统人文主义的批判进行了进一步延伸。后现代主义思想家反对普遍人性的理念，提倡实际生活中个人所具有的特殊属性，从具体人性的角度启示人们追求“生存优越”的理想。其实，后现代主义思想家和文艺家仍然坚持以人为本，只不过他们反对将人纳入一个没有个性的统一体中，反对将人当作整齐划一的类型来对待。他们看中的并不是徒具抽象人性的人，而是具有丰富的感情色彩、自我创造、真实、具体的人性的人，是生命的本质特性和自由的创造力。因此，必须摒弃任何对现存人性的不合实际的理论预设，在现当代西方思想文化领域内呼唤人文精神的复归。

存在主义哲学的产生有着极其复杂的社会历史背景。资本主义社会的经济危机带来的种种恶果、自由权利的虚假、伦理道德的失范以及社会罪恶的层出不穷使人们普遍感到生存受到了威胁，人们的尊严和自由遭到了践踏，人们的精神世界充满了忧虑、伤感、悲观与失望。而资本主义的机械化生产进一步加深了人的异化，自然的人性不断承受着来自理性化与机械化的控制与窒息，因此存在主义哲学出现伊始就反映了对自然人性的诉求和对生命本质的追寻。

萨特的自由观强调人存在的绝对自由，个人意识既是人存在的条件，又是人自由的源泉，这种自由不受任何固定的行为准则支配，也不由任何可证实的意义来决定。自由还必须与伦理责任联系起来，一个人要对自己的存在负完全的责任。在萨特看来，精神自由是绝对的和无限的，完全取

---

①让－弗朗索瓦·利奥塔，《非人：时间漫谈》，罗国祥译，北京：商务印书馆，2000年，第4页。

②指1971年，福柯与乔姆斯基（Chomsky）受荷兰著名电视主持人厄尔德斯（Elders）邀请就人性问题进行的一次辩论。

③米歇尔·福柯，《福柯集》，杜小真译，上海：上海远东出版社，1998，第249页。

④转引自陈培永，《后现代主义政治哲学的人性话语》，载《理论界》，2011（3），114页。

决于人性。但人类存在的意义并非一成不变，而是处于一种持续转换、凝聚和演进的过程中。个人的具体存在尤其是个人的非理性意识活动的存在才是人最本质的存在，拥有具体人性的个人先于一般的社会意义上的人。只有这样，才能发掘人的真谛，实现人的自由和尊严。萨特的观点完全脱离和排斥了客观必然性，甚至否认了他人的存在，有极端个人主义之嫌。不过，他肯定了人性在精神活动中具有的特殊意义，与自由主义强调的精神活动的绝对个人性质颇为相似。以这种观点来审视文艺创作突出了文艺创作所具有的个人性质，也反映了事物的本来面貌，更是自由主义所坚持的一种信仰和权利。

存在主义作家的创作始终没有放弃对人性的探索。萨特的小说《自由之路》中的核心人物马蒂厄起初认为个人问题与集体问题相距甚远，他虽然对纳粹的暴行深恶痛绝，但不愿采取介入的行动，只满足于过着自己平凡的生活。在激烈的反法西斯斗争中，他逐渐转变了立场，以斗争的方式来追求个人的自由，在为自由献出生命的同时，也充分释放了其人性的光辉。而在戏剧《死无葬身之地》里，萨特描写了一群青春年少的男女，他们为了革命理想载歌载舞地去攻占一个村庄。行动失败后，他们被关进了监狱，出于保护自己的天性，他们并没有为了“主义”而丧失人性，而是选择竭力保证自己的生存。该戏剧给人性问题提供了一种复杂而又令人深思的答案：人有权力选择自己的生存之路，既然存在先于本质，那么在关键时刻，人选择自己如何生存就是人性的本质。加缪的小说《鼠疫》通过瘟疫的肆虐将法西斯主义比喻为鼠疫，将千疮百孔的资本主义社会描写成荒诞的世界，提醒人们面对瘟疫时不能束手待毙，而应发扬抑恶扬善的战斗精神。加缪在该小说中塑造了以里厄医生为代表的品德高尚、奋不顾身的人道主义者的群像，歌颂了他们甘愿为人类献身的崇高品质，揭示了他们人性中的闪光点，该小说可谓是一曲人道主义的赞歌。加缪的另一部小说《局外人》则着力表现了资本主义法律机器对人性、精神、道德的戕害。该小说中针对莫尔索一案的审判就揭示了这种具有迫害性的运作。司法调查从一开始就不注重案件本身的实际情况，而是专门针对发生在主人公身上的一些细枝末节，如他把母亲送进养老院，在为母亲守灵时神色坦然，母亲下葬后的第二天便和女友一起去看电影等，这些个人行为全都成了定罪量刑的关键性证据。该小说唤起了读者对人性问题的思考：渗入法律的意识形态控制了司法机器的运作，因此形成了一个可怕的司法怪圈。这种意识形态的力量成为司法当局判案不公、精神暴虐的主要原因，它的畸形发展将抑制并最终毁灭人性。

荒诞派戏剧将荒诞视为人类的普遍存在形式，产生了一批带有非人性化倾向的独特作品。尤奈斯库对中产阶级家庭的人物关系给予了特别的关注。《秃头歌女》中的所有人物都是一些没有思想的机器，他们察觉不到自己举止的呆板。该剧通过描述一对形同陌路的夫妻经过长时间的无厘头攀谈之后，才彼此确认关系的繁复过程，最大限度地消解了语言这一人们赖以交流的手段，以直观的方式描绘了当代社会中人与人之间的明显隔膜。在《椅子》的结尾处，物体将人挤出舞台的场景则预示着物质性的客体不断繁殖，占据了原本属于人类的空间，在自己创造的物质不断膨胀的过程中，人类自身的存在已经趋近虚无，人类已变成物质所吞噬的对象。在贝克特的戏剧中，无论是《等待戈多》中的两个流浪汉，还是《来来往往》（*Come and Go*）中的三个人物，抑或是《啊！美好的日子》中的丈夫和妻子，隔阂与陌生是他们之间关系的真实写照，彼此间絮絮叨叨的对话并无沟通的实质，最终都演变为掩饰内心孤独的戏剧性独白。这些作品反映了人们在社会中已经成了真正的孤独者，他们之间不能也不愿有真正意义上的交流。人们之间的心理隔阂乃至个人的心理冲突无不渗透着异化的因子，这说明异化和孤独是人类生存的现实。不过，荒诞派戏剧中的非人性化倾向也并不完全排斥人性，因为非人性与人性并非毫无关联，它们之间构成了一种颇具张力的悖论，对人性给予了反向观照。英国戏剧评论家普朗科（Planck）评论尤奈斯库时说："在《没有先锋派戏剧》的文章中，尤奈斯库把先锋派戏剧视为一种还原，一种回归，它重新发现了戏剧的基本模式，回复到戏剧的某些方面，回复到人，使人而不是使社会成为戏剧世界的中心，它的目的是再发现超越时间的真理，并将其与我们的时代连为一体。"[①] 荒诞派戏剧没有传统戏剧人物所具有的明显人性，但其中的种种非人性化的表现形式揭露了物质主义、人类异化、荒诞社会给人类的正常生活带来的负面影响，昭示着对正常人性的呼唤，并将对个体人性的关注上升到了对人性本质的追求。

在新小说作品中，作家始终保持客观和冷静，不直接在作品中表达自己的思想感情，其态度一直隐匿在"客观对应物"、人物的"潜对话"或百科全书式的立体画面之中。从表面上看，新小说作品描写的都是日常琐事，没有具体的社会背景，情节扑朔迷离，人物形象模糊不清，其中难觅传统小说里的人性。但是，只要潜心阅读，就可以发现新小说表现人性的

① 转引自丁凯，《"荒诞派戏剧"的主题探讨——人与人之间的隔阂，孤独感的滥觞》，载《课外语文》，2017（12），174 页。

独特手法。

萨罗特《马尔特罗》（*Martereau*）的叙述者是一位病人，他以日记的形式记述了主动帮助朋友买房，遭到猜忌后又努力打消其猜疑的过程，然而他却因为失去了之前的良好形象而感到烦恼。该小说围绕这条粗略的线索展开叙事，把马尔特罗当作内心活动的中心，借助转瞬即逝、可望而不可即的事物将那些不能用语言形容的事物带进人们的视野，让读者敏锐地注意到细小的心理活动。该小说通过展现叙述人、主人公及其与朋友、家人的关系，揭露了家庭成员之间的隐私以及隐秘的矛盾，把复杂的心理活动呈现出来，把读者带入一种既神秘又现实的精神世界。古往今来，亲情关系是维系家庭成员的纽带，该小说中的亲朋之间本应同舟共济、和谐相处，但在资本主义条件下，金钱和利益使他们彼此猜疑，心存芥蒂，产生激烈冲突，抱怨和排斥终使亲情遭到伤害。作者阐释了隐秘的心理活动，以迂回的方式触及社会现实，深入挖掘了人性并将其进行了相应的展示。

布托尔的小说通过特别的方式来表现人性。《变》讲述了台尔蒙欲将情妇从罗马接到巴黎但最终又放弃这一决定的“很简单的故事”，并用如诗如画的语言记述了主人公一路上的见闻和内心的意识流动过程。该小说里的情节、人物、时间、地点、物件等各种关系隐藏着精确而多义的功能，读者可以整合诸多分散的信息，并从中窥见人性内蕴。主人公台尔蒙的婚外恋表现出一种追求快乐的人性，但这种人性最终又受制于社会道德和外在的行为规范。在人性与规范的矛盾抗争中，主人公通过旅行使人性挣脱外力束缚而得到充分发挥，欲望、憧憬、犹豫、内疚等直至列车驶近罗马才逐渐得以平复。而这一过程的结果是道德与法制观念的复归，在形而上的层面透视出一种更高层次的普遍人性，于该小说营造的精美意境中表达出作者的伦理思想和社会理念。《时间表》则试图通过主人公精神之旅中人类与城市的对立来暗示人与物、人与环境的对立，采用象征的方式触及人与环境这一重大课题，进而揭示资本主义的实质和西方文明的衰落，同时隐晦地表现了人类面对环境的威胁不甘沉沦、勇于反抗、力争自由的积极处世态度和竭力追求真善美的人性。

罗伯－格里耶的作品极度淡化情节，鲜少描写人物的外貌和性格，更没有流露出其对事物的看法和所持的道德价值评判标准，却事无巨细地描写与人、事件看似无关的各类物象的大小、形状、体积、色彩，展示种种琐碎的、难以捉摸的生活现象。然而，罗伯－格里耶在接受中国学者的访谈时却认为自己并没有将人性排除在作品之外，而是强调：

> 在我们的书中，人出现在每一页中，在每一行中，在每一个词中。尽管人们在书中发现许多的物体，描写得极其细致，书中总是有——而且首先有——看着它们的目光，反思它们的思想，使它们变形的激情。我们小说的物体绝不存在于人类感觉之外……①

小说对物化现象的表现以及类似于物化的写法与社会文化、社会历史和社会现实息息相关，作家所处的社会文化环境与作家自身之间存在着极其复杂的互动关系。虽然作家在创作中最关心的是采用怎样的写法来开拓自己的创作思路，构筑自己的文本世界，但他毕竟面临外在世界的包围，因而对于社会现实亦不能完全熟视无睹。罗伯 - 格里耶在其小说中虽没有作过任何明显的价值判断，但其小说从各个方面展示的物化现象似乎暗示着西方社会中人的主体意识危机。面对人的主体危机和物化、异化现象引发的社会与人的疏离状况，罗伯 - 格里耶或许无法以肯定性的描写展现对人类社会发展有益的思想，只好用这种更加接近现实的方法来反映社会关系，将现实中的矛盾呈现于读者眼前，让其自行分析和评判。此外，罗伯 - 格里耶也意欲揭示这些现象造成的人类生存的困境，折射出其不愿看到物化、异化现象无限蔓延的心理，在一定程度上表达了其对人性健康发展的愿望和对个人自由的祈盼。

法国艺术领域中出现的后现代主义潮流给文化带来了新动力，而电影则成为各种思想的汇聚地。尽管如此，法国新浪潮电影中仍不乏对人性的探索与表现。瓦尔达于 1985 年拍摄的影片《天涯沦落女》（*Sans Toit Ni Loi*）讲述了女主人公莫娜无家可归、四处流浪的故事。一个冬日的清晨，她的尸体被一个农夫在沟渠里发现。故事以此为起点，通过对被调查对象的描述，让女主人公的身世由一个个碎片堆积而成。长期的流浪生活逐渐销蚀了莫娜身上仅存的人性尊严，但她又不想自甘堕落，心中仍残存一丝对生活的梦想。她身上带有的人性与社会规则发生了激烈的冲突，使她不能在孤独和自由之间寻找平衡。现实世界的苍茫寂静最终毁灭了她身上残存的人性，对她来说，生命的结局就是死亡。该影片通过挖掘女主人公的人性，深入探讨了女性自由这一话题，并努力开拓女性叙事与表达的领域。

“电影手册派”的创作实践以探求人性、追寻自由的导演风格呼应了该派理论家提出的“作者电影”理论，并以一种极致的方式将这种风格在影片中加以展现。《四百下》中为摆脱束缚而竭力奔跑的安托万、《朱尔与吉姆》中拼命挣扎的卡特琳娜、《枪击钢琴师》中为了追求新生活而放弃

① 柳鸣九，《我所见到的法兰西文学大师》，北京：人民文学出版社，2008 年，第 207 页。

钢琴的艾迪安都体现了为争取自由而不懈努力的人性。只要自由与现实发生冲撞，他们都会奋不顾身，哪怕付出惨重的代价也在所不惜，他们的命运反映了电影创作者对人性和个体选择自由的理解。但从另一个角度可以看出，主人公用逃跑、袭警来反抗社会、寻求自我解脱的方式隐射了在一个人性扭曲、公道缺失的社会里，人因为缺乏关爱而盲目冲动的行为。这种误入歧途的个体选择既折射了社会现实，又反映了创作者无力解决这类矛盾的无奈，因而电影中的主人公大多只能以悲剧性或开放性的结局收场。

自由主义是一种实践和制度背后的思想，其核心在于人的自由、快乐与幸福。自由主义的人性观具有普适性原则和意义，完全基于一种固定不变的人性。如果说人性以追求生存自由和生存优越为根本，那么以人为文学的中心才是对文学本体的尊重。不论哪种形式的文学，其着眼点都是人，表现的都是人之存在的意义。因此，当我们说文学是人学的时候，就不仅意味着文学作品中应该有人的存在，而且还意味着文学作品应该把创作的立足点和构思的中心点放在挖掘人性、拷问灵魂方面。只有这样，才不至于因物件压倒人物，因主题淡化人物，因功利扭曲人物。法国后现代主义文学从根本上说仍然以人为中心，尽管一些作品看似不存在人性的表征，看似充斥着繁杂的物件和琐碎的心理，但其中仍有对人性自由的着力展现、对人性审美的孜孜以求以及对人性内容的深入开掘。这与自由主义对人性的强烈关注、对个体之间差异的执着探讨和对人之为人的本质思考如出一辙。自由主义的理念扩展到西方现当代文学领域，使得法国后现代主义作家不再停留在对人的外部行动的描摹上，也不再停留在对人的一般情绪的描绘上，而是充分深入人与物、人物的言与行、理性与非理性、意识与无意识的复杂纠葛中去探寻人性的奥秘或揭示人性的特点。这也从一个角度说明了文学与人性、与自由的某种天然的亲和关系。自由是精神的唯一归依，精神的一切属性盖因自由而存在。作家是具有思想并从事精神活动的人，而文学创作作为精神活动的一种可以自由地表现人性，体现了文学为人之自由而存在的这一颠扑不破的真理。

第二节　非理性意识的萌动

非理性是人类的一种最直接的认知形式，主要包括直觉、顿悟以及部分创造性思维，这种认知形式在人类社会的发展中起到了非常重要的作用。非理性反映了人类精神和人类思维的基本内容，已成为人类在追求真善美的过程中须臾不可离开的功能。在前文中，笔者透过对理性与非理性关系的梳理，探讨了自由主义与后现代主义的辩证关系，话题侧重两者间共同的理性因素。本节拟从另一层面讨论自由主义的嬗变催生了后现代主义中非理性意识萌动这一问题。

法国历史学家马克·布洛赫（Marc Bloch）曾经说过："每个时代都喜好按自己的口味来重新确定自由这个概念所包含的内容。"[①] 推而广之，自由主义是一种发展变化的思潮和学说，随着时代的变迁，自由主义也表现出与时俱进的特点。面对现当代国际政治、经济形势的变化和思想文化危机，一些自由主义思想家提出了对"自由进行清算"的时髦口号，认为不应再沉浸于固有的自由理念，而应设身处地进行思考，建立多方对话和交流的机制。

西方的传统自由主义主要是一种理性学说，且将理性作为自己立身的基石。然而，传统的自由主义思想家，如洛克、霍布斯、康德等并未将理性视为自由主义的唯一准则。他们也承认人的动机掺杂着习惯与激情、风俗与冲动，人有时也会以自己无法理解和无法解释的方式行动。19 世纪以降，西方社会中涌现出各种非理性主义文化批判思潮，它们对资产阶级主流文化观念体系中存在的各种矛盾和不足有颇多感悟，进而对其进行揭示和批判，同时还尝试以自然本性、个性自由等观念来补充或重建自由主义学说。20 世纪中后期，这种非理性倾向在自由主义理论中显得更加强烈。以赛亚·伯林（Isaiah Berlin）以多元价值论为基础论证了自由主义，认为"自由民主人士应致力于不相容的理想之间必要的不稳定的平衡……承认并不是所有的好事都是相容的，就会试图理解变动中的文化、人民、阶级与单个个体的观念"[②]。约翰·格雷（John Gray）在评价伯林思想的时候，推崇自由主义价值观的"重叠共识"，认为伯林的自由主义"是一种独特的具有高度创造性的自由主义……是业已出现的自由主义中最有力量、最能讲得通的自由主义，因为它承认理性的局限，肯定基本选择的现实"[③]。罗蒂则宣称："在理想的自由主义文化中，质问社会制度是否在现代已经日益合乎理性，或怀疑自由社会的目标是不是客观的道德价值，统统会让人觉得莫名其妙。"[④] 他坚信："一个人同时身兼自由主义者和后现代主义者

---

① Marc Bloch. *Apologie pour l'Histoire ou Métier d'Historien*. Paris: Armand Colin, 1997, p.258.

② 以赛亚·伯林，《自由论》，胡传胜译，南京：译林出版社，2003 年，第 169 页。

③ 约翰·格雷，《伯林》，马俊峰等译，北京：昆仑出版社，1999 年，第 151~152 页。

④ 张智宏，《隐喻与反讽：罗蒂的自由主义乌托邦理论》（博士学位论文），哈尔滨：黑龙江大学，2013 年，第 136 页。

不仅完全可能，而且这样的人还能在自己的信念系统里，成功地把这两种互为排斥的理论传统相统合。”① 现代人生活在一个矛盾对立的世界里，现实的社会政治和经济文化要求人们态度明确和清晰决断，工具理性派生出来的社会意识形态的专制统治把人变成了没有选择自由的工具。与此同时，当代社会中人的自我意识的高度觉醒又促进了人对人生意义的频频追问和对自由的执着追求。随着资本主义社会文化向纵深发展，理性主义受到来自非理性主义的强烈质疑。在传统哲学中一向不受重视的非理性显露了自己的价值和意义，逐渐渗透到自由主义思想观念中，并成为现实生活中不可忽视的因素。

一、非理性文化批判与怀疑精神

自由主义的非理性文化批判倾向自始至终贯穿着一种怀疑精神。总体来说，当资本主义经济、政治、文化发展到一定阶段的时候，传统的个体性会全面崩溃，“原子化”现象初露端倪。一些后现代主义思想家把批判的矛头指向启蒙，试图从整个欧洲文化精神的演化入手来认识这个问题。

在后现代主义时代，主体丧失了中心地位，已经零散化并去除了自我的存在。法兰克福学派的早期成员瓦尔特·本雅明（Walter Benjamin）的文艺政治学对“小的乃至极其微小的事物”感兴趣，贯穿其中的是“历史在现实无关紧要处的肖像和它的片断”②。他质疑整体和理性的稳定性，也质疑宏观叙事话语，认为它们已经无法为思想和行动提供合法性的论述。福柯对非理性的关注贯穿于其著作的始终，他用谱系学的研究方法考察了理性对非理性的压制，将理性分析为权力和分配的构成部分，认为“启蒙运动神话的理性是一种统一的总体化、极权化理论模式，它模糊了社会领域的分化的多元的性质”③。从中可以看出福柯对理性的质疑和批判：理性仅仅是一种权力，完全可以凭借对权力运作机制的解构使之解体。美国学者阿尔温·托夫勒（Alvin Toffler）也在其著作中表示：现代社会“只会使生活日益多样化，而非进一步标准化。思想观念、政治信念、性欲癖好、教育方式、饮食习惯、宗教观点、种族态度、音乐爱好、时新时尚、家庭

① 张智宏，《隐喻与反讽：罗蒂的自由主义乌托邦理论》（博士学位论文），哈尔滨：黑龙江大学，2013 年，第 136 页。

② 马林韬，《西方自由主义文化的哲学解谱（第三部）》，北京：社会科学文献出版社，2012 年，第 6 页。

③ 转引自宋文娟，《理性的质疑和主体的批判——后现代社会理论解析》，载《齐齐哈尔大学学报（哲学社会科学版）》，2006（5），22 页。

形式全都如此，皆是自然产生”[1]。这也从旁说明，人类生活不应完全由理性主导，非理性因素也发挥着重要作用，回归现实、追求人性化的生活已成为现代社会的一种基本倾向或共同趋向。由此可见，后现代主义思想家坚持解构主义的视角批判，竭力否定传统理性主义与生俱来的局限性，并试图从一切外在的权威和束缚中释放人的自由。

后现代主义作家也将质疑理性和怀疑精神作为其文学理论和实践的基调。萨罗特用“怀疑”二字来概括现代人的精神状态，宣称在怀疑的时代里，既然战争及其后果已经动摇了现代人的价值观念，那么重新审视一切就变得天经地义。文学也无法逃脱怀疑的眼光，以往被视为衡量一切小说的唯一标准——巴尔扎克式小说已经变得不再神圣。在情节、人物、作者想象力等要素普遍遭到怀疑的情况下，必须对传统小说进行清算。[2]罗伯-格里耶的一个特殊手法就是在书中时常使用一人多名的方式，消除了小说的意向性与合目的性。在《窥视者》中，那个有可能被马蒂亚斯杀害的女孩有时叫作维奥莱，有时叫作雅克琳娜，后者符合岛上居民的现实，而前者则与旅行推销员的性虐狂想象相联系。《反复》（*La Reprise*）中的主要叙述者亨利·罗宾原名为巴尔库斯·冯·布吕克，又名马尔科，他还有两个化名——弗兰克·马修和鲍里斯·瓦隆，他的同事有时叫他阿灰，其身份同《窥视者》中的维奥莱/雅克琳娜一样模糊不清。罗伯-格里耶认为：“传统意义上的人物的创造者们，已经只能为我们提供一些连他们自己都不再相信了的傀儡。写人物的小说彻底地属于过去，它是一个时代的特征：标志着个体达到顶峰的时代……今天，我们的世界已经不那么自信了，或许还更自谦了，因为它拒绝了个人的万能强力……小说显得在动摇，失去了它往日最好的支撑——人物。”[3]人物消失的特征之一便是姓名的混乱，读者由此可能对人物的存在和情节的发展产生怀疑。

萨特《禁闭》里“他人就是地狱”这句名言反映了每一个人都是他人痛苦的来源，同时又从他人身上获得痛苦。社会上的每个个体都具有各自的价值衡量标准，从某种意义上来讲，别人都是这一价值的质疑者和颠覆者。《禁闭》中的人物生前就以相互争斗为乐，死后灵魂亦不得安宁。他们全都质疑他人的价值观，也怀疑自己的存在意义。萨特的戏剧通过逻辑严谨、脉络清晰的故事情节揭示了人类处境的荒诞，以传统的形式表现了

---

① Alvin Toffler. *The Third Wave*. New York: Bantam Books, 1980, p.131.

② Nathalie Sarraute. L'Ère du Soupçon. In Nathalie Sarraute, *Œuvres Complètes*. Paris: Gallimard, 1996, p.770.

③ 阿兰·罗伯-格里耶，《反复》，余中先译，长沙：湖南文艺出版社，2001 年，第 94~95 页。

怀疑思想，并为其注入了新的时代内容。

荒诞派剧作家通过其特有的胆识在作品中对语言进行了精心处理，表现出对传统理性和意义的极度怀疑，以此来表现荒诞感及荒诞意识。古典戏剧中的语言叙事遭到拆解，其叙事意义也随之失落。《等待戈多》于1958年在美国上演时，导演问作者戈多究竟是什么，作者的回答令人非常吃惊："我要是知道，早在戏里说出来了"[①]。荒诞派戏剧的其他作品也大同小异：语言充当主角，对白机械呆板，含混不清，最后变成一片混乱的音响，成为"能指"间的无意义流动。这类独白影响剧中人物之间的交流和沟通，而且在很大程度上阻碍了读者或观众与人物的交流，最终形成了一种荒谬的关系，反映了作者对人类世界的重重疑虑和无法参透的无奈，也折射了现代西方人面对现实人生的种种焦虑与困惑。

根据唯物主义的观点，物质世界具有无限性，而人们的认识则具有相对性的特征。怀疑思维的客观基础就是物质的无限性，因而怀疑思维也具有无限性的本质，它是促使创新不断发展的动力。人类社会的发展离不开怀疑精神，只有通过对既定的结论和判断的不停质疑，才能不断更新对客观世界的认识，并由此提出符合实际的新理论、新命题和新思想。自由主义中的非理性文化批判倾向通过对人的生存、欲望、情感、命运的忧思，意在复活被理性压抑的人性，寻求人的自由、解放和全面发展。后现代主义思想家和文学家对传统观念中的确定性进行了强烈的质疑，同时还对其进行了否定性批判，目的是将人从理性的束缚中解放出来，追求感性的人性化生活，按照人的自在自为本性使其回归生存的自由状态。由此可见，怀疑精神是认识论的关键内容，在创新精神的进步过程中发挥着极其重要的作用。之所以要持怀疑态度，是因为要揭示已有认知的局限性及不完全性，然后通过修正错误以更加深刻、全面地把握事物，而不是夸大怀疑意识在现实中的作用，更不能听任其消极影响恣意蔓延，最终滑入不可知论的泥潭。

二、非理性文化批判与世俗化倾向

自由主义非理性文化批判倾向在文化观念上表现出一种更加世俗化的文化倾向，并在揭示社会现实矛盾或表现特定的思想观念方面体现了一定的现实性、深刻性和合理性。

马克思指出："人直接地是自然存在物，人作为自然存在物……具有

① 转引自袁可嘉，《外国现代派作品选（第三册，上）》，上海：上海文艺出版社，1984年，第6页。

自然力、生命力，是能动的自然存在物；这些力量作为天赋和才能、作为欲望存在于人身上。”[①]这里所说的欲望就是世俗性的一种明显表现，与人的本质及所处的社会密切相关。

“世俗化”这个术语最初由马克斯·韦伯（Max Weber）提出，意指理性化和祛魅化的过程，表明人们在日常生活中逐渐从求助于超自然的力量转向求助于现实世界的理念和行为。[②]西方自由主义所倡导的对个人的关怀和自由、平等、民主等观念也包含韦伯所指的世俗化文化倾向。20世纪60年代以前，世俗化范式未经挑战、论战和检验。布赖恩·威尔森（Bryan Wilson）、彼得·贝格尔（Peter Berger）、托马斯·卢克曼（Thomas Luckmann）及卡雷尔·道博莱尔（Karel Dobbelaere）都是世俗化理论的主要论者。[③]

然而，20世纪下半叶以来，商品经济的发展刺激了个人观念的极度膨胀，伴随商业化而来的是人的商品化和工具化，即全球化经济形势下人的工具理性的泛滥和价值理性的失落，由此开始讨论自由主义的非理性文化批判。利奥塔指出：“技术科学愈是发达，它离理性所允诺的合理现实就愈远，它的合法性问题就愈严重。因此，技术科学并未完成普遍的社会理想的实现，相反，它加快了合法性丧失的过程。”[④]随之而来的是启蒙主义元叙事的消失，技术力量叙事的日渐强大，人沦为科学技术和物件的附庸，高雅文艺和世俗文艺的界限被打破，传统美学的解构让文艺陷入无深度和迷醉于感官的平面状态。贝格尔在理论上为西方社会合乎逻辑地建构了一幅世俗化的图景：

> 在这个世俗化的社会中，作为一个从经验上可观察的现象，宗教已经从大部分世俗制度的安排中撤出。这一社会结构方面的世俗化直接对个人意识层面产生了影响，宗教不仅作为社会系统中的一个子系统而存在，而且它也失去了传统的共享意义的提供者的地位。[⑤]

---

①卡尔·马克思、弗里德里希·恩格斯，《马克思恩格斯全集》，第42卷，北京：人民出版社，1972年，第167页。

②William H. Swatos & K. J. Christiano. Secularization Theory: The Course of a Concept. *Sociology of Religion*, 1999, *60* (3): 29.

③郑莉，《现代性语境下的世俗化理论研究》，见《宗教社会学》，第1辑，北京：社科文献出版社，2011年，第55页。

④转引自卡尔·曼海姆，《意识形态与乌托邦》，李书崇译，北京：商务印书馆，2002年，第98页。

⑤郑莉，《现代性语境下的世俗化理论研究》，见《宗教社会学》，第1辑，北京：社科文献出版社，2011年，第56页。

这说明，世俗化对人的影响是全面而根本的，科学的发展并不能解决人类面临的所有问题。世俗理性在日常生活中侵蚀着个人意识，但人们也时常受到非理性因素的左右，这同样是一个不争的事实。美国的自由主义把平等与个人自由予以绝对化。根据马克·罗洛夫斯（Mark Roelofs）的观察，西方政治文化的双重矛盾在于“既要平等、社群之爱的社会民主，寻求社会正义的广阔目标，而且又在精英倾向的强有力的支持下，追求自由之爱的、符合个人利益的自由民主”①。这种关注“自由之爱”和“个人利益”的自由主义主张多文化并存，其中明显可见非理性文化批判的影子。

自由主义的非理性批判倾向催生了文艺理论和美学领域内世俗化的审美标准。知识世俗化与科学技术革新使得社会阶层的意识和审美为纯粹的利益所代替，知识分子的价值取向也具有了超越性。恰如沃尔夫冈·韦尔施（Wolfgang Welsch）所说：“日常生活与微电子生产过程的交互作用，导致我们的意识以及我们对于现实的整体把握的一种审美化。”②技术化的表现能力是文学文本世俗化的生产基础和传播条件，审美符号的置换和文学样式的汇通模糊了文学文本的界域，导致了传统文学审美标准的分化。此外，商业化的需要又不断强化着这种文化价值的实用效应，现代大众对世俗生活的自觉审美把握也能够促进世俗化审美文本的传播和生产。于是，在社会政治和大众喜好上，反精英文化的反智主义、草根主义、平民至上主义等观念就渐次渗透到西方现代人的价值观念中来。本雅明曾对文艺流通领域中出现大量赝品的现象进行过思考，他担忧机械复制会造成艺术作品的灵韵消失殆尽，花样翻新的炒作最终会造成文艺作品生命力的消亡，只有坚信艺术家必须维持自身的尊严、风格和理想，才不至于被时代所淘汰。马克·柯里也指出：

> 日常生活中经常被引用的叙事例证有电影、音乐录像片、广告、电视和报纸新闻、神话、绘画、唱歌、喜剧性连环画、逸闻、笑话、假日里的小故事，等等。在更为学术化的语境中，人们都承认，在个人回忆和自我表述中的个人身份表达中，或者在诸如地球、民族、性别等集团的集体身份的表达中，叙事都占有中心地位……叙事犹如普通语言、因果关系或一种思想和存在的方式一般不可避免。③

---

① Mark Roelofs. *The Poverty of American Politics: The Theoretical Interpretation*. Philadelphia: Temple University Press, 1992, p.1.

② 沃尔夫冈·韦尔施，《重构美学》，陆扬、张岩冰译，上海：上海译文出版社，2002 年，第 9 页。

③ 马克·柯里，《后现代叙事学》，宁一中译，北京：北京大学出版社，2003 年，第 136 页。

世俗化的文学叙事模式如今已经渗透到现当代文学文化的各个方面，由此带来一个严重的后果：当代许多作家在写作中已经卸下了传统叙事的沉重负担，也抛弃了为构建自己的叙事风格所做出的努力。不过，世俗化的叙事也大大拓展了叙事的风格化空间，使得一种全新的叙事方法贯彻于后现代主义文学和艺术的诸多领域。

文艺领域在创作方面的世俗化首先表现为揭示了非理性因素或意识引发的人的“主体性”的消解及情感、思想和良知的泯灭。

《局外人》中莫尔索的一切行为主要是受非理性的驱使。在他去养老院为母亲奔丧的情节中，热浪引起的感官描述虽然平铺直叙，却真实自然，“火辣辣的太阳晒得这片地方直打颤，既冷酷无情，又令人疲惫不堪”①。他杀死阿拉伯人也是因为“太阳晒得额头膨胀起来”②，热气压在身上，使他两眼模糊，神志不清。非理性的直觉让他对外界的一切无动于衷，进而产生了悲观厌世的情绪。尤其是他在起床、电车、四小时工作、吃饭、睡觉、星期之中，产生了疑问，此时，他就会发现自己的过去同现在的生活毫不相干，自己与生活于其中的境遇发生了分离。人对实现自由感到绝望，甚至因种种非理性因素而对自由产生疑虑。于是，世俗化生活掌控了人的一切，荒诞意识也因此开始。

《等待戈多》里的两个流浪汉从出场到剧终的一切动作都让人感到无聊和无趣。这些机械重复的行为皆源于非理性意识，其中完全看不出理性的因素。或许，脱靴、脱帽等极其世俗化的动作反映了人物的焦虑不安，他们下意识地觉得周边潜在着某种随时可能发生的危机，巨大的灾难随时都可能降临到他们身上。贝克特的个人经历就是对剧中人物举动的绝佳印证。他曾经于某个晚上在巴黎街头被流浪汉无情地刺了一刀，当他问及为什么要对他行刺的时候，对方的理由竟非常荒诞，荒诞的行为反映了荒诞的社会现状。③贝克特通过两个流浪汉的世俗化举止把西方人的心理和社会现实展现在观众或读者眼前，同时也发出了振聋发聩的诘问：在一个处处充满危机的社会中，生命会时时遭到来自各方的威胁，安全都不能保障，又何谈自由？

罗伯－格里耶的小说《窥视者》中的人物行为全都受非理性意识支配。

---

①阿尔贝·加缪，《局外人》，柳鸣九译，上海：上海译文出版社，2010年，第55页。

②同上，第57页。

③符文瑜，《非理性创作的理性思考——〈等待戈多〉解读》，载《新课程（教师版）》，2005（12），34页。

在旅行推销员马蒂亚斯的精神活动中，非理性意识明显地处于上风。他推销手表时的那些机械的、千篇一律的话语和动作都反映出非理性意识的作用，暗示其“主体性”早已消失在这类单调的、乏味的、固定的世俗化工作中了。而他杀死牧羊女雅克琳娜的行为、犯案后仍坦然面对牧羊女的男友于连、混迹于小酒馆中看到各种奇幻事物时的人格分裂都预示着非理性力量的强大，在这种力量面前，人的良知、理智和道德只能听之任之，随波逐流。罗伯-格里耶在该小说中剔除了合目的性及预定程序，让各种非理性的欲念自由流泻，穿梭于现实世界与幻想世界之间，让读者体验人生的不自由状态及人生无常、人生如梦的宿命感和幻灭感。

其次，文艺领域在创作方面的世俗化把传统美学追求真善美的理想变为走向自然、放浪形骸的自由。

加缪在《西绪福斯神话》中有一段充满诗意的描述：

> 大自然宛如一片风景，是可以多么强烈地否定我们啊！在任何美的深处，都潜藏着某种非人的东西。这些山丘、天空的柔情、树木的画面、转瞬间就失去了我们所赋予的幻想的含义，从此以后比失去的天堂更加遥远。世界最初的敌意越过数千年，又朝着我们扑来。顷刻之间我们对它再也不能理解，因为在若干世纪中，我们只把它理解为我们事先赋予它的那些形象和图景，因为此后我们已无力再使用这种人为的方法了。我们把握不住世界了，因为它又变成了它自己。①

从中可以想见加缪如其他后现代主义作家一样，追求的是一种宁静淡泊的心态，欲将整个身心融入自然，达到个人心灵与自然万物融为一体的和谐，甚至在回归自然的旨趣中蜕化到放纵、混乱与狂狷的境地，实现对世俗化的经验、情感、欲望的放逐和张扬。这种经验、情感和欲望秉承了历史上非理性美学的精髓，表现了一种近乎原始的、令人迷恋的审美愉悦，与传统哲学及美学中的理性精神和由真善美构建的世界形成二元对立，也表达了在自然的博大与无限中充分获取人的自由的期望。

《犀牛》中的主人公贝兰吉整天忧心忡忡，对社会的巨变深感焦虑，又对行将到来的变化一筹莫展，终日借酒浇愁：

> ——我说不太清楚。是一些难以说得明白的恐惧。我感到在人们中

① 阿尔贝·加缪，《西绪福斯神话》，郭宏安译，南京：译林出版社，2013 年，第 12~13 页。笔者对照原文对译文进行了改动。

间活着很不自在，于是我就喝酒。喝酒使我平静，使我放松，使我忘怀。

——我每时每刻都感到我的身躯像铅一样沉重，就像我背着另外一个人。我对自己都不习惯，弄不清楚我还是不是我自己。我几乎没有活下去的力量，我也许连活都不想活了。[①]

从酗酒这一举动可以看出主人公身上强烈的世俗化倾向。面对人变得像犀牛一样残暴而恐怖的现实，贝兰吉和其他人一样对人类社会的这种整体性的异化现象无所适从、无能为力，他施展理想和抱负的愿望被无情的现实击得粉碎。唯有沉浸在酒精这一俗物之中，他才能暂时摆脱焦虑，获得一时半刻的安宁，因为只有酒精能给人以朦胧和沉迷的醉意，让思维在麻醉中与现实世界脱节，让身体于摇晃间产生一种迷幻的美，使世界上不可理喻的事物瞬间变得清晰，进而让人窥探出某种人生真谛。上面的引文展现了一个世俗而真实的心理世界，可以调动读者的感受，有助于他们捕捉作品的主题。

最后，文艺领域在创作方面的世俗化还表现在将日常生活中的平凡甚至丑陋的东西纳入文本，让各类生活细节充斥于作品中。

荒诞派剧作家的作品中充满了各种世俗之物。《秃头歌女》开场时的舞台提示以简明扼要的语言将剧情的发展做了规定性的说明：戏剧发生的场景是一处英式资产者的住宅，内中摆放着英式扶手椅，其中人物吃着英式晚餐。主人公史密斯脚蹬英式拖鞋，抽着英式烟斗，读着英文报纸，身旁是一个英式壁炉。他戴着英式眼镜，留着一撮英式小胡子。在他身旁的另一张英式扶手椅上坐着史密斯太太，她穿着一双英式皮鞋。墙上的英式挂钟按照英式标准敲响了 17 下。[②]这段提示十分注重对戏剧环境的预设，将人物置于其中，以鲜活地表现出来。当代人生活于一种极其平庸且荒诞的环境中，物件将他们重重包围，他们已经彻底丧失了自由。舞台提示中多次出现的“英式”（anglais）一词也从旁说明了人物的生活极其单调、乏味，除了吃、穿、住等外，他们没有任何精神乐趣。这段提示突出了外在环境在戏剧中的作用，同时也强化了受众对戏剧的心灵感应。

该剧中的人物语言也尽显平庸化和世俗化的特征。史密斯太太所说的一段话就非常经典地反映了这一特征：

---

①欧仁·尤奈斯库，《犀牛》，萧曼译，见马丁·艾斯林，《荒诞派戏剧选》，北京：外国文学出版社，1983 年，第 442 页。

② Eugène Ionesco. *La Cantatrice Chauve.* Paris: Gallimard, 1998, p.5.

> 鱼肉很鲜嫩。我吃得直舔嘴唇。我都吃两回了。吃完我就要进屋去。你也是吃了三回了。不过第三回，你吃得没有前两回多，而我吃得比前一回多。我吃得比你吃得多……不过，汤好像咸了一点。这汤比你喝的汤更咸。啊，啊，啊！汤放了太多胡椒，洋葱少了一些。①

史密斯太太是一个典型的家庭妇女，她所关注的不外乎家庭琐事，说的尽是“吃”“喝”“土豆”“鱼”“油”“汤”“烹调”等词汇。该剧中的其他人物也有类似的语言特点，他们的语词贫乏，无心沟通，也无法沟通，其语言所及皆为一些世俗之物，没有更多的意义和价值，这类例子在该剧中比比皆是。

这种语言世俗化的倾向也反映在新小说文本中。在罗伯 - 格里耶的《重现的镜子》中，叙述者和他的妻子搭乘从巴黎飞往东京的航班，遇到了飞行事故，这时的叙述语言基本是大白话，如“在一片地狱般的喧嚣声中，飞机离开了跑道，接着便像铧犁一样，再去地上犁出了道道深沟”②。有的评论家认为，这种语言毫无文采，就连中学生都能写出来，面对这一质疑，罗伯 - 格里耶直截了当地做出了回答：左拉的后代们代表着一种最自然的说话和写作方式，不这么写，又该怎么写呢？③

艾什诺兹也时常把世俗之物搬入作品。《格林尼治子午线》的结尾处出现了这样的场景：航行中的大船把大海劈开了，接下来海水并拢又散开，张合有力，随后一切归于平静，留下的只是波光闪动的海面。在《出征马来亚》中，日晷是一个非常关键的意象，对于主人公蓬斯而言，该日晷是他在马来西亚重复单调生活的一个愿望，这种愿望成就了他的日常生活，从而成为这种无聊人生的征战目标，这是一种积极向上的力量。最后，蓬斯并没有成功地搭建这个日晷，其征程也因此结束。对世俗之物的描写呈现出一种无尽的荒凉感和追求自由而不可得的无奈感。艾什诺兹的很多小说都对细节进行了处理，其中涉及质地、色彩以及声响，从不同角度给读者带来了感官享受，让读者在脑海里浮现出相应的画面。在《切罗基》（*Cherokee*）中，乔治被打晕之前，他感觉整个宇宙变小了，宇宙似乎变成了一个会发光的白点，光芒照亮了周围，却又逐渐消失。乔治晕倒的画面给读者一种强烈的立体感，能够全面调动其视觉、听觉、嗅觉、味觉、触

① Eugène Ionesco. *La Cantatrice Chauve.* Paris: Gallimard, 1998, p.5.

② 阿兰·罗伯 - 格里耶，《重现的镜子》，杜莉、杨令飞译，长沙：湖南文艺出版社，2011 年，第 176 页。

③ 1998 年，罗伯 - 格里耶在访问广州时，笔者对其进行过采访。

觉，让其清楚地体会到乔治晕倒的真实感和面对厄运的无能为力。

新浪潮电影把当下的世俗生活置于首位，关注小人物的现实经验和内心体验，表现当代人生存处境的荒诞、异化和身处其中的人的迷茫、无奈和失落。出于电影制作对商业性需求的考虑，性观念和性行为作为一种世俗化的表征在新浪潮电影中占据了十分重要的地位。女性在男性的眼中成了玩物，许多影片虽未直接表现卖淫现象，但也不同程度地有所涉及。“至少 25% 的影片展示了不同类型的令人厌恶的女性形象，这些电影或者将具有危害性的妓女搬上银幕，有意无意地激起男人的邪念，或者让女人尝试以自主的方式构建生活，但普遍受到命运的惩罚。”① 她们不像传统女性那样恪守妇道，而是大胆追求自己的情感自由乃至欲望自由。特吕弗的《朱尔与吉姆》糅合好莱坞风格、法国文学传统和流行文化等元素，把观众自然而然地引入不拘小节的文艺青年们充满激情和疯狂的生活中。主人公之间相互纠缠的友情和爱情以及无法动摇的生活信念构成了该影片各种激烈冲突的诱因，为了获得情欲的自由，他们最终度过了一段荒唐的三人生活，这段“美好的人生假期”虽然短暂，但他们在其间尽情享乐，尽情疯狂。罗杰·瓦迪姆（Roger Vadim）在影片《月光下的珠宝商》（*Les Bijoutiers du Clair de Lune*）中开创了卖弄性感和艳俗的先河，塑造了巴尔朵这样一个令人反感的女性形象。巴尔朵在礼拜日聚餐时，在餐厅里当着丈夫的面拿起几个鸡腿，并喂到情人的嘴边。这种出格的行为表现了女性为爱情自由不顾一切的想法，也使传统的家庭形象遭到了彻底的颠覆。

自由主义的非理性批判倾向构成了自由主义中一个独特的维度，它将非理性视为关注人类价值的手段或人类获取幸福的工具，而不是更高、更深的人文价值标准。长期以来，理性不断地打压非理性，结果造成了理性一家独大的态势。自由主义者对非理性的重视旨在惊醒非理性的沉睡状态，让人们认识到非理性具有与理性同等的重要性，并就此展开与非理性的积极对话。自由主义的非理性批判倾向贯彻到后现代主义作家中，促进了他们自觉意识的觉醒，进而推动了他们自由精神的建立，使他们朝着追求自由的目标和意愿迈进。

① Pierre Chevalier. Règlements de Comptes. In *Le Cinéma Français de la Quatrième République*. Paris: Cinémathèque Française/Musée du Cinéma, 1993, p.23.

第三节 文学范式的反叛与革新

在自由主义思想家眼里，审美不仅是闲情逸致的玩赏，也是人的自由本质和创造能力的生动体现。自由主义在文学方面的一个重要特质就是坚决为个人自由扫清一切障碍，彻底打破一系列束缚文学发展的僵化戒律，大力弘扬文学领域的各种创新。除文学的表现内容外，文学形式也要顺应时代的需要进行变革。人类自由包含审美，因此实现人的自由的全面发展自然也离不开对文学艺术领域的开掘。笔者已在前面章节中论述了法国后现代主义文学的一些基本特征，本节拟从其他视角来讨论这类文学中显露的自由主义的独特审美价值。

后现代主义是一种反叛传统、刻意求新、享乐至上的文化思潮，它对主流价值体系所宣扬的审美态度和道德标准不屑一顾，对固有的文化秩序和传统深表怀疑，“去中心”“反文化”及“消解权威”就是其主要的价值取向。这种思潮广泛地影响着现当代西方文化，致使法国文学领域也出现了相应的美学转向，集中表现为文学范式的反叛与革新。

一、狂欢化理论的应用

巴赫金在研究狂欢文化时提出了一个重要观点：在社会中，人们同时过着日常生活和狂欢生活，因而产生了两种不同的世界观，具体体现为民众的世界观与官方的世界观的双重性对立。在诗学、哲学视角下，这种双重性体现为世界的双重存在；在狂欢诗学话语中，又体现为官方与非官方的双重存在。狂欢诗学话语具有无等级性、宣泄性、颠覆性、大众性等主要特点，对狂欢化世界的感受又突出了对自由和未来的向往。巴赫金的狂欢化理论走红于后现代主义兴盛时期，其关注的核心是人的生命历程及个体与世界的关系，意在恢复人的本性和自由本真状态，从而导向人类自由的全面发展。

巴赫金的狂欢化理论充满了对权威和主流话语的批判性。在《小说美学与理论》（*Esthétique et Théorie du Roman*）中，他将小说的多种发音、语言、元素归结于苏格拉底（Socrates）式的对话，认为小说是一种诞生于人民、扎根于民俗的独立自主的载体，具有节日和边缘的形式。人们利用这种形式来表达自己的狂欢和世俗的多元意象。[①] 某些新小说作家的作品

① 贝格纳·瓦莱特,《小说——文学分析的现代方法与技巧》,陈艳译,天津:天津人民出版社,2003年，第3页。

为此提供了极佳的佐证。这些作家常常无所顾忌，随意而为，“创作的作品在原则上并不受制于某些早先确定的规则，也不可能根据一种决定性的判断，并通过将普通范畴应用于那种文本或作品之方式，来对它们进行判断”[①]。在具体的创作中，他们不再重视故事情节的设置和人物形象的塑造，而是把杂乱的故事片段、其他作品的某些片段、枯燥的学术材料引入自己的作品中，致使小说的传统样式遭到了彻底的颠覆。例如，罗伯－格里耶的“传奇故事”三部曲中有其本人对既往个人和家庭生活的回忆，也有对社会历史事件的反映，还表达了其对哲学、政治、文艺、文化等的见解，更有虚构的人物、场景和事件的堆积，小说、传奇、传记、学术论文等要素兼而有之。再如，布托尔的《航空网》(*Réseau Aérien*)叙述了五对旅客同时飞行在不同的航线上，他们交谈着所见、所感、所闻及生活琐事。作者将文本分成许多小节，每节包含六个对话，中间用不同的符号隔开，分别表示“飞机轰鸣声”“人群嘈杂声”和“低沉的撞击声”，作者尝试在有限的时间和空间内表现“全部的真实”。而作品中又容纳了很多非文学材料，给读者以强烈的非文学之感。哈桑曾使用“狂欢”这个概念来说明这些作品的特点，并给予了一定的认可，“题材陈腐与剽窃，拙劣的模仿与东拼西凑的杂烩，通俗与低级下流丰富了表现性……持续性与间断性，高层文化与低层文化交汇了，不是模仿而是在现在中拓展过去”[②]。

巴赫金的狂欢化理论以民间谐趣文化为基点，将小丑、傻瓜、骗子、流浪汉这类形象看作狂欢文化中不可或缺的典型人物。这些被主流社会遗弃的边缘人有着酗酒、嬉闹、呓语等非常态的生活方式，偏离主流社会的价值取向，并以此对抗官方价值体系，争取一点微不足道的尊严，实现自我的再生与更新。荒诞派戏剧中尽是这类人物。罗伯－格里耶在看了《等待戈多》后对其情节进行了如是归纳：“场上的两个人，年龄不详，职业不明，而且无家可归，因此他们是两个流浪汉。从身体上看，他们没有受到伤害。一个脱着靴子，另一个谈论着福音书。他们在吃着一条胡萝卜，相互之间无话可说。他们用昵称戈戈和狄狄来称呼对方……他们在等待某个叫作戈多的人物，对于这个人物我们一无所知。”[③]剧中的流浪汉处于社会最底层，作者在舞台上表现了他们的生活，于插科打诨、动作亲昵、言语粗鄙的狂欢氛围中显露出狂欢式哲学的内蕴，在狂欢中展现了无根的苦

①王岳川、尚水，《后现代主义文化与美学》，北京：北京大学出版社，1992年，第52页。
②同上，第129页。
③Alain Robbe-Grillet. *Pour un Nouveau Roman.* Paris: Minuit, 1963, p.98.

难和迷惘的痛楚，这在某种意义上也体现了对人的价值的尊重和自由、平等的精神。《女仆》通过两个女仆扮演主仆游戏的故事，把狂欢化仪式和个人神话搬上了舞台。他在这些边缘化的小人物身上注入了对社会的不满和仇恨，打破了传统的审美观念，借助狂欢化的游戏表达了世间的一切不过是谎言、幻觉和噩梦的观点，向观众展示了现代人的孤独、异化和不自由，借此表达了对西方资本主义社会的嘲讽和抗议。此外，荒诞派戏剧的语言也映射出民间狂欢文化的特色，包含了被官方禁止和排斥的各种非官方言语现象，容纳了与滑稽丑陋、幽默诙谐相关的各种粗俗化语言。尤奈斯库、贝克特、热内等人的剧作都不乏语言的狂欢，叙事和对白的语言规则和禁忌皆被突破，大量的民间语汇和带有戏谑成分的言语模糊了传统的高雅与世俗的界限，呈现出一种嘈杂的声响组合。狂欢化的语言折射着人的精神裂变，反映出社会现实中自由和公正的缺失，崇高、美好的阙如以及人性的颓丧。人们可以运用这些世俗化和狂欢化的语言自由地表达自己的心声，在欢愉中得到自由并将人性最大限度地释放出来。

巴赫金的狂欢化理论强调肯定与否定的合二而一，否定和破坏中蕴含着肯定和创造的精神。在巴赫金看来，当代文学范式之于传统不仅有反叛的一面，而且还有革新的一面，“这不单是抛弃，使之消失，绝对灭绝，不，这是打入下部，就是那个孕育和诞生新生命的下部，万物皆由此繁衍，茁壮茂盛……”[①]。新浪潮电影的一大特点就是将生活和艺术领域里的表现材料有机结合起来，使艺术间的界限变得混乱而模糊。例如，杜拉斯在创作了小说《副领事》之后，又将其改编成电影《印度之歌》，而《印度之歌》又是另一部小说《恒河女子》故事的延续。根据杜拉斯所言，《印度之歌》这部影片的创作是为了深入揭示《副领事》中未曾触及的某个领域，“也是为了探索《恒河女子》所揭示和探索的那种‘手段’，即把声音用于故事的叙述。这种新手法可使往日的故事从忘却中重新浮现，以便为另一些记忆所支配，而不是受作者的记忆所支配。这些记忆是另一种形式的，具有创新性的记忆，但同样可以使人‘回忆’起任何其他的爱情故事”[②]。

杜拉斯的电影否定了小说语言的单一性，通过屏幕展现了一个在小说中被忽视或无法表现的空间，凭借对电影主题的纯化，创造了一些抽象、丰满、集中的形象。虽然文学写作始终处于杜拉斯创作经历的中心，但她

① Mikhaïl Bakhtine. *Rabelais and His World*. Hélène Iswolsky (Trans.). Cambridge: Massachusetts Institute of Technology Press, 1968, p.26.

② 玛格丽特·杜拉斯，《印度之歌》，王东亮译，上海：上海译文出版社，2001 年，第 3 页。

还是承认了文学的枯燥乏味，这是她暂时疏离文学而选择从影的原因。[1]对她而言，必须不断地摧毁文学和电影的创作原则，在抹去和重写的过程中实现两种样式之间的互动，这种观点让人嗅到了一种强烈的反权威、反规范的自由气息。罗伯－格里耶的电影《说谎的人》(*L'Homme Qui Ment*)依照创作者对现实的理解重新组合现实，该影片采用了森林、城堡、旅馆、河流等自然中真实存在的布景，又通过剪辑、合成、调色等手段对这些布景进行了艺术加工，将人物的心理投射到物件中去。例如，该影片中的男主人公就“将一连串心理暗示从客栈一直投射到城堡，在这个意义上说他始终在客栈里面：人们不时看到他坐在同一张桌子前面，正在倾听，间或还插入了一些镜头：他正在问路，询问药剂师如何通过城堡的栅栏门”[2]。罗伯－格里耶在这部影片中创造性地利用剪辑技术，让创作的自由与既定的规范相对立，颠覆了由传统的因果时间关系法则制约的镜头顺序，同时向观众展现了一种独创的心理时间，把自己的创作精神投射到这些真实的事物上面，按照自己的意愿对这些真实的事物加以重组和整理，以创新的手段赋予生命和物体以更为宽泛的自由空间，也让创作者的想象力达到一种更为自由的境界。

法国后现代主义文学在场景、语言、情节等方面表现出寓庄于谐、反传统、反权威、正反同体等倾向，其内容和形式都充满了宣泄性、颠覆性和大众性，同时密切关注物质、生理性等现象并进行阐释，这一切既呈现出作家多语义的生命观，也证明了狂欢化精神的本质特征。狂欢化理论从本质上说就是一种反抗霸权的力量，是一种释放出建立普天同庆的自由、民主理想的文化策略。当异化的力量逐渐主宰了人的世界，感性的狂欢生活也日渐消退，人们对自由性和乌托邦向往的丧失深感焦虑，因此在文学中引入狂欢化理论也就意味着开创了文学创作的新方向，挖掘了既往文学创作未曾展现的价值与意义。同时，读者也获得了一种全新的审美范式，消解了深度的意义观，以游戏式的审美愉悦烛照人生与世界，在此基础上对自由、平等的价值观进行富有时代意义的思考。

二、多重身份话语体系的建构

话语与身份的关系是近年来社会语言学探究的一个重要领域，具有鲜明的跨学科特色。话语“通常指语言的陈述，包括对话、叙述、争论、发言等语言单位，同时又隐含语言超过文字的范围，通过意识形态化并与权

①克洛德·托马斯，《新小说　新电影》，李华译，天津：天津人民出版社，2003年，第51页。
②同上，第74页。笔者对译文进行了适当修改。

力结合构成一种话语实践，建构并影响人们的行为方式和思维方式”[①]。说话人或作者使用语言传递信息的同时，也在构建自己或对方的社会身份，因此要将话语研究与社会历史紧密结合起来，在语言和社会发展的稳定关系中探讨人们的身份认同，这种身份的建构观正逐渐成为学界的共识。文学话语作为一种交际活动的最主要特点是作者通过对文学文本的整体安排，让话语在实践中获得存在空间、审美意义甚至意识形态意义。

根据批评性话语分析，在一定的情景和历史文化语境中，人为自己或其他角色的身份进行定位，再将此定位与更广阔的社会文化话语联系起来。身份是意识形态的索引或表现，因此文学批评研究身份的目的在于通过微观的上下文语境和宏观的社会文化语境的结合并借助话语研究来考察作者或作品中人物的身份，进而揭示语言和意识形态的关系。[②]而在文本中的身份话语并非只呈现出单一性，其中亦有不少“多重”的特征，这既关涉作者的身份认同，也与整个社会历史文化语境有关联。

波伏娃在《第二性》中分析了男人如何将自己定义为“自我”而将女人定义为“他者”的过程，指出女性只不过是作为世界上唯一人性的男性的偏离，“是男人建立了古希腊、罗马帝国和法国，以及其他所有国家；是男人在世界上探险，发明工具，并开发世界；是男人在统治世界；最后，也正是男人用雕塑、绘画和文学作品充实了世界”[③]。波伏娃在此意在说明，较之女性而言，男性在社会历史和现实中更容易实现（也确实实现了）身体、智识、创造力等方面的种种超越，男性话语因之成为一种强势话语，男性的相关生存方式也使其能够在社会上坚持并实现自己的主观自由。“相反，女人一开始就存在着自主生存与客观自我——‘做他者’的冲突……她必须尽力去讨好，必须把自己变成客体……于是形成了恶性循环，因为她认识、把握和发现周围世界的自由越少，她对自身资源的开发也就越少，因而就越不敢肯定自己是主体。”[④]波伏娃作为女性精英和存在主义女性观的代表人物，自然要在作品中为包括自己在内的一切女性代言，从女性长期受制于男性的现状出发，为女性争取自由而发出呐喊，提出了女性解放的必要性，将女性话语与意识形态联系起来，这无疑具有积极的意义。然而，波伏娃营造女性话语的出发点是人的精神存在，她把女性群体抽象为

① 胡鹏林，《文学现代性》，北京：中国社会科学出版社，2007 年，第 244 页。

② Bethan Benwell & Elizabeth Stokoe. *Discourse and Identity.* London: Edinburgh University Press, 2006, p.125.

③ 西蒙·德·波伏娃，《第二性》，陶铁柱译，北京：中国书籍出版社，1998 年，第 332 页。

④ 同上，第 334 页。

一个脱离时间与现实的主观概念，把情绪、体验、自由意志等非理性因素当成女性不自由的决定性因素，这就表现出明显的主观唯心主义倾向，也无法对世界范围内不同民族、不同种族、不同文明女性的共同境遇作出客观的解释。[①]

荒诞派戏剧独特的话语言说方式表明了剧作家对于经典戏剧规范的扬弃，剧中的事件顺序不清，因果不明，更缺乏对于事实的澄清和说明，戏剧的符号表象体系也与传统的审美趣味和写作规范不甚相符。例如，《克拉普最后的磁带》自始至终都在主人公的自言自语和录音带播放的声音之间循环，其中含有一些贝克特的创作焦虑和个人经历，也影射了在当今社会中，人始终处于孤独和无奈的境地，人与人之间的交流变得困难，只能依靠与物的共存及磨合来打发时光。该剧中显然可见绝望的呻吟、无聊的人生、荒谬的现实以及悲观的焦虑。荒诞派戏剧的话语不仅揭示了语言在信息传递过程中的非客观性，更否定了传统戏剧基于理性推演和逻辑判断的话语言说方式，让一切都在荒诞的场景中自由地呈现出来。这类话语陈述具有多重性的特质，既反映了荒诞派剧作家（他们是一些与当代社会格格不入的人）难以言说的意绪，又通过对边缘人的形象塑造反映出一定的意识形态色彩，表达了对处于孤立无援中的这群人的关注与同情，此外还揭示了战后西方人精神世界的黯然无光，表现了对异化现象的反感及对自由的殷切期盼。

杜拉斯的早期殖民地小说，如《抵挡太平洋的堤坝》《副领事》《劳儿之劫》（*Le Ravissement de Lol V. Stein*）等的背景大多设置在 20 世纪上半叶的东南亚，其话语言说方式把异文化与母国文化的特质融合在一起。她少年时就有一种游离于西方主流文化之外的感觉，对当时西方社会的主流价值观心生不满，异文化的浸染使她具有一种涉及社会、政治、历史发展的多元文化意识，也促成了她文学创作中多重话语身份的建构。她的小说揭露了殖民制度给东南亚人民带来的深重苦难，也反映了有权有势的白人通过殖民地严格的等级制度欺压那些无权无势的普通白人的现实，对被压迫、被损害的人群给予了深切的同情，以殖民制度的腐朽和黑暗反衬了自由、平等的难能可贵。然而，作为一个成长于殖民地的法国作家，杜拉斯的双重文化认同又使得她的写作具有双重视角，既游离于殖民中心之外，又不由自主地置身于西方主流话语之中。反殖民主义的立场及种族主义的

① 周天枢，《西蒙·德·波伏娃存在主义女性观刍议》，载《中华女子学院学报》，2005（3），75~78 页。

偏见并存，构成了杜拉斯早期殖民地小说的一个鲜明特征。她站在人道主义的立场对帝国主义的殖民政策和种族歧视进行了强烈的批判，但又在小说中时常流露出西方式的种族偏见、西方民族高高在上的种族优越感以及白人对东方人的优势心理，体现了种族主义意识及殖民时代的社会价值观对其文学创作产生的负面影响。

玛丽·恩迪亚耶（Marie NDiaye）的父亲来自塞内加尔，而母亲是法国人，混血身份使她具备独特的观察视野。其小说《三个折不断的女人》（*Trois Femmes Puissantes*）讲述了三位塞内加尔裔黑人女性的故事。诺拉自幼遭到父亲遗弃，随同母亲在法国长大，成年后因诉讼之事被父亲召回塞内加尔。她对父亲充满怨恨，但同时又渴望从父亲那里得到亲情的慰藉。芳达本是当地的一名职业妇女，后跟随失业的丈夫远赴法国，由于无法在社会上立足，只好做了家庭主妇。嘉蒂在丈夫去世后被夫家撵出家门，无奈之下偷渡到法国，途中历尽艰辛，最后殒命。该小说尝试让读者对文本进行某种“价值阅读”，尽可能敏锐地、准确地发现作品所蕴含的价值。恩迪亚耶或许想通过小说创作来追寻、确证自己在文化上的身份，该小说中清晰可见她本人的自传因素。恩迪亚耶在接受法国《读书》（*Lire*）杂志采访时曾说：“（我）想写一些残暴的事情。我希望在这类故事中能尝试着去想象一下人所忍耐的限度。我所写的一切都是在所有的家庭里能够碰到的故事，只不过我通过写作把它们予以夸大了……”① 作品中的非洲情结和话语陈述也映射了她对自身地域身份的焦虑与困惑，传达出一种窒息般的心痛感和不屈的反抗精神，既可见她对父亲所代表的非洲的厌恶、排拒又渴望亲近的心理，也能感觉到其对标榜自由、平等、博爱的法兰西形象的暗讽。事实证明，文化不可能超越任何时代的政治或经济因素而独立存在，只可能产生于一个与其相适应的特定社会中。恩迪亚耶及其小说中的人物都是处于欧洲中心的边缘人，她们与西方主流社会的对立是由流散者的双重文化特性所决定的，从主体缺失的失语状态到逐渐形成对身份的批判意识再到解构权威话语体系，最终实现自我存在的主体身份和族裔身份的重构，以此方式完成对具有多重意义的身份话语体系的建构。

文学多重话语的建构产生于西方现当代社会的危机语境，是社会与文化变革思潮对文学诉求的反映。其中自由主义的基本思想理念，如人权、自由、平等、民主等精神渗透到政治、思想、文学等各个方面，不仅对法国现当代作家的人生观、道德观、伦理观等的树立起到了重大作用，还对

① Marie NDiaye. Entretien avec Marie NDiaye. *Cahiers du Cinema*, 2010 (654): 24-25.

法国后现代主义的文学观念与作家的创作实践产生了极大的影响；使作家获得了良心的冲动、社会感召力和创作思想的解放，并开拓了文学想象力与表现空间，也成就了法国后现代主义文学范式的转型、构造与革新。

三、快餐化的后现代指认

快餐化是人们生活节奏加快的产物，在现当代社会中逐渐演变成一种时尚，对传统文化产生了一定程度的冲击。一些后现代主义思想家曾把快餐化原则看成后现代主义文学的一个明显特征，并将这种原则确立为“后现代主义的一个标记”和一个“时代的路标”①。

后现代主义文学快餐化的特征之一是文本的压缩性。后现代主义文学文本大幅缩小了作品的体制和篇幅，用日常生活中的小叙事取代了传统文学艺术的“宏大叙事”，追求作品囊括的故事数量而非传统意义上的高品质艺术。从法国后现代主义各流派的作品来看，巴尔扎克《人间喜剧》（*La Comédie Humaine*）类的鸿篇巨制、罗曼·罗兰（Romain Rolland）式的长河小说抑或古典主义的多幕剧让位于短小精悍的文本。新小说作品大多不超过 200 页，荒诞派戏剧也多采取独幕剧或两幕剧的形式，新浪潮电影的时长较之传统影片也大为缩减。然而，后现代主义作品中提供的故事数量却远远多于传统的文学作品。例如，罗伯－格里耶的小说中罕见逻辑连贯的故事情节，全书充斥着大量的片段，而且这些片段看似互不关联，各自独立，但读者可以凭借自己的思路将片段重新组装，形成无数大同小异的故事。马克·萨波尔塔（Marc Saborta）的小说《第一号创作》（*Composition No. I*）以类似于扑克牌的散页形式承载在一个盒子里，在阅读之前，读者要将这些散页“洗牌”，然后随意组成不同的故事，组合的故事数量庞大。该小说不仅摒弃了传统小说的写作手法，而且还破除了书本这种小说的承载样式，具有彻底的反传统倾向。即使是在形式上与传统小说较为接近的存在主义小说在艺术上也不断地否定传统小说的写法，要求将生活中的存在原原本本地传达出来，自由地处理小说中的时间和空间，给读者呈现各种跳跃而不连贯的碎片，让读者的脑海中浮现出与主人公处境相关的多个情节画面，传递了存在主义哲学观，揭示了世界的荒谬及个体存在与外部世界的强烈对立。

荒诞派戏剧凡俗的生活细节和人物形象多通过人物的自言自语和絮絮

---

①乔治·里茨尔，《社会的麦当劳化：对变化中的当代社会生活特征的研究》，顾建光译，上海：上海译文出版社，1999 年，第 246 页。

叨叨来实现，形体动作、演员表演、哑剧等形式的延伸以及舞台的物质元素对人物对话或情节的展开起到辅助性的作用。观众很难像观看传统戏剧那样能够关注其中的人物并获得精神上的愉悦与满足。不过，荒诞派戏剧支离破碎的语言和情节片段亦能向观众提供一些可资重组的材料。例如，《秃头歌女》的文本由荒诞、彼此分离的情景构成，人物对话或独白中无意义的词语符号将整个没有逻辑联系的文本交给观众，让他们根据自己的经验和想象去构建不同的故事。此外，听觉效果、舞台造型和演员表演也是影响观众重组故事的重要元素。该剧的舞台造型简约，致使观众在走入剧场时便不由自主地对剧情产生积极联想。演员的表演在该剧中降到了最低限度，演员大多做着一些单一、重复的肢体动作，尤其是临近剧终时，男女主人公拥抱在一起，动作夸张、重复，其他演员也纷纷登台，各种声音交织在一起，场面热烈、喧闹。这种反现实的设计给观众带来了强烈的冲击，激发了他们的想象力，留下了自由的二度创作空间，在故事性被极大削弱的同时，将剧场艺术很好地展现出来。

后现代主义文学快餐化的特征之二是文本的复制性。从严格意义上讲，文学作品不是一种纯粹的独创，很多文本间相互关联，相互影响，都会由词语、形式或内容引发此文本与彼文本之间的对话。后现代的很多文学文本都对历史上或同时代的经典文本进行过复制或多重复制，借用经典文本中的形象、情节和意象来显示作品的丰富寓意。加缪的随笔集《西绪福斯神话》复制了古希腊神话里的故事。在西方语境中，西绪福斯代表着永无尽头而又徒劳无功的任务。加缪在其随笔集中复制了这个古老神话，让其在新语境下焕发出时代意义。在加缪看来，荒诞意味着人在理性与非理性的夹缝中寻找平衡，意味着人必须清醒地面对生活的真相并勇敢地接受命运的挑战，还意味着人绝不能幻想任何形式的依赖，必须独自承受可能来临的一切磨难。这就是荒诞对于人生的真实价值。

新小说作品中，有些并非取材于现实，有些虽取材于现实，但也往往是在已有文本或传闻的基础上对各种材料进行加工，让其改头换面，标举出后现代的复制特征。《窥视者》《橡皮》等小说复制了传统侦探小说的框架和元素，但没有按照传统侦探小说的套路以案件的发生、推理、侦破过程为主要描写对象，而是打破了其结构、情节、人物、环境的格局和程式，通过对静物的排列组合以及冷漠、细密、烦琐的景物外观描写来揭示人生荒诞、理性无能、一切皆含不确定性的主题。《草》（*L'Herbe*）的扉页上印着《日瓦戈医生》（*Доктор Живаго*）中的一句名言："没有人创造历史，人们都望不到这历史，正如人们望不到这草的生长。”作者对文学经典的复制让人联想起古代预言家的言谈，其中蕴含的意义犹如神话之于世界的原初解释，具有重新解读历史事件的功能。此外，作者还将史诗般的哲理贯穿于小说的诸多片段，清晰地传递出一种浓郁的悲剧感。《米兰胡同》取材于现实生活，运用了视觉和听觉的艺术手法。该小说对公寓各楼层的描写体现了文学和建筑艺术的联姻：这幢六层楼公寓的外部造型与传统建筑相似，但各楼层住户的家具摆设和室内装饰却形态各殊，风格各异，凸显了后现代元素对传统的渗透。该小说的语言则复制了音乐对现实事物的感受，文词极富节奏感和旋律性，句子、篇章和整部作品都浸润着一种和谐悦耳的音流，将心灵的自由表现得淋漓尽致。

新浪潮电影偏爱用镜头重现当代生活和日常琐事，很多作品都取材于现代都市和边缘人群。影片中的城市犹如照片、影像等机械化复制的产品，没有任何现实感，只给人以一种类像的感觉。例如，《精疲力竭》中的巴黎缺乏国际大都市应有的特色，充斥着肮脏、灰暗、暧昧的气息，绚丽的外表下隐藏着丑恶的景象。该影片中的车祸场景、海报上的文字“直到生命结束，生活都是处在危险之中”、米歇尔用拇指抹嘴唇的习惯以及帕特里西亚在她死时做出的同样动作等细节通过创作者的剪辑给观众留下了破碎的记忆，也彰显了导演对形式主义美学的追求，并与这个城市百无聊赖的氛围相呼应。这种机械复制的结果让观众徘徊于现实与非现实之间，影像的真实性给他们带来了直观的感受，又使他们不时摆脱直觉的控制，运用感受力、想象力和判断力重塑自己的内心感受。《四百下》中的问题少年安托万在学校和家庭生活中找不到温暖，于是经常逃学，编造谎言，走上了盗窃的犯罪道路，后来从少管所逃出，最终被警察击毙。安托万的死亡方式和自我生命体验在许多文学作品和法律案例中大量存在，而且十分接近特吕弗的人生轨迹。该影片将存在于过去文本和现实生活中的材料进行复制，进而揭露了学校教育和家庭教育的弊端，展现了当代人生存处境的荒诞以及人在歧途的迷乱、失落和无奈，也暗含了创作者对自由的理解与向往。

后现代主义文学快餐化的特征之三是叙述态度和写作语言的非纪实性。后现代主义的写作技巧注重“能指”游戏，机械化的重复描写恰如麦当劳或福特汽车装配线上工人的固定动作，举证了“能指”的非人化特征。《西绪福斯神话》没有采用纪实性的手法来描写主人公的行为举止，而是不断重写，循环往复，主人公多重而丰满的人性在“能指”的网络系统中遭到过滤，对荒诞的超越实则含有将其归化的意蕴。其他存在主义小说家的创作也都以反抗传统小说的陈规为标志，但其通过“能指”在小说中建立的非真实化的时空表明，“能指”与在各方面都趋向以放逐真实、悬置对象为目的的快餐化式已经构成了同谋关系，以致人们很难再看到存在主义小说家会像兰波（Rimbaud）、乔伊斯等现代主义作家那样愤世嫉俗，而更愿意待在安全、虚假的世界中从事非纪实性的创作。

新小说家惯用的重复写作手法也可被视为一种不与真实的自然接触的象征性行为。罗伯－格里耶的重复写法象征着写作技术的高度异化。他在《嫉妒》中将 A... 与弗兰克的故事重写了九次，其中有关香蕉林的固定描写重复了六次，汽车抛锚叙述了六次，蜈蚣被捻死了九次，“一个工人朝水里望”[①]重写了四次。罗伯－格里耶在谈到写作《窥视者》时也说：“我现在见到的海鸥同我书中正在描写的海鸥只有一些模模糊糊的关系；另一方面，是否见到海鸥对我来说无关紧要……”[②]罗伯－格里耶的写作实践表明，这种纸上的非真实符号已自成一体，形成了某种超现实的空间。[③]里加尔杜的小说《君士坦丁堡的征服》把一些互不相干的时空叙事置于同一平面，包容了诸多属于其他艺术样式的“异体叙述”，其中不难辨出神话、童话、传奇、科幻及历史的要素。该小说从“rien”（什么也没有）这个词开始，其中看不到任何与写作行为无关的思想和动作，该小说中的一切仿佛全部出自文字、语言及语言的游戏，是为实践作家的写作冒险理念而进行的尝试。新小说的开放文本让读者可以自由阅读，遍布其中的种种“空白”“空洞”为读者提供了自由填充的机会。读者可以在文本格式限制的范围内，根据自己的理解和想象，为文本提出建议或做出批示，积极地处理文本并对其进行独创性的建构。

新浪潮电影的创作者提倡低成本制作，要在有限的创作环境中，通过实景拍摄和粗粝的手法，坚持对形式的探索与创新。纪实性是新浪潮电影的主要审美倾向，但一些影片时常杂糅的一些非纪实手法打破了新浪潮电影的整体纪实性风格。《去年在马里昂巴德》和《欧洲快车》的创作者多采用摇动或移动镜头，不断转换男女主人公所处的时空，有时还插入创作者的画外音，让画面和意象不停地转换于现实和虚幻之间，交替展现叙述

①王钦峰，《后现代主义小说的麦当劳化》，载《国外文学》，2004（1），7~8 页。

②阿兰·罗伯－格里耶，《从现代主义到现实》，见柳鸣九，《新小说派研究》，北京：中国社会科学出版社，1986 年，第 645 页。

③同上。

的故事和流露的思绪，以冷峻的镜头和带有主观意图的声音表达创作者独特且深邃的思想和情怀。特吕弗《淘气鬼》(*Les Mistons*) 的开场是一个长镜头：主人公贝特娜骑着自行车，裙裾摇摆，姿态优美，从街区一路穿过大桥，优雅地驶入郊野森林。而《四百下》结尾处的长镜头则是抗拒驯化的安托万从少管所逃离，疾步奔向波涛翻滚的大海。这两个长镜头都抽离了现实的存在感，给人以一种抽象画的韵味。抽象化的符号带有某种神秘的哲学意味，于客观纪实中重新构造了世界的景象。影片的创作者或许想通过这些长镜头找回心中的宁静，同时也表达了其电影创作的非纪实姿态。夏布洛尔的《表兄弟》表现了巴黎都市文化与外省习俗之间的激烈冲突，其中的都市景观不但没有给观众带来欢愉，反而以一些平时不为人瞩目的元素和细节传递出一种烦躁的存在感。巴黎熙熙攘攘的人群和鱼贯而行的汽车展现了城市的现代化进程，而导演和摄影师截取的不完整画面和不精美的光线处理却暴露了城市的冷漠与疏离。这些景观虚幻出一种城市背后的情感，既传达了影片创作者的非纪实感受，也使景象充满了不确定性。这类反纪实性风格的元素对表面的真实性有一定的破坏性，但影片的整体内核则不流于表层，反而通过对自由的表达趋近更加深层的真实。

后现代主义文学的一个重要理念就是文学范式的反叛与革新，这与其反理性倾向密切相关。历史的经验告诉人们，西方世界历经数百年建立的以理性为核心的有序社会在短短的两次世界大战中顷刻变成废墟，肉体与精神的双重创伤引发了人们对世界秩序性的严重质疑。而现代主义曾试图重建秩序的努力亦付诸东流。现实的发展最终让人们明白，这个世界根本就没有秩序，思想也便不必模式化，因此文学艺术的创作也没必要遵循传统范式，自由自在的创作方式才是当代人应该追求的目标。

第十章

后现代主义文学对自由主义理论发展的贡献

西方自由主义在不同的历史阶段有着不同的形态。学术界一般将自由主义划分为古典自由主义和现当代新自由主义，前者与资本主义自由竞争阶段相适应，构建了自由主义的基本形态、核心理念及价值体系，而后者为了适应资本主义日趋发展的国际垄断，对自由主义的表现形态、核心理念和价值体系进行了顺应时代的修正。尽管如此，自由主义的主要特征和基本精神仍然一脉相传。此外，自由主义不仅具有经济、政治、哲学和伦理方面的理论内涵，而且在文学、文化等领域也有着极其重要的实践，这种实践反过来对自由主义理论加以补充、修正和发展，使之与时代相向而行。从这个意义上讲，法国后现代主义文学对自由主义理论发展的贡献也是我们必须关注的现象。

第一节　自由与制约

一、自由、规范和法治

现当代自由主义理论寻求建立一个由普遍的行为规则将人们联系在一起的社会。这种自由主义尊重人性、人的尊严和人的价值，关注人的感情，不断提升人的思想境界，以一种积极进取的人生态度来看待世界。但它在强调自由、民主、平等理念对个人的关怀和推崇个人主义人权观的同时，也呼吁节制人的情感，恢复以规范和法治为基础的人文秩序。这种倾向在现代自由主义思想家的著作及法国后现代主义文学作品中皆有影射，且形成了一种互补的态势。

萨特在理论上关注自由与制约的问题，他极力推崇人的自由，把自由本质当成人的最高价值。对人来说，生存的意义就是追求自由、创造自己。但人无时无刻不处于特定的社会关系中，永远不能脱离与他人和周遭世界的共存、共处。绝对不可对人的思想性和社会性视而不见。个人自由固然重要，人的思想性使其无止境地寻求自由，而人的社会性又使其永远无法脱离周边的人群和生活于其中的世界，因此自由与超越就是一个永远存在且要不断解决的问题。[①]加缪将存在主义哲学思想与文学创作相结合，从尊重普遍人性和人的尊严出发，在其文学作品中表现了荒诞与反抗两个基本主题，而这种思想的基本脉络大致是由荒诞到反抗再到制约。他曾写道："荒诞的人看见一个燃烧着而又冰冷的世界，晶莹剔透而又受到限制的世界；这个世界并不意味着一切都能实现，但其中的一切都是既定的，越过既定的一切无异于崩溃与虚无。"[②]这种节制或中道的观念贯穿于他的《西绪福斯神话》《正义者》《反抗者》（*L'Homme Révolté*）等作品中，也在一定程度上对现当代自由主义理论产生了影响。

新小说具有反对以巴尔扎克为代表的现实主义小说传统从内容到形式都竭力追求自由的特点，但从文学史的角度看，任何严肃的探索和实验都不可能不受制于一定的文学规范。从新小说家罗伯 - 格里耶发表的一些开放性言论中，可以看到其观点与传统文学的联系。例如，现实主义大师们都强调要按现实的本来样子进行描写，罗伯 - 格里耶在其论著中也多次表述了类似观点，"所有作家都想成为现实主义者……是这个真实的世界使他们产生兴趣；每个人都在竭尽全力地创造'真实'……我们必须创造出一个更实在、更直观的世界，以代替现有的这个充满心理的、社会功能意义的世界"[③]。在罗伯 - 格里耶看来，小说的主要任务就是揭示真实，反映真实，作家应该成为生活的记录者和窥视者，这与传统现实主义的要求不谋而合。此外，现实主义主张文学要反映社会矛盾，干预现实生活，这派作家的作品大都具有进步性，从主客观上对人类的进步事业起了某种程度的推动作用。[④]关于文学的介入功能，罗伯 - 格里耶演绎出一个现实主义观点："对于作家而言，介入就是充分意识到他自己语言所面临的现实问题，坚信这些问题的极端重要性，并努力从内部解决这些问题。对他来说，唯一的机会就是：当一名艺术家，并且可能以一种隐约的、间接的方式，有

①高宣扬，《当代法国思想五十年》，北京：中国人民大学出版社，2005 年，第 64 页。

② Albert Camus. *Le Mythe de Sisyphe*. Paris: Gallimard, 1985, p.91.

③ Alain Robbe-Grillet. *Pour un Nouveau Roman*. Paris: Minuit, 1963, p.135.

④杨令飞，《罗伯 - 格里耶与现实主义》，载《法国研究》，1996（1），100~101 页。

朝一日来为某种东西——甚至可以为革命——服务”[1]。以上几点，正好印证了罗伯-格里耶的言论：“作家本人，尽管想独立，却还是置身于某种精神文明与文学之中，即已写成的、过去的文学之中。他无法完全摆脱一个他本身是其产物的传统”[2]。

与传统自由主义不同的是，现当代自由主义主张为个人争取人权、自由，坚持个人行为优先于集体认同的观点，但又不赞同极端的个人主义，甚至主张以集体、社群或共同体的观念或形态对极端个人主义进行一定的限制，用规范和法制将个人自由与集体利益联系起来。现代自由主义思想家仍以维护个人自由为核心理念，但时代的发展促使他们纠正以往过分强调个人主义的倾向，力求把个人自由与公共利益、社会发展相统一，从而让现代人获取更多真正的自由。

波普尔的自由主义建立在对集权的敌意之上。他坚信自由的极端重要性，认为个人自由是最重要的政治价值，而实现平等的种种意图会危及自由，带来暴政。如果失去了自由，人们更不会有平等。但他也明确反对极端自由主义，特别是经济放任自由主义。尽管他承认自由市场机制会带来极大的效益，却又认为经济自由本身并不具有特殊的意义，反而会导致有产者对穷人的无限制剥削和掠夺，最终让穷人彻底丧失自由。他说：“我们必须建立保护经济上的弱者不受强者侵犯的制度，并且通过国家权力对此加以巩固……这就意味着必须放弃国家不干预的原则和经济体制不受约束的原则，如果我们希望自由得到维护，那么我必须要求国家用有计划的经济干预取代不受限制的经济自由政策，我们必须要求经济干预主义取代资本主义。”[3]波普尔对社会底层给予了特别的关注，重申了经济剥削和政治压迫造成的社会对立，并强烈支持国家实施经济干预政策，要求通过一定的制约措施凸显国家的意义并落实个人的自由，寻求建立一个由普遍的行为规则将人们联系起来的社会。

法国哲学家路易·阿尔都塞（Louis Althusser）从马克思主义中得到启发，始终坚持自由是人的生存之本和本质的观点。他又把自由理解为一种被创造出来的意识形态，因为生活于世界中的人不可避免地受制于各种社会关系，所以自由的概念自然成为当权者和被统治者用来证明其特

① Alain Robbe-Grillet. *Pour un Nouveau Roman*. Paris: Minuit, 1963, p.39.

② Ibid, p.82.

③ 卡尔·波普尔，《开放社会及其敌人》，第 2 卷，陆衡等译，北京：中国社会科学出版社，1999 年，第 121 页。

定生存处境的一种意识形态。尽管阿尔都塞将意识形态视为一个具有否定性的、能产生消极作用的概念，却又不得不承认“意识形态是具有独特逻辑和独特结构的表象（形象、神话、观念或概念）体系，它在特定的社会中历史地存在，并作为历史而起着作用”①。社会与自由之间存在着错综复杂的关系，在人类社会中，为了平衡种种社会关系，意识形态就显得十分必要，而且还必须具备强制、预设、能动、实践等功能。总体上说，阿尔都塞准确地理解了马克思历史唯物主义的革命性和科学性，历史唯物主义明确地指出了人的解放必须通过生产力、生产关系、经济基础、上层建筑的变革来实现，而不能从精神、人性、人的本质等抽象的事物中去索求。他依据对总问题的研究，把马克思的思想发展分为人道主义意识形态的马克思时期和历史唯物主义的马克思时期，这也大体符合马克思的思想发展历程。然而，阿尔都塞的理论最终给人以历史“无主体”的印象，他从马克思主义中把人完全剔除出去，使马克思主义看似为一种疏远人、忽视人的学说，这与实际情况不甚相符，也在很大程度上损害了马克思主义。②

政治哲学家罗尔斯以正义观为基础，认为社会实践中对自由的获取犹如竞技场上的竞技，必须制定一定的规则。为了体现人的自由意志，获得自由的规则越少越好，但底线是不能损害他人的利益和自由。在追求自由的过程中，由于这一基本规则的存在，一个人的自由可以分为受限制的自由和不受限制的自由，二者之间既对立，又统一。罗尔斯说:“所有的社会价值——自由和机会、收入和财富，以及自尊的各种基础——都应当得到平等的分配，除非对其中任一或所有价值的不平等分配会对每个人都有利。”③因此，在一个自由体系中需要划定合理的界限，一方面是为了让人充分享有不受限制的自由，以最小的努力满足物质上、精神上的最大需求；另一方面是为了保证他人的利益和自由不受损害，要实现这一目的，还必须加强受限制的自由，如此方能在平等的基础上使社会成员获得满意的自由感。④从罗尔斯的论述中可以总结出自由主义的六个基本理念：

---

① Louis Althusser. *For Marx*. Ben Brewster (Trans.). London: National Library Board, 1977, p.231.

② 杨松雷，《阿尔都塞“理论上的反人道主义”辨析》，载《山东社会科学》，2012（1），5 页。

③ John Rawls. *A Theory of Justice*. Boston: Harvard University Press, 1971, p.62.

④ 杨建毅，《自由的认识与实践——马克思主义自由观及其当代意义》，兰州：甘肃人民出版社，2008 年，第 141 页。

> 一、自决原则。个人的生活只有在他们是自我决定的即自由选择的意义上才是有价值的。二、最大限度的平等自由。国家应当保障每个人与他人的同等自由相容的最大的个人自由。三、多元主义。由于个人自由选择自己的生活方式，因而存在选择的多样性，即存在善的观念的多样性。四、中立性。国家应当在各种生活方式与善的观念之间保持中立，反对至善主义。五、善的原则。应当公平地分配资源，以使所有人都有追求其自身善的观念的公平机会。六、正当对善的优先性。正义（正当）原则约束个人对其自身善的观念的追求。①

罗尔斯在《正义论》（*A Theory of Justice*）里，从美国的现实出发，提出了“作为公平的正义”的理论，以抽象的思辨形式发展了传统的契约论。从政治思想模式的角度看，罗尔斯恢复了社会契约论的支配作用，用社会契约为自由设置了某种规定性。他认为，“人们都是值得尊重的，即使当我们不可能分享他们那些无所不包的观点的时候”，但“在目标互异的个人中间，一种共有的正义观建立起公民友谊的纽带，对正义的普遍欲望限制着对其他目标的追逐”，唯有正义才能促进社会公平的实现。于是，正义观念“构成了一个组织良好的人类联合体的基本条件”②。罗尔斯强调自由优先，但也通过研究社会基本结构的正义和与个人利益息息相关的个人正义，对自由和平等进行了一些综合，并努力调解二者之间可能发生的冲突，用平等限制自由。当然，罗尔斯所理解的自由和平等并未超出西方自由、民主传统的个人主义视野，也无法从根本上解决自由和平等之间存在的深刻矛盾。不过，他提出的“正义是社会制度的首要价值以及正义的主要问题是社会的基本结构和主要的社会制度安排”③的观点恰如其分地反映了特定历史条件下的社会存在，对于人们深化与社会正义问题相关的认识，解决市场经济过程中遇到的公平、正义问题仍具有重要的意义。

当代自由主义者罗伯特·诺齐克（Robert Nozick）的基本思想旨趣可以概括为“唯一真实的自由”，即“公民拥有独立于任何社会政治权力之外的个人权利，任何侵犯这些权利的权力都会成为非法的权力，这种自由是现代社会任何政治生活所必须面对的基本事实”④。换句话说，个人自由先验自明，并非由任何政治、社会和历史构成，国家和政治存在的价值和

①顾肃，《自由主义基本理念》，北京：中央编译出版社，2003 年，第 3~4 页。

②约翰·罗尔斯，《正义论》，何怀宏等译，北京：中国社会科学出版社，1988 年，第 3 页。

③同上，第 4 页。

④转引自王贻志、莫建备，《国外社会科学前沿》，上海：上海社会科学院出版社，2005 年，第 135 页。

意义只是为了个人实现自由和权利，它们没有任何自在自为的内在目的。但是，为了实现多元社会的自由秩序，个人权利也要为国家权力留下活动的余地，寻求一种“主体际性”(inter-subjectivity)、“交叠共识”(overlapping consensus)或“公共理性”(public rationality)。在此基础上开启政治筹划的社会空间，通过自由、平等的宪政民主秩序来规约和通兑各种不同且相互冲突的生活方式和价值观念，以调解个人或集团间的相互冲突，充分保障自由的实施。与罗尔斯不同的是，诺齐克认为自由具有优先性，追求平等必然会削弱自由，为了实现自由，必须放弃平等的主张，维护个人基本权利平等之下的结果上的不平等。然而，诺齐克的理论没有关注竞争中的地位不利者，因为社会文化条件或自然天赋的限制实际上会造成社会中的种种不平等，而这些不平等也会在一定程度上加剧人的不自由状态。因此，必须以真实地、客观地考察历史为基础，限制性地平衡社会中个人和集团的利益，面向未来构建一种形式平等与实际平等相统一的社会，这样才能实现真正的自由。

加拿大哲学家凯·尼尔森(Kai Nielsen)坚持马克思主义的道德论立场，在历史唯物主义的理论框架下探讨自由问题。他利用马克思对正义、平等问题的阶级分析，对罗尔斯的正义论提出了尖锐的批评，指出自己的理论与罗尔斯的理论都有一个平等、自由原则，“在平等的自由原则方面，我们没有特别的不同，我在此要感激罗尔斯。但我的原则的优点是：它比罗尔斯的原则将平等的自由这样一种承诺的内蕴表述得更加清晰”[①]。尼尔森坚信以道德自主和自尊为基础的平等的重要性，认为承诺一种使所有人都能享有平等的社会秩序与社会制度至关重要。这种秩序和制度理应强烈关注不平等现象，并通过适当的规约来限制统治阶级对财富的追求，继而调整自由与平等之间的冲突，在形式的层面上实现一定程度的平等和自由。他遵循马克思主义的理论传统，指明“在资本主义社会中，国家是少数人统治大多数人的工具。正是少数人构成了资产阶级的权力顶点，他们以诡秘或直接的方式控制着大多数人。只有当打破这种控制，让国家完全服从于作为一个整体的社会，即服从于以民主方式共同行动的人群的时候，人们才能获得真正的自由”[②]。而当这样一个社会到来之时，其中的所有人都是劳动者，阶级的统治也就随之消失。

---

① Kai Nielsen. *Equality and Liberty (A Defense of Radical Egalitarianism)*. Totowa: Rowman & Allanheld, 1985, p.83.

② 傅强，《平等、正义与历史唯物主义——凯·尼尔森对马克思正义观的阐释》，载《理论探讨》，2008(6)，15页。

现当代自由主义产生于自由主义获胜的时代，因而不需要再像古典自由主义那样鼓吹暴力革命和阶级斗争，只需强调在现有秩序下进行一些局部调整。现当代自由主义中的一个基本问题就是自由与制约的关系问题，它赞同从社会公共维度和整体利益出发建构集体、社群或共同体，并制定相应的规则来维护共同体的存在，旨在保护个人的权益和自由，同时又在一定程度上制约自由，不因自由的过度泛滥而危害他人或整个社会的利益。因此，这一问题的解决对于现当代自由主义在新时代的存在和发展具有十分重要的意义。现当代自由主义的主旨在于“它维护人类团结和对于其他人命运的责任感。因此，它并不是一种赞美利己主义和自私自利的自由主义，而是一种对人们的苦难保持敏感态度的自由主义”[①]。当然，规则或共同体都应当是个体进行自由选择的结果，只有得到个体的允许和普遍认同，制约个人的规约或个人所属的共同体的道德要求才具有存在的充分理由，社会中的个人自由才能得到充分保障。反之，强制性的种种规约不仅会限制人的自由，而且会对自由主义的基本要义和精神带来无法避免的戕害。

二、思想、文化和生活方式的多元化

自由与制约的关系还表现在不同思想、文化及生活方式的相互补充、相互制衡方面。经济全球化和后殖民状态使西方社会进入以后现代性为标志的后工业社会，同时也加速了各种传统中心论的解体。世界构成了一个连成整体的地球村，其中的各个部分都有自己存在的合法性，过去统摄全局的普遍规律和宰制一切的“大叙述”均面临着极大的挑战。这一认识论和方法论的深刻转变促使思想、文化和社会生活的多元化问题受到了普遍关注。多元主要是指价值的多元，只有容忍不同价值观的社会，才能被称为多元社会。

后现代主义思想家对中心性、权威性、稳固性和确定性的偏执观念进行了顽强的抵抗，并将这种抵抗当成维护自由的必要条件。解构主义就对现当代资本主义社会的主流思想或主导理论进行了破坏性的拆解，通过对文本的深层分析，揭露其内在矛盾，拆解其合理内核。后现代主义思想家觉得如果人们“不能容忍别人与自己的不同之处，就很容易成为法西斯运

① 安杰伊·沙哈伊,《作为一种新人文主义的后现代自由主义》,艾彦译,载《国外社会科学》,2007（2），120页。

动的一员”①。法西斯主义的哲学基础是统一化思维，这种思维导致了其独断专行、专制独裁、话语体系封闭且单一的本质。它排斥异见，压制反对声浪，干涉个人行为，为了阶级或集团的利益，实行集权统治。福柯曾指出，这种法西斯就深藏在我们的所思所想和日常行为中，“使我们迷恋权力，对那些支配我们，剥削我们的东西反而充满了欲望”②。后现代主义思想家挑战的正是这种统一化的霸权，他们极力反对与自然伦常相悖的千篇一律的做法，绝不把自己的主观意愿强加在他人身上，而是要坚持倾听他人、尊重他人的开放式心态，求得生活方式和话语方式的多元化认同。德里达也认为，解构主义旨在竭力证明文字语言不代表口头语言，口头语言不代表思想，思想也不代表真理或上帝，而真理或上帝更不是形而上世界的指涉。从某种意义上讲，后现代话语理论在糅合解构主义理论与文化分析理论的基础上，揭示了当今社会的理性观念和建立在这种理性观念基础之上的社会制度实际上皆由社会强势群体运用其手中掌握的权力来支撑。③为此，后现代话语理论意欲拆解强势权力借助其话语霸权制造出来的种种“神话”，创造一个多话语、多文化、多中心的平等社会。即便如此，对多元化的认同与追求并不等于抛弃一切规约，而是要保持整个社会的正常运转，法律的约束、社会道德的指引以及多元化思想观念的相互制衡也是实现个人自由和协调人际关系的必要条件。思想和文化的多元化也不意味着文化的平均主义。一方面，在某一多元文化语境中的边缘弱势极有可能在另一多元文化语境中充当中心或掌握话语霸权；另一方面，在现当代生活中，并不是任何一种思想、文化或社会生活方式都具有主导意义。只有代表先进生产力的发展要求，代表先进文化前进方向的思想、文化和生活方式才具有根本性的主导地位，否则思想、文化和生活方式的先进与落后就无从区分，优与劣、善与恶、美与丑的界限也无从划定。

后现代主义作家则是用自己的写作对统一化的思维方式进行全面拒绝与抵抗，从表现内容和表现手法方面捍卫了人类的自由。新小说作家在自觉拒绝事物假定意义的同时，也对以往的人类经验、秩序进行了强有力的挑战。他们隔离了人的“主体性”，舍弃了以理性为基础的单线条情节叙述，也不按传统小说的写作模式来塑造人物形象，而是把读者的注意力转

①斯蒂文·贝斯特、道格拉斯·凯勒，《后现代理论：批判性的质疑》，张志斌译，北京：中央编译出版社，1999年，第134页。

②转引自王治河，《作为一种生活方式的后现代主义》，载《北京大学学报（哲学社会科学版）》，2006（2），20页。

③王恩铭，《美国文化史纲》，上海：上海外语教育出版社，2015年，第374页。

向话语内部的关系。新浪潮电影也摧毁了现实主义的成规，通过选择、剪辑和操作现实图像，削弱、消除或改变了传统电影固有的现实性印象，不断创造新手法，让多元论贯彻于电影实践当中。荒诞派戏剧对传统戏剧形式有重大突破，以荒诞本身这一非理性、非逻辑的观念突破理性的逻辑手法，以悲剧性的手法描述人的真实生存状况，让观众重新品味和评判传统思想和价值观念。不过，后现代主义作家虽把用多元化写作挑战传统作家的一元化写作当作他们共同的奋斗目标，但这种多元化也没有突破文学艺术应有的底线。后现代主义文艺与传统文艺都具有相似的艺术原理和审美旨趣，都要受到一定的规约限制。尽管多元化认知因人而异，受到各种主观条件的影响，但处于特定社会和特定文化中的个人最终都离不开一定的社会、历史条件的制约。

现当代自由主义坚守人文、人性、人权的观念底线，其显著的特点之一就是提倡思想、文化及生活理念上的兼容并包，让各种思想观念和生活方式能够得以传播。这也恰好印证了自由主义的一句口头禅："一个自由主义者可能反对你的观点，但坚决维护你持反对意见的权利。"[①]不过，现当代自由主义思想家在倡导思想、文化和生活方式的多元论的同时，也反对个人价值的任意膨胀，他们认为在一个日趋自由化和个人化的社会里必须捍卫集体道德观念和普适性的规约。

哈贝马斯指出，宪政民主并非仅仅通过法律为社会成员提供平等的保护就能达成，只有当社会成员也亲身参与法律条文的商议和制定时，宪政政体才可能真正包含民主的内容。唯有如此，"国家权力系统才可能既关注不平等的社会条件，又考虑不同群体的文化差异"[②]。换言之，只有当社会中的所有个体都介入公共事物的讨论中并充分阐述自己的诉求时，社会成员在宪政民主中的公民权利才能真正得以实现。哈贝马斯有关宪政民主社会必须关注社会条件和文化差异的思想，把争取少数人群体权利的要求提高到了宪政民主合法性的政治高度。然而，哈贝马斯对启蒙理性的历史成就也给予了充分的肯定，他相信社会进步的逻辑，认为如果否认理性的作用，就不可能全面建立一种理想的、公正的社会秩序。一种较为合理的方案不仅能够克服社会中出现的负面因素，竭力消除社会中存在的诸多缺

①转引自刘军宁，《共和·民主·宪政——自由主义思想研究》，上海：上海三联书店，2000年，第338页。

②Jürgen Habermas. Struggle for Recognition in the Democratic Constitutional State. In José Merino, *Multiculturalism*. Princeton: Princeton University Press, 1994, p.113.

陷，而且还可以引导整个社会向较为公正的方向发展。此外，整体和同一性的建立并不一定意味着差异和个性的泯灭：

> 当同一性和整体以主体间自由认同的方式，通过民主和合理的程序建立起来时，它便是对压制和统治的否定，便是真实的，因为，它排除任何强权与暴力的使用，维护了个体的自由权利，体现了大多数人的意志。我提出的话语伦理学所主张的恰恰是：话语的共识必须满足以下条件：每一个有语言和行为能力的主体在自觉放弃权力和暴力使用的前提下，自由、平等地参与话语的论证，并且，在此过程中，人人都必须怀着追求真理、服从真理的动机和愿望。不但如此，通过话语共识建立起来的规则，还必须为所有人遵守，每个人都必须对这种规则的实行所带来的后果承担责任。①

哈贝马斯的交往行为理论特别强调，以语言为核心的交往活动必须在社会规范的建立过程中起到重要的作用，如此便能把交往理性的重建提升到话语伦理学的高度，并把它当作社会伦理的根本原则。依靠这个根本原则，人的行为、人与人的关系乃至整个社会实践均可受到约束，由此便可建立一种无为而治的社会秩序。

查尔斯·泰勒（Charles Taylor）依据其对人类民主进程的考察，对自由和个人权益问题作出了自己的解释。在他看来，等级森严的社会制度崩溃之后，对个人自由和尊严的诉求便成为一种普遍现象。西方社会的人们为了自己的人身权利，不仅要求实现个人权利平等，更要求社会亚文化群体具有平等地位，这种新趋势正是当今思想文化和社会生活多元化的要旨所在。个人或群体的身份认同得到正确而合理的承认，就会使他们增强信心，进而赢得自由。而在当今的西方国家尤其是美国，女性、同性恋、有色人种等社会群体在政治、经济、社会、文化等方面仍未得到真正而广泛的承认，因而无法享有民主社会的福祉，更遑论享受真正的自由。泰勒极力提倡个人自由和个人尊重，并在此基础上提出了“承认政治”（politics of recognition）的理论，意在通过承认个体的差异性以及对话与交流来重建社群共同体。在这个过程中，社会运动、政治斗争和集体主义倾向都具有十分重要的意义，这种观点无疑打上了马克思主义的烙印。泰勒要求社会承认有关群体身份和尊严的思想，旨在争取和提高社会弱势群体的政治、文化和社会地位，让他们真正享有自由、平等的公民权利。值得注意

① 章国锋，《哈贝马斯方谈录》，载《外国文学评论》，2000（2），29页。

的是，泰勒的核心分析框架中引入了“操作概念”一词，明显涉及了自由与制约的关系问题。“操作概念”系指自由所代表的自我实现，“只有当一个人能够有效地控制自己并塑造自己的生活时，他才是一个自由之人”①。换言之，自由不是完全没有阻碍的，而要受到外在的限制，在被给定的限制之外，人们才可能拥有真正的自由。

罗纳德·迈尔斯·德沃金（Ronald Myles Dworkin）的理论展现了一种由政治自由主义指导的法理学，尤为关注人类的尊严和权利。在他看来，社会成员的成分复杂，观念各异，政府如果偏好一种观念而对其他观念横加排斥，那么社会成员就会遭受不平等的待遇，整个社会的和谐也就无从谈起。平等的理论构成了自由主义的内在道德，因此必须允许不同的理论发出自己的声音，尊重和关注个体言论自由的权利。德沃金理论的核心论点在于：个人权利是一切权利的根本，绝对不可被集体目标和集体效益所否定。在这个前提下，不同的观念完全可以和平共处，而社会政策和社会制度都是实现个人目标的手段。不过，过度的自由也会危害整体的利益，自由并不意味着人们可以随心所欲。可以通过一些规则来对人性和自由形成制约，有时甚至可以接受以效益主义为依据的法律对自由进行限制，既让社会成员在现代的开放社会中自由地生活和发展，又要保障他们享有做人的基本权利，不因他人的自由而损害自己的自由。

哈耶克是当代自由主义传统最著名的阐扬者之一，他对自由的论证中贯穿了人的思想和行动的根本变化具有不可预测性的观点。他写道：

> 精神活动必然总是受一些我们从原则上不可能具体说明的规则的指导的……如果由此得出的结论就是，我们根本不可能陈述或者交流主导我们的行动——包括我们的交流活动和明确陈述活动——的一切规则，那么，这就是我们可能获得的外显知识（explicit knowledge）的内在固有的限度，特别重要的是，这一点意味着，我们永远不可能完整地解释我们自己高度复杂的心智。②

这就表明，人的心智不是自然世界的必然特征，而要受到先验范畴和原理的制约，但承载着这些基本范畴的理性却不是恒久不变的。这种观点明显受到后现代主义激进怀疑论的影响。不可否认的是，哈耶克理论的宗

① Charles Taylor. *The Politics of Recognition*. Cambridge: Harvard University Press, 1995, p.72.

② 转引自拉齐恩·萨丽，《哈耶克与古典自由主义》，秋风译，贵阳：贵州人民出版社，2003 年，第 297 页。

旨是捍卫自由主义，他坚信在私人领域中人们可以完全不被强制做任何事情，能够按照自己的意志选择自己的行为。在一个发展的社会中，人的行为是自由意志的结果，因此思想、文化及社会生活中的多元自由是必不可少的。但同时他也认为，在公共领域中，自由不能被认为是一种自然权利，如果任凭自由不加限制地发展，秩序必然会处于大规模的甚至自我破坏的不稳定状态中。因此，自由不可避免地以个人权利为基础，但又必须处于宽泛而相互制约的多元化氛围中。

自由主义在思想、文化和社会生活领域表现了极大的宽容性，包容和承认不同观念的合法性乃至它们之间的不可通约性清晰地显示了它与后现代主义的交融和互动特征。当我们理解多元化现象时，切不可忘记这种现象只有在全球化或一体化的大背景下、在后现代性这一历史语境下才能成立或才具有意义。在全球化的进程中，中心与边缘、自我与“他者”之间存在着错综复杂的关系，使得任何国家、集体和个人都不可能完全脱离整个世界文化发展的基本格局。人们必须尽可能地吸收其他文化以丰富自己的文化，而且还必须在与其他文化的比照中深刻地认识自己，以期开阔视野，与时俱进，使自己的生活方式和思维定式适应新形势的需要。自由主义追求在新语境下保证思想、文化及社会生活各领域的开放空间，让不同的观念都有同等表达的权利和机会。如此一来，思想、舆论和行为就不会受制于单一、正统的观念，那些具有合理性、符合个体自身权益的选择也就更加为人们所期待。现当代自由主义可以接受不同思想、文化和生活方式的多元化，但也不能无限度地容忍各种个体计划和生活目标。个体价值和多元论的善良意志只有在明确道德共识和法治原则的规范下，才能得到承认，思想、文化和社会生活的多元化也才能得以繁荣。唯有站在这个角度看问题，才是辩证唯物主义的态度。

第二节　自由主义积极的伦理学尝试

现当代自由主义在伦理学方面有着坚实的基础，它将伦理学的基本问题——道德与利益的关系问题置于极其重要的位置，尤其关注个人利益与社会整体利益的关系问题。其中的一个中心点在于，一个人唯有在维持合适的社会体系的运转中，让他人自由地获取、实现并保持其自身的价值，才算尽到了自己应尽的义务。从这一角度来看，自由主义与后现代主义之间有着不可分割的联系。

一、个人主义的德行

后现代主义思想家对个性化、个人意识和个人主义的强调使得它与放任型的现当代自由主义在理论上处于同一位置。伊格尔顿有言，为了反对启蒙主义的真理和理性标准，后现代主义“将世界看成是随机、没有根基、多样、不稳定和不确定的，看成是一整套不统一的文化，而这些文化则孕育了某种程度的怀疑主义，怀疑真理、历史和范式、自然的既定性和身份的内聚性具有的客观性”[①]。

拉康以主体间性辩证法来审视主体的形成与存在，揭示了人类社会中权威者和被统治者不具有平等人格的现象。在现当代社会中，二者之间的关系已经蜕变为人与物的关系，被统治者的鲜活生命沦为被支配、被改造、被占有的对象，其“主体性”自由更是痴人说梦。主体间性的关系犹如有机生态系统，它可以不断调节人际交往中的各个环节，确保主体间的良性互动，从而实现个人主体的自由。此外，拉康主体理论中那些涉及主体与语言、主体自我认同、人格形成和伦理道德等问题的论述也可由此拓展新的理论层面和思考空间。例如，他提出的主体是“漂浮的能指”的观点从存在论和本质论的高度揭示了语言和话语对主体建构所起的积极作用。对于主体而言，语言不仅是传统意义上的交流工具和某种外在的构成因素，更是包含伦理道德、价值观念或思想意识的主体本身的直接建构。个体在社会中有着自己的“主体性”，他不能屈从于任何“他者”的控制，必须保留自身的价值，否则就不能自由地生存和体现。因此，个人主义的德行有着特殊的意义。

萨特从绝对自由的观点出发，认为自我行为的选择无时不在，无处不有，而且没有先验、普遍的标准，也没有客观必然性能够束缚自由选择。即使外部存在制约自由选择的条件，但个人自由仍具有重要的意义。萨特曾说：“我们从来没有像在纳粹占领下这样自由。我们失去了我们的一切权利，连说话的权利也没有……正因为这一切我们是自由的……我们每个人对自己的生活、自己的存在所作的选择是一种真诚的选择，因为它是在死亡的存在中作出的……”[②]简言之，人不能摆脱自己的处境，但可以透过自由选择来赋予处境以积极的意义。从一般哲学观来看，这种自由属于个人主义的范畴，但在当时的特定情况下却能给人以有益的启示。萨特还在

①转引自马歇尔·萨林斯，《后现代主义、新自由主义、文化与人性》，罗扬译，载《中国社会科学集刊》，2009（26），115页。

②转引自杜小真，《由虚无到希望——读萨特的〈存在与虚无〉》，载《读书》，1987（3），1页。

《死无葬身之地》中形象地映衬过这种观点。其中的人物都从自身利益出发对自由作出了选择：有的坚强不屈，甘愿为事业献身；有的权衡利弊，不得不委曲求全。但这些人物的自由选择仍有一定的道德底线，他们至少没有出卖别人，没有为了自己的利益而损害他人的利益。这也说明自由选择并不意味着可以不顾道德规范、为所欲为地进行，而是同实现人的价值紧密相关。

现当代自由主义者往往从个人主义的角度谈论自由，其自由主义伦理学的底座建立在个人主义的道德之上。当代著名的哲学家、小说家和公共知识分子爱因·兰德（Ayn Rand）因小说成名，她的哲学和政治思想大多是通过小说来表达的，文学成就是其文化贡献的重要组成部分。她曾写道："在形而上学中，生命是唯一以自身为目的的现象，它是一种价值，只有通过连续的活动过程才能获得并保持。在认知论中，'价值'的概念通常依赖于且来自于'生命'这一前提概念……如果社会是以放弃个体生命为代价的话，这种社会对人类生活则毫无价值。"[①] 她不赞同个人在社会整体中微不足道的观点，坚持只有在"自益"（selfishness）也即"客观主义伦理"的基础之上，才能将生命当作目的而非手段，才能带来平等与公正。也正是"在公正的基础上，人类才适合共同生活在一个自由、和平、繁荣、仁爱和理性的社会中"[②]。她承认个人的存在和正当的利益需求，不过也认为，在现实生活中，自益和利他也并非截然对立的范畴，它们在一定条件下可以相互转化。某些看似利他的行为也可能带来利己的效果，反之亦然。"由于真正利己的人是通过理智的引导来选择目标的，由于理性人的利益是不会互相矛盾的，所以，他人也会从他的行为中获得益处。"[③] 到了 20 世纪，自由主义更多地抛弃了传统的价值理性中那种以非自我利益为价值判断的行为取向，其对于个人价值和能力的重新审视促使人类在个人身上找到了改造自然和改造社会的力量，因而道德自主、依靠自我和个人奋斗等个人主义的基本原则在现当代社会得到了进一步的张扬。

哈耶克的思想在本质上属于个人主义的范畴，这种个人主义是一种以方法论个人原则为基础的个人主义，可以经由他对个人主义的讨论大体洞见他所主张的自由主义。在他看来，"第一，所有的行为都由个体完成，对社会现实的分析必须从个体开始；第二，除了社会中每一个个体的

---

①爱因·兰德，《新个体主义伦理观——爱因·兰德文选》，秦裕译，上海：上海三联书店，1993 年，第 6~7 页、第 32 页。

②同上，第 22 页。

③同上，第 175 页。

行为之外，社会集体在现实中根本不存在。政府、公司、工会、国家之类的集体全都是抽象概念，除了组成它们的每一个个体之外，它们本身在现实中是不存在的。”[①] 哈耶克将人理解为自由的人和社会中的人，这是其方法论个人主义的核心。不过，哈耶克也力图澄清一个事实——个人主义并不等同于利己主义和自私自利，因为利己或者利他之间存在着辩证关系，往往互为联系，而且在一定条件下可以相互转化。换言之，个人主义也可以对他人表示关爱，集体主义也可能导致自私自利。由于人自身存在局限性，即个人的能力范围和个人之间的认知差异，个人无从完全知晓他人的情况，所以只能为自己做出抉择并对自己负责，而不可能事事都为他人考虑并为其作出选择。哈耶克点明了其个人主义立场的实质：那种只强调人的理性而忽视实际的理论和作法必然导向华而不实的乌托邦。在一定的范围内，只有个人才是根本和终极目标。哈耶克的言论或许自有其道理，但纵观整个人类社会的发展历史，从中可以发现所有社会集体和社会制度基本上都是人为的建构，个人与社会唇齿相依，相伴而行。从这个意义上说，哈耶克的个人主义有明显的缺陷。

罗尔斯贯彻了自由主义哲学的思维逻辑，即自由主义理论在其政治和思想筹划中必须预设一种关于自由的抽象个人或单纯的自我，由此演绎出社会政治生活的正义秩序和构成。他在《正义论》中沿袭了理性伦理学的思路，围绕“作为公平的正义”（justice as fairness）的核心范畴，提出了个人在政治与思想领域等方面的基本自由和权利是不可牺牲和侵犯的这一基本主张。但在社会经济利益分配的领域内，却应奉行一种最大限度地改善弱势群体地位的原则。正是基于对正义的这一根本性认识，罗尔斯确立了正义论伦理学的两个著名原则：一是个人基本自由优先和基本权利平等的自由原则；二是机会均等和照顾最少受惠者以保持公平、公正的差别原则。[②] 相对而言，自由原则当属最重要的原则。按照罗尔斯的观点，自由主义特别重视个人权利，自由放任就是善，就是公正，反之即为不公和不善。差别原则居于自由原则之下，只有真正贯彻自由原则，差别原则才能顺利实施，绝不能靠牺牲自由来满足差别。通过罗尔斯的正义观，我们可以看到其明确的自由主义理念，即坚持原则是获得平等的前提，而公平和正义的兼顾又能为个人自由的真正实现提供必要的保障。

① 安德鲁·甘布尔，《自由的铁笼——哈耶克传》，王晓冬、朱之江译，南京：江苏人民出版社，2002 年，第 43 页。

② 约翰·罗尔斯，《正义论》，何怀宏等译，北京：中国社会科学出版社，1988 年，第 47~49 页。

在现当代西方社会，个人主义的德行在整个现代化浪潮中形成了一种跨越国度的总体文化精神，在后现代主义思潮和自由主义思潮中皆有体现，并且相互影响，相互汲取，构成现当代社会中的新社会——文化整合模式的深层文化结构。这个文化结构的共同特点是：它高扬了个体自由意识，颂扬了几种共同价值观念的基本精神，并由此构成了西方社会后现代转型的共同的文化精神底蕴。

二、自由生态女性主义

“自由生态女性主义”（liberal ecofeminism）是生态女性主义中的一个重要分支，其中的一个重要议题是对现成文化的解构与重构。通过倡导男女平等，主张女性在受教育方面应与男性处于平等地位，对现存的自由民主制度进行了独特批判，探寻女性解放与自然解放的种种可能与现实路径。这一思想流派出现于 20 世纪 70 年代，与后现代主义思潮相辅相成，也是自由主义在伦理学方面的一种特殊表现形式。

波伏娃的理论对构建自由生态女性主义有着重大意义。她在《第二性》中分析了妇女的命运和历史，其中涉及了妇女的神话、当代妇女生活等话题。该书扉页上的“女人并非天生，而宁可说是后天逐渐成就的”[①]这句名言画龙点睛地指出：女人作为附属品的命运不是天性使然，而是男性不断地按照社会对性别的认知，出于限制她们自由的目的强加于她们身上的一种特质。她从存在主义“存在先于本质”的基本命题出发，认为“没有所谓的人性这种人所共有、起决定作用的本质，唯一的存在就是人的处境”[②]。长期以来，人类都是按照男性的价值观念来统治社会，女人必须遵守男性所制定的规章并在其制约下生活和行动，正是父权社会对女性的期望限制了女性的自由。波伏娃在对传统的女性观进行深刻批判的同时，也对女性的命运感到悲哀和愤怒。“她（女人）在男人心目中的价值，与其说是由增强自己作为一个人的重要性所获得，毋宁说是通过男人的梦想来加以塑造。”[③]女性缺乏强烈的团结和组织意识，在分享共同的文化或传统方面也不占主导地位，自然也不能对自己长期以来所处的弱势状态具有清醒和深刻的认识。因此，要实现真正的男女平等，除了改善女性经济地位之外，还必须改变由经济状况引发的社会、道德、文化等方面的因素。波伏娃的理论虽然描绘了在差别中求平等的理想画面，却没有为如何实现男女平等

① Simone de Beauvoir. *Le Deuxième Sexe*. Tome I. Paris: Folio, 2008, p.1.

② Ibid, p.32.

③ Ibid, p.385.

提供切实可行的方法。

后现代女性主义并没有统一的理论，甚至不是一个统一的流派。后现代女性主义接受了解构主义方法，着力探讨女性解放的各种可能性，并赞同后现代主义的“主体的非中心化”思想。塞克瑟斯、伊丽加莱、克里斯蒂娃等后现代女性主义者吸纳了后现代主义的思想，进而认识到西方社会文化中的二元对立观所反映的并不是性别的中立，而是男性固有的偏见和男性中心主义的视野。[①] 因此，后现代女性主义不再将性别不平等的根源归结于法律、教育、经济或两性的生理差异，而是将矛头直指西方传统文化的本质，即形而上学的二元对立观，正是二元对立的文化逻辑造成了男女不平等的社会现实。后现代女性主义意欲打破男性在社会中占据统治地位的性别模式，竭力改变女性在男女关系中的不平等地位，在两性关系中表现出一种彻底的反传统倾向，为自由生态女性主义的理论建设和行动方式奠定了较为坚实的基础。

在后现代主义发生、发展的语境下，由于女性和自然之间存在着千丝万缕的联系，20 世纪 60 年代的第二波女性主义和生态保护运动几乎同时兴起，并很快与 70 年代汇合，形成自由生态女性主义思想。这种思想的倡导者不承认男女之间存在的性别差异，认为在自由、民主的社会中人人都具有同样的理性和人性，女性应该在法律、政治、教育、经济等领域与男性平等，拥有与男性相同的工作和创造能力。因此，女性也可以为改善环境、保护自然资源以及提高人类生活质量做出更大的贡献，可以通过新的法规在现存统治结构内改变人与自然的关系。

法国学者弗朗索瓦兹·德·埃奥博尼（Françoise d'Eaubonne）在所著的《女性主义抑或死亡》（*Le Féminisme ou la Mort*）中最早提出了生态女性主义的概念，通过对生态主义和女性主义的结合研究，揭示了自然与女性之间亘古以来就存在着天然的联系，因而女性在解决全球生态危机中具有很大的潜力。她对人与自然的关系进行全新的解释，认为人是一种生态存在，必须重视和保护生态系统，以保障人与自然的和谐发展。她还鼓吹建立一种多元、多样的生态文化，替代以追求利益最大化为归依的单一基因文化。她认为：“（生态女性主义的）目的不是建立一个所谓的更美好、更公平的社会，而是为了生存。必须使历史持续下去，而不是让我们像大洪水来临之前的动物和鸟类一样销声匿迹。”[②] 埃奥博尼致力于建立一种新

① Valerie Bryson. *Feminist Political Theory*. London: Macmillan, 1992, p.263.

② Françoise d'Eaubonne. *Écologie, Féminisme: Révolution ou Mutation?*. Paris: Libre et Solidaire Éditeur Réédition, 2018, p.128.

的道德价值和社会结构，反对各种形式的“他者”歧视，倡导公正、关爱、互助等伦理价值，期望用相互依赖的模式最终取代以往的等级制关系模式。①

瓦尔·普鲁姆伍德（Val Plumwood）批评了自康德以来西方主流伦理学所倡导的理性与情感二元对立的观点，认为自然如同人类，也需要适当的关怀。人类对自然负有责任，应给予自然以同情和理解。此外，人类还要像关怀自然那样，感受并关爱特殊“他者”（如女性）的行为和命运，这才是人类道德存在的标志。而一些以前被理解为属于女性、私人、主观和情感领域的一些二元对立的道德概念，如尊重、同情、关心、关怀、怜悯、感激、友谊、责任等应该逐渐成为人类关注的重点。普鲁姆伍德试图改变以独立、理性、自律为特征的西方父权制文化统摄下的伦理学，将矛头直指父权文化中的种种偏见，建构一种重视关怀、关系、责任、联系、沟通、情感等的自由生态女性主义伦理观。②

卡洛琳·麦茜特（Carolyn Merchant）以西方的宗教、历史、哲学为参照对美国的环境和文化历史展开研究，论述了象征女性的自然是如何在象征男性的科技侵蚀下沦为被损害对象的过程。她在《自然的死亡：女人、生态学与科学革命》（*The Death of Nature: Women, Ecology and the Scientific Revolution*）中将女性与自然结合起来进行考察，揭示了生态运动和现代女性运动对传统自然观的强烈冲击。她特别指出：“当自然用女性来表达时，这个方法将会非常便利地使开发自然环境成为可能。正像女人的子宫在象征意义上屈从于摄子，自然的子宫蕴含着可以用技术来强取的秘密，以用来改善人类的生活条件。”③麦茜特从环境和性别的双重视角发现了女性与自然的紧密联系，并形象地表达了其自由生态女性主义思想。在她看来，女性与自然都属于主流文化之外的边缘群体。在父权制语境下，女性一直受制于男性。科技的进步又使自然沦为人类的奴隶。于是，女性的解放和自然的保护之间存在着一个共通点，即摆脱权力的控制，追求平等的视角。因此，必须让自然和女性由“缺席”变为“在场”，从被遗忘的角落重新登上历史舞台。

①李岚，《人文生态视野下的城市景观形态研究》，南京：东南大学出版社，2014年，第213页。

②Val Plumwood. Nature, Self and Gender: Feminism, Environmental Philosophy and the Critique of Rationalism. *Hypatia*, 1991, 9 (1): 25-26.

③卡洛琳·麦茜特，《自然之死——妇女、生态和科学革命》，吴国盛译，长春：吉林人民出版社，1999年，第34页。

自由生态女性主义理论和实践的目标就是为女性争取平等的权利和地位，让女性在社会文化方面都能发挥巨大的创造力。长期以来，女性一直遭受着不公正的待遇，处于被压迫与被损害的悲惨境遇之中。为了反抗压迫，获得平等人权，保护自己的权益，争取自由和解放，女性也应该与男性一样共同推进人类文明的进步。女性的解放是人类解放的精确标准和尺度，也是文化创造和人类文明发展的助推器。自由生态女性主义致力于消除两性之间的差异，追求多元化和多样化的生存环境，而后现代主义则试图解构和颠覆传统哲学和文化的戒律，以多元化和多样化的精神和物质生活为诉求，二者的理想和目标在此意义上殊途同归。然而，女性主义从后现代主义中获取所需，在反思现代性问题并批判现代性所造成的人与自然的困境时，也使自己的理论发展陷入了一种矛盾境遇。为此，一些自由生态女性主义思想家在质疑后现代主义解构观的同时，也提出了自己的见解，认为人类应该突破自身设置的藩篱，将自己融入自然中，与自然真正构成一个整体，以发现人类向往和追求的存在形态。如果否定了真理本身，人类的真正解放和自由也就永远不可能实现。

三、现当代道德话语的缺失与重建

传统伦理学是威权化的经济和政治体制下的生活状况、价值观念、行为方式等多重内容的综合反映，是一定的意识形态在伦理生活中的反映，道德问题作为一种特殊的社会现象也必然包含其中。在新的社会形势下，原有道德价值结构不断解体，人们的行为和观念也逐渐向个体化和多样化的方向转变。

道德话语是道德价值系统的直接表达，也是人们在伦理层面进行沟通、理解和评价的重要媒介，它可以在共同的生活背景下为普遍有效的价值判断的形成提供一个有效的参照。不过在后现代时代，共同的生活基础已经不复存在。利奥塔就明确指出："后现代主义精神和价值模式的表征就是消解、去中心、非同一性、多元论、'元话语'和'元叙事'的解构；不满现状、不屈服于权威和专制；睥睨一切、蔑视限制；冲破旧范式、不断地创新……"[①]后现代主义解构了曾给西方现代化带来巨大动力的宗教伦理结构和社会文化结构，道德问题也变成了见仁见智的个人问题，代之而起的则是另一套具有否定意义的道德话语系统。原有道德语言系统中的关键词逐渐隐匿与消失，以集体主义为核心的道德话语似乎失去了社会整合

①王岳川、尚水，《后现代主义文化与美学》，北京：北京大学出版社，1992年，第26页。

的效力，而功利主义、拜金主义、个人主义则成为现代道德话语系统中的常见语汇。昔日依靠政治权威产生的生活共同体已被由经济和文化维持的活动结构所代替。在社会急剧转型时，当代道德话语有两个核心因素，“一是概念的五花八门，并且明显地不可通约；二是分歧双方若欲结束争论，就得独断地使用最终原则”[①]。

后现代主义文学作品也为现当代道德话语的缺失提供了形象的解读。萨特的《自由之路》通过主人公马蒂厄追求自由并主宰自己命运的经历，宣扬了用行动躲避虚假性并创造自我真理的道德理念。不信宗教、没有家庭的马蒂厄看似极度自由，为了个人自由，他每时每刻都在不断地塑造自己，选择自己的道德思想和生活，甚至可以抛弃女友并摆脱一切羁绊。然而，马蒂厄既不清楚自由的目的，也不理解实现自由要仰仗的道德价值。即使在获得所谓的自由之后，他依旧无法驱散孤单和绝望的阴影：

> 一切都是自由的，自由地装傻或玩弄诡计，自由地接受或拒绝……他尽可以为所欲为，任何人都无权强迫他。如果他自己不去制造善恶，这两个概念就不存在。周围的事物都无声无息地等待着……在令人窒息的沉寂中，他感到了孤单，虽有自由却难免孤单。无依无靠也无须托词，他注定要在孤寡无助的情况下作出选择，他注定是自由的，直到永远……[②]

在此，萨特从批判的视角揭示了一个道理：人尽管是绝对自由的，但自由的获取并非盲目的，必须考虑建立保障可以完全实施这种自由的社会道德，而且只有在道德的通约之下，自由才能在实现的过程中不断获得其特定的意义。萨特的道德观念以其对资产阶级社会、对人与人之间和人的行为的等级差别的抗拒，最终将对自由的追求引向了否定和无为。不过，萨特毕竟身体力行地倡导了一种积极的介入态度和行为，这种积极的人生态度对人们的自由而言仍然具有价值。

新小说作家用不同于传统的写作在一定程度上探索了社会关系中的道德观问题，表达了对于扑朔迷离的现实的重重疑虑和对社会现象的批判精神。萨罗特的作品通过对亲情关系的描述，形象地反映了社会、阶层、家庭中道德感破灭的现实。《陌生人肖像》中的父亲想方设法克扣女儿的生

---

①转引自宴辉，《过程代价论》，载《天津社会科学》，2003（1），23页。

②转引自徐真华、黄建华，《20世纪法国文学回顾》，上海：上海外语教育出版社，2008年，第161页。

活用度，父女关系全靠金钱这一纽带来维系。直到女儿嫁给了一个有钱的男人，父女之间才恢复了正常的感情。《童年》（*L'Enfance*）里的女儿是母亲的包袱，自幼就缺乏母爱的滋养，她回忆道："那时我的腿还软弱无力，我站在房间里，从开着的门里传来妈妈的声音，她在对什么人说：'这一阵子我一直陪伴娜塔莎，没有人来替换我。'"[①] 女儿长大后，母亲也成了她生活中的累赘，母女情丧失殆尽。"妈妈和柯利亚仿佛在搏斗，他们逗着玩，我想参与，当然站在妈妈一边，我搂住她，仿佛要保护她，她轻轻推开我…… '你别管……夫妻总是一家人。' 于是我走了……"[②] 萨罗特并没有简单地将这些人物描写为道德缺失者，而是通过描述他们的心理活动和生活行为来概括个人主义或拜金主义的习惯心性和思想误区，还指出了他们与一般人的相通之处。"所有的人，所有的民族、阶级的人，都是一样的，或者说是相像的，甚至在思想、言论、行动等各个方面相差天壤的两个不同的人，在这一点上也是相同或相像的。"[③] 虽然这种言论中有"共同人性"的痕迹，但也说明了一个道理：个人自由必须与一定的道德观相结合，而且它的充分实现也与道德话语不无关联。

新浪潮电影中的大部分作品在内容方面都反映了环境的荒谬和人生的痛苦，表现了道德话语与个体自由的对抗。存在主义者认为，人永远会因自己的自由而压缩、破坏他人的自由，对自己而言，他人就是地狱。《四百下》中的主人公安托万因世道不公而反抗社会，他的人生经历就是在"自在"与"自为"之间苦苦挣扎的过程。他的第一次自由选择就破坏了老师、父母、警察等周围人的自由，而对无限自由的追求也使他必须承担起相应的责任，最终自食其果。《精疲力竭》中的米歇尔我行我素，偷车、偷钱、抢钱、袭警、鬼混等无所不能，他的成长过程和他的结局一样都是可悲的。这些影片注重展现和揭露社会现实和当时思想环境下人们的生存状况，其中的人物没有明确的信仰和生活目标，对社会感到冷漠和麻木，这非常契合当时的社会现实。这些影片还揭示了自由的实现最终以道德为表征，而道德又以自由为表现形式。自由是人所拥有的一种自主、自觉和自律的能力，但这种能力又必须以对道德的认识和遵循为归依。

不可否认的是，后现代主义理论和文学作品影响了现当代自由主义理论。"自由主义从来最为珍爱的，是人类的意志自由与认知自由……自由

---

①娜塔莉·萨罗特，《童年》，桂裕芳译，南京：译林出版社，1999年，第21页。
②同上，第39页。
③转引自江伙生、肖厚德，《法国小说论》，武汉：武汉大学出版社，1994年，第422页。

主义者相信人能为重大影响自身生活的决定负责，或者，人有能力判断别人为他们负责的决定。”[①]个体自由和个体权利是自由主义的重要概念，而个体是社会生活的真正单元和主体，每个人都应该通过自身能力来追求最大化的自由。不过，人的自由是相对的，这种相对性取决于一种尺度，取决于人对外部对象或活动客体实现的一种价值要求，即一定的向善的道德标准或道德判断。社会中的人们唯有通过对道德责任的自觉选择，才能达到理想的自由境界。

哈耶克的道德理论认为，自由意味着一种状态。“在这种状态下，社会中他人的强制被尽可能地减到最小限度。”[②]不过，他又坚持这样的观点：

> 在某个特定的人群之中存在着规范乃是一个事实；这一点当然不曾为人们否定过，受到质疑的只是这样一种观点，即人们可以从规范在事实上为人们所遵守这个情势中得出结论说，这些规范应当得到遵守。当然，只有当人们以默会的方式假设他们欲求其群体继续存在下去的时候，上述结论才是可能的。换言之，如果该群体的继续存在被认为是可欲的，甚或该群体作为一个实体且以一定的秩序在未来的存续也被预设成一个事实，那么人们就可以得出结论说，某些行为规则必须得到该群体成员的遵守。[③]

这就清楚地说明，道德规则对于自由而言具有十分重要的意义，但是不能通过强制来落实道德规则。要让自由与道德规则之间产生良性互动，唯有如此，整个社会才会有序地运行。哈耶克还认为，道德规则于人类漫长的历史过程演化而成，并非人类理性的刻意建构和事先设计。这一观点源于他秉承的“有限理性”的立场，其中亦明显可见后现代主义的影响。如前所述，后现代主义的重要特征之一是浓厚的非理性色彩，但也不完全排斥理性。而哈耶克除了对依据意识活动获得的直接材料进行研究之外，还致力于探究非理性中与理性共生的成分甚至对抗的成分，因而他对自由与道德关系的看法与后现代主义不无关联。

齐格蒙特·鲍曼（Zygmunt Bauman）是英国当代著名的社会学家和伦

---

①戴维·麦克里兰,《西方政治思想史》, 彭淮栋译，海口：海南出版社，2003 年，第 523 页、第 724 页。

②弗里德里希·哈耶克,《自由宪章》, 杨玉生等译，北京：中国社会科学出版社，1998 年，第 27 页。

③弗里德里希·哈耶克,《法律、立法与自由》, 第 1 卷，邓正来等译，北京：中国大百科全书出版社，2000 年，第 126 页。

理学家，他将社会学和伦理学领域的研究与自由主义、后现代主义等不同视域中的思想观点贯穿起来。他认为，在后现代社会中，个体自由是至高无上的价值和准则，但是社会中没有完全的自由，也不存在完全的依附，现实正是处于这两极之间并在其中摇摆。道德现象在本质上是非理性的，只有当审视和思虑优先于企图的时候，道德才可能生成。此外，道德也不能被普遍化，否则就变成了一种采用他治的外部强制的伦理规则来取代道德的自治责任的形式。[①]道德所要解决的问题就是何种自由会对公共幸福有利。因此，必须凭借道德观念和道德规则来判定自由对于公共利益的利弊，而自由在本质上也是一种以个人主义的“多元主义解放”为标志的道德重建。从鲍曼的多元主义的重建方法中可以看出两个基本特性：一是他在立论逻辑和学术方向上反对普遍主义，把解构和颠覆传统道德理性的普遍性和统一性的任务推向价值重建领域；二是其多元的形态具有散乱和不确定的特征，并未与某种“既在”或“假定”的主导价值相对应。[②]这就使得他的“多元主义解放”主张具有非常明显的自由主义和后现代主义倾向。

法国当代哲学家吉尔·里波维茨基（Gilles Lipovetsky）在其著作中提出过“第二次个人主义革命”（la seconde révolution individualiste）的概念。他认为，这次革命发生于后现代社会中，表现在道德、伦理和生活方式的各个领域，其标志就是集体意识的缺失、献身精神的消退、道德偶像的坍塌和自恋式的“开放”文化的形成。[③]他还写道：“我们已经最终进入了一个彻头彻尾的个人主义时代，在这个时代，我们的行为已经摆脱了强制性的‘无限责任’‘戒律’和‘绝对义务’的束缚。在我们的时代，自我牺牲的观念已经不再合法；人不会因为受到激励抑或发自内心而攀上道德的制高点……先前的理想主义者都变成了务实之人。”[④]根据里波维茨基的观点，这是一种全新的“超现代”（hypermodernité）社会，是自由社会的一个新的历史阶段。我们应该欢迎它的到来，并且对随之而来的自由感到欣喜。不过，里波维茨基不赞成将这种“个人主义革命”等同于自私自利，也不认为它会导致道德的终结和价值观念的退场。他有时也强调集体观念在某些时候显示出来的积极意义，注重生态要求、人文关怀，反对腐败。这些观点都反映了自由主义在后现代时代和后现代语境下的发展变化。

① 齐格蒙特·鲍曼,《后现代伦理学》,张成岗译,南京:江苏人民出版社,2003 年,第 11~12 页。
② 钱广荣,《齐格蒙特·鲍曼伦理学方法的得与失》，载《伦理学研究》，2010（4），112 页。
③ Gilles Lipovetsky. *L'Ère du Vide.* Paris: Gallimard, 1983, pp.128-129.
④ Gilles Lipovetsky. *Le Crépuscule du Devoir.* Paris: Gallimard, 1992, pp.187-188.

现当代自由主义思想家均从个体出发来理解自由、平等、尊严、民主等概念，他们认为应该尊重个体的生存权，每一个体都应享受最基本的自由权利，拥有平等和尊严。个体权利和个人自由固然具有十分重要的意义，但是重视个体权利并不意味着必须忽视整体权利，在这一点上，自由主义的价值基点与后现代主义的深层意蕴存在着共通之处。此外，现当代自由主义思想家都倡导一种个体性与道德准则相辅相成、相互贯通的伦理学，而后现代主义也从来没有舍弃相应的道德标准，这也说明自由主义与后现代主义之间具有比较明显的一致性。而且，自由、平等、尊严、民主等伦理观念是人们对历史精华的汲取，不同的主体又从自身条件与时代语境出发，对这些观念的理解有所差异。现当代自由主义抛弃了后现代主义当中的各种反社会偏见，又从中汲取了多元意识的精髓，保持了对个人主义的忠诚。它要求一个共同体能够尊重个体所具有的进行各种道德选择的权利，而不是接受一般性的抽象的道德准则。自由主义和后现代主义都察觉到了现当代道德话语在社会生活中的缺失，而这种话语的重建也成了两种思潮共同努力的目标。

结 语

自由主义和后现代主义这两种西方社会文化思潮都不是与思想史的发展相脱离的封闭体系。自由主义吸收了以往的思想成果，并与时俱进，保持了不断发展的开放性态势，但其基本品格始终没有发生变化。后现代主义往往被指责为“只破不立”，采取相对主义或虚无主义的政治、文化立场，虽准确描述并诊断了社会问题，却未能提出解决问题的良方，也没有为人类的发展指明合理、可行的路径。然而，每个个体虽受制于特定的社会、文化、历史条件，但个体本身却具有极大的自由，可以用特殊的方式对传统进行回应，亦能创造新的方式来重建传统。罗蒂认为，自由主义与后现代主义并非格格不入，而是在某种意义上相辅相成。只有在一个自由的社会里，各种“非同一性”的元素或倾向才有可能真正得到展示，而且只有当多元化、多样化成为大众普遍认知的时候，人类社会才有可能变得更加自由和包容。[①]

自由主义和后现代主义都涉及理性与非理性的问题。虽然后现代主义主要是一种非理性主义学说，但其中也不乏明显的理性成分。而自由主义以理性作为坚实的理论基础，但其中也包含着强烈的非理性主义文化批判倾向。人类理性在本质上倡导以人为本，强调人的自由、幸福、尊严和意志，但也主张对人类无限膨胀的欲望加以限制。理性的形态或许会随时代的发展而发生一些变化，但其基本品格却始终如一。按照辩证唯物主义的观点，理性和非理性互为前提，互相包含，互相转化，后现代主义发现了传统理性表现出来的种种局限，又看到了非理性因素的某些积极作用，并意识到当理性思维过程中的矛盾和冲突被揭露和展示到一定程度的时候，转变思路和寻觅新的逻辑起点就变得极为重要，非理性的思维形式就有可能产生积极的作用。当然，非理性产生作用仍然需要条理化、分析化和推理性的工作，这一切又需要一种更为清醒的理性来主导才能实现。

尽管存在主义文学、荒诞派戏剧、新小说、新浪潮电影等法国后现代主义文学流派的创作思想和创作方法有较大差异，但都继承了法兰西民族乐观、幽默、机智的秉性，以表面上玩世不恭、嘲笑一切的态度表达了对

①理查德·罗蒂，《偶然、反讽与团结》，徐文瑞译，北京：商务印书馆，2003年，第131页。

当代社会中的“物化”和“异化”、人的不自由状况以及种种荒诞、不公、悖道、罪恶的现象的不满，其中也不乏尖锐的批判。这种批判既有理想主义的内涵，更有非理性主义的意蕴。不满现状和批判精神几乎是法国人固有的思维方式，在后现代主义文学中，现实永远都是受到批判的对象，任何伟大的人物和不朽的业绩都难逃后现代主义作家的批判，而这也是贯穿法国文学的品格。从另一角度看，后现代主义文学作品中人的贬值和“异化”是自由和尊严的失却给当代人带来的屈辱感和沉痛感的反映，也是对自由理念、自由思想的诘问，在精神上与自由主义的核心价值相互贯通。

法国后现代主义文学在表现内容和艺术形式上不受束缚的自由在极大程度上体现了文学自由主义的原则。无论在形象塑造、情节处理还是表现手法方面，后现代主义文学皆有出色的创新。这类表现方式并非主观歪曲客观，其功能犹如一面魔镜，用经过作者主观创造的荒诞、错位、悖谬、夸张等手法反映了现实的变形，从而揭示现实的本质。相较内容而言，后现代主义作家更加注重作品的形式。他们不赞同以内容为首，而形式仅仅是为了让读者能够接受内容的传统文学准则，认为作家在写作之初就不应该有一个想要表现特定内容的详尽计划，而只需用文字描绘自己在生活中感受到的形象。形式才是文学的本体和作品的中心，文学文本现实地存在于形式之中，而且绝对不能对其加以规范和制定规则。[①]形式的突破是创作者追求写作自由，进而以审美方式实现个人全面自由的一种切实有效的举措，自由与艺术乃至生命的连接也正体现了自由主义的创新精神。

自由主义与法国后现代主义文学之间相互汲取，相互观照，相互奉献。前者对个性自由的张扬和讴歌，对一切束缚、扼杀思想和文学创作自由的行为的批判和谴责深刻启迪了后现代主义文学作家，引导他们践行思想自由和精神独立，又从文学性和审美价值的向度启发他们摆脱陈规，大胆创新，追求自然美、人性美和艺术美。后者也以文学创作上的实践反映了资本主义现代化进程给人类的生存带来的危害和弊端，对西方的传统思想进行了深刻的理论反省，在批判传统、鼓吹思维方式根本性转换的同时，亦有独到的建树，这些都对现当代自由主义产生了不容忽视的影响。

自由主义在法国历史上和法国文学中起过非常重要的作用，它引发的思想解放促进了生产力的腾飞和人的自我意识的觉醒，也是包括后现代主义文学在内的法国文学硕果累累的精神动因之一。当然，作为一种观念形

①张唯嘉，《罗伯－格里耶新小说研究》，长沙：湖南人民出版社，2002 年，第 296~297 页。

态，当自由主义对个人自由和个人价值的过度张扬使得自由和权利超越公共权力、法律、责任等规范时，也会导致利己主义和自由放任状态的出现。

后现代主义对近代启蒙思想及其现代性成果的反思、质疑和批判在西方现当代思想、文化和社会生活中都产生了不可低估的影响，这种影响兼具积极和消极两个方面。其特有的批判性和反思性给人以思想上的启迪，对传统形而上学的思维方式产生了有力的冲击，助推了思想文化和生活方式朝着多元化、多样化的趋势发展。然而，后现代主义思潮中的多元化倾向也容易导致人们对理想和信念的不坚定，价值评价的模糊和责任意识的弱化有时甚至会导致个人极端主义、功利主义、享乐主义等不良价值观的产生。因此，正确对待后现代主义思潮对人们尤其是青年人的价值观产生的影响，并研究后现代主义思潮下的人的价值观中存在的问题，对于探讨正确价值观的形成无疑具有划时代的意义。

法国后现代主义文学在无情地揭示人及人生各种困境的同时，或多或少地会把批评和讥讽的矛头指向造成人生种种困惑的现存制度、法律以及资产阶级的价值观。法国后现代主义文学家通过展示现代人的各种危机，批判了人本主义、物质主义和现代个人主义，表现了对人与社会、人与自然的和谐的追求，以不同于后现代主义思想家的探索路径彰显了共同的价值取向。法国后现代主义文学的根本特征就在于它对传统文学观念和价值观念的颠覆和解构，它对传统艺术语言和叙事规则的彻底抛弃就是这种颠覆和解构的根本性措施。当然，后现代主义文学从来就不是一种只破不立、只讲解构不讲重构的文学，它寻求的是一种新真理，试图努力恢复事物、世界以及人类的适当位置。这从法国后现代主义文学的创作中即可看出端倪。不过，法国后现代主义文学有时打破了生活与艺术的界限，消除了高雅与通俗的界限。其复制性和快餐化的操作会使作品烙上当代商品经济的印记，也会大大降低那些千锤百炼、呕心沥血的文学力作和艺术精品问世的概率。后现代主义消解了一切思维模式，在给文学带来活力的同时，也消解了文学的凝聚力，导致文学作品丧失了一定的历史深度和审美意识。

当今世界，文化已经成为综合国力的核心组成部分。中国要想建成社会主义的文化强国，就必须对人类文明的一切优秀成果加以研究和利用，其中也自然包括自由主义、后现代主义及其文艺的精华。对于中国文学而言，法国后现代主义文学中确有可供借鉴的合理因素，而且对中国现当代文学产生过一定的影响。这种影响能否发生最终取决于作为接受者的中国文艺理论和文学批评工作者能否以敏锐的眼光、宽广的胸怀和本土化的态度，并紧密结合中国语境和中国问题，对法国后现代主义文学进行批判性的审视、改造和吸收，并使之融入中国文学的创新、建构过程中。然而，对后现代主义文学这一范式的冲突进行反思，探索如何超越传统、现代与后现代之间的对立，探寻文学创作和文学理论发展的未来路向，才是当下理论界需要深入思考的问题。只有善于在更为开放的环境中建设中国文化，同时借鉴、吸收外国优秀文化，以“我”为主，为“我”所用，辩证取舍，择善而从，才能积极参与国际文化的对话与交流，让中国文化在与世界文化互动的过程中越来越具有吸引力。

参考文献

阿尔贝·加缪. 1987. 西绪福斯神话. 杜小真，译. 北京：生活·读书·新知三联书店.

阿尔贝·加缪. 2010. 局外人. 柳鸣九，译. 上海：上海译文出版社.

阿尔贝·加缪. 2013. 西绪福斯神话. 郭宏安，译. 南京：译林出版社.

阿拉斯戴尔·麦金太尔. 1995. 德性之后. 龚群，译. 北京：中国社会科学出版社.

阿兰·罗伯－格里耶. 1979. 窥视者. 郑永慧，译. 上海：上海译文出版社.

阿兰·罗伯－格里耶. 1981. 橡皮. 林青，译. 上海：上海译文出版社.

阿兰·罗伯－格里耶. 1986. 从现代主义到现实. 柳鸣九. 新小说派研究. 北京：中国社会科学出版社.

阿兰·罗伯－格里耶. 2001a. 反复. 余中先，译. 长沙：湖南文艺出版社.

阿兰·罗伯－格里耶. 2001b. 快照集. 余中先，译. 长沙：湖南文艺出版社.

阿兰·罗伯－格里耶. 2011. 重现的镜子. 杜莉，杨令飞，译. 长沙：湖南美术出版社.

阿历克西·德·托克维尔. 1997. 旧制度与大革命. 冯棠，译. 北京：商务印书馆.

阿瑟·丹图. 1986. 萨特. 安延明，译. 北京：工人出版社.

艾黎·福尔. 1995. 世界艺术史. 张泽乾，等译. 武汉：长江文艺出版社.

爱因·兰德. 1993. 新个体主义伦理观——爱因·兰德文选. 秦裕，译. 上海：上海三联书店.

安德烈·巴赞. 2005. 评《偷自行车的人》. 崔君衍，译. 电影是什么?. 南京：江苏教育出版社.

安德烈·布林克. 2010. 小说的语言和叙事：从塞万提斯到卡尔维诺. 汪洪章，等译. 上海：上海人民出版社.

安德烈·马尔罗. 2000. 反回忆录. 钱培鑫，等译. 桂林：漓江出版社.

安德鲁·甘布尔. 2002. 自由的铁龙——哈耶克传. 王晓冬，朱之江，译. 南京：江苏人民出版社.

安杰伊·沙哈伊. 2007. 作为一种新人文主义的后现代自由主义. 艾彦，译. 国外社会科学，(2)：118-121.

安妮·艾尔诺. 2010. 悠悠岁月. 吴岳添，译. 北京：人民文学出版社.

贝格纳·瓦莱特. 2003. 小说——文学分析的现代方法与技巧. 陈艳，译. 天津：天津人民出版社.

贝奈戴托·克罗齐. 2009. 美学或艺术和语言哲学. 黄文捷，译. 天津：百花文艺出版社.

本杰明·贡斯当. 1998. 古代人的自由和现代人的自由之比较. 李强，译. 公共论丛·自由与社群. 北京：生活·读书·新知三联书店.

波埃尔·齐马. 1993. 社会学批评概论. 吴岳添，译. 桂林：广西师范大学出版社.

伯纳德·鲍桑葵. 1995. 关于国家的哲学理论. 汪淑钧，译. 北京：商务印书馆.

伯特兰·罗素. 2007. 西方哲学史. 马元德，译. 北京：商务印书馆.

陈长利. 2008. 论福柯的“作者—功能”思想——以《什么是作者？》为考察对象. 北方论丛，(5)：49-51.

陈长利. 2013. 体验·隐喻·历史——福柯关系本体论文艺思想研究. 吉首大学学报，(3)：86-94.

陈培永. 2011. 后现代主义政治哲学的人性话语. 理论界，(3)：113-114.

陈　侗，杨令飞. 1998. 罗伯－格里耶作品选集. 3卷. 长沙：湖南美术出版社.

陈晓明. 1993. 无边的挑战. 北京：时代文艺出版社.

陈晓明. 1994. 解构的踪迹：历史话语与主体. 北京：中国社会科学出版社.

陈　瑛，林桂榛. 2002. “人性”新探. 南昌大学学报（人文社科版），(1)：25-29.

陈永国. 2000. 文化的政治阐释学：后现代语境中的詹姆逊. 北京：中国社会科学出版社.

程　军. 2013. 超文性戏仿：一种独特的“互文”与“对话”体裁. 文艺评论，(3)：31-35.

程小牧. 2016. 让·热内、《阳台》与“元戏剧”. 中国文艺评论，(8)：105-115.

大卫·雷·格里芬. 1998. 后现代科学. 马季方，译. 北京：中央编译局.

戴维·麦克里兰. 2003. 西方政治思想史. 彭淮栋，译. 海口：海南出版社.

丹尼尔·贝尔. 1989. 资本主义文化矛盾. 赵一凡，等译. 北京：生活·读书·新知三联书店.

蒂费纳·萨莫瓦约. 2003. 互文性研究. 邵炜，译. 天津：天津人民出版社.

丁　凯. 2017. “荒诞派戏剧”的主题探讨——人与人之间的隔阂，孤独感的滥觞. 课外语文，(12)：174.

董飘飘，丁　香. 2013.《不能承受的生命之轻》国内研究综述. 海外英语，(12)：211-212.

董小英. 1995.《再登巴比伦塔》——巴赫金与对话理论. 北京:生活·读书·新知三联书店.

杜小真. 1987. 由虚无到希望——读萨特的《存在与虚无》. 读书,(3): 40-46.

杜小真. 2009. 萨特引论. 北京:商务印书馆.

范　鹏. 2011. 陇上学人文存:支克坚卷. 兰州:甘肃人民出版社.

方汉文. 2001. 后现代文化心理分析——拉康研究. 上海:上海三联书店.

菲利普·福雷斯特. 2014. 薛定谔之猫. 黄荭,译. 深圳:海天出版社.

菲利普·萨拉森. 2010. 福柯. 李红艳,译. 北京:中国人民大学出版社.

弗朗西斯·让松. 1997. 存在与自由——让-保尔·萨特传. 刘甲桂,译. 北京:北京大学出版社.

弗雷德里克·詹姆逊. 1986. 后现代主义与文化理论. 唐小兵,译. 西安:陕西大学出版社.

弗雷德里克·詹姆逊. 1997. 晚期资本主义的文化逻辑. 陈清桥,等译. 北京:生活·读书·新知三联书店.

弗里德里希·哈耶克. 1991. 个人主义与经济秩序. 贾湛,文跃然,译. 北京:北京经济学院出版社.

弗里德里希·哈耶克. 1997. 通往奴役之路. 原吾镜,译. 北京:中国社会科学出版社.

弗里德里希·哈耶克. 1998. 自由宪章. 杨玉生,等译. 北京:中国社会科学出版社.

弗里德里希·哈耶克. 2000. 法律、立法与自由. 1 卷. 邓正来,等译. 北京:中国大百科全书出版社.

符文瑜. 2005. 非理性创作的理性思考——《等待戈多》解读. 新课程(教师版),(12): 34.

傅　强. 2008. 平等、正义与历史唯物主义——凯·尼尔森对马克思正义观的阐释. 理论探讨,(6): 49-52.

高宣扬. 2005a. 当代法国思想五十年. 北京:中国人民大学出版社.

高宣扬. 2005b. 后现代论. 北京:中国人民大学出版社.

高宣扬. 2007. 萨特的密码. 上海:同济大学出版社.

高兆明. 1990. 论个体主体意识与社会主体意识. 社会科学战线,(3): 57-63.

顾　肃. 2003. 自由主义基本理念. 北京:中央编译出版社.

郭宏安. 1987. 荒诞·反抗·幸福——加缪《西绪福斯神话》译后. 读书,(1): 75-82.

韩耀成,王逢振. 1992. 外国争议作家作品大观. 南京:译林出版社.

汉斯·伯斯顿. 1991. 后现代世界观与现代主义的关系. 王宁，等译. 走向后现代主义. 北京：北京大学出版社.

汉斯–格奥尔格·伽达默尔. 1999. 真理与方法——哲学诠释学的基本特征. 洪汉鼎，译. 上海：上海译文出版社.

洪晓楠，杨海艳. 2004. 论弗雷德里克·詹姆逊后现代主义文化理论的特色. 哈尔滨工业大学学报（社会科学版），（3）: 59-64.

胡开奇. 2017.《哥本哈根》与弗雷恩戏剧创作的哲学追寻. 民族艺术研究，（5）: 27-35.

胡继华. 2001. 启示经典无限可能的未来——德里达与解构批评. 安庆师范学院学报（社会科学版），（2）: 26-29.

胡鹏林. 2007. 文学现代性. 北京：中国社会科学出版社.

黄　荭. 2014-04-05. 杜拉斯的电影情结. 经济观察报.

黄力之. 1993. 信仰与超越：卢卡契文艺美学思想论稿. 长沙：湖南文艺出版社.

黄书泉. 2000. 小说：对存在的探索. 安徽大学学报，（1）: 49-54.

黄心雅. 2014. 杜拉斯的欲望书写. 联合文学（年度特刊）: 77-78.

黄志凌. 2005. 论伽达默尔的游戏概念. 理论月刊，（6）: 74-75.

纪文光. 2001. 论"笑"在荒诞派戏剧中的审美意味（硕士学位论文）. 济南：山东师范大学.

江伙生，肖厚德. 1994. 法国小说论. 武汉：武汉大学出版社.

江腊生. 2009. 后现代主义踪迹与文学本土化研究. 济南：齐鲁书社.

今道友信. 1987. 存在主义美学. 崔相录，王生平，译. 沈阳：辽宁人民出版社.

卡尔·波普尔. 1999. 开放社会及其敌人. 2 卷. 陆衡，等译. 北京：中国社会科学出版社.

卡尔·马克思，弗里德里希·恩格斯. 1972. 马克思恩格斯全集. 42 卷. 北京：人民出版社.

卡尔·曼海姆. 2002. 意识形态与乌托邦. 李书崇，译. 北京：商务印书馆.

卡尔·亚斯贝尔斯. 1997. 时代的精神状况. 王德峰，译. 上海：上海译文出版社.

卡洛琳·麦茜特. 1999. 自然之死——妇女、生态和科学革命. 吴国盛，译. 长春：吉林人民出版社.

克洛德·克莱芒. 1985. 弗洛伊德学说的起源和心理分析的发展. 马克思主义对心理分析学说的批评. 北京：商务印书馆.

克洛德·托马斯. 2003. 新小说　新电影. 李华，译. 天津：天津人民出版社.

克洛德·西蒙. 2008. 农事诗. 林秀清，译. 上海：上海译文出版社.

拉齐恩·萨丽. 2003. 哈耶克与古典自由主义. 秋风，译. 贵阳：贵州人民出版社.

蓝　凡. 2013. 真实论：蒙太奇与长镜头的历史辩证新论. 艺术百家，(3)：84.

劳拉·阿德莱尔. 2014. 杜拉斯传. 袁筱一，译. 重庆：重庆大学出版社.

理查德·罗蒂. 2003. 偶然、反讽与团结. 徐文瑞，译. 北京：商务印书馆.

理查德·塔纳斯. 2011. 西方思想史. 吴象婴，等译. 上海：上海社会科学院出版社.

李大钊. 1984. 李大钊文集（下）. 北京：人民出版社.

李德南. 2014-09-11. 暧昧的庆祝无意义. 北京日报（文艺版）.

李　岚. 2014. 人文生态视野下的城市景观形态研究. 南京：东南大学出版社.

李　强. 1998. 自由主义. 北京：中国社会科学出版社.

李暑红. 2011. 现代释义学对音乐欣赏教学的启示. 天津音乐学院学报（天籁），(2)：50-53.

李　扬. 2006. 冒险的迁徙：后现代主义在中国的传播. 开放时代，(6)：128-132.

林可济. 2005. 追问“存在”，还是追问“存在者”？——从海德格尔的哲学视角梳理西方哲学史. 福建论坛，(9)：37-42.

林文淇. 2010. 我和电影一国. 台北：书林出版有限公司.

刘成富. 2001. 法国作家索莱尔斯与文本写作. 法国研究，(2)：69-78.

刘冠君. 2000. 利奥塔的“崇高美学”思想研究（博士学位论文）. 济南：山东大学.

刘海清. 2011. 写作的想象——论马尔罗小说的互文美学. 当代外国文学，(3)：145-152.

刘军宁. 2000. 共和·民主·宪政——自由主义思想研究. 上海：上海三联书店.

刘硕良. 2013. 诺贝尔文学奖授奖词和获奖演说. 桂林：漓江出版社.

刘文宇. 2014. 德里达文艺学思想概述. 活力，(10)：86.

柳鸣九. 1986. 新小说派研究. 北京：中国社会科学出版社.

柳鸣九. 2005. 山上山下——柳鸣九散文随笔选集. 北京：中央编译出版社.

柳鸣九. 2008. 我所见到的法兰西文学大师. 北京：人民文学出版社.

柳鸣九. 2012. 为什么要研究萨特. 北京：金城出版社.

卢重光. 2018-10-10. 文丘里——拓展建筑美学边界的大师. 光明日报. 13 版.

吕菲菲. 2001. 论米歇尔·福柯的文学语言观（硕士学位论文）. 济南：山东师范大学.

吕西安·戈德曼. 1988. 论小说的社会学. 吴岳添，译. 北京：中国社会科学出版社.

罗伯特·布列松. 2001. 电影艺术摘记. 单万里，等译. 当代电影，(1): 68-76.
罗德·阿克顿. 2001. 自由与权力. 侯健，范亚峰，译. 北京：商务印书馆.
罗国祥. 2001. 法国后现代主义文化哲学与世界文学多样性的美学基础. 武汉大学学报(人文科学版)，(6): 675-682.
罗杰·加洛蒂. 2008. 论无边的现实主义. 吴岳添，译. 天津：百花文艺出版社.
罗兰·巴特. 2003. 作者的死亡. 怀宇，译. 巴特随笔集. 北京：百花文艺出版社.
罗兰·巴特. 2008. 写作的零度. 李幼蒸，译. 北京：中国人民大学出版社.
罗曼予. 2007. 生活世界中的语言游戏——对维特根斯坦后期哲学思想的探讨(硕士学位论文). 桂林：广西师范大学.
罗明洲. 2005. 现代主义与后现代主义. 北京：中国国际广播出版社.
马丁·艾斯林. 1992. 荒诞派戏剧. 刘国斌，译. 北京：中国戏剧出版社.
马丁·艾斯林. 2003. 荒诞派戏剧. 华明，译. 石家庄：河北教育出版社.
马丁·海德格尔. 1991. 诗·语言·思. 彭富春，译. 北京：文化艺术出版社.
马克·柯里. 2003. 后现代叙事学. 宁一中，译. 北京：北京大学出版社.
马林韬. 2012. 西方自由主义文化的哲学解谱. 3 部. 北京：社会科学文献出版社.
马赛尔·马尔丹. 1980. 电影语言. 何振淦，译. 北京：中国电影出版社.
马泰·卡林内斯库. 2003. 现代性的五副面孔——现代主义、先锋派、颓废、媚俗艺术、后现代主义. 顾爱彬，李瑞华，译. 北京：商务印书馆.
马天柱. 2013. 海德格尔与佛教追求自由的相似性比较(硕士学位论文). 西宁：青海师范大学.
马歇尔·萨林斯. 2009. 后现代主义、新自由主义、文化与人性. 罗扬，译. 中国社会科学集刊，(26): 1-6.
玛格丽特·杜拉斯. 1993. 来自中国北方的情人. 纪应天，译. 北京：华夏文艺出版社.
玛格丽特·杜拉斯. 2001. 印度之歌. 王东亮，译. 上海：上海译文出版社.
玛格丽特·杜拉斯. 2010. 广岛之恋. 谭立德，译. 上海：上海译文出版社.
玛格丽特·杜拉斯. 2014. 娜塔丽·格朗热. 户思社，译. 上海：上海译文出版社.
玛格丽特·杜拉斯，阿兰·雷乃. 1992. 广岛之恋. 刘寿康，译. 外国电影剧本丛刊. 19 卷. 北京：中国电影出版社.
麦永雄，蔡熙，郑德聘. 2008. 多元文化时代的间性诗学与世界文学观念(笔谈). 广西师范大学学报，(6): 1-3.
孟　鑫. 2001. 马尔库塞科学技术社会功能理论分析. 理论前沿，(15): 22-24.
米哈伊·巴赫金. 1998. 拉伯雷研究. 李兆林，等译. 石家庄：河北教育出版社.
米兰·昆德拉. 2010. 不能承受的生命之轻. 许钧，译. 上海：上海译文出版社.

米歇尔·布托尔. 1983. 变. 桂裕芳，译. 上海：上海译文出版社.

米歇尔·福柯. 1998. 福柯集. 杜小真，译. 上海：上海远东出版社.

米歇尔·福柯. 2010. 必须保卫社会. 钱翰，译. 上海：上海人民出版社.

莫里斯·梅洛－庞蒂. 2005. 知觉现象学. 姜志辉，译. 北京：商务印书馆.

娜塔莉·萨罗特. 1999. 童年. 桂裕芳，译. 南京：译林出版社.

欧仁·尤奈斯库. 1983. 犀牛. 萧曼，译. 马丁·艾斯林. 荒诞派戏剧选. 北京：外国文学出版社.

欧阳建平. 2012. 波普尔伦理思想研究（博士学位论文）. 长沙：中南大学.

彭国栋. 2006.《等待戈多》中的悲剧意识与终极关怀. 戏剧文学，(9)：69-72.

皮埃尔·马舍雷. 2011. 文学在思考什么?. 张璐，张新木，译. 南京：译林出版社.

齐格蒙特·鲍曼. 2003. 后现代伦理学. 张成岗，译. 南京：江苏人民出版社.

钱广荣. 2010. 齐格蒙特·鲍曼伦理学方法的得与失. 伦理学研究，(4)：110-113.

乔万尼·萨托利. 2009. 民主新论. 冯克利，阎克文，译. 上海：上海人民出版社.

乔治·霍兰·萨拜因. 1986. 政治学说史（下册）. 刘山，等译. 北京：商务印书馆.

乔治·里茨尔. 1999. 社会的麦当劳化：对变化中的当代社会生活特征的研究. 顾建光，译. 上海：上海译文出版社.

冉光芬. 2012. 黑格尔的主体观对马克思的影响. 山东社会科学，(4)：18-21.

让·艾什诺兹. 1999a. 出征马来亚. 赵家鹤，译. 让·艾什诺兹作品选. 长沙：湖南文艺出版社.

让·艾什诺兹. 1999b. 高大的金发女郎：让·艾什诺兹作品选. 车槿山，赵家鹤，安少康，译. 长沙：湖南文艺出版社.

让·艾什诺兹. 2000. 我走了. 余中先，译. 长沙：湖南文艺出版社.

让·艾什诺兹. 2004. 格林尼治子午线. 苏文平，译. 长沙：湖南美术出版社.

让－保尔·萨特. 1991. 什么是文学?. 施康强，译. 萨特文论选. 北京：人民文学出版社.

让－保尔·萨特. 1998. 萨特文学论文集. 施康强，等译. 合肥：安徽文艺出版社.

让－保尔·萨特. 2005a. 萨特读本. 桂裕芳，等译. 北京：人民文学出版社.

让－保尔·萨特. 2005b. 萨特文集. 沈志明，艾珉，主编. 北京：人民文学出版社.

让－保尔·萨特. 2008. 萨特自述. 黄忠晶，黄巍，编译. 天津：天津人民出版社.

让 - 保尔 · 萨特. 2009. 超越生命的选择. 陈宣良，等译. 武汉：长江文艺出版社.

让 - 保尔 · 萨特. 2012. 存在主义是一种人道主义. 周煦良，汤永宽，译. 上海：上海译文出版社.

让 - 保尔 · 萨特. 2014. 存在与虚无. 陈宣良，等译. 北京：生活 · 读书 · 新知三联书店.

让 - 弗朗索瓦 · 利奥塔. 1997. 后现代性与公正游戏：利奥塔访谈、书信集. 包亚明，主编. 上海：上海人民出版社.

让 - 弗朗索瓦 · 利奥塔 . 1999. 后现代主义. 赵一凡，译. 北京：社会科学文献出版社.

让 - 弗朗索瓦 · 利奥塔. 2000. 非人：时间漫谈. 罗国祥，译. 北京：商务印书馆.

让 - 马克 · 莫哈. 2001. 试论文学形象学的研究史及方法论. 孟华. 比较文学形象学. 北京：北京大学出版社.

让 · 瓦里尔. 2010. 这就是杜拉斯. 户思社，译. 北京：作家出版社.

热拉尔 · 热奈特. 1990. 叙事话语. 王文融，译. 北京：中国社会科学出版社.

萨缪尔 · 贝克特. 2013. 等待戈多. 余中先，译. 长沙：湖南文艺出版社.

萨缪尔 · 贝克特，欧仁 · 尤奈斯库，爱德华 · 阿尔比等. 1980. 荒诞派戏剧集. 施咸荣，梅绍武，郑启吟，等译. 上海：上海译文出版社.

萨缪尔 · 贝克特，欧仁 · 尤奈斯库，爱德华 · 阿尔比等. 1983. 荒诞派戏剧选. 施康强，译. 北京：外国文学出版社.

邵牧君. 1980. 略论西方电影中的现代主义. 电影艺术，(11): 55-62.

佘　军. 2015. 时代生活、历史书写与道德世界. 解放军外国语学院学报，(1): 153-160.

斯蒂文 · 贝斯特，道格拉斯 · 凯勒 . 1999. 后现代理论：批判性的质疑. 张志斌，译. 北京：中央编译出版社.

斯拉沃热 · 齐泽克. 2016. 事件. 王师，译. 上海：上海文艺出版社.

宋文娟. 2006. 理性的质疑和主体的批判——后现代社会理论解析. 齐齐哈尔大学学报（哲学社会科学版），(5): 20-23.

孙秀丽. 2006. 解析符号学批判——克里斯蒂娃研究之一. 外语学刊，(5): 25-28.

谭　易. 2010-09-10. 雅克 · 里维特：唯一确定的，是不确定. 文汇报. 11 版.

唐　源. 2009. 埃里克 · 侯麦电影时空艺术的研究（硕士学位论文）. 重庆：重庆大学.

特里·伊格尔顿. 2014. 后现代主义幻象. 华明，译. 北京：商务印书馆.

汪民安. 2000. 后现代性的哲学话语. 杭州：浙江人民出版社.

王程辉. 2013. 美国作家约翰·巴思小说研究. 武汉：武汉大学出版社.

王恩铭. 2015. 美国文化史纲. 上海：上海外语教育出版社.

王海明. 2006. 论自由主义. 人文杂志，(4)：7-18.

王家福，刘海年. 1998. 中国人权百科全书. 北京：中国大百科全书出版社.

王嘉军. 2015. 存在、异在与他者：列维纳斯与法国当代文论（博士学位论文）. 上海：华东师范大学.

王　宁. 1994. 多元共生的时代. 北京：北京大学出版社.

王钦峰. 2001. 后现代主义小说论略. 北京：中国社会科学出版社.

王钦峰. 2004. 后现代主义小说的麦当劳化. 国外文学，(1)：4-10.

王淑艳，徐真华. 2003. 论马尔罗的艺术形式理论. 辽宁大学学报，(3)：18-23.

王维杰. 2011. 高校应对后现代主义思潮的思考和对策. 经济师，(5)：106-108.

王贻志，莫建备. 2005. 国外社会科学前沿. 上海：上海社会科学院出版社.

王岳川. 1992a. 后现代主义文学与写作. 外国文学评论，(4)：19-25.

王岳川. 1992b. 后现代主义文化研究. 北京：北京大学出版社.

王岳川，尚　水. 1992. 后现代主义文化与美学. 北京：北京大学出版社.

王治河. 2006. 作为一种生活方式的后现代主义. 北京大学学报（哲学社会科学版），(2)：18-25.

王治河. 2008. 走向深度承诺的自由——后现代自由观初探. 哲学研究，(10)：106-111.

维克多·雨果. 1980. 雨果论文学. 柳鸣九，译. 上海：上海译文出版社.

温克勒·E.，陈一梅. 1992. 环境伦理学观点综述. 国外社会科学，(6)：57-59.

文　兵. 2007. 再论后现代主义的反理性主义. 山东社会科学，(6)：77-82.

沃·威尔什. 1999. 我们的后现代的现代. 章国峰，译. 利奥塔. 后现代主义. 北京：社会科学文献出版社.

沃尔夫冈·韦尔施. 2002. 重构美学. 陆扬，张岩冰，译. 上海：上海译文出版社.

吴春华. 2001. 当代西方自由主义的发展趋向. 教学与研究，(11)：58-63.

吴岳添. 2004. 法国小说发展史. 杭州：浙江大学出版社.

吴增定. 2010. 尼采与“存在”问题——从海德格尔对尼采哲学的解读谈起. 云南大学学报（社会科学版），(4)：61-68.

武　岳. 2014. 浅析法国“新浪潮”电影的背景、特点与贡献. 新闻世界，(6)：247-248.

西奥多·维森格伦德·阿多诺. 2007. 道德哲学的问题. 谢地坤，王彤，译. 北京：

人民出版社.
西蒙·德·波伏娃. 1998. 第二性. 陶铁柱，译. 北京：中国书籍出版社.
西蒙·德·波伏娃. 1999. 女宾. 周以光，译. 北京：中国书籍出版社.
项颐倩. 2018. 论萨特传记作品的特殊范式:《圣热内，喜剧演员和殉道者》的存在主义精神分析验视. 法国研究，(1): 91-100.
谢地坤. 2005. 哲学与自由——兼论现代性和后现代主义. 浙江学刊，(2): 25-32.
忻剑飞. 2013. 醒客的中国观：近百多年世界思想大师的中国观感概述. 北京：学林出版社.
徐真华，黄建华. 2008. 20 世纪法国文学回顾. 上海：上海外语教育出版社.
许　钧. 2001. 尊重、交流与沟通——多元文化语境下的翻译. 中国比较文学，(3): 82-92.
许汝祉. 1991. 对美国后现代主义文学的评估. 外国文学评论，(3): 88-94.
雅克·德里达. 1998. 文学行动. 赵兴国，等译. 北京：中国社会科学出版社.
宴　辉. 2003. 过程代价论. 天津社会科学，(1): 42-48.
杨建毅. 2008. 自由的认识与实践——马克思主义自由观及其当代意义. 兰州：甘肃人民出版社.
杨令飞. 1992. 热内. 韩耀成，王逢振. 外国争议作家作品大观. 南京：译林出版社.
杨令飞. 1996. 罗伯 - 格里耶与现实主义. 法国研究，(1): 98-107.
杨令飞. 2006. 近代法国自由主义研究. 长春：吉林大学出版社.
杨令飞. 2011. "我欲耕耘自己的园地"——娜塔莉·萨罗特小说艺术探幽. 湛江师范学院学报，(2): 36-41.
杨令飞. 2012. 法国新小说发生学. 北京：人民文学出版社.
杨令飞. 2017. 论法国后现代文学的自由主义实质. 法国研究，(4): 87-94.
杨令飞，葛金玲. 2013. 安妮·艾尔诺作品中的平民生活——以《地位》和《一个女人》为例. 长春：吉林大学出版社.
杨琴冬子. 2016. 卢卡奇反物化美学思想研究（博士学位论文）. 济南：山东大学.
杨松雷. 2012. 阿尔都塞"理论上的反人道主义"辨析. 山东社会科学，(1): 4-8.
杨亦军. 2007. 一个生者与死亡的对话——解读马尔罗的《反回忆录》与战争. 当代外国文学，(1): 80-87.
杨亦军. 2008. "双重结构"与战争话语——再读马尔罗的《反回忆录》. 外国文学研究，(3): 142-151.

叶甫尼娜. 1985. 评法国现代派小说. 白嗣宏，译. 上海：上海译文出版社.
叶　岗. 2004. 走向文史研究前沿. 北京：中国社会科学出版社.
伊哈布·哈桑. 2015. 后现代转向. 刘象愚，译. 上海：上海人民出版社.
伊曼努尔·列维纳斯. 1997. 上帝·死亡和时间. 余中先，译. 北京：生活·读书·新知三联书店.
以赛亚·伯林. 2003. 自由论. 胡传胜，译. 南京：译林出版社.
袁可嘉. 1984. 外国现代派作品选. 3 册（上）. 上海：上海文艺出版社.
袁　祺. 2007. 艺术化生存——利奥塔对马尔罗的解读. 名作欣赏，(3)：48.
袁祖社. 2002. 西方自由主义批判性考察. 山东师范大学学报（人文社会科学版），(6)：26–28.
袁祖社. 2003. 权力与自由. 北京：中国社会科学出版社.
约翰·格雷. 1999. 伯林. 马俊峰，等译. 北京：昆仑出版社.
约翰·罗尔斯. 1988. 正义论. 何怀宏，等译. 北京：中国社会科学出版社.
约瑟夫·祁雅理. 1987. 二十世纪法国思潮. 吴永泉，译. 北京：商务印书馆.
章国锋. 2000. 哈贝马斯访谈录. 外国文学评论，(2)：27–32.
张其学，姜海龙. 2010. 主体性的式微与文化霸权的解构. 学术研究，(3)：44–49.
张　容. 1992. 法国新小说派. 台北：远流出版公司.
张世英. 2007. "后现代主义"对"现代性"的批判的超越. 北京大学学报，(1)：43–48.
张首映. 1999. 西方二十世纪文论史. 北京：北京大学出版社.
张唯嘉. 2002. 罗伯 – 格里耶新小说研究. 长沙：湖南人民出版社.
张　颖. 2011. 存在于世的含混境况——论梅洛 – 庞蒂对《女宾》的解读. 法国研究，(2)：10–19.
张泽乾. 1997. 法国文化史. 武汉：长江文艺出版社.
张智宏. 2013. 隐喻与反讽：罗蒂的自由主义乌托邦理论（博士学位论文）. 哈尔滨：黑龙江大学.
张　中. 2013. 列维纳斯：越向自由与伦理的美学. 北方论丛，(1)：119–124.
赵宪章. 2004. 超文性戏仿文体解读. 湖南师范大学社会科学学报，(3)：101–109.
赵祖漠. 1994. 中国后现代文学丛书. 北京：北京大学出版社.
郑克鲁. 2016. 法国文学史（下卷）. 2 版. 上海：上海外语教育出版社.
郑　莉. 2011. 现代性语境下的世俗化理论研究. 宗教社会学，(1)：51–69.
周天枢. 2005. 西蒙·德·波伏娃存在主义女性观刍议. 中华女子学院学报，

（3）: 75–78.

周　宪. 2000. 二十世纪西方美学. 南京：南京大学出版社.

朱莉娅·克里斯蒂娃. 1993. 符号学：意义分析研究. 转引自朱立元. 现代西方美学史. 上海：上海文艺出版社.

邹广胜，高公荣. 2003. 后现代主义文学的四个基本特征. 南京师范大学文学院学报，（1）: 20–25.

Albany, Brice R. (1986). *Hermeneutics and modern philosophy*. New York: State University of New York Press.

Althusser, Louis. (1977). *For Marx*. Ben Brewster (Trans.). London: National Library Board.

Anonyme. (1989). La déclaration des droits de l'homme et du citoyen. 2nd ed. In *Que sais-je?*. Paris: Presse Universitaire en France.

Anonyme. (1998). *Dictionnaire hachette encyclopédique*. Paris: Hachette Livre.

Bakhtine, Mikhaïl. (1968). *Rabelais and his world*. Hélène Iswolsky (Trans.). Cambridge: Massachusetts Institute of Technology Press.

Barthes, Roland. (1957). *Mythologies*. Paris: Seuil.

Baudrillard, Jean. (1970). *La société de consummation*. Paris: Le Point.

Bazin, André. (1975). *Le cinéma de l'occupation et de la résistance*. Paris: Union Générale d'Éditions.

Bazin, André. (1983). *Le cinéma français de la libération à la nouvelle vague (1945–1958)*. Paris: Éditions de l'Étoile.

Beauvoir, Simone de. (2008). *Le deuxième sexe* (Tome I). Paris: Folio.

Beckett, Samuel. (1953). *En attendant Godot*. Paris: Minuit.

Bell, Daniel. (1978). *The cultural contradiction of capitalism*. New York: Basic Books.

Benwell, Bethan, & Stokoe, Elizabeth. (2006). *Discourse and identity*. London: Edinburgh University Press.

Bertens, Hans. (1984). *Approaching postmodernism*. Utrecht: University of Utrecht.

Bertrand-Jennings, Chantal. (2000). Le génie d'Annie Ernaux: Une esthétique au service d'un engagement social. *Revue des Lettres et de Traduction*, (6) 58.

Bloch, Marc. (1997). *Apologie pour l'histoire ou métier d'historien*. Paris: Armand Colin.

Bogues, Ronald. (1980). *Roland Barthes, Alain Robbe-Grillet, and the paradise of writers*. Princeton: Princeton University Press.

Boisen, Jorn. (2011). "Une fois ne compte pas.": Le paradoxe de la répétition dans l'œuvre de Milan Kundera. *Orbis Litterarum*, *56*(3) 159-182.

Brunel, Pierre. (1986). *Histoire de la littérature française*. Paris: Natl Textbook Co.

Bryson, Valerie. (1992). *Feminist political theory*. London: Macmillan.

Butor, Michel. (1956). *L'emploi du temps*. Paris: Minuit.

Camus, Albert. (1985). *Le mythe de Sisyphe*. Paris: Gallimard.

Caron, Jean-Claud. (2000). *La France de 1815 à 1848*. Paris: Armand Colin.

Castex, P.-G., et al. (1967). *Manuel des études littéraires françaises*. Paris: Hachette Livre.

Chevalier, Pierre. (1993). Règlements de comptes. In *Le cinéma français de la quatrième république*. Paris: Cinémathèque Française/Musée du Cinéma.

Christine, Ferniot, et al. (2008). Entrevue d'Annie Ernaux. *Lire*, (2) 46.

Cometti, Jean-Pierre. (1992). Lire Rorty: Le pragmatisme et ses consequences. *Hokhaido Journal of Medical Ence*, (70) 397-400.

Crouse, Jeffrey. (2007). Because we need him now: Re-enchanting film studies through Bazin. *Film International*, (6) 6-21.

D'Eaubonne, Françoise. (2018). *Écologie, féminisme: Révolution ou mutation?*. Paris: Libre et Solidaire Éditeur Réédition.

Derrida, Jacques. (2015). *De la grammatologie*. Paris: Minuit.

Donskis, Leonidas. (2012). *Yet another Europe after 1984: Rethinking Milan Kundera and the idea of central Europe*. Amsterdam: Rodopi.

Dubois, Jacques. (1973). Code, texte, métatexte. *Littérature*, (12) 3-11.

Eagleton, Terry. (1989). *The significance of theory*. Cornell: Cornell University Press.

Eagleton, Terry. (1996). *The illusions of postmodernism*. Oxford: Blackwell.

Eagleton, Terry. (2000). *The idea of culture*. Oxford: Blackwell.

Echenoz, Jean. (1986). *L'équipée Malaise*. Paris: Minuit.

Elton, Ranne G. (2002). *The practice of history*. Malden: Blackwell Publishing.

Ernaux, Annie. (1983). *La place*. Paris: Gallimard.

Ernaux, Annie. (1987). *Une femme*. Paris: Gallimard.

Ernaux, Annie. (1988). *L'écriture comme le couteau*. Paris: Gallimard.

Evans, David. (2007). Reinhart Hutter, bound to be free: Evangelical Catholic engagements in ecclesiology, ethics and ecumenism. *Ecclesiology*, *4*(1) 125-128.

Fontvieille, Agnès, et al. (1990). *Nathalie Sarraute, du tropisme à la phrase*. Paris: T & L.

Fort, Pierre-Louis. (2003). Entretien avec Annie Ernaux. *The French Review, 76*(5) 984-994.

Foucault, Michel. (1975). *Surveiller et punir: Naissance de la prison*. Paris: Gallimard.

Foucault, Michel. (1977). *Language, counter-memory, practice*. Ithaca: Cornell University Press.

Foucault, Michel. (1994). *The birth of the clinic*. New York: Vintage.

Foucault, Michel. (1997). *Ethics: Subjectivity and truth*. Paul Rabinow (Ed.). New York: The New Press.

Gallup, Donald. (1969). *T. S. Eliot: A bibliography* (A revised and extended edition). New York: Harcourt, Brace & World.

Gasset, José Ortega Y. (1948). *The dehumanization of arts and other essays on art, culture and literature*. Princeton: Princeton University Press.

Genette, Gérard. (1982). *Palimpsestes: La littérature au second degré*. Paris: Seuil.

Genette, Gérard. (1983). *Nouveua discours du récit*. Paris: Seuil.

Girard, Louis. (1985). *Les libéraux français, 1814–1975*. Paris: Aubier.

Graff, Gerald. (1973). The myth of the postmodernist breakthrough. *Tri-quarterly*, (26) 383-417.

Griffin, David Ray. (1993). *Founders of constructive postmodern philosophy: Peirce, James, Bergson, Whitehead, and Hartshorne (SUNY series in constructive postmodern thought)*. New York: State University of New York Press.

Guillebaud, Jean-Claude. (1995). *La trahison des lumières, enquête sur le désarroi contemporain*. Paris: Seuil.

Habermas, Jürgen. (1987). *Lectures on the philosophical discourse of modernity*. Cambridge: Massachusetts Institute of Technology Press.

Habermas, Jürgen. (1994). Struggle for recognition in the democratic constitutional state. In José Merino, *Multiculturalism* (p.113). Princeton: Princeton University Press.

Hassan, Ihab. (1987). *The postmodern turn: Essays in postmodern theory and culture*. Columbus: Ohio State University Press.

Hekman, Susan. (1986). *Hermeneutics and the sociology of knowledge*. Notre Dame: University of Notre Dame Press.

Hollinger, Robert. (1985). *Hermeneutics and praxis*. Notre Dame: University of Notre Dame Press.

Howard, Richard. (1994). *Roland Barthes*. Berkeley: University of California Press.

Hutter, Reinhart. (2004). Bound to be free. *The Christian Century*, (4) 24-27.

Ionesco, Eugène. (1990). Pourquoi est-ce que j'écris. In Eugène Ionesco, *Théâtre complet* (pp.1662-1668). Paris: Gallimard.

Ionesco, Eugène. (1995). *Rhinocéros*. Paris: Gallimard.

Ionesco, Eugène. (1998). *La cantatrice chauve*. Paris: Gallimard.

Jameson, Fredric. (1992). *Postmodernism, or, the cultural logic of late capitalism*. Durham: Duke University Press.

Kristeva, Julia. (1980). Word, dialogue and novel. In *Desire in language: A semiotic approach to literature and art* (pp.32-53). New York: Columbia University Press.

Kundera, Milan. (1995). *L'art du roman*. Paris: Gallimard.

Lacan, Jacques. (1966). D'une question préliminaire à tout traitement possible de la psychose. In *Écrits* (pp.531-583). Paris: Seuil.

Lejeune, Philippe. (1975). *Le pacte autobiographique*. Paris: Seuil.

Levinas, Emmanuel. (1979). *Totality and infinity*. Alphonso Lingis (Trans.). London: Martinus Nijhoff Publishers.

Levinas, Emmanuel. (1994). *Liberté et commandement*. Montpellier: Fata Morgana.

Levinas, Emmanuel. (1996). *Nouvelles lectures talmudiques*. Paris: Minuit.

Levinas, Emmanuel. (1998). *Otherwise than being or beyond essence*. Alphonso Lingis (Trans.). Pittsburge: Duquesne University Press.

Lipovetsky, Gilles. (1983). *L'ère du vide*. Paris: Gallimard.

Lipovetsky, Gilles. (1992). *Le crépuscule du devoir*. Paris: Gallimard.

Lyon, David. (1994). *Postmodernity*. Buckingham: Open University Press.

Lyotard, Jean-François. (1979). *La condition postmoderne: Rapport sur le savoir*. Paris: Minuit.

Lyotard, Jean-François. (1988). *Le postmoderne expliqué aux enfants: Correspondance 1982–1985*. Paris: Galilée.

Magny, Olivier de. (1958). Panorama d'une nouvelle littérature romanesque. *Esprit (Nouvelle Série, 263/264)*, (7/8) 3-17.

Malraux, André. (1967). *Antimémoires*. Paris: Gallimard.

Malraux, André. (1972). *La condition humaine*. Paris: Folio.

Malraux, André. (1975). *Les conquérants*. Paris: Grasset.

Malraux, André. (1977). *L'homme précaire et la littérature*. Paris: Gallimard.

Mannheim, Karl. (1936). *Ideology and Utopia*. London: Routledge.

Merleau-Ponty, Maurice. (1989). *Éloge de la philosophie et autres essais*. Paris: Folio.

Merleau-Ponty, Maurice. (1996). *Sens et non-sens*. Paris: Nagel.

Merleau-Ponty, Maurice. (2010). *Œuvres (Édition Etablie et Préfacée par Claude Lefort)*. Paris: Gallimard.

Messing, Andrew. (2012). *En attendant Godot:* A literary & cognitive linguistic approach to constructing an existentialist interpretative framework (Thesis). Boston: Harvard University.

Muyard, Frank. (2001). La modernité et la postmodernité comme types sociétaux, perception du réel et formes subjectives (Thèse). Montréal: Université de Montréal.

NDiaye, Marie. (2010). Entretien avec Marie NDiaye. *Cahiers du Cinema*, (654) 24-25.

Neaman, Elliot Yale. (1988). Liberalism and post-modern hermeneutics. *Critical Review* (2) 149-165.

Neske, Gunther, & Kettering, Emil (Ed.). (1990). *Martin Heidegger and national socialism: Questions and answers*. New York: Paragon.

Nielsen, Kai. (1985). *Equality and liberty (A defense of radical egalitarianism)*. Totowa: Rowman & Allanheld.

Pinget, Robert. (1962). *L'inquisitoire*. Paris: Minuit.

Pireddu, Nicoletta. (2015). European Ulyssiads: Claudio Magris, Milan Kundera, Eric-Emmanuel Schmitt. *Comparative Literature*, *67*(3) 67-88.

Plumwood, Val. (1991). Nature, self and gender: Feminism, environmental philosophy and the critique of rationalism. *Hypatia*, *9*(1) 3-26.

Prévost, Claude. (1990). *Nouveaux territoires romanesques*. Paris: Messider.

Rank, Otto. (1968). *Art and artist: Creative urge and personality development*. New York: Agathon Press.

Rawls, John. (1971). *A theory of justice*. Boston: Harvard University Press.

Robbe-Grillet, Alain. (1953). *Les gommes*. Paris: Minuit.

Robbe-Grillet, Alain. (1955). *Le voyeur*. Paris: Minuit.

Robbe-Grillet Alain. (1957). *La jalousie*. Paris: Minuit.

Robbe-Grillet Alain. (1959). *Dans le labyrinthe*. Paris: Minuit.

Robbe-Grillet Alain. (1961). *L'année dernière à Marienbad*. Paris: Minuit.

Robbe-Grillet, Alain. (1963). *Pour un nouveau roman*. Paris: Minuit.

Robbe-Grillet, Alain. (1971). Sur le choix des générateurs. In Ricardou, et al., *Nouveau roman: Hier, aujourd'hui* (Tome II, pp.41-58). Paris: Union Générale d'Éditions.

Roelofs, Mark. (1992). *The poverty of American politics: The theoretical interpretation*. Philadelphia: Temple University Press.

Roth, Philip. (1977). *The novel today: Contemporary writers on modern fiction*. Manchester: Manchester University Press.

Samoyault, Tiphaine. (2001). *L'intertextualité, mémoire de la littérature*. Paris: Nathan.

Sand, George. (1957). *Correspondances*. Paris: Gallimard.

Sarkonak, Ralph. (1989). *Understanding Claude Simon*. Columbia: University of South Carolina Press.

Sarraute, Nathalie. (1948). *Portrait d'un inconnu*. Paris: Gallimard.

Sarraute, Nathalie. (1953). *Martereau*. Paris: Minuit.

Sarraute, Nathalie. (1959). *Le planétarium*. Paris: Gallimard.

Sarraute, Nathalie. (1963). *Les fruits d'or*. Paris: Gallimard.

Sarraute, Nathalie. (1996a). *Entre la vie et la mort*. Paris: Gallimard.

Sarraute, Nathalie. (1996b). L'ère du soupçon. In Nathalie Sarraute, *Œuvres complètes* (pp.769-778). Paris: Gallimard.

Sarraute, Nathalie. (1997). *Ouvrez*. Paris: Gallimard.

Sartre, Jean-Paul. (1976). *Sartre par Sartre (Situation IX)*. Paris: Gallimard.

Sartre, Jean-Paul. (1977). Préface à *portrait d'un inconnu*. In Nathalie Sarraute, *Portrait d'un inconnu* (pp.1-6). Paris: Gallimard.

Sartre, Jean-Paul. (2006). *Saint Genet, comédien et martyr*. Paris: Gallimard.

Sebastien, Odiari. (1992). Martin Heidegger and national socialism: Questions and answers. *Philosophical Books*, *33*(2) 76-77.

Simon, Claude. (1967). *Histoire*. Paris: Minuit.

Simon, Claude. (1981). *Géorgiques*. Paris: Minuit.

Sollers, Philippe. (1968). *Théorie d'ensemble*. Paris: Seuil.

Staël, Madame de. (1962). *Sur la littérature*. Paris: Seuil.

Stéphane, Roger. (1954). *La fin d'une jeunesse.* Paris: La Table Ronde.

Swatos, William H., & Christiano, K. J. (1999). Secularization theory: The course of a concept. *Sociology of Religion, 60*(3) 209-228.

Taylor, Charles. (1994). *Multiculturalism—examining the politics of recognition.* Princeton: Princeton University Press.

Taylor, Charles. (1995). *The politics of recognition.* Cambridge: Harvard University Press.

Taylor, Nigel. (1998). *Urban planning theory since 1945.* London: Sage Publications Ltd.

Toffler, Alvin. (1980). *The third wave.* New York: Bantam Books.

Touchard, Pierre-Aimé. (1959). D'esprit au Parisien libéré. *Cahiers du Cinéma, 16*(91) 4-9.

Volk, Carol. (1989). *Renoir on Renoir: Interviews, essays, and remarks.* Cambridge: Cambridge University Press.

Voltaire. (1980). *Lettres philosophiques.* Paris: Seuil.

Wachterhauser, Brice R. (1986). *Hermeneutics and modern philosophy.* New York: State University of New York Press.

Wallace Smith. (1959). *The real issue: Discerning and defining the essentials of postmodernism.* London: London University Press.

Wallerstein, Immanuel. (1999). L'après libéralisme. In *Essai sur un système-monde à réinventer* (pp.91-98). Paris: L'Aube.

White, Headen. (1967). *Science and the modern world.* New York: The Free Press.

Zerba, Michelle, & Russo, Adelaide. (2015). Introduction to Odyssey, exile, return. *Comparative Literature, 67*(3) 241-245.

后　记

本书系笔者主持的国家社科基金年度项目“自由主义与法国后现代文学”的最终成果，结项之后经修改定稿。

笔者最初接触法国后现代主义文学是在武汉大学攻读硕士学位期间。那时，正值改革开放向纵深发展之际，西方许多不为国内人知的思想、文化现象被介绍过来，法国后现代主义文学作品也被大量译介到中国。这类文学自20世纪80年代中期以来为整个中国社会进行了思想观念上的启蒙，不仅影响了中国文学叙事模式的逐渐转型，甚至还深刻改变了人们对政治、文化成规的认识。20世纪90年代，笔者负笈欧陆，在法国波尔多大学和巴黎第八大学跟随著名学者研究法国后现代主义文学，回国后翻译、编纂了多部法国小说和文艺理论作品，最有代表性的是与陈侗合编的《罗伯－格里耶作品选集（三卷本）》（湖南美术出版社，1998），同时也发表了一些研究论文。笔者的博士学位论文以《法国自由主义》为题，后根据论文出版了《近代法国自由主义》（吉林大学出版社，2006）一书，由此进入了西方思想史研究领域。其间发表的一些学术论文也引起了国内学界的关注。

2011年，笔者申报的国家社科基金项目“法国新小说发生学”顺利结项，次年同名专著由人民文学出版社出版。在进行这项研究的过程中，笔者逐渐形成了这样的想法：从西方现当代文学的发展来看，文学作为一种话语活动，在话语实践中获得了审美意义和存在空间。严格说来，西方传统文学向后现代主义文学的转型也是一种文学话语的转型。后现代主义文学话语的创造比叙事的建构更加重要，话语与内容相互重合，不可分离。当代许多法国作家以“多元化”的写作方式挑战传统的“一元化”写作，他们是一群意欲超越传统文学规范的人。因此，外国文学研究应以对世界的重新认识和对人文精神的全新反思为基础，触及西方思想文化底蕴，从思想史的层面对文学创作及其表现形式以及这些形式与各种思潮、各类艺术之间的关系给予统摄和观照，只有这样才能对现当代文学现象和文学文本进行恰如其分的分析与评判。笔者的学术活动正是沿着这一路径进行探索的。在这部学术著作里，笔者尝试将自由主义与后现代主义文学结合起来研究，从不同的角度深入思考法国后现代主义文学。

本著作完成情况如下：第三章由鹿一琳撰写；第四章由笔者与唐百林合作完成；第五章第四节由胡茵写出初稿，笔者修订；第七章第三节系笔者与鲁少博合写。其他章节皆由笔者撰写，全书亦由笔者定稿。鲁少博校读了全部文稿，还参与了第六章第四节的撰写，并承担了许多事务性工作，鹿一琳和胡茵也校读了部分文字。笔者谨在此向以上各位表示衷心的感谢！

中山大学刘文立教授是笔者研究西方思想史的引路人，笔者在攻读博士学位期间曾得到他的悉心指教和大力帮助，特此表示深切的谢意！南京大学刘成富教授和武汉大学王战教授也给予本著作以不同方式的支持，在此一并致谢！

感谢广西民族大学外国语学院的大力支持！本著作的出版除国家社科基金资助以外，还得到了广西民族大学外国语学院学科建设经费的赞助。

此外，笔者还要对在本著作的写作过程中给予笔者各种支持和帮助的亲朋好友致以诚挚、由衷的谢忱！

杨令飞
2019 年 7 月于相思湖畔

作者简介

杨令飞，广西民族大学外国语学院教授，博士生导师，台湾中央大学文学院客座教授，安庆师范大学外国语学院兼职教授，上海外语教育出版社“新世界高等学校法语专业本科生系列教材”编委会成员，全国法国文学研究会常务理事。曾在法国巴黎大学、法国工商学院、加拿大蒙特利尔大学、台湾中央研究院做访问学者，在中山大学和云南大学等校任教多年。2008 年起，在广西民族大学外国语学院法语系任教，研究方向为法国文学及西方文化。主持国家社科基金一般项目“自由主义与法国后现代文学”等 2 项，参与国家社科基金重大项目“经典法国文学史翻译工程”1 项；出版《法国新小说发生学》（2012）等专著 4 部、《罗伯 - 格里耶作品选集》等译著和编著 10 部（含合译）；发表《莫里亚克自由观刍议》（2013，A & HCI 全文收录）等学术论文及文章 50 余篇；获第十三届和第十六届广西壮族自治区社会科学优秀成果三等奖。

作者简介